SPANISH for MASTERY B

Día a Día

TEACHER'S ANNOTATED EDITION

Jean-Paul Valette
Rebecca M. Valette

Editor-Consultant
Teresa Carrera-Hanley

Contributing Writers
Frederick Suárez Richard
Clara Inés Olaya

D.C. HEATH AND COMPANY
Lexington, Massachusetts / Toronto, Ontario

EDITORIAL DIRECTOR, MODERN LANGUAGES
Roger D. Coulombe

PROJECT EDITORS
Lawrence Lipson
Reem Kettaneh

NATIONAL MODERN LANGUAGE COORDINATOR
Teresa Carrera-Hanley

D.C. HEATH CONSULTANT
Karen Ralston

DESIGN AND PRODUCTION
Victor Curran, Design Section Manager
David B. Graham, Designer
Sandra Easton, Senior Production Coordinator
Marianna Frew Palmer, Editorial Services
Christine Beckwith and Richard W. Hannus, Cover Designers

Contents

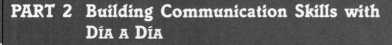

PART 1 Description of BIENVENIDOS and DÍA A DÍA, 1992 Edition

GENERAL CHARACTERISTICS OF THE PROGRAM

BIENVENIDOS and DÍA A DÍA constitute a two-year introductory Spanish program for middle school and junior high school students. In this new 1992 edition, the textbooks have been significantly expanded to include a broad variety of proficiency-building activities as well as substantial supplementary cultural material. The new Activity Books have been designed to provide plentiful practice as well as numerous communication opportunities in a single student workbook.

BIENVENIDOS and DÍA A DÍA provide the foundation of a complete four-year articulated SPANISH FOR MASTERY curriculum:

first year:	BIENVENIDOS
second year:	DÍA A DÍA
third year:	ENTRE NOSOTROS (Unidades 3–10)
fourth year:	SITUACIONES

1.1 Objectives

The BASIC OBJECTIVES of BIENVENIDOS and DÍA A DÍA are threefold:

1. To help students attain PROFICIENCY in the four skills of listening, speaking, reading, and writing;
2. To help students acquire a firm LINGUISTIC BASE, which is the foundation of effective communication and meaningful language proficiency;
3. To present the language within the context of the contemporary Spanish-speaking world and its CULTURE.

In pursuing these goals, the authors have adopted a pragmatic approach and purposely have avoided relying on any one theory of language learning. They have utilized a variety of pedagogical techniques, so that teachers can readily adapt the program to their own teaching styles and to the needs of their students.

1.2 New Features of the 1992 Edition

The Student Text and Teacher's Annotated Edition

The Student Text has been visually updated with new photographs and significantly expanded with 50 pages of proficiency-building activities. Moreover, the Teacher's Guide (in the Teacher's Annotated Edition, or TAE) has been totally revised and now contains a complete sequence of TPR activities plus Culture Briefs by Teresa Carrera-Hanley elucidating the photographs and realia.

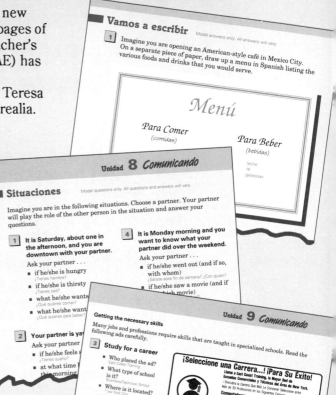

Vamos a escribir Model answers only. All answers will vary.

1 Imagine you are opening an American-style café in Mexico City. On a separate piece of paper, draw up a menu in Spanish listing the various foods and drinks that you would serve.

Menú

Para Comer
(comidas)

Para Beber
(bebidas)

leche
te
gaseosas

Unidad **8** *Comunicando*

Situaciones Model questions only. All questions and answers will vary.

Imagine you are in the following situations. Choose a partner. Your partner will play the role of the other person in the situation and answer your questions.

1 It is Saturday, about one in the afternoon, and you are downtown with your partner.

Ask your partner . . .
■ if he/she is hungry ¿Tienes hambre?
■ if he/she is thirsty ¿Tienes sed?
■ what he/she wants ¿Qué quieres comer?
■ what he/she want ¿Qué quieres para beber?

4 It is Monday morning and you want to know what your partner did over the weekend.

Ask your partner . . .
■ if he/she went out (and if so, with whom) ¿Saliste este fin de semana? ¿Con quien?
■ if he/she saw a movie (and if ... ich movie)

2 Your partner is ya
Ask your partner
■ if he/she feels s ¿Tienes sueño?
■ at what time ... this morning

Unidad **9** *Comunicando*

Getting the necessary skills
Many jobs and professions require skills that are taught in specialized schools. Read the following ads carefully.

3 **Study for a career**
■ Who placed the ad? East Coast Training
■ What type of school is it? Business/Technical School
■ Where is it located? ... w York City
■ Of the various types of courses, which three would interest you the most? Answers will vary.
■ Which three would interest you the least? Answers will vary.

¡Seleccione una Carrera...! ¡Para Su Exito!
Llame a East Coast Training, la Mayor Red de Escuelas Comerciales y Técnicas del Área de New York. ¡Descubra la Carrera Que Más Le Conviene! Seleccione entre Más de 50 Profesiones en los Siguientes Campos:

Computadoras
Trabajos de Oficina
Procesamiento de Palabras
Electrónica
Construcción
Inglés Como Segundo Idioma

Paralegal
Secretariado
Dibujo Mecánico
Hotel/Viajes
Moda
Cajero de Banco

LLAME AHORA MISMO Para Su Consulta Profesional Personal

(212) 268-1001

11 Convenientes Localizaciones en el Área Metropolitana de N.Y.

 EAST COAST TRAINING

Red Newport

 Communication Sections: *Comunicando*

■ End-of-unit activities to build oral and written communication skills
■ End-of-unit thematic vocabulary lists
■ End-of-unit reading activities based on realia

 Listening Comprehension Activities
■ TPR techniques (in the TAE)

With the new *Comunicando* sections!

SPANISH for MASTERY B

Día a Día

TEACHER'S ANNOTATED EDITION

 Reading Proficiency Helps
■ Prereading and postreading activities (in the TAE) for the *¡Vamos a leer!* selections

Expanded Cultural Material
■ Culture Briefs (in the TAE) providing background on the photographs and realia

The Activity Book

The Activity Book is an expanded Workbook that includes worksheets from the former Activity Masters as well as new activities for listening comprehension and oral communication.

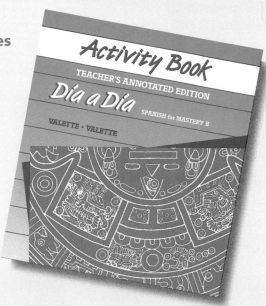

 Listening Comprehension Activities

■ Worksheets to accompany the *¡Adelante!* video

 Pair Communication Activities

■ A/B "information gap" activities
—*¡Comuniquemos!*—for building listening and speaking skills

Material from the Activity Masters

■ Tape Activity Sheets for the Cassette Program
■ Reading comprehension activities for the *Vista* sections
■ Songs

Other Material

■ Realia-based reading activities: *El rincón cultural*
■ English vocabulary-building activities: *Enrich Your Vocabulary through Spanish*

The Teacher's Resource Package

A new Teacher's Resource Package provides valuable classroom support for **Día a Día.** The materials include a variety of supplements in a convenient storage box.

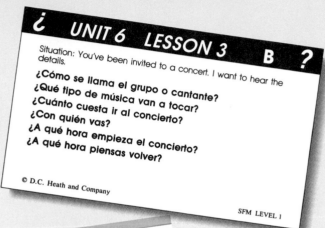

¿ **UNIT 6 LESSON 3 B ?**

Situation: You've been invited to a concert. I want to hear the details.

¿Cómo se llama el grupo o cantante?
¿Qué tipo de música van a tocar?
¿Cuánto cuesta ir al concierto?
¿Con quién vas?
¿A qué hora empieza el concierto?
¿A qué hora piensas volver?

© D.C. Heath and Company

SFM LEVEL 1

- ■ Teacher's Annotated Edition

★ew ■ **Activity Book**
  (Teacher's Annotated Edition)

★ew ■ **Question Cards:**
  for paired oral communication practice

- ■ **Testing Program**
  (Test Guide/Copymasters)

- ■ **Tapescript**

Teacher Support Material
- ▶ Component Correlation Charts
★ew ▶ Answer Key to the Student Text
- ▶ Teaching with **Día a Día**
- ▶ Spanish for Mastery Newsletter

Other Material
- ▶ Sample Overhead Transparencies
★ew ▶ Proficiency Testing Kit Sampler

The *¡Adelante!* Video

The *¡Adelante!* video, Part B, consists of 8 modules filmed on location in Spain, Mexico, and Puerto Rico, and also in Miami and San Antonio. These video lessons are closely correlated to the units of DÍA A DÍA.

The Proficiency Testing Kit

The New Proficiency Testing Kit, which accompanies both BIENVENIDOS and DÍA A DÍA, contains unit tests in listening comprehension, reading comprehension, writing, and speaking.

GENERAL DESCRIPTION OF THE PROGRAM

The DÍA A DÍA materials offer the flexibility needed to respond to the needs and requirements of different types of school systems. DÍA A DÍA also allows schools to begin with a basic program, and then to enhance their curriculum in subsequent years with additional correlated materials.

2.1 Basic Program

> ■ **Student Text**
>
> ■ **Teacher's Annotated Edition**

For schools with limited budgets, the BASIC PROGRAM provides a solid introduction to Spanish language and culture.

▶ The Student Text contains the bases of linguistic acquisition (thematic vocabulary, corresponding grammar support, contextualized practice) as well as a broad variety of proficiency-oriented communication activities (oral expression, written expression, and reading comprehension).

▶ The Teacher's Annotated Edition contains detailed TPR listening comprehension activities as well as a wealth of additional cultural information.

2.2 Basic Program⁺

> ■ **Student Text**
>
> ■ **Teacher's Annotated Edition**
> *plus*
>
> ■ **Teacher's Resource Package (TRP)**
>
> ■ *¡Adelante!* **Video**
> (available at no charge with the
> purchase of 50 student textbooks)
> *and*
>
> ■ **Test Cassettes**
>
> ■ SPANISH FOR MASTERY **1 Proficiency Testing Kit**

The addition of the Teacher's Resource Package plus the free video program makes the BASIC PROGRAM⁺ the best choice for schools with audiovisual capabilities. It is evident that the effectiveness of Spanish classes is enhanced when students can see and hear a variety of Spanish speakers from throughout the Hispanic world. The Teacher's Resource Package contains many useful resources, including Question Cards designed for paired oral-communication activities. The BASIC PROGRAM⁺ also offers a dual testing program. The basic Testing Program (consisting of copymasters and test guide, in the TRP, plus test cassettes for the listening portions) contains lesson quizzes and unit tests measuring how well the students are acquiring the linguistic base. (Two Achievement Tests are also included.) The Proficiency Testing Kit provides four-skill unit tests evaluating how well the students can use the new language for communication.

2.3 Standard Program

- **Student Text**
- **Teacher's Annotated Edition**
- **Teacher's Resource Package (TRP)**
- ***¡Adelante!* Video**
  (available at no charge with the
  purchase of 50 student textbooks)
- **Test Cassettes**
- **SPANISH FOR MASTERY 1 Proficiency Testing Kit**
  plus
- **Activity Book**
- **Cassette Program**
  and
- **SPANISH FOR MASTERY 1 Overhead Transparencies**

In the STANDARD PROGRAM, classes supplement the Student Text with the Activity Book. Not only does the Activity Book provide the students with a wide variety of written exercises, ranging from guided practice in using new vocabulary and structures to more open written proficiency activities, but it also offers them many more language enrichment opportunities:

▶ listening activities (corresponding to the Cassette Program)
▶ listening comprehension activities (correlated to the *¡Adelante!* video)
▶ paired oral communication activities (in "information gap" format)
▶ reading comprehension activities (based on the *Vistas* in the Student Text)
▶ reading proficiency activities based on authentic realia (*El rincón cultural*)
▶ written language games (*El rincón de los juegos*)
▶ English vocabulary expansion activities
▶ end-of-unit diagnostic review tests

There are also Overhead Transparencies that correspond to the illustrations and maps in the Student Text. These transparencies are useful for listening comprehension practice (and TPR activities), speaking activities, and building awareness of the geography of the Spanish-speaking world.

2.4 Expanded Program

- **Student Text**
- **Teacher's Annotated Edition**
- **Teacher's Resource Package (TRP)**
- ***¡Adelante!* Video**
  (available at no charge with the
  purchase of 50 student textbooks)
- **Test Cassettes**
- **SPANISH FOR MASTERY 1 Proficiency Testing Kit**
- **Activity Book**
- **Cassette Program**
- **SPANISH FOR MASTERY 1 Overhead Transparencies**
  plus
- **SPANISH FOR MASTERY Software**
  and
- **Spanish Facts for Fun and Practice**
  (*culture software*)
- ***Vistazos 1*** (*supplementary reader*)

The EXPANDED PROGRAM is designed for schools with computer capabilities. The SPANISH FOR MASTERY Software allows students to pace themselves as they learn to understand and write Spanish expressions. The numerous formats and games in each unit offer diversified vocabulary practice at varying levels of difficulty. The program may be further supplemented with *Spanish Facts for Fun and Practice,* a software game focusing on historical, geographical, and cultural facts. For classes interested in building reading proficiency, there is a correlated supplementary reader, ***Vistazos 1.***

ORGANIZATION OF DÍA A DÍA

3.1 **Organization of the Student Text**

The core of the Basic Program is the Student Text, which contains a review unit (***Puente***), five units, and two illustrated cultural sections (***Vistas***). The book concludes with a reference section containing appendices, end vocabularies, and an index.

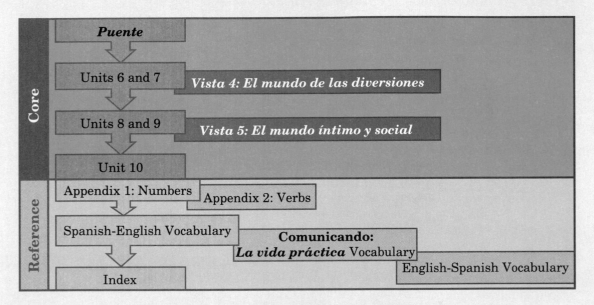

3.1.1 Organization of a lesson. Each core lesson consists of three parts: the presentation material, the linguistic practice material, and the communicative recombination material. The diagram below shows the construction of a typical lesson.

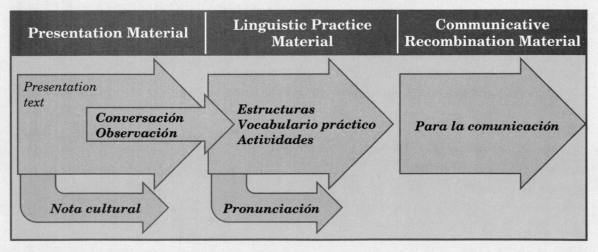

■ **The Presentation Material.** The function of the *Presentation text* is to introduce, in context, samples of the basic structures and vocabulary taught in the lesson.

The context may assume a variety of formats:

—A dialog or series of dialogs (**La ropa es un problema**—Lesson 7.2)

—A narrative (**Aspiraciones profesionales**—Lesson 9.2)

—A personality or psychological questionnaire (**Una persona pulcra**—Lesson 7.4)

—A series of humorous cartoons (**¡El pobre señor Ochoa!**—Lesson 7.3)

—A recipe (**Una receta del Caribe: refresco de plátanos**—Lesson 10.1)

—A game (**¿Cuál es su trabajo?**—Lesson 9.4)

—Correspondence (**Un trabajo de verano en España**—Lesson 9.3)

The *Presentation text* is built on previously learned material and contains samples of the new structures and vocabulary of the lesson. Words unfamiliar to the students are glossed.

The *Nota cultural* is a short reading passage that explains and develops cultural references made in the *Presentation text*. For example, in Lesson 6.3, a questionnaire dealing with leisure activities is followed by a *Nota cultural* describing the kinds of movies seen by Hispanic young people.

The *Conversación/Observación* section links the presentation material and the instruction material. Through the carefully sequenced *Observación* questions, students are able to generalize about the new grammatical material of the lesson.

■ **The Linguistic Practice Material.** The grammatical structures in the *Estructuras* section are functionally related to the theme of the unit. For example, Unit 7, which focuses on personal care, presents the reflexive construction.

New grammar in the *Estructuras* section is explained in a simple, clear, and schematic manner. Immediately after the grammar explanations, the students practice what they have learned in situational exercises.

The exercises assume a variety of formats:

—Situational activities, which are simple transformational drills;

—*Diálogos,* which are activities that two or more students act out;

—*Preguntas personales,* which are yes/no and open-ended questions about the student's life, incorporating the new grammatical structures;

—Open-ended sentences, which students complete with personal information;

—Given situations from which students draw conclusions;

—*Creación,* a recombination drill/game in which the students are asked to derive as many logical sentences as they can from a given set of elements containing the new grammatical structures.

With the exception of the *Diálogos,* all these activities can be done either orally or in writing.

In the *Vocabulario práctico,* vocabulary items are grouped thematically (family, transportation, etc.) for ease of assimilation. Wherever possible the items are presented pictorially or in sentences.

The *Pronunciación* sections, which are recorded in the Cassette Program, introduce new sounds, intonation patterns, and points of spelling. As the course progresses, specific elements are reentered for practice or a further explanation. When absolutely necessary certain sounds are transcribed in the International Phonetic Alphabet.

The lessons often include an illustrated Spanish proverb (*Refrán*) containing a vocabulary item or grammatical structure of the lesson.

■ **The Communicative Recombination Material.** The *Para la comunicación* section reinforces the new material of the lesson and helps students further develop communication skills. In DÍA A DÍA, each *Para la comunicación* section contains a *Mini-composición* that reinforces written communication skills. All of the *Para la comunicación* sections open with a subsection titled *Expresiones para la conversación,* which provides students with conversational fillers useful in developing natural communication.

3.1.2 Organization of *Puente.* This special unit has been designed to present a complete and systematic review of the important structures and vocabulary of BIENVENIDOS. The unit contains five lessons, each of which is divided into four basic sections:

— *Presentation text* and *Nota cultural*

— *Conversación* and *Vocabulario práctico*

— *Repaso*

— *La vida diaria*

Both the *Presentation text* and the *Nota cultural* are patterned after those in BIENVENIDOS. Together they form the presentation material (see section **3.1.1** above). Unlike BIENVENIDOS, however, the *Conversación* and *Vocabulario práctico* sections have been grouped together. This grouping enables the students to review basic vocabulary through active oral practice. The *Repaso* section (called *Estructuras* in BIENVENIDOS) contains a review of structures, exercises (*Actividades*), and miscellaneous vocabulary. The structures are reviewed in logical groups following the grammatical progression of BIENVENIDOS. The *Actividades* also follow the pattern of BIENVENIDOS, but they now end with a recombination exercise (or exercises): (1) **Un poco de lógica, ¡por favor!** in which the students combine elements in columns to form sentences, and/or (2) **Descripciones,** in which the students use illustrations to describe scenes or situations. *La vida diaria* is new. This section, which features drawings, cartoons, and illustrated exercises, reviews the everyday expressions presented in BIENVENIDOS, Unit 1 (greetings, numbers, telling time, days, months, dates, seasons, weather) and other common expressions from the *Para la comunicación* sections. The unit ends with *Comunicando,* a section featuring proficiency-oriented activities (see **3.1.3** and **3.1.5** below).

Because the progression of *Puente* closely follows that of Bienvenidos (Units 2–5), the teacher may choose a logical point of entry into Día a Día, depending on the needs of the class.

3.1.3 Organization of a unit.   Each unit is built around a particular theme such as personal identification, family life, friendships, and travel. Each unit, except for *Puente,* is divided into four core lessons that provide the linguistic base for the new communication functions and topics. Each unit includes a segment titled *¡Vamos a leer!,* which helps students to build their reading skills. Every unit concludes with *Comunicando,* a set of proficiency-oriented activities designed to develop oral communication and written expression. The diagram below shows the interrelationship between these various elements.

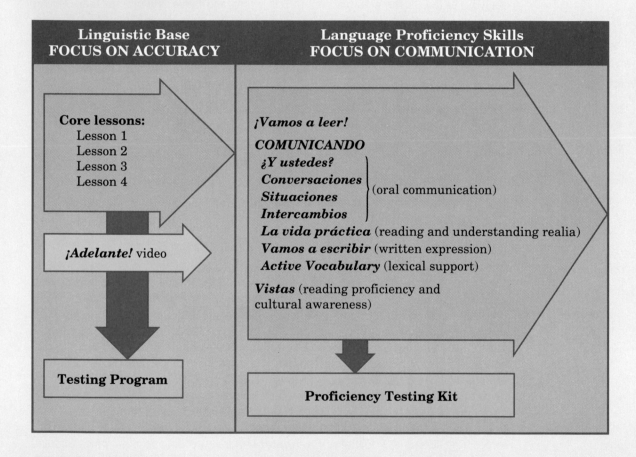

The various communicative activities at the end of each unit are described below.

3.1.4 ¡Vamos a leer!   This section focuses on the formal development of reading proficiency. Each *¡Vamos a leer!* begins with a reading passage in the form of a guessing game, a culture capsule, or a personality quiz, where the new material

TG12

presented in the unit is recombined. Prereading and postreading activities (in the overprint) stimulate student interest in the selection and enhance the reading experience.

The second part of this section is called *El arte de la lectura.* Its purpose is to expand the students' ability to read for meaning by focusing attention on specific elements (such as how to recognize cognates and increase their knowledge of suffixes to guess meanings of new words).

3.1.5 *Comunicando.* The new *Comunicando* sections, which round out each unit, provide students with a variety of oral and written communication activities. Each section contains seven features:

- *¿Y ustedes?* which is a multiple-choice activity reviewing vocabulary and encouraging personal expression;
- *Conversaciones* which have students match the two parts of a conversation and then act it out;
- *Situaciones* where students develop their own brief conversations using English cues and generating their own questions;
- *Intercambios* where students interview each other to obtain information (usually sharing the results of the interview with the class);
- *La vida práctica* which is a realia-based reading activity with comprehension exercises;
- *¡Vamos a escribir!* which contains a variety of writing activities to prepare students for similar tasks in the writing tests of the Proficiency Testing Kit;
- *Active Vocabulary* which is the vocabulary listing for the unit, with the words grouped by category.

3.1.6 *Vista.* The purpose of the illustrated *Vista* sections is twofold:

— To show the breadth of the Spanish-speaking world: Spain, Latin America, and the United States;

— To focus on Hispanic young people and their particular concerns.

Since the *Vistas* are entirely in Spanish, they provide ample practice in developing reading skills. The format is that of a colorful magazine, with short, lively "spots" that can easily be comprehended as separate "articles." The various photographs, illustrations, and realia may provide points of departure for conversation. The *Actividades culturales* at the end of each *Vista* suggest further areas of exploration. In addition, the *Reading* section of the Activity Book contains comprehension exercises and other reading activities based on the *Vistas.*

3.2 Scope and Sequence

The students' lesson-to-lesson progression through SPANISH FOR MASTERY B: DÍA A DÍA is represented on the following Scope and Sequence chart. The chart correlates each lesson's communication functions and activities (comprehension and self-expression), communicative topics (thematic vocabulary), and linguistic goals (grammatical accuracy). It also identifies the cultural situations reflected in *La vida práctica.*

SCOPE AND SEQUENCE Building for Communicative Proficiency

PUENTE Entre amigos (Review of BIENVENIDOS Units 1–5)

COMMUNICATION FUNCTIONS AND ACTIVITIES	COMMUNICATION TOPICS	LINGUISTIC GOALS
Comprehension and self-expression	**Thematic vocabulary**	**Grammatical accuracy**
P.1 Talking with others about oneself; discussing daily activities Asking and answering yes/no questions; requesting specific information Expressing what one wishes or hopes to do Describing what one likes or doesn't like to do Greeting and leave-taking Telling the time	P.1 Daily activities Week-end activities Asking questions Interrogative expressions Reply words Preferences Greeting expressions Giving the time Numbers 1–12	P.1 Using the present tense *-ar* verbs, affirmative and negative Question formation: yes/no and information questions Infinitive construction with *desear, esperar* *Me / te gusta* + infinitive
P.2 Identifying, describing, and asking about people Discussing origins and nationalities Describing, buying, and owning objects Time; expressions	P.2 People and personal identification Countries and nationalities Personal possessions The time Numbers 13–100	P.2 The verb *ser* Descriptive adjectives The noun group Linking sentences: *que* Constructions with *tener* and *necesitar*
P.3 Describing the city and the countryside; sharing plans to go somewhere Talking about your physical and emotional condition Telling others what you're doing and where you live Dates and expressions	P.3 City and country Places and buildings Prepositions of place Feelings Descriptive adjectives Daily activities Days of the week; parts of the day	P.3 *ir and estar* *venir* Contractions *al* and *del* *ir a* + infinitive Using *ser* or *estar* Some *-ar* verbs *estar* + present participle
P.4 Describing and talking about the family, pets, and belongings Asking and telling the date	P.4 Family members Pets Reading materials Months of the year; important dates	P.4 Possessive *de* Possessive adjectives Present of *-ar* and *-ir* verbs; *ver* Direct object pronouns
P.5 Asking what someone is doing Discussing activities involving other people Discussing the weather	P.5 Expressions of time Activities involving other people Seasons and the weather	P.5 Pronouns: with prepositions with the infinitive Indirect object pronouns *hacer, dar, and decir*

CULTURAL SITUATION: Back to school—buying supplies; choosing a new penpal.

UNIT 6   Nuestras diversiones

COMMUNICATION FUNCTIONS AND ACTIVITIES

Comprehension and self-expression

6.1 Talking about money
Expressing negative concepts
Expressing how often one does something

6.2 Talking about sports
Discussing one's likes and dislikes
Expressing one's opinion

6.3 Talking about leisure activities
Asking about preferences
Stating what one plans, wants, and prefers to do
Drawing a conclusion

6.4 Expressing when an action occurs
Talking about acquaintances
Expressing what one generally does

COMMUNICATION TOPICS

Thematic vocabulary

6.1 Topic: Money

6.2 Topic: Sports
Games, equipment, and players

6.3 Topic: Pastimes
Movies, theater, and television

6.4 Topic: Expressions with days of the week

LINGUISTIC GOALS

Grammatical accuracy

6.1 **Using object pronouns:**
me, te, nos
Using affirmative and negative expressions
Using stem-changing verbs:
pedir (e→i)

6.2 **Using stem-changing verbs:**
jugar (u→ue)
Referring to people and things in a general sense: use of the definite article
Using the verb *gustar*

6.3 **Asking questions with *¿cuál?* Using stem-changing verbs:**
pensar, querer, preferir (e→ie)
encontrar, poder, dormir (o→ue)

6.4 **Using time expressions:** the definite article with days of the week
Using irregular verbs:
salir, poner, traer, oír (-go) conocer (c→cz)

CULTURAL SITUATION: Weekend activities—reading the sports page; selecting a movie; watching TV.

UNIT 7　Los secretos de una buena presentación

COMMUNICATION FUNCTIONS AND ACTIVITIES	COMMUNICATION TOPICS	LINGUISTIC GOALS
Comprehension and self-expression	**Thematic vocabulary**	**Grammatical accuracy**
7.1 Describing oneself and others Making comparisons	**7.1 Topic: Personal description** Physical description	**7.1 Descriptive adjectives: Review** **Using the comparative and superlative form of adjectives**
7.2 Describing what other people are wearing Shopping for clothes: 　Explaining one's needs 　Indicating one's preferences 　Asking about prices	**7.2 Topic: Clothing** Articles of clothing Colors Numbers 100–1.000.000	**7.2 Pointing out specific objects and persons:** demonstrative adjectives **Using adjectives as nouns:** definitive article + adjective
7.3 Talking about personal care and grooming	**7.3 Topic: Personal care** Personal care activities	**7.3 Using reflexive verbs:** present tense
7.4 Describing one's daily routines Giving examples	**7.4 Topic: Daily activities** Parts of the body Daily routine activities	**7.4 Using the definite article with parts of the body** **Using reflexive verbs:** change of meaning infinitive forms

CULTURAL SITUATION: Shopping for clothes—reading clothing ads; determining the right sizes.

FELIZ NAVIDAD DE LA FLORIDA

VENTA DE NAVIDAD PARA HOMBRES

Comienza hoy
Ahorre 20%-40%

¡Saque su lista de regalos! Christian Dior, Geoffrey Beene, London Fog...y muchas de las mejores marcas en modas masculinas. Ahora en venta desde hoy hasta el domingo.

Venta 15.99
Camisas Geoffrey Beene, en mezcla de algodón, 14½-17½, reg. 27.50

Venta $16–$18
Camisas Revenge, algodón 100%, mangas cortas, de cuadros, listas, S-XL, reg. $21–22.50

Venta 26.25
Pantalones John Henry, con pliegues, 30-40, reg. $35

Venta 28.88
Suéteres Christian Dior, cuello V, Orlon acrílico, muchos colores S-XL, reg. 38.50

Venta 99.99
Saco deportivo London Fog, mezclas de seda, azul/rosado/amarillo, S-R-L, reg. $135

Burdines
COMPARTA EL ESPÍRITU DE NAVIDAD

UNIT 8   La vida y sus sorpresas

COMMUNICATION FUNCTIONS AND ACTIVITIES	COMMUNICATION TOPICS	LINGUISTIC GOALS
Comprehension and self-expression	**Thematic vocabulary**	**Grammatical accuracy**
8.1 Talking about events that happened recently Expressing how long an action has been going on	**8.1 Topic: School** Schoolwork: tests, grades, homework	**8.1 Describing the recent past:** *acabar de* + infinitive **Using the present tense with *hace***
8.2 Reporting past events	**8.2 Topic: Expressions of time**	**8.2 Using the preterite:** *-ar* verbs; verbs ending in *-car*, *-gar*, *-zar*
8.3 Reporting past events	**8.3 Topic: Activities**	**8.3 Using the preterite:** *-er* and *-ir* verbs *dar, ver* *caer, creer, leer, oír*
8.4 Reporting past events Talking about foods Sequencing a narration	**8.4 Topic: In a café** Food and beverages	**8.4 Using the preterite:** *-ar*, *-er*, and *-ir* verbs: summary *-ir* stem-changing verbs

CULTURAL SITUATION: School life—understanding an Hispanic report card.

No.

ANGLO COLOMBIAN SCHOOL

BACHILLERATO SECTION

LIBRETA DE CALIFICACIONES

Año 1990 – 1991   Curso: 2°

Nombre .... Raúl Aranda Suárez

UNIT 9 Buscando trabajo

COMMUNICATION FUNCTIONS AND ACTIVITIES	COMMUNICATION TOPICS	LINGUISTIC GOALS
Comprehension and self-expression	**Thematic vocabulary**	**Grammatical accuracy**
9.1 Discussing abilities Talking about what and whom one knows Expressing certainty	9.1 **Topic: Jobs** Medicine, social services, office work, tourism	9.1 **Distinguishing between** *saber* **and** *conocer* **Using the pronoun** *lo*
9.2 Expressing wishes, needs, abilities, and intentions Discussing career preferences Writing a letter to a friend	9.2 **Topic: More jobs** Business, radio and television, law, science and technology	9.2 **Using the infinitive:** verb + infinitive preposition + infinitive **Expressing an objective or goal:** the preposition *para*
9.3 Reporting past events Describing how often something happens Talking on the phone	9.3 **Topic: Expressions of time frequency**	9.3 **Using the preterite:** *ir, ser* *conducir, decir, traer* **Expressing duration, manner, movement, and exchange:** the preposition *por*
9.4 Reporting past events	9.4 **Topic: Trades**	9.4 **Using the preterite:** *hacer, querer, venir, estar, poder, poner, saber, tener* **Referring to a previously expressed idea:** *lo que*

CULTURAL SITUATION: Career concerns—reading help-wanted ads; selecting a professional school.

UNIT 10 Día a Día

COMMUNICATION FUNCTIONS AND ACTIVITIES

Comprehension and self-expression

10.1 Following recipe instructions
Making requests
Asking favors
Expressing thanks

10.2 Giving advice
Telling someone not to do something

10.3 Asking favors and making requests
Giving advice
Telling someone not to do something

10.4 Describing locations
Describing one's home
Giving excuses

COMMUNICATION TOPICS

Thematic vocabulary

10.1 Topic: Place settings

10.2 Topic: Foods and meals

10.3 Topic: Commands

10.4 Topic: Relative location
Prepositions of place
Furniture

LINGUISTIC GOALS

Grammatical accuracy

10.1 Using object pronouns: Review
Giving commands: affirmative *tú* commands

10.2 Giving commands: negative *tú* commands

10.3 Giving commands: irregular *tú* commands
Using two object pronouns together: pronoun position

10.4 Using two object pronouns together: the pronoun *se*
Using prepositions of place

CULTURAL SITUATION: Food and beverages—planning a healthy diet; buying something to eat and drink.

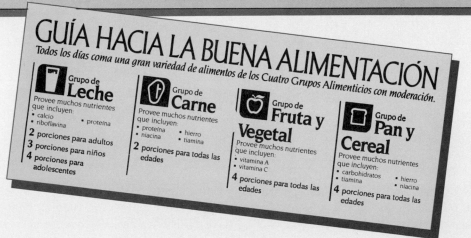

THE *¡ADELANTE!* VIDEO

4.1 Purpose and Objectives

¡Adelante! was filmed on location in Madrid (Spain), Mexico City, Cuernavaca, and Puerto Vallarta (Mexico), San Juan (Puerto Rico), San Antonio (Texas), and Miami (Florida). These varied locales present students with a diversified image of the Spanish-speaking world. Students encounter Hispanic young people, their families and friends engaged in a variety of everyday activities within culturally authentic settings.

By presenting the Spanish-speaking people in their day-to-day activities, the *¡Adelante!* video makes the study of Spanish a complete cultural and linguistic experience from the very beginning of instruction. More specifically, the purpose of *¡Adelante!* is to foster:

- cultural awareness of the Spanish-speaking world and its people, with a special focus on young people
- listening comprehension skills
- communication skills, especially in proficiency-type situations
- vocabulary acquisition in context

Of equal importance is the motivational aspect: *¡Adelante!* is a pedagogical tool that will enrich classroom teaching and stimulate students' interest from the first day of study.

4.2 Organization of the Video

¡Adelante! consists of 20 independent modules. These modules are contained on four videocassettes that correspond to specific units of **Bienvenidos** and **Día a Día**.

			Bienvenidos	**Día a Día**
¡Adelante!	**PART A**	Cassette 1	Units 1, 2	Puente
		Cassette 2	Units 3, 4, 5	Puente
	PART B	Cassette 3	**Día a Día** Units 6, 7	
		Cassette 4	Units 8, 9, 10	

The table on the following page shows how the 8 modules of *¡Adelante!,* Part B, correlate with the specific lessons of **Día a Día.** It also indicates the cultural, grammatical, and vocabulary topics—as well as the proficiency activity—covered in each module.

	Module	Text Reference: DÍA A DÍA	Cultural Topic	Proficiency Activity	Vocabulary	Grammar Support
CASSETTE 3	**13 El mundo de los deportes**	Unit 6 Lessons 1, 2	Sports	Talking about sports activities	Sports	*gustar; jugar*
	14 Los espectáculos	Unit 6 Lessons 3, 4	Movies, theater, and other weekend activities	Talking about leisure activities	Movies, theater, and television	stem-changing verbs
	15 Comprando ropa	Unit 7 Lessons 1, 2	Clothes and clothing stores	Shopping for clothes	Clothing; Numbers	comparative and superlative; demonstrative adjectives
	16 El pobre Sr. Peña	Unit 7 Lessons 3, 4	The morning routine	Describing one's daily routine	Personal care activities	reflexive verbs
CASSETTE 4	**17 La vida escolar**	Unit 8 Lessons 1, 2	A school day in Mexico	Talking about past activities	School life	preterite
	18 A comer	Unit 8 Lessons 3, 4	Spanish cafés and restaurants	Ordering foods and beverages	Foods and beverages	preterite
	19 El mundo profesional	Unit 9 Lessons 1, 2, 3, 4	Professional life	Describing one's professional activities	Professions	irregular preterite
	20 La paella	Unit 10 Lessons 1, 2, 3, 4	A food market; Spanish cuisine	Shopping for food; Cooking	Foods; Table settings	informal commands

4.3 Description of a Module

The typical video module of *¡Adelante!* consists of three parts:

- the cultural opener
- the dialogs
- the expansion or "ampliación"

The first two parts are linked together in a unified segment. The last part of the module, entitled "ampliación," is a pedagogical segment that invites student participation. Each module is presented in both a captioned and uncaptioned version.

	PART	DESCRIPTION	STUDENT OBJECTIVE
first segment	Cultural opener	visual presentation of a selected aspect of culture in the Spanish-speaking world	to watch and observe
	Dialogs	conversations or monologs about daily life topics	to listen and understand
second segment	Expansion or "ampliación"	presentation of specific vocabulary or structure in a cultural context	to listen and speak

4.4 Using the Video

¡Adelante! is a flexible pedagogical tool that can be used in many ways and at many different points in the instructional process. In fact, multiple viewings significantly increase its effectiveness.

Each module of *¡Adelante!* is correlated to specific lessons in the Student Text, which represent one to four weeks of instruction. Within this instructional period, the corresponding video module can be incorporated into the lesson plan at many different times and for different teaching objectives.

4.4.1 To introduce new material.   The video module provides a highly motivating introduction to the new lesson material.

■ Students watch the cultural opener and note similarities and differences between customs of the United States and those of the Spanish-speaking world.
■ Students watch the opener and dialog in order to find examples of points mentioned in one of the cultural notes of their textbook.
■ The teacher presents some of the key vocabulary or structures that appear in the video, and students then view the cultural opener and the dialogs for general comprehension.
■ Students watch the "ampliación" section to see how much of the new vocabulary they are able to understand in context.

4.4.2 To illustrate and practice the new material.   Segments of the video may be replayed many times so that students have the opportunity to learn the new structures and vocabulary in an authentic context.

■ Students alternate viewing between the captioned and the noncaptioned versions of the opener and the dialogs until they can understand the entire text.
■ Students participate in the showing of the segment by mouthing the words ("lip sync") with the speakers or by actually speaking aloud with them.

- The teacher plays the noncaptioned version, stopping after certain sentences so that students can write them in dictation.
- Once students understand the "ampliación" section, the teacher plays the video with the sound turned down, while students describe the objects or activities shown on the screen.

4.4.3 To reinforce communication skills. When students have become familiar with the content of the entire video module, the scenes can be used as a springboard for communicative activities.

- The teacher plays the video without the sound and students take turns describing what they see on the screen.
- Students prepare sets of true-false statements about the video and present their "quizzes" to their classmates. (This may be done as a team game.) If answers are disputed the video is played again for verification.
- Students act out skits based on the video.

5 LISTING OF THE COMPONENTS

For a complete description of the components, refer to Part 1, section 5 of the Teacher's Guide in BIENVENIDOS.

The components are:

- Activity Book
- Cassette Program
- Question Cards
- Testing Program
- Proficiency Testing Kit
- Teacher's Resource Package
- SPANISH FOR MASTERY 1 Overhead Transparencies
- SPANISH FOR MASTERY Software

PART 2 Building Communication Skills with Día a Día

DEVELOPING LANGUAGE PROFICIENCY ACROSS THE FOUR SKILLS

Building communicative proficiency requires extensive practice. The new 1992 edition of **Día a Día** offers students ample opportunities to become proficient in one or several language skills: listening comprehension, oral communication, reading comprehension, and written self-expression. The focus here is on communication of ideas, understanding what is written or said, and expressing oneself effectively.

The following sections show how the many interrelated activities of the **Día a Día** program contribute to the development of communicative proficiency.

6.1 Listening Comprehension

Type of activity	Where found
■ responding to simple commands	TEACHER'S ANNOTATED EDITION: TPR activities
■ listening to short conversations	*¡Adelante!* video dialogs
■ listening to descriptive narratives	*¡Adelante!* video cultural openers
■ listening to recorded dialogs	CASSETTE PROGRAM: lesson openers and *Para la comunicación*
■ listening for precise meaning at the sentence level	CASSETTE PROGRAM: listening comprehension activities
■ listening for general meaning	PROFICIENCY TESTING KIT: listening tests

6.2 Oral Communication

Type of activity	Where found
■ asking and answering printed questions	STUDENT TEXT: guided communication activities
■ answering oral questions	QUESTION CARDS: pair activities based on sets of printed questions
■ creating original dialogs based on a model	STUDENT TEXT: *Para la comunicación*—**Tú tienes la palabra**
■ asking and answering questions in a simulated situation	STUDENT TEXT: *Comunicando*—**Situaciones**
■ asking and answering questions to discover hidden information	ACTIVITY BOOK: **¡Comuniquemos!** ("information gap" pair activities)
■ finding out a classmate's opinions and preferences	STUDENT TEXT: *Comunicando*— **Intercambios**
■ brief oral interviews	PROFICIENCY TESTING KIT

6.3 Reading Comprehension

■ reading for precise meaning	STUDENT TEXT: lesson *Presentation texts*
■ reading for general meaning (with prereading and postreading helps)	STUDENT TEXT: *¡Vamos a leer!*
■ reading for pleasure (with comprehension checks)	STUDENT TEXT: *Vistas* (with correlated activities in the Activity Book)
■ reading authentic realia (with guided questions)	STUDENT TEXT: *Comunicando* ACTIVITY BOOK: *El rincón cultural*
■ supplementary reading for pleasure	*Vistazos 1*
■ reading texts and realia (with multiple-choice comprehension questions)	PROFICIENCY TESTING KIT

6.4 Written Self-Expression

■ answering personal questions in writing	STUDENT TEXT: *Preguntas personales*
■ creating original sentences	ACTIVITY BOOK: selected *Writing* activities
■ writing short descriptions	ACTIVITY BOOK: selected end-of-lesson *Writing* activities
■ writing lists	STUDENT TEXT: *Comunicando*—**Vamos a escribir**
■ writing short notes and letters	STUDENT TEXT: *Comunicando*—**Vamos a escribir**
■ writing guided lists and notes	PROFICIENCY TESTING KIT

PART 3 Adapting TPR Techniques to Día a Día

INTRODUCTION TO TPR

TPR (or Total Physical Response) is an approach to second-language learning developed by James Asher over 25 years ago.[1] The key premise of the TPR approach is that listening comprehension provides the most effective introduction to learning another tongue. More specifically, listening activities in which students respond physically in some way (moving around, pointing, handling objects, etc.) are not only excellent ways of establishing comprehension of new phrases, but material learned in this manner is remembered longer. This explains why students learn the parts of the body more quickly by playing Simon Says than by repeating the same vocabulary words after the teacher.

7.1 TPR: A Brief Description

The traditional TPR activity consists in having the teacher give commands to a group of students. The sequence of presentation is as follows:

Step 1. Group performance with a teacher model
The teacher gives a command and then performs the action. The students listen, watch, and imitate the teacher. Three to five new commands are presented in this way.

Step 2. Group performance without a teacher model
When the teacher feels the students understand the new phrases, he or she gives the command without moving. It is the students who demonstrate their comprehension by performing the desired action. If the students seem unsure about what to do, the teacher will again model the action.

Step 3. Individual performance without a teacher model
Once the group can perform the new commands easily, the teacher gives these commands to individual students. If an individual does not remember a given command, the teacher calls on the group to perform the command. It is important to maintain a relaxing atmosphere where all students feel comfortable.

---

[1] For a complete introduction, consult James J. Asher, *Learning Another Language Through Actions: The Complete Teacher's Guidebook,* 2nd ed., 1983 (Sky Oaks Productions, P.O. Box 1102, Los Gatos, CA 95031).

Step 4. Individual performance of a series of commands

When the class is comfortable with the new commands, the teacher gives an individual student a series of two or more commands. This type of activity builds retention and encourages more careful listening.

The teacher repeats these four steps, introducing three new commands and intermingling them with those learned previously. It is important not to bring in new items until all the students are comfortable with the current material. Practice can be made more challenging by giving the commands more rapidly.

In a regular classroom, it is sometimes difficult to have an entire class performing all the commands. It may be easier to have smaller groups of students take turns coming to the front of the room to learn the new commands and have the rest of the class observe. (Asher found that by actively watching others perform the commands, students would also develop their listening comprehension.)

7.2 Bringing TPR Activities into the Spanish Classroom

TPR can be introduced together with the *Puente* unit of DÍA A DÍA. It is usually best to use TPR activities for no more than ten minutes per class period. The activities can be done at the beginning of the hour as a warm-up, or they may be scheduled in the middle or at the end of the period as a change of pace.

Before doing a TPR activity, it is essential to plan which commands to use and what new vocabulary to introduce. You may want to write these out on a yellow adhesive pad and stick the list into your textbook. You will need to be able to vary the sequence of the commands and give them rapidly and fluidly. If students have difficulty with certain commands, be sure to repeat them frequently.[2]

7.3 Types of TPR Activities

There are two types of TPR activities: text-related activities and comprehension-expansion activities.

■ *Text-related activities*   These activities introduce material that will be immediately activated in the corresponding lesson of the book. The TPR activity helps the students to build their listening comprehension before they are asked to produce this new material in speaking and writing. Then, when the students learn this material formally, they can concentrate on details such as pronunciation and spelling because they will already know what all the new words mean.

■ *Comprehension-expansion activities*   These activities are designed to expand the students' listening comprehension and to introduce vocabulary and structures that will not be formally presented until later in the program. Since TPR is fun, and since the material presented is not formally "tested," TPR can be effectively used for vocabulary expansion and for anticipatory introduction of new material.

---

[2] For helpful classroom advice, consult Ramiro Garcia, *Instructor's Notebook: How to Apply TPR for Best Results*, 1985. See also Francisco L. Cabello, *Total Physical Response in First-Year Spanish*, 1985. (Both are available from Sky Oaks Productions.)

SUGGESTED TPR ACTIVITIES

In the following section, you will find a selection of activities to accompany specific sections of DÍA A DÍA.

These suggested TPR activities may be modified or expanded, according to class needs. There are many TPR activities in the *Puente* section that have been adapted from BIENVENIDOS to help the students review the material from the first five units of the program. Teachers may decide to skip some of these activities if the students do not need the extra practice.

P U E N T E

TPR Activity 1

TEXT-RELATED
Selected verb review (Puente 1)

Prop: Overhead Transparency 12

■ Review the verbs.

Point to the piano player and ask: *¿Toca el piano?* [sí]
Then point to the person studying and ask: *¿Toca el piano?* [no]

Continue making statements and asking questions, eliciting both affirmative and negative answers, until all the verbs have been reviewed.

■ Have individual students come forward and point out the actions as you describe them.

Marta, ven aquí y muéstranos la persona que toca el piano. etc.

TPR Activity 2

TEXT-RELATED
Subject recognition (Puente 1)

Props: none

■ Teach the students gestures to correspond to the pronouns.

Muéstrenme "yo". [Point to self.]
Muéstrenme "tú". [Point straight ahead, somewhat down, as if to a child.]
Muéstrenme "él" o "ella". [Stretch out arm somewhat to the side, hand open as if introducing someone.]

Practice a few times until the students know the gestures.

■ Then have the students use the gestures to identify the subjects of sentences.

¿Quién es? Yo toco la guitarra. [Gesture **yo**.]
Tu viajas mucho. [Gesture **tú**.]
Ella estudia. [Gesture **él/ella**.] etc.

■ When students understand the procedure, practice with sentences where the subject pronoun is omitted.

Nadas bien. [Gesture **tú**.] etc.

FOLLOW-UP A

■ Teach gestures for **nosotros** and **ellos/ellas** using both hands for the plural.

Muéstrenme "nosotros". [Both hands point to self.]
Muéstrenme "ellos o ellas". [Arms extended, hands open.]

■ Continue as above, with sentences using these pronouns.

FOLLOW-UP B

■ Teach gestures for **tú—usted—ustedes.**

Muéstrenme "tú". [One hand is pointing forward, somewhat down.]
Muéstrenme "usted". [One hand is pointing forward, somewhat up, as if to an adult.]
Muéstrenme "ustedes". [Both hands are pointing straight forward.]

NOTE: This type of activity can be used for all new verbs as they are introduced in **DÍA A DÍA.**

■ Continue as above, with sentences using these pronouns.

TPR Activity 3

TEXT-RELATED
Countries (Puente 2)

Props: wall map or Over-head Transparencies 1–6

■ Present the Hispanic world by pointing out countries on the wall map or on the map transparency with the overlay naming the countries.

Aquí está México. Aquí está Guatemala. etc.

■ Call volunteers forward.

Federico y Tomás, caminen al mapa.
Muéstrenme Guatemala.
Señalen Nicaragua.
Busquen Panamá.
Toquen Honduras. etc.

The students at their desks can follow the commands by pointing out the corresponding countries on the maps on pages xii, xiii, and xiv.

FOLLOW-UP A

(based on the penpal cards on pages P14 and P15)

Alfonso Herrera es de Madrid. Busquen Madrid en el mapa. etc.

Props: blank maps (made from the transparencies with a copier)

(using the map transparencies without the overlay)

■ Have the students in pairs identify the countries as you name them. If necessary, point to the countries on the overhead to confirm their responses.

Señalen el Perú. etc.

TPR Activity 4

TEXT-RELATED
Descriptive adjectives (Puente 2)

Props: blue and red (pink) index cards for each student

■ On the board, draw stick figures of a boy (labeled Luis) and a girl (labeled Luisa).

Aquí tenemos Luis. Es un muchacho.
Y aquí tenemos Luisa. Es una muchacha.

■ Give each student a blue card and a red card.

El azul es para Luis. [Hold up a blue card and draw a blue circle around Luis.]
Todos, muéstrenme el azul.
El rojo es para Luisa. [Hold up a red card and draw a red circle around Luisa.]
Todos, muéstrenme el rojo.

■ Prepare a list of descriptive statements about Luis and Luisa, using the adjectives on page P17 (except **joven, inteligente,** and **interesante**) in affirmative and negative sentences. If the statement is about Luis, the students raise the blue card. If it is about Luisa, they raise the red card.

Es delgado. [blue]
No es feo. [blue]
Es muy simpática. [red] etc.

FOLLOW-UP

Add some statements using adjectives such as **joven, popular, independiente, inteligente,** and **interesante**. When the students seem confused, hold up both the red card and the blue card to show that the sentence could refer to either person.

TPR Activity 5

TEXT-RELATED
Everyday objects (Puente 2)

■ Place the cards on the chalktray. Review the names of the objects by calling on individual students to point out the cards as you name the objects.

Elena, ven aquí. Muéstrame un coche. etc.

Props: flashcards showing the objects on page P23. (Paste magazine pictures onto large cards. Use blue paper or draw blue borders on masculine nouns. Use red paper or draw red borders on feminine nouns.)

FOLLOW-UP A

- Have students manipulate the cards.

  Elena, toma la bicicleta y dásela a Carolina.

- Ask the class who has certain cards.

  ¿Quién tiene la bicicleta? [Carolina] etc.

TPR Activity 6

TEXT-RELATED

Numbers above 12 (Puente 2)

Props: the numbers from page P26 written on large index cards using a wide marker

- Have a student come forward and point to the numbers as you name them first in sequence and then randomly.

  Toca el 12.
  Señala el 15. etc.

- Instruct individual students to take certain numbers and give them to classmates. Model the command the first time yourself.

  Ana, toma el 20 y dáselo a Pedro.

  If the students are comfortable with the material, continue with more complex commands.

  Pedro, pon el 20 en la mesa. Ahora toma el 90 y dáselo a María.

FOLLOW-UP

Prepare a list of two-digit numbers in random order and have the students write these numbers as you read aloud. You may want to have some students do this activity at the board.

TPR Activity 7

COMPREHENSION-EXPANSION

Prepositions of place

- Place the above objects on a table visible to the class. Have the students each put the same objects on their own desk.

- Give the commands and move the objects on the table accordingly. The students will move the corresponding objects on their desks. When the students understand the movements, vary the commands without modeling the actions.

Props: book, notebook, piece of paper, two pencils

Pongan el papel sobre el libro.
Pongan el cuaderno debajo del libro.
Pongan el papel al lado del libro.
Pongan los lápices en una línea recta.
Pongan un lápiz detrás del libro.
Pongan otro lápiz delante del libro. etc.

FOLLOW-UP

Props: index cards with numbers (from TPR Activity 9)

■ Spread out the index cards on a table and have different students place them on the chalktray according to instructions.

Pon los números del 11 al 16 en una línea recta.
Ahora pon el 60 detrás del 16.
Pon el 20 delante del 15.
Pon el 30 al lado del 40.
Pon el 70 debajo del 40. etc.

TPR Activity 8

TEXT-RELATED
People and ages (Puente 2)

Props: magazine pictures of people of various ages. (For each picture, prepare a large index card with the person's age written in large numbers.)

■ Tape the pictures across the board and place the index cards on the tray to one side.

[pointing to a picture of a man] *¿Cuántos años tiene el señor?*
      Tiene 52 años.

■ Call on a student to write the age.

Alejandro, camina a la pizarra y escribe su edad.
      [Alejandro writes 52.]

The students at their places can participate by writing the numbers on a piece of paper.

■ Continue with the other pictures and ages.

FOLLOW-UP A

If the students need more number practice, continue the activity by changing the ages.

Me equivoqué. El señor no tiene 52 años. Tiene 57 años.
Miguel, ve a la pizarra, borra el 52 y escribe 57.

TPR Activity 9

TEXT-RELATED
Venir and countries (Puente 3)

Prop: wall map

■ On the map, point out various Hispanic countries as you make statements with **venir.** The students respond with the gesture that corresponds to the appropriate subject pronoun.

Vengo de Puerto Rico. [yo gesture]
Viene de España. [él gesture]

FOLLOW-UP

Props: Prepare blank maps (made from the Overhead Transparencies) for each group of two or three students.

■ Prepare a list of statements about which countries various people are from.

Tú vienes de Cuba.
Marta viene del Perú.
Nosotros venimos de Chile. etc.

■ Read each statement and have the students find the country and write in the name of the subject.

Tú vienes de Cuba.

The students write **tú** on the island of Cuba.

■ If the students are unsure of the locations of the countries, call on individuals to go to the wall map and point out the country.

Anita, ve al mapa y muéstranos Cuba.

TPR Activity 10

TEXT-RELATED
Places (Puente 3)

Props: large flashcards with line drawings of the places on page P30. (Draw blue borders around the masculine nouns and red borders around the feminine nouns.)

■ Place the cards on the chalktray. Teach the nouns with statements like:

Aquí está una escuela. [Hold up card of the school.]
Y aquí está una iglesia. [Hold up card of the church.]
¿Es una iglesia? [sí]
¿Es una escuela? [no] etc.

■ Call on students to pick out cards and give them to classmates.

Teresa, toma la piscina y dásela a Elena. etc.

■ Have the students with cards hold them up.

Muéstrenme sus tarjetas.
[Pick a card on one side of the room.] *¿Quién tiene el hotel?*
    [Jaime]
[Pick a card on the other side of the room.] *¿Quién tiene el mar?* [Bárbara]
¡Ay, caramba! El hotel está lejos del mar. [Gesture distance.]
[Similarly find two cards held by students that are close together.]
¿Dónde está el museo? [Class points.]
¿Dónde está la plaza? [Class points.]
¡Qué bueno! El museo está cerca de la plaza. [Gesture nearness.]
¿El museo está cerca de la plaza? [sí]
¿Está cerca del mar? etc.

Continue with similar questions about all the cards.

■ If time allows, have the students pass around the cards. For example, have Jaime give the hotel card to a student who is near Bárbara.

> *Jaime, levántate y dale el hotel a Raúl.*
> *Y ahora, ¿el hotel está lejos del mar?* [no]
> *Está cerca del mar.* etc.

FOLLOW-UP

Prop: Overhead Transparency 22

Verb practice following the pattern of TPR Activity 5.

■ On the transparency, point out various places using sentences with **ir**. The students respond with the gesture that corresponds to the appropriate subject pronoun.

> *Voy al cine.* [**yo** gesture]
> *Va al campo.* [**él** gesture]

FOLLOW-UP WITH **ESTAR**

■ On the transparency, point out various places using sentences with **estar**.

> *Estamos en el restaurante.* [**nosotros** gesture]
> *Están en la calle.* [**ellos** gesture]

TPR Activity 11

TEXT-RELATED

Ser and *estar* with adjectives (Puente 3)

Prop: a transparency of the drawings on page P36. (First copy the illustration and white out the adjectives. Then use the copier again to make a transparency on acetate.)

■ Project the transparency.

[Point to the first girl.]
Esa muchacha se llama Teresa. [Write Teresa on the transparency.]
María está bien.
[Point to boy below her.]
El muchacho se llama Enrique. [Write Enrique.] *Enrique está mal. No está bien.*
¿Quién está bien? [Teresa]
Y ¿quién está triste? [Lucía]

Continue, giving names to the young people and practicing the other adjectives.

■ Use Overhead Transparency 16 in the same way, naming the people and characterizing each one with an appropriate adjective from page P17.

> *El perro se llama Drácula. Es muy feo.* etc.

■ Turn off the overhead and write **ser** in large letters on the left side of the board. Write **estar** on the right side of the board.

> *Señalen el verbo, "ser" o "estar".*

Prepare a list of sentences using **ser** and **estar**. Then give descriptions with one verb or the other, at random.

Teresa no está triste. [Class points to **estar**.]
Soy muy inteligente. [Class points to **ser**.] etc.

■ Make exclamations using the adjectives that the students have learned. They will point to the appropriate verb.

¡Qué interesante! [Class points to **ser**.] ***Sí, es interesante.***
¡Que enfermo! [Class points to **estar**.] ***Sí, está enfermo.*** etc.

TPR Activity 12

TEXT-RELATED

Family tree
(Puente 4)

Prop: a family tree showing three generations. Copy the family tree on page P44 to make a transparency; or use felt markers to draw your version of the family tree on an old window shade, which you can roll up like a map.)

■ Teach the various family relationships pointing to the family tree.

Elena es la mamá de Marisa.
También es la mamá de Roberto y de Rafael.
¿Quién es la mamá de Roberto? [Elena] etc.

■ Have students demonstrate their comprehension by responding to commands.

Isabel, toca a la mamá de Rafael.
Señala al hermano de Ana.

■ Have students identify family members by name.

Lorenzo, ¿cómo se llama la tía de Eva? [Elena]
Inés, ¿cómo se llama el perro de Felipe? [Atila]

TPR Activity 13

TEXT-RELATED

Object pronouns—
people (Puente 4)

Props: four magazine pictures: a boy, a girl, two boys, two girls

■ Tape the pictures to the board. Explain to the class: ***"Hay una fiesta. ¿A quién invito?"***

¿Lo invito? [Point to the boy.]
¿Los invito? [Point to the boys.]
¿La invito? [Point to the girl.]
¿Las invito? [Point to the girls.]

■ Have a student come to the board. As you ask the questions, the student points to the appropriate picture. You can vary the verbs.

¿Lo invitas?
¿La llevas a la fiesta?
¿Los esperas?
¿Las buscas?
¿La llamas?
¿Los miras?
¿Lo escuchas?

■ Write the letters A, B, C, and D over the pictures. Make statements using the object pronouns. The class will respond by saying the corresponding letter.

Manuel las espera. [D]
Nosotros los buscamos. [C] etc.

TPR Activity 14

TEXT-RELATED

Object pronouns (Puente 5)

Props: two newspapers and two magazines

■ Place the newpapers and magazines on a table. Pretend that the table is a store and that you are a client. Hold up one newspaper and say:

Voy a comprar el periódico. Voy a comprarlo.

Pick up both papers and say:

Voy a comprar los periódicos. Voy a comprarlos.

Pick up one magazine and say:

Voy a comprar la revista. Voy a comprarla.

Pick up both magazines and say:

Voy a comprar las revistas. Voy a comprarlas.

■ Have a student come to the table. As you describe what the student is doing, he or she will pick up the appropriate item or items.

Silvia, tú vas a comprarla. [Student picks up one magazine.]
No, tú no vas a comprarla. [Puts it down.]
Vas a comprarlos. [Picks up two newspapers.] etc.

■ Repeat the activity with other students, varying the verbs.

Tú vas a tomarlos.
Tú vas a llevarlas.
Tú vas a mirarla.

FOLLOW-UP

Props: flashcards prepared for TPR Activity 8

■ Hold up two flashcards, one red and one blue—for example, a watch (**el reloj**) and a bicycle (**la bicicleta**). Have students take the appropriate card.

Maura, tú vas a comprarla. [Student takes the bicycle.] etc.

UNIDAD 6 ■■■■■■■■■■■■■■■■■■■■■■■■■■■■■■■■■■

TPR Activity 15

COMPREHENSION-EXPANSION

Numbers from 100 to 1,000

Props: three or more sets of index cards, numbered from 0 to 9

NOTE: *Unidad 6* teaches many irregular verbs. Students can learn to recognize their forms by using gestures, as in TPR Activity 5.

■ Write the numbers 100, 200, 300 . . . 1,000 across the board. Name them as you point to them.

Cien. Doscientos. Trescientos. Cuatrocientos. Quinientos. . . . Mil.

■ Call on a volunteer to point to the corresponding numbers, as you say them in random order.

Ochocientos. Setecientos. Mil. Cien. etc.

■ Place the index cards on the table, and call on three volunteers. As you call the numbers, they hold up the corresponding digits.

Novecientos.	[9.0.0]
Quinientos.	[5.0.0]
Ciento veinte.	[1.2.0]
Doscientos trece.	[2.1.3]

■ Divide the class into three (or more) teams, giving each team a set of cards from 0 to 9. As you call out the numbers, the teams compete to see who can hold up the appropriate cards first. (Be sure to call out only numbers where no digits are repeated.)

235   781   634   910   582   814 etc.

UNIDAD 7 ■■■■■■■■■■■■■■■■■■■■■■■■■■■■■■■■■■

TPR Activity 16

TEXT-RELATED

Colors (7.2)

Props: sheets of construction paper of the common colors

■ Place the sheets of construction paper on your desk. Present three or four colors at a time, lifting up each sheet as you name it.

Miren el papel rojo.
Miren el papel azul. etc.

■ Have students manipulate the sheets of colored paper. Model the actions as necessary.

Ángela, toca el papel rojo.
Toma el papel azul.
Pon el papel azul en el pupitre de Enrique. Siéntate.
Roberto, toma el papel rojo.
Pon el papel rojo en la ventana. etc.

■ Have the students put their **DÍA A DÍA** books on their desks and have them take out a pencil. As you indicate the colors, the students will use the pencil to point to each color on the book cover picture of the Piedra del Sol.

> **Señalen el rojo.**
> **Toquen el verde.** etc.

TPR Activity 17

TEXT-RELATED
Clothes (7.2)

Props: a selection of old clothes, preferably in large sizes: hat, shirt, pants, jacket, tie, skirt, blouse, dress, socks, shoes, etc.

■ Have students come up and hold up various items of clothing as if trying them out.

> **Susana, muéstranos la blusa.** [Give her the blouse to hold up.]
> **Pablo, muéstranos la camisa.** [Give him the shirt to hold up.]

Ask who is holding various items.

> **¿Quién tiene la blusa?** [Susana]

■ If appropriate, have students try on the larger items.

> **Graciela, ponte el sombrero.** [Have her put it on.] **¡Qué bonito!**
> **Julio, ponte la chaqueta.** etc.

Ask who is wearing various items.

> **¿Quién lleva el sombrero?** [Graciela]

■ Have students move the clothing around.

> **Alicia, pon los zapatos en la silla de Julio.**

Ask where the items are.

> **¿Dónde están los zapatos?** [en la silla de Julio]

TPR Activity 18

TEXT-RELATED
Clothes and colors (7.2)

Props: worksheets (items of clothing) made on a copier from Overhead Transparency 31; crayons or colored pencils

■ Have the students find items of clothing on their worksheets and color them according to instructions.

> **Busquen la falda. Pinten la falda de azul.** etc.

■ Have the students write the names of the items of clothing on the worksheet.

> **Busquen la falda. Ahora escriban: F.A.L.D.A.** etc.

FOLLOW-UP

Props: colored chalk

■ Have students go to the board and draw pictures of clothing according to instructions.

> *Felipe, ve a la pizarra y dibuja una corbata azul.*
> *Juanita, ve a la pizarra y dibuja dos zapatos rojos.* etc.

■ Have other students identify or erase specific pictures.

> *Antonio, ve a la pizarra y traza un círculo verde alrededor de la falda.*
> *Emilio, ve a la pizarra y borra los zapatos.* etc.

TPR Activity 19

TEXT-RELATED
Parts of the body (7.4)

Props: none

■ Have three volunteers come forward. Teach various parts of the body, one at a time, using commands, as follows:

> *Clara, tócate la cabeza.* [Model the action.]
> *Juan, tócate la cabeza.*
> *Pablo, tócate la cabeza.*

Turn to the class:
> *Todos, tóquense la cabeza.*

■ Continue with other parts of the body, varying the commands.

> *Juan, tócate los ojos.* [Model the action.]
> *Clara, tócate un ojo.*
> *Todos, tóquense los dos ojos.*
> *Todos, pongan una mano en la mesa.* etc.

FOLLOW-UP A

Prop: Halloween skeleton

■ Introduce the class to the skeleton, to whom you have given a name.
> *¿Quién es? Es mi amigo Alfonso.*

■ Call on individual students to meet and manipulate Alfonso.

> *Carmen, ven aquí y dale la mano a Alfonso.*
> *Tócale la espalda.*
> *Muéstranos su boca.*

FOLLOW-UP B

Game: Simon Says

■ Have the class stand. When you introduce a command with **Simón dice,** all the students should perform the action. When you simply give the command without saying **Simón dice,** the students should do nothing. Students who respond inappropriately are asked to sit down.

> *Simón dice: Pónganse las manos sobre la cabeza.*

Pónganse las manos sobre las orejas.
Simón dice: Tóquense la nariz. etc.

The winners are those who remain standing at the end of the game.

U N I D A D   8

TPR Activity 20

TEXT-RELATED
Past actions (8.2)

Props: common classroom objects

- Have individual students perform various actions. After each action has been performed, tell the class what just happened, using the preterite.

  Isabel, camina a la mesa y toca el bolígrafo. Siéntate. Gracias.
  Isabel caminó a la mesa y tocó el bolígrafo.
  ¿Caminó a la ventana? [no]
  Isabel no caminó a la ventana. ¿Caminó a la puerta? [no]
  No caminó a la puerta. Caminó a la mesa.
  ¿Tocó el libro? [no]
  ¿Tocó el bolígrafo? [sí]

- Continue by having other students perform other familiar actions which use **-ar** verbs and report on them in the preterite. For example:

  Levántate.   Se levantó.
  Toma . . .   Tomó . . .
  Señala . . .   Señaló . . .

- When the students are comfortable with the singular forms, have two students perform various actions and report on them in the plural.

  Ana y Ramón, caminen a la puerta.
  Ana y Ramón, caminaron a la puerta. etc.

TPR Activity 21

TEXT-RELATED
Foods and beverages (8.4)

- Review the verb **comer** with various foods.

  Me gustan las hamburguesas. [Pick up picture of hamburger and pretend to eat it.]
  Como una hamburguesa.
  Ricardo, ven aquí y come una hamburguesa. [Ricardo pretends to "eat" it.]
  Ahora, tú comes la hamburguesa.
  ¿Quién come la hamburguesa? [Ricardo] etc.

Props: flashcards with magazine pictures of the foods and beverages from page 142. (Paste the masculine nouns on blue paper and the feminine nouns on red paper. [Be sure to put **el agua** on red paper.])

■ Similarly present the beverages while reviewing **beber.**

Me gusta el café. Bebo café. etc.

■ Then present the plural forms of both verbs.

Dolores, ¿te gusta el café también?
Entonces, tú y yo bebemos café.
Enrique y Pedro, ¿beben Uds. café? [no]
Enrique y Pedro no beben café. etc.

TPR Activity 22

TEXT-RELATED
Past actions
(8.3 and 8.4)

Props: food and beverage cards of the previous activity

■ Call on individual students to come "eat" and "drink" various foods and beverages. After each one mimics an action, narrate it in the preterite.

Guillermo, ven a la mesa y bebe leche.
Guillermo bebió leche.
¿Bebió agua? [no]
Es verdad. Guillermo no bebió agua. Bebió leche. etc.

■ Teach the students gestures for present actions and past actions.

Muéstrenme el presente. [Point with index finger to floor.]
Muéstrenme el pretérito. [Point with thumb and closed fist over your shoulder.]
Escuchen. Como un sándwich. [Gesture **presente.**]
Comí un helado. [Gesture **pretérito.**] etc.

■ Practice the recognition of present and preterite forms in this manner for the various verbs with which the students are familiar.

FOLLOW-UP

Have the students use the gestures for the subject pronouns to show that they understand the preterite endings.

Perdió mi libro. [Gesture **él.**]
Volví a las cinco. [Gesture **yo.**]

U N I D A D 9 ▪▪▪▪▪▪▪▪▪▪▪▪▪▪▪▪▪▪▪▪▪▪▪▪▪▪▪▪▪▪▪▪▪▪

TPR Activity 23

TEXT-RELATED
Professions and
trades (9.1 and 9.4)

■ Point to the transparency and give a name to each of the people as you identify the professions. With a marker, write each name next to the picture.

El señor Gómez es veterinario.
El señor Martínez es dibujante.
¿Es dibujante el señor Gómez? [no]

Prop: Overhead Transparency 39

■ Have a student come forward and point out the various professions as you name them.

Beatriz, ven aquí y muéstranos la modista. etc.

TPR Activity 24

TEXT-RELATED
Past actions (9.3)

Props: wall map of Spain or Overhead Transparencies 5 and 6

■ On the map, point out an imaginary trip you took through Spain.

Fui a Madrid. Entonces fui a Toledo. etc.

■ Have a student come up and point out your itinerary as you give it. The other students can find the cities on the map in their books, page xiv.

Fui a Granada. Cristina, muéstrame Granada. [Student
points to Granada.]
Después, fui a Málaga.

■ Tell the students that your cousin also went to Spain and point out his itinerary, as above.

Mi primo también fue a Madrid. etc.

FOLLOW-UP

■ Use only Transparency 5 without the overlay giving the names of the cities. Have the students try to find the appropriate cities and point out the itineraries.

U N I D A D   1 0

TPR Activity 25

TEXT-RELATED
Table setting (10.1)

Props: plastic tableware pictured on page 236

■ Place the tableware on your desk. Pick up the items one by one as you name them.

¿Qué es esto? Es un plato.
**Y esto ¿qué es? Es un platillo. ¿Es un plato? No, es un
platillo.** etc.

■ Have a student move these items around according to your instructions.

**Vicente, pon el platillo en el plato. Luego pon el vaso en
el platillo.** etc.

FOLLOW-UP

■ Narrate the student's movements in the preterite.

**¿Qué hizo Vicente? Puso el platillo en el plato y luego
puso el vaso en el platillo. ¿Puso la taza en el platillo?** [no] etc.

TPR Activity 26

TEXT-RELATED

Fruits and vegetables (10.2)

Props: plastic fruits and vegetables

■ Place the fruits and vegetables on a table so as to represent a market stand. Have students "buy" various fruits and vegetables and give them to others in the class.

Clara, ven aquí para comprar una manzana.
Dale la manzana a José.
¿Quién tiene la manzana? [José]

Continue until all the fruits and vegetables are "sold" and "distributed," frequently asking who has certain items so as to reinforce the new vocabulary.

■ (Optional: if the fruits and vegetables are light in weight and if the class is well behaved)

José, dame la manzana. Gracias.
Voy a tirarle la manzana a Rogelio. [Toss apple to Rogelio.]
[If Diana catches the apple] *¿Quién tiene la naranja? ¿Diana?*
Bueno, Diana, tírale la naranja a Eduardo. etc.

■ Have students put the fruits and vegetables in various places.

Mónica, pon el plátano debajo de tu silla.
Carlos, busca el maíz y ponlo junto al plátano.
Camila, toma la pera y ponla en la cabeza de Laura.

TPR Activity 27

TEXT-RELATED

Other foods (10.2)

Props: flashcards of foods made from magazine pictures. (Paste the masculine items on blue construction paper and the feminine items on red construction paper.)

■ Hold up pictures and ask students if they like the foods. If so, have them take the corresponding cards.

Jaime, ¿te gusta el pollo? [Jaime says **sí**.]
Entonces, ven aquí. Te doy el pollo.

■ Ask if others like the same foods and pass the pictures around.

Adela, ¿te gusta el pollo?
[If Adela says **sí**] *Por favor, Jaime, dale el pollo a Adela.*
[If Adela says **no**] *¡Ay, qué lástima!* [Turn to another student.]
       etc.

■ Continue, using plural forms.

Margarita y Carolina, ¿les gusta la leche?
[If Margarita and Carolina say **sí**] *Estela, dales*
       la leche a Margarita y Carolina.
       etc.

TEXT-RELATED

The home and prepositions of place (10.4)

Props: Overhead Transparency 28; magazine pictures of the various rooms of the house

■ Use Transparency 28 to teach the names of the rooms of the house.

> *Aquí tenemos la sala, el comedor y la cocina.* [Pointing to each room.]
>
> *Carmen, ¿dónde está la cocina?* [Carmen points to it.]
>
> *¿Dónde está la sala?* etc.

■ Place the magazine pictures of the house on the table. Call on students to take various pictures and place themselves around the classroom.

> *Esteban, toma la foto de la cocina y ponte cerca de la puerta.*
>
> *Gabriela, toma la foto del comedor y ponte delante de la pizarra.* etc.

■ Once the "rooms" of the house have been established, have other students go to them as appropriate.

> *Tomás, estás cansado. Ve a tu cuarto.*
>
> *Pilar, quieres comer algo. Ve a la cocina.*
>
> *Ahora, ¿quién está en la cocina?* [Pilar] etc.

PART 4 Culture Briefs: A Guide to the Photos and Realia in DÍA A DÍA

El Tiempo, hoy

by Teresa Carrera-Hanley

CULTURAL REFERENCE CHART

This chart lists the topics of the cultural material in **DÍA A DÍA**. Each *Nota cultural* and each *Vista* reading selection is referenced to the corresponding Student Text page. Each Culture Brief (in the Teacher's Guide) is also referenced to the corresponding Student Text page, as appropriate. Note: Some topics appear under more than one heading if the subject matter fits multiple categories.

Topic	Culture Briefs		Nota cultural page	Vista page
	reference number	photo/realia page		
ART AND ARCHITECTURE				
Cathedral of the Holy Family	75			
Cathedral of Cuzco	38	72		
Cathedral of Toledo	11			
museums	1, 8, 82			
Piedra del Sol (Calendario azteca)	1	cover		
Plaza Mayor	19			
Valle de los Caídos			186	
ATTITUDES				
careers			196	
language of colors				219
possessions			258	
professional women			174	
teenagers and love				222
young people's problems				218
CITIES				225
Acapulco	91			
Barcelona	24, 34, 75	186		

Topic	Culture Briefs		Nota cultural page	Vista page
	reference number	photo/realia page		
HISTORICAL SITES: SPAIN				
Altamira y las cuevas	*84*			
Cádiz	*44*			
El Escorial	*77*	187	186	
Granada y la Alhambra	*76*	187	186	
Segovia y el acueducto	*78*	187		
Toledo	*11*			
Valle de los Caídos			186	
HISTORY				
Americas	*14*			
Aztecs	*1*			
Mexico	*45*			
Romans	*78*			
INTERPERSONAL RELATIONS				227
dating		3	3	
friendship	*12, 26*	29, 229	29, 258	
penpals				223
LANGUAGE			72, 164	
LEISURE ACTIVITIES (*see also* Music and Dance; Sports)				
chess				105
dancing	*27, 28*			
entertainment	*41*	103		
favorite pastimes				104, 105, 106
movies	*22, 40, 48*	19, 107	19	106
parties	*88*	229		
reading	*34*	59		105
weekend	*30, 31, 41*			
MARKETS	*49, 87*	110, 228		
MEDIA				
magazines	*25*	26		
newspapers	*32, 52*			
television	*52, 72*	180		
MUSEUMS	*1, 4, 66*			
MUSIC AND DANCE				112, 113
Caribbean	*42*			
discotheques	*27*	33		
guitar	*13, 51, 56, 100*	113, 122, 259		111
popular singers	*39*	75		111

Topic	Culture Briefs		Nota cultural page	Vista page
	reference number	photo/realia page		
PERSONAL IDENTIFICATION				
a day in the life of a teenager				220–221
personality traits				226
Spanish names	97		250	
SHOPPING				
bookstores	34			
department stores	29, 35, 36, 37	50, 63, 65, 67		
supermarket	71	178		
SPANISH-SPEAKING WORLD				
government	23	21		
Indian markets of Ecuador	49			
life in Puerto Rico	86			
phone service in Peru	90			
regions of Spain	59			
telecommunications	79			
SPORTS				
fishing	50			
gymnastics	18	P74		
running	16	P74		
skiing	46, 55	118	118	105
soccer	17, 20	P74, 11	11	105
windsurfing	43			104
TECHNOLOGY				
computers	63	160		
telephones	79, 90	192, 233		
word processors	63			
TRADITIONS AND CUSTOMS				
birthdays	58		133	
books	34	59		
fiestas	83			
TRANSPORTATION				
cars	68	175		
TRAVEL AND TOURISM				
hotels	24	23		
tourism			186	
VACATIONS	55			

CULTURE BRIEFS

Cover
1. HISTORY: La Piedra del Sol o el Calendario azteca

The cover of DÍA A DÍA shows a section of the Aztec Calendar Stone, also known as the *Piedra del Sol* or the *Calendario azteca*. The stone, enormous in scale, measures 12 feet in diameter and weighs 24 tons. Carved in the twelfth century, it was originally painted with bright colors, which have faded with time. The center of the stone (the first circle) represents Nahui-Ollin, the sun god. The various carvings around the sun god (the second circle) depict the history of the universe according to the Aztecs. For the Aztecs, who excelled in mathematics and in astronomy, the stone served as a calendar. Twenty symbols are carved in the third circle of the stone. These represent the days of the month. The Aztec calendar had 18 months of 20 days each. The stone is displayed at the National Museum of Anthropology (*el Museo Nacional de Antropología*) in Chapultepec Park, Mexico City. Each year hundreds of thousands of visitors flock to view this masterpiece of art and science.

P U E N T E

Page xviii
2. EDUCATION: Volviendo a casa

Students from Madrid preparing to go home after a day in school. Some will take the school bus (*el bus escolar*), seen on the left; others will use their moped (*el ciclomotor* or *la motoneta*). Generally speaking, only the children of well-to-do parents can afford to own a moped.

Page P1 (top)
3. EDUCATION: Unas amigas de escuela

Three friends enjoying one another's company at a high school in Buenos Aires, Argentina.

Page P1 (bottom)
4. EDUCATION: El recreo

Teenagers playing basketball during recess (*el recreo*) at a school in Madrid, Spain. Basketball is one of the most popular sports with Hispanic young people.

Page P3 (top)
5. CITIES: Quito, Ecuador

Quito, the capital of Ecuador. La Villa de San Francisco de Quito was founded by the Spaniard Sebastián de Benalcázar on December 6, 1534. Today Quito is one of the most dynamic, livable cities in South America. It is also, to many, South America's most historic city because of its unmatched sixteenth- and seventeenth-century Spanish colonial architecture. Colonial Quito encompasses the National Cathedral (*la Catedral Nacional*), which boasts a treasure of invaluable art pieces; magnificent churches like La Compañía (founded by the Jesuits), San Francisco, and La Merced; the National Palace (*el Palacio Nacional*), seat of Ecuador's political power; and narrow streets like the ones in La Ronda, an older section of the city. Modern Quito has grown up around colonial Quito because of Quito's natural location. The city is located in a valley at the foothills of Mount Pichincha, an inactive volcano.

Page P3 (top, inset)
6. CITIES: El Quito colonial, Ecuador

The National Cathedral on the Plaza de la Independencia. Both the Cathedral and the Plaza are focal points of colonial Quito. The Cathedral, built in the seventeenth century, is full of religious works of art that come from the art school founded by the Franciscan Order in 1535. The school, known as La Escuela Quiteña de Arte, was the first of its kind in South America. It has left a wealth of wooden polychrome sculptures and paintings unequaled in the New World. The Cathedral is the burial place of the hero of Ecuadoran independence,

Antonio José de Sucre. Ecuador has named its monetary unit—the sucre—in his honor. Quito, the oldest South American capital, has so many religious Spanish colonial buildings that it is often regarded as an outdoor museum.

Page P3 (bottom)

7. EDUCATION: Las clases de educación física

A group of students from the Colegio Espejo in Quito doing routine warm-up exercises at their physical education class (*la clase de gimnasia*). All public schools require physical education twice a week. The students must wear white uniforms—shorts, polo shirt, socks, and sneakers—during these days. The outfit must be clean and neat at the beginning of each class. The students wear their physical education uniform to school because public schools do not provide locker rooms. Only expensive private schools offer this facility.

Page P8

8. ART: El Museo Rufino Tamayo, Ciudad de México

The entrance to the recently opened Rufino Tamayo Museum in Mexico City. This museum holds the works of Tamayo as well as those of other famous Mexican and Latin-American modern painters. Rufino Tamayo ranks among the foremost Mexican painters, along with Diego Rivera and Frida Kahlo. His highly individualized and fanciful style was influenced by his love for pre-Columbian art, which he developed during the years he worked as head of the National Museum of Anthropology (*el Museo Nacional de Antropología*) in Mexico City. Tamayo, whose works have won numerous international prizes, captured Mexico's gaiety and tragedy, its bright flowers and mystical sunsets. Tamayo's murals can be viewed at the National Palace of Fine Arts (*el Palacio Nacional de Bellas Artes*) and at the National Museum of Anthropology.

The inset, titled "Un frutero con frutas" (Fruit Bowl with Fruit), is a well-known Tamayo still life.

Page P18

9. CITIES: San Juan, Puerto Rico HISTORICAL SITES: El castillo "El Morro"

An aerial view of El Morro Castle in San Juan, Puerto Rico. El Morro is a massive fortification built on a high bluff at the harbor entrance. The fort was constructed by the Spaniards in 1533 to protect themselves from pirates and other foreign attacks. In 1595, El Morro prevented the English navigator Sir Francis Drake from taking possession of this Spanish territory. Nowadays El Morro and its adjacent landmark, the fortress San Cristóbal (known as *La Fortaleza*), are historical museums and well-visited tourist sites. La Fortaleza, also built in 1533 but later rebuilt in 1640, functions as the governor's palace. It is the oldest executive mansion in continuous use in the Western Hemisphere.

San Juan is the oldest city under the United States flag. Juan Ponce de León, who founded San Juan in 1508, is buried in the San Juan Cathedral. His house, *La Casa Blanca*, built in the early sixteenth century, was owned by the Ponce de León family until the late eighteenth century.

Page P29

10. FOOD: Los mariscos en España

A billboard menu announcing the daily items at the Spanish seafood restaurant "Miguelito El Cariñoso." Prices, which vary according to what the fishers catch that day, are usually set a few hours before dinnertime. Seafood (*los mariscos*) in Spain is always fresh and well prepared. Among the menu items seen here are squid (*los calamares*), anchovies (*los boquerones*), and prawns (*las gambas*). Other seafood staples in Spain are clams (*las almejas*) and mussels (*los mejillones*), both common ingredients of paella.

Page P34

11. CITIES: Toledo, España

The Imperial and Crowned City (*la Ciudad Imperial y Coronada*) of Toledo. It bears this name because Toledo was the capital of Spain until 1561, when Philip II established the court at Madrid. In the background of the photo is the immense Cathedral (*la Catedral de Toledo*), a thirteenth-century Gothic building with the usual Spanish variations. The construction of the cathedral was started in 1227 and completed in 1493. The impressive exterior boasts a 300-foot-high tower, flying buttresses, great rose windows, and huge doors. Its interior features 5 naves supported by 84 columns. Its many chapels contain uniquely crafted Toledan-style religious pieces made with the gold brought from America by Columbus. The Cathedral is home to a number of works of art, including the El Greco painting "Christ Stripped of His Garments," as well as masterpieces by Goya and Van Dyck. Toledo has been declared a national monument by the Spanish government for its superb Moorish and Christian architecture.

Page P41

12. ATTITUDES: La amistad

Friends reading a letter from a friend. Young Hispanics enjoy a strong sense of friendship, which starts in elementary school. Although they do not telephone each other as much as their American counterparts, they visit each other frequently on weekends and on holidays. Letter writing is customary among friends that live far away or have moved. One letter can be addressed to many friends, who share the news. School friendships usually extend to the members of both families.

Page P46

13. LEISURE ACTIVITIES: Una tarde agradable

A group of friends having fun playing and listening to the guitar. Classmates and friends often meet on a weekend afternoon at the home of one of the group to chat, listen to music, or play the guitar. Making up new songs or just trying to play popular ones is an enjoyable way to spend the afternoon. Parents usually treat the teenagers to cold lemonade, a fruit beverage, or plain fruits. Friends are welcome by all members of the family.

Page P54

14. FAMOUS PEOPLE: Cristóbal Colón, el descubridor de América

Christopher Columbus (Cristóbal Colón) was born in Genoa, the Italian seaport. By the age of 14, he had sailed all over the Mediterranean Coast and had visited Greece and Portugal. Later he moved to Lisbon, Portugal, where he married the daughter of a famous sea captain. From his father-in-law's maps and charts and from his readings of Marco Polo's voyages to Cathay (China) in 1225, he decided that Cathay, where spices, jewels, and silks could be found, lay on the other side of the Atlantic. For years, Columbus tried to interest European rulers in his plans. Finally in 1492, King Ferdinand and Queen Isabella of Spain agreed to provide him with three ships—the Niña, the Pinta, and the Santa María—and make him viceroy of any lands he acquired for Spain. On his first trip, Columbus kept two diaries: one a true record of the distance traveled, the other a false account showing much shorter distances. (Columbus intended the latter for the crew because he did not want his men to be frightened by the adventure.) When Columbus landed on one of the Bahama islands near Florida, believing that he had found the East Indies, he called the natives Indians. Sailing on in search of Cathay, he discovered Cuba and Hispaniola (the Dominican Republic).

Owing to storms, Columbus returned to Spain with only two ships. The Spanish monarchs were delighted with what Columbus brought back (gold, parrots, exotic plants, and several Indians). From 1493 to 1504, Columbus made three more trips to the Americas.

The new settlers were disappointed at not finding the golden palaces and jewels they had expected. In 1500, Columbus was sent back to Spain in chains by the people of his colonies. Queen Isabella sided with Columbus and set him free but took away his title of viceroy. Columbus returned to Spain from his fourth voyage in 1504, sick and disappointed. He spent the last two years of his life seeking an audience with King Ferdinand. Columbus died without knowing he had discovered the New World.

Page P56

15. FAMILY LIFE: Los animales domésticos

Young boy playing with his dog. In Hispanic countries, having a dog is common in rural areas and in small towns, where there is more room to attend to animals. In the big cities, Hispanics usually live in apartment buildings, where having a dog can be difficult. City dwellers who want a pet usually choose a cat or a small bird. Since urban Hispanics often have relatives in a small town or on a farm, they can visit animals there. Dogs are welcome pets both to their owners and to their owner's extended family. In recent years, more and more Hispanics, especially Spaniards, own a dog.

U N I D A D 6 ▪▪▪▪▪▪▪

Page P74 (top left)

16. SPORTS: El atletismo

Running hurdles (*la carrera de vallas*) at a Hispanic track-and-field competition. Track-and-field (*el atletismo*) is popular among high school and college students. Track is a usual part of physical education classes.

Page P74 (top and bottom right)
17. SPORTS: El fútbol

A young Spanish soccer player being interviewed by a reporter from *El País*, a newspaper in Madrid. Soccer is the favorite sport of many Hispanics. It is common for students to get together and play soccer on Wednesday afternoons because many schools have early dismissal that day. Soccer leagues compete with each other on weekends and holidays. Some of the soccer tournaments are sponsored by businesses or by the city's Oficina de la Comunidad.

Page 1
18. SPORTS: La gimnasia rítmica

A gymnastics class at a private academy in Madrid. Parents register their children in gymnastics to acquire grace and coordination, and to improve their muscle tone. Gymnastic performances (*las revistas de gimnasia*) are given at the end of each semester.

Page 3
19. CITIES: La Plaza Mayor de Madrid, España

Young friends at an outdoor café in Madrid's Plaza Mayor. The Plaza Mayor (Main Square) was designed by the Spanish architect Juan Gómez de Mora. It was built between 1617 and 1619, and it was renovated and modified after the great fire of 1790. The Plaza Mayor is surrounded by five-story balconied houses topped with steeples. The continuous arcade at the street level contains shops, restaurants, and cafés. In the 1800's, bullfights on horses (*las corridas de toros a caballo*), fireworks displays (*los fuegos artificiales*), celebrations, and even ceremonies of the fearful Inquisition (a religious organization that oversaw the practice of Catholicism) took place here. At present, during certain days of the week, the Plaza Mayor is used as a flower market. Around the Christmas holidays (*las fiestas Navideñas*) through January 6, the Feast of the Three Kings (*la fiesta de los Reyes Magos*), vendors with temporary stalls sell toys, Christmas decorations, items for the manger (*el nacimiento*), and the like. The Plaza Mayor counts among the finest architectural features of Madrid. It is the biggest city square in Spain and one of the most beautiful.

Page 11 📷

20. SPORTS: El fútbol profesional en España

A soccer game at the Santiago Bernabeu Stadium in Madrid. This stadium, which holds 130,000 spectators, is one of Spain's largest. It is also the residence of El Real Madrid, a first-division soccer team. El Real Madrid sometimes plays against El Atleta de Madrid, another first-division team. These games are usually held in a smaller stadium called Manzanares.

Page 16 📷

21. EDUCATION: La educación secundaria en la Argentina

Students walking home from school in Buenos Aires, Argentina. Young Argentinians attend a variety of secondary schools. A regular high school offers a *bachillerato* program, which prepares students to continue their education at the university level. A *colegio normal* prepares students to become elementary school teachers, while a *colegio de comercio* prepares students for careers in bookkeeping, accounting, and general office work. The *colegio técnico* teaches students a trade. In rural areas, agricultural schools train students in animal husbandry and land management.

Page 19 realia

22. LEISURE ACTIVITIES: El cine

American and European films are popular in cinemas throughout Spain and Latin America. American films are either subtitled or dubbed. New movies are usually not shown until a few months after they have been released in the United States. Since most cities do not have video rental stores, many movie houses feature film classics. Hispanics enjoy the big screen. In fact, they would rather go to the movies with friends than watch a movie at home. An evening at the cinema gives them the opportunity to go to a café afterward to discuss the show. (Note: Beta is more popular than VHS in both Spain and Latin America. Still, most people do not yet own a VCR.)

Page 21 realia

23. SPANISH-SPEAKING WORLD: Las elecciones en México

A poster urging people to vote during elections in Mexico. The Mexican government, like that of the United States, is made up of executive, legislative, and judicial branches. Mexico's president is elected for six years. Although Mexico has several political parties, there is only one ruling party, the PRI (*el Partido Revolucionario Institucional*). Mexico comprises 31 states, plus a federal district (*el distrito federal*).

Page 23 realia

24. CITIES: Barcelona, España

A brochure for Barcelona's Hotel Granvía. Barcelona is the second-largest Spanish city. Because Barcelona was chosen to host the Summer Olympic Games of 1992, many old hotels have been refurbished and many new ones built in order to accommodate the thousands of spectators. The Hotel Granvía is located near the Ramblas, an important boulevard that extends from the Plaza de Cataluña to the waterfront. The downtown section of the Ramblas is closed to vehicular traffic, allowing pedestrians full use of the open-door cafés and the exquisite boutiques. Numerous flower stands add color and festivity to the charming and relaxed atmosphere.

Page 26 realia

25. LEISURE ACTIVITIES: Una revista juvenil

Coqueta is a popular magazine for teenagers. It features fashion updates, tips on personal care, and interviews with well-known Hispanic performers.

Page 29 📷
26. DAILY LIFE: La amistad

Friends at home. When young Hispanics invite friends to their home, they usually offer their guests something to eat or drink. A good friend, regardless of age, becomes a friend of the entire family. This way, parents get to know their children's friends. On weekends, it is customary for friends to visit, rather than to phone, each other.

Page 33 (left) 📷
27. MUSIC: Las discotecas de Madrid

Madrid plays host to many dance clubs, such as *discotecas, salas de bailes, salas de fiestas,* and *music-halls.* These offer a variety of music, ranging from Latin-American rhythms and jazz to rock and roll. Hispanics of all ages like to dance and socialize. Xenon is one of Madrid's most popular discotheques, featuring popular dance hits during the late afternoon and on weekends for the younger set. The live band music, which is featured on weeknights, tends to draw a slightly older crowd.

Page 33 (right) 📷
28. MUSIC: Las discotecas de Madrid

Young Spanish students dancing to a popular Hispanic rock song. Teenagers go dancing with large groups of friends. In addition to Spanish performers, British and American rock stars have a wide following. Some popular non-Hispanic groups and singers are UB40, The Cure, Paula Abdul, and Madonna.

Page 50 (top) 📷
29. SHOPPING: La ropa

Two young Spanish girls shop at the Galerías Preciados department store. Spanish teenagers like to buy their own clothes. They usually purchase one or two fashionable outfits for each season. Quality and comfort are essential. Teenagers do not buy lots of clothes because clothes are fairly expensive. Besides, during the week, there is the school uniform.

Page 50 (bottom left) 📷
30. LEISURE ACTIVITIES: Los fines de semana

Spanish teenager being interviewed by a reporter about his weekend pastimes. Young Spaniards like to go dancing or to the movies with friends on weekends. Parents allow their teenage children to stay out late one weekend night as long as the young people are with their regular group of friends. The parents of the group know each other, and they too are friends.

Page 50 (bottom right) 📷
31. LEISURE ACTIVITIES: La importancia de las diversiones

A Mexican girl dancing at a party. Going out and having fun is important for Hispanic teenagers. When they go out, they usually dress neatly and well. Most socializing takes place on weekends, when friends from different schools can catch up with news of one another.

U N I D A D 7 ⬛⬛⬛⬛⬛

Page 53 📷
32. DAILY LIFE: La apariencia personal

A young Spanish woman who works in Madrid as a reporter for *El País,* the largest daily newspaper. Spaniards dress more formally than Americans, even in their sportswear. They dress neatly and appropriately for every occasion.

Page 58 📷
33. FOOD: El desayuno hispano

The three Peña children having breakfast at home. The customary Hispanic breakfast is light, consisting of fruit juice (usually orange) accompanied by a variety of breads. These include toast (*el pan tostado*), rolls (*los bolillos*), sweet rolls (*los panes dulces*), and croissants (*las medias lunas*).

Another breakfast, *churros y chocolate,* is a favorite both in Spain and in Mexico. *Churros* are long, thin doughnut sticks sprinkled with sugar and served hot. The *chocolate* served with the *churros* is thick and creamy, as well as delicious. The *churros* have deep grooves to hold the *chocolate* after being dipped into it.

Nowadays in Spain and throughout Latin America, boxed cereals are becoming a popular breakfast item. Except with cereal and in *café con leche,* Hispanic adults seldom drink milk. Children, on the other hand, usually drink a glass of milk in the morning.

Page 59 realia
34. TRADITIONS AND CUSTOMS: Los libros y los editores
CITIES: Barcelona, España

An advertisement promoting books as gifts. The gift of a book is appreciated because Hispanics consider reading both a means of relaxation and a source of knowledge. Madrid, Barcelona, Mexico City, and Buenos Aires are the headquarters of many book publishers, of *editores.* Every year book fairs (*las ferias del libro*) are held in these cities. The *ferias* are open to wholesale buyers from bookstores (*las librerías*) as well as to the general public. Important authors come to autograph books and to give lectures on their works. Besides publishing books in Spanish, Barcelona also publishes books in Catalan (*el catalán*), a Romance language similar to Provençal, an ancient language of southern France. Barcelona is the capital of the bilingual region called Catalonia (*Cataluña*).

Page 63
35. DAILY LIFE: La ropa

Young shoppers admiring one of the many window displays of Galerías Preciados, a leading department store in Madrid. The people of Madrid (*los madrileños*) rank among the world's most fashion-conscious. Adults are more conservative in the way they dress. Men usually wear jackets and ties. Women wear suits and dresses when appropriate. Young people are trendier. Jeans, polo shirts, and sweaters are their favorite articles of clothing.

Page 65 realia
36. SHOPPING: Un almacén de Madrid

An information board at the Celso García department store in Madrid. Celso García has many *sucursales,* or branches, around the Spanish capital. The basement (*el bajo piso*) offers housewares. The street floor (*la planta baja*) offers gifts, perfumes, and men's accessories. The second floor (*el primer piso*) is reserved for men's clothing and shoes. There is also a beauty salon (*el salón de belleza*) that is sometimes unisex. The third floor (*el segundo piso*) is reserved for women's clothing and accessories. The fourth floor (*el tercer piso*) contains children's clothing and furniture.

Celso García provides escalators and elevators. On the elevator buttons, the following abbreviations signal the various floors: BP, PB, 1er, 2o, and 3er.

Page 67 realia
37. SHOPPING: Otro almacén de Madrid

Galerías Preciados is an important chain of department stores in Madrid, with branches in other cities. These department stores provide a free map of Madrid to tourists. The map includes the sites of the stores but also provides such useful shopping information as size charts, exchange rates, and ways to recover the VAT (Value Added Tax) that the customer pays when shopping. Spaniards are subject to high sales taxes, especially on luxury items. When tourists spend a certain amount, they can obtain a tax exemption form furnished by the store office. Upon presenting the form and a passport, tourists receive a rebate of up to 20 percent. Other large department stores such as El Corte Inglés also offer the same service. (El Corte Inglés is the only Spanish department store with branches outside Spain. One of these branch stores is located on the Calle Florida, an elegant shopping district in Buenos Aires.)

Page 72
38. CITIES: La Catedral de Cuzco, Perú

The Cuzco Cathedral (1654) is built on the site of an Incan palace. A series of earthquakes (the last of which, in 1650, nearly destroyed the city) delayed completion of the building for more than a century. The Cathedral is one of the finest structures in the Western Hemisphere. It contains a number of important paintings and sculptures. Perhaps the most famous sculpture is "Lord of the Earthquakes" (*el Señor de los Terremotos*). This magnificent art piece, which has survived the many earthquakes, offers a flame-blackened image of Christ Crucified. The altar of the Cathedral houses La Gran Custodia, a religious gold vessel encrusted with hundreds of precious gems. The Cathedral also boasts the largest church bell in South America. Weighing over a ton, the bell can be heard up to 25 miles away.

Cuzco, which dates from the eleventh century, was the capital of the far-reaching Incan Empire. The Spanish conqueror Francisco Pizarro and his troops occupied and sacked the city in 1533. Many years later, the Spaniards established churches, convents, monasteries, and schools there. Nowadays Cuzco, a city of about 200,000 people, is visited by tourists on their way to the famous archeological ruins of Machu Picchu, another spectacular Inca site.

Page 75 realia
39. MUSIC: Los cantantes populares

Music ads, like this one for records and cassettes, are often seen in magazines and newspapers. Cassettes and records, including compact disks (*los discos compactos*), make popular gifts for birthdays and holidays. Hispanic teenagers enjoy the music of American rock singers. Some singers, American and British, have recorded songs in Spanish. Linda Ronstadt, Sting, Gloria Estefan, and Paula Abdul are among the many performers who cater to both English- and Spanish-speaking audiences. People also buy the hits of Hispanic singers. The music of Julio Iglesias, José José, and the Puerto Rican group Menudo has won hundreds of fans around the world. Argentina, Mexico, and Spain are the major producers of recorded material for Latin America.

Page 81
40. LEISURE ACTIVITIES: Las películas

A young Hispanic moviegoer talking about a film she has just seen. Going to the movies in Spain and Latin America is relatively expensive. Still, people line up to see the latest releases. Although many American films are shown in Hispanic countries, the titles are often translated freely. Recent hits include *Who Framed Roger Rabbit?* (¿Quién engañó a Roger Rabbit?), *Rain Man* (El hombre de la lluvia), *Driving Miss Daisy* (Paseando a Miss Daisy), and *Back to the Future, Part III* (Volver al futuro, Parte III).

A relatively small percentage of Hispanics own a VCR. For those who do, the Beta format is more popular than the VHS format, which predominates in the United States. Video stores are beginning to appear in the big Hispanic cities, but going to the movies is still preferred over staying at home to watch a film. After a movie, Hispanics enjoy gathering at a café, where they can converse enthusiastically or give their opinion about the film.

VISTA 4 ████████

Page 103
41. CITIES: El parque de Chapultepec en la Ciudad de México
LEISURE ACTIVITIES: Un fin de semana

A mime group performing in Chapultepec Park, Mexico City. Throughout the year, entertainers come to the park on weekends to perform for its many visitors. The performers are paid by the city's Park and Recreation Department (*la Oficina de Parques y Recreaciones*), although spectators may make small donations.

Page 104 (left)

42. MUSIC: (a) Los instrumentos musicales del mundo hispano

(b) La música del Caribe

A group of Hispanic musicians playing Caribbean music in Central Park, New York City. The lively music is played on instruments common in their native lands of Puerto Rico, the Dominican Republic, and Cuba. The instruments include drums (*los tambores*), guitar, and rattle board. Both the conga (*la conga*), a tall, narrow or barrel-shaped drum, and the bongo (*el bongo*), one of a pair of small connected drums of different sizes and pitches, are played by beating the tight goatskin head with the palm of the hand or the fingers.

Spanish Caribbean music blends African and Indian rhythms. The music is made for dancing. Each country has its own traditional dance. In Puerto Rico, the *bomba* and the *plena* are the traditional folk dances. The *merengue* is the dance of the Dominican Republic. The *mambo* and the *rumba,* two dances once popular in the United States, originated in Cuba.

Page 104 (right)

43. SPORTS: El windsurf

Windsurfing (*el windsurf* or *la tabla vela*) is a popular sport at Hispanic beach resorts. It combines the thrill of surfing with the skill of sailing. Puerto Rico's Rincón Beach is the site of international windsurfing tournaments. Other countries where tournaments are held include Perú, Ecuador, and Chile. Most beaches have places to rent sailboards (*las tablas velas*). You may also rent a surfboard (*una tabla de surfear*) and go surfing. People who practice this sport are called *surfeadores.*

Page 105 (top)

44. CITIES: Cádiz, España

Teenagers playing soccer in an open field in Cádiz, the capital of the Spanish province of the same name. The historic port of Cádiz, situated on a narrow peninsula on the southernmost coast of Spain, is perhaps the oldest continuously inhabited settlement in Western Europe. During the Spanish era of exploration (*la conquista*), many ships sailed from this port to America. Cádiz is a city of white houses, palm trees, and orange groves. The Museo de Pintura contains one of the richest art collections in Spain. Among the many people who claim Cádiz as a birthplace is Manuel de Falla (1876–1946), the famous composer.

Page 105 (lower left)

45. CITIES: Monterrey, México

Felipe Pérez is from Monterrey, Mexico. This historic city, situated in northern Mexico, is a major industrial center and one of the country's chief tourist sites. The city was founded by the Spanish captain Diego de Montemayor, who named it the Metropolitan City of Our Lady of Monterrey (*la Ciudad Metropolitana de Nuestra Señora de Monterrey*). Monterrey played an important role during the Spanish colonial period, until Mexico's independence from Spain in 1810. Monterrey is surrounded by many natural areas of great beauty. The García Caverns, the largest and most spectacular natural caves in North America, are located nearby.

Page 105 (lower right)

46. SPORTS: El esquí en Chile
CITIES: Valparaíso y Viña del Mar, Chile

A ski slope near the Chilean port of Valparaíso during the winter season, which runs from June to September. The abundance of mountain ranges in Chile has generated a number of ski resorts. Valparaíso is Chile's maritime center and home to the Arturo Pratt Naval School. Chile is proud of its navy, considered by many the best in South America. Valparaíso also has a sister city, Viña del Mar. Viña, located about ten minutes up the coast from Valparaíso, is known as "The Pearl of the Pacific" (*la Perla del Pacífico*). Viña's natural beauty and breathtaking beaches attract visitors year round. It is in Viña that the president of Chile keeps a summer residence on Castle Hill (*Cerro Castillo*).

Page 106 (top)
47. CITIES: San Diego, California

Hispanic teenagers watching the flamingos (*los flamingos*) at the San Diego Zoo. The zoo, which has the largest animal collection in the world, is one of the best in the United States. It is located in Balboa Park and occupies over 100 acres. The scenic landscape of the park is enhanced by its many mesas divided by steep canyons, increasing the diverse natural beauty of the surroundings.

San Diego was originally a part of Spanish America. It was founded in 1769 by Sebastián Vizcaino. Fray Junipero Serra built his first California mission there and named the site San Diego de Alcalá de Henares. Today San Diego is the third-largest city in California (after Los Angeles and San Francisco), owing much of its growth to its mild climate and fine harbor. Because of its proximity to Mexico, San Diego is a bilingual city. There are many Mexican-Americans in San Diego.

Page 107 realia
48. LEISURE ACTIVITIES: Yendo al cine

Various ads for American movies shown in Spanish and Latin-American movie houses. The titles of American films are usually translated into Spanish, though not always literally. Some movies are dubbed, but many are subtitled. A première (*un estreno*) attracts large crowds of moviegoers, who do not mind waiting in line for hours.

Page 110
49. SPANISH-SPEAKING WORLD: Los mercados indios del Ecuador
MUSIC: La música folklórica del Ecuador

A native Ecuadoran playing the flute at an Indian market in the city of Ambato. Ecuador's centuries-old Indian markets are one of the country's most remarkable features. The best-known are the Otavalo and the Ambato markets. In the sunny, busy markets, Indians sell their wares, which include native handicrafts, leather goods, and textiles. Handmade instruments like the flute and the *rondador* (a series of variously-sized flutes tied in order by a string) offer a variety of Andean music. Brightly colored ponchos, scarves, and hats, along with homespun woolen materials, attract thousands of visitors annually.

Page 112 (top)
50. CITIES: Mazatlán, México
SPORTS: La pesca en México

A *carnaval* celebration in Mazatlán, an important Mexican seaport and the home of Mexico's largest shrimp fleet and seafood packing plants. Mazatlán boasts one of the finest harbor facilities on Mexico's Pacific coast. This city is a port of call for many American and international cruise ships. Mazatlán is well known for its fishing. Marlin (*el merlín*) can be caught year round. Regular, frequent flights connect Mazatlán with cities in the United States. In the last few years, the increased tourist travel to Baja California has helped to make Mazatlán popular with sun seekers. There are two ferries between La Paz, the southernmost port in the Baja California Peninsula, and Mazatlán.

Page 113
51. MUSIC: La guitarra
CITIES: Sevilla, España

A guitar display in Seville, Spain. Shops like this are common throughout Spain and Hispanic countries. Guitars vary in quality and price. Many of the guitars shown here are pick guitars, played by striking the strings with a flat, almond-shaped pick made of tortoiseshell or plastic. In recent years, the electric guitar has increased in popularity. A number of works by classical masters such as Bach and Chopin have been arranged for the guitar. The guitar figures prominently in Seville's famed flamenco music.

Seville, one of Spain's most beautiful and romantic cities, is popular with tourists. Its cathedral contains great works of art. Christopher Columbus is believed to be buried in the cathedral's mausoleum. Seville is also famous for its Holy Week processions (*las procesiones de Semana Santa*). Located in Andalusia, Seville blends the best of both Moorish and Christian traditions.

UNIDAD 8

Page 114 (left)
52. DAILY LIFE: El periódico

A young Spaniard reading *El País,* one of Madrid's leading newspapers. People usually buy newspapers in the morning and in the evening. They like to read the newspaper at the café, where they can discuss the news (*las noticias*) with friends. Although more and more people are watching the news on television, Spaniards still prefer to talk about the news with a friend or friends over a cup of coffee. Newspapers are sold at newspaper and magazine stands (*los kioskos*) all over the capital.

Page 114 (right)
53. DAILY LIFE: Los cafés y los restaurantes

A young girl and her friend have lunch at a restaurant and chat about their weekend. Spaniards love to eat out. Madrid alone boasts thousands of restaurants offering a great variety of food at various prices. Because of their affinity for going to cafés and restaurants, Spaniards give the impression that they are always eating. And they are! They eat small quantities, but often. Lunch (*el almuerzo*) is the big meal of the day. The rest of the day, Spaniards snack.

Page 115
54. DAILY LIFE: El desayuno hispano

A teenager having breakfast at home. For breakfast, Hispanics usually have juice (*el jugo* or *el zumo*), coffee with steamed milk (*el café con leche*) served in a big, handleless cup (*el pocillo*), and bread or toast with butter, jelly, or marmalade. In winter, they have *churros* (a long, thin doughnut covered with sugar) and *chocolate* (that is, hot chocolate, or *chocolate caliente*). Eggs and bacon or ham are weekend treats. Nowadays more and more Hispanics are eating cereal (*los cereales*) with cold milk. During the winter months, they eat a variety of hot cereals.

Page 118 realia
55. SPORTS: El esquí en España

This poster from the Nieve Ski Touring Club lists places that club members may go skiing. Every year more Spaniards take vacations at the four popular skiing regions of Spain. Some travel north to the Picos de Europa, in the provinces of Asturias and Santander, where they enjoy ski resorts like Parajes, San Isidro, Reinosa, and Alto Campo. The Picos de Europa, also known as "The Spanish Alps," are a beautiful mountain range in the Cantabrian region. Other touring clubs go to the Sierra Nevada, a mountain range near the city of Granada. Also popular are the Pyrenees (*los Pirineos*), with such resorts as Candanchú, Formigal, Valle de Arán, and La Molina. The people of Madrid (*los madrileños*) often take day trips to the Guadarrama Mountains near the capital, where the resorts of Navacerrada, Valcotos, and Pinilla are located.

Page 122

56. MUSIC: La guitarra en el mundo hispano

Playing the guitar at a teen gathering. Many Hispanic young people take guitar lessons. Some like to play flamenco music; others prefer pop or classical music. The Moors, who occupied Spain for over 700 years, are credited with introducing the guitar to Europe. Through the years, the guitar has changed in size and shape. The electric guitar and American rock music are popular in Hispanic countries around the world.

Page 126

57. EDUCATION: La educación secundaria en Costa Rica

A history class at the Colegio Arias in San José, Costa Rica. In the early grades, Costa Rican children study the history of Costa Rica, Spain, and Latin America. The students memorize dates, historical events, and famous sayings. In Costa Rica, which boasts the highest percentage of literacy in Central America, teachers are strict but well respected. For students, being on time for class, doing homework, and behaving politely all are important. Not complying with the school code results in disciplinary action and even expulsion. Parents are supportive both of the teachers and of the principal (*el director*).

The Colegio Arias is open to day students (*los estudiantes externos*) and to boarding students (*los estudiantes internos*) alike. Families from small towns and cities often send their children to the capital, where they may receive a better education. *Los internos* usually have carefully regulated schedules, including assigned study hours.

Page 133

58. TRADITIONS AND CUSTOMS: La quinceañera

A Hispanic girl always looks forward to her fifteenth birthday. A party and gifts from friends and relatives are part of the occasion. If the family decides to give a fifteenth birthday party (*una fiesta de quince años*), the girl usually wears a pink or white dress. She opens the party by dancing a waltz with her father. Live band music then plays until late at night. Because a large party is expensive, a group of *quinceañeras* may give a ball together at a social club. Each birthday girl invites a certain number of people. These balls are similar to the debutante balls in the United States.

Some families forgo the *fiesta* and opt to have a small birthday celebration for relatives and close friends. As a present, parents give their daughter a trip to a beach resort, to another city, or to another country. Other relatives give her spending money for the trip. At the same time, the *quinceañera* may receive a piece of gold jewelry—often an heirloom—from her parents and grandparents. Celebrating 15 is an event to remember!

Page 139

59. SPANISH-SPEAKING WORLD: Las regiones de España

The 13 traditional regions of Spain are Andalucía, Aragón, Asturias, Castilla la Vieja and Castilla la Nueva, Cataluña, Extremadura, Galicia, Léon, Murcia, Navarra, Valencia, and Vascongadas.

Andalucía, the southern region, is famous for cities like Cordoba, Seville, and Granada. Andalucía is also known for its sun-drenched Costa del Sol, a favorite vacation spot with Spaniards and foreigners alike.

Aragón, in the Pyrenees Mountains, is the region where King Ferdinand was born in 1452. Ferdinand united Spain by marrying Isabella, queen of Castilla and Léon. The chief city of Aragón is Zaragoza.

Asturias, in northwestern Spain, is located in the Cantabrian Mountains. It is important for its coal mines and agriculture.

Castilla la Vieja and Castilla la Nueva, in the center of Spain, are regions of great climatic variation. In the Castillas, winters are cold and summers are hot. Both Castillas have made a major contribution to Spanish civilization: the Castilian language (*el castellano*), which prevailed over the other regional dialects to become the national tongue, unified the country.

Cataluña is a northern region whose language, Catalan (*el catalán*) is still in use. The people of Cataluña (*los Catalanes*) are bilingual.

Extremadura was the native home of many *conquistadores* that came to the New World. Lying between the two Castillas and Andalucía, Extremadura gives rise to Spain's two longest rivers: the Tagus (*el Tajo*) and the Guardiana. The Tagus flows through Portugal to the Atlantic Ocean.

Galicia, in northwestern Spain, above Portugal, was first conquered by and then liberated from the Moors. It has four provinces: Lugo, La Coruña, Pontevedra, and Orense. Galicia is known for the city of Santiago de Compostela, a place of pilgrimage in the Middle Ages. The Pilgrim's Route (*el Camino de Santiago*) extended south from France and across the north of Spain to Santiago.

Léon is almost 200 miles from Madrid. Its capital, Léon, was the capital of Christian Spain. Its landmark cathedral has beautiful thirteenth-century stained-glass windows. The province of Léon is the gateway to the northern provinces of Asturias and Galicia.

Murcia is a region of Moorish heritage. Because of its location on the picturesque Costa Blanca, Murcia attracts tourists.

Navarra was one of the four Christian Kingdoms that existed when Spain was divided into Christian and Moorish regions. It is a beautiful region in the Pyrenees. Usually Spanish provinces are named for their capital cities, but Navarra has kept its old name instead of taking that of its principal city, Pamplona.

Valencia is famed for its citrus products, especially its oranges, and its seafood.

Vascongadas, the Basque region, is demanding autonomy from Spain. The Basques (*los vascos*) arrived in Spain long before the Celts, who are considered the chief early inhabitants of Spain. No one is certain of the origins of the Basque race and language (*el vasco*).

Page 143 `realia`
60. FOOD: Las frutas tropicales
CITIES: Macuto, Venezuela

An attachment to the breakfast menu of the restaurant "Las Quince Letras" in Macuto, Venezuela. Popular fruit juices served in the morning include orange (*naranja*), pineapple (*piña*), grapefruit (*toronja*), and soursop (*guanábana*). Macuto is a beach resort near Caracas. Sailing, yachting, skin diving, and waterskiing are popular sports that the people of Caracas (*los caraqueños*) come to Macuto to enjoy. Many good restaurants are located in Macuto. They are well frequented on weekends.

UNIDAD 9 ▉▉▉▉▉▉

Page 160 (top left)
61. EDUCATION: La carrera de maestro o profesor

A young Hispanic instructor teaching geography at a high school in Madrid. Teaching is such a respected profession in the Spanish-speaking world that the title *maestro/maestra* (elementary school teacher) or *profesor/profesora* (high school and college teacher) usually accompanies the last name in verbal address, similar to the English use of "doctor." A college degree is required to become a teacher. Teaching jobs in public schools are offered by the Department of Education (*el Ministerio de Educación Pública*). Private school teachers are hired by the school.

Page 160 (bottom)
62. EDUCATION: Las computadoras

An office worker using his computer. Computers are becoming more common in Hispanic offices. In Spain, the word for "computer" is *el ordenador,* whereas in Latin America it is generally *la computadora* or *el computador.* Much computer terminology comes from English. Other computer terms are *la informática* (computer science or data processing), *la pantalla* (screen), and *el teclado* (keyboard).

Page 160 (top right)

63. EDUCATION: **Los procesadores de texto**

A reporter from *El País,* a newspaper published in Madrid, working on her word processor (*el procesador de texto*). Many companies enjoy state-of-the-art computer technology. An important reason to learn English is for computer technology. English has become the business language of the world.

Page 161

64. FOOD: **Un restaurante de Madrid y la paella**

Señora Álvarez, the owner of the restaurant "Mesón Tejas Verdes," preparing a paella. Tejas Verdes is a well-known restaurant on the highway to Burgos from Madrid. Many people from Madrid (*los madrileños*) frequent this restaurant in the summer because they can eat outdoors in calm surroundings.

Paella, the popular Spanish dish, consists of rice (*el arroz*) flavored with saffron (*el azafrán*) to which are added various seafoods or chicken. Usually served in the same shallow pan used to prepare it, paella is garnished with strips of sweet red pimento and green peas. Paella is made to order and takes about 20 minutes to cook.

Spaniards enjoy eating out. Many restaurants offer a daily special (*el menú de la casa*) at a fixed price that includes tax and service.

Page 164

65. EDUCATION: **Los idiomas extranjeros**

Two American high school students discussing the courses they will be taking during the semester. Spanish is an important language to learn because it is widely spoken in the United States. Bilingual Hispanics study either Spanish or a third language, such as French or German. Knowing how to read and write Spanish is helpful in acquiring good jobs. Knowledge of another language can be useful in making more friends and in enhancing business opportunities.

Page 169

66. EDUCATION: **La educación secundaria en España**

Two students at the Colegio Santa Teresita in Madrid. These girls are studying to earn their *bachillerato,* the high school diploma that will enable them to take the university entrance exam.

Education in Spain is compulsory until the age of 16. The first eight years of schooling are known as *la enseñanza general básica* (basic education). The next three years, known as *los estudios generales* (general study), lead to the *bachillerato.* The last year consists of preuniversity studies, for a total of 12 years. In Spain, classes usually begin the second week of September. At Santa Teresita, a private Catholic school, classes begin in October. The students' uniforms consist of a blazer and skirt, a white shirt, a school tie, and black shoes.

Page 174

67. EDUCATION: **La educación universitaria**

More Hispanic women are attending universities than ever before and are receiving degrees that qualify them for better positions in the business world. Until recently, women were not part of the workforce. Now women are entering the workforce and staying there, even after marriage and children. Hispanic women work in the fields of education, law, medicine, and science. Many jobs are also available in offices and businesses. Spain's entry into the European Common Market (in 1986) has opened many job opportunities for professional women.

Page 175 realia

68. TRANSPORTATION: El coche

An ad from Mercovil, an auto agency that buys and sells vehicles in Spain. Spaniards prefer small, fuel-efficient cars. Because parking is a major problem in the large cities, parking regulations abound. Police officers are strict and do not hesitate to write out traffic tickets, or *multas*. Receiving too many *multas* may lead to having one's driver's license revoked and one's auto registration (*el carnet*) taken away. Gasoline is expensive in Spain and throughout Europe, costing almost three dollars per gallon. Despite these problems, Spaniards enjoy weekend outings in their cars. Traffic jams, lack of parking, and expensive gasoline do not keep the Spanish from owning a car!

Page 177 (top) realia

69. DAILY LIFE: Las profesiones

A want ad from the company ENTEL s. a. (=sociedad anónima, or "inc."). The company is looking for computer programmers (*los programadores*) in Madrid and Barcelona. This ad appeared in the Sunday edition of the Spanish newspaper *ABC*.

Page 177 (bottom) realia

70. DAILY LIFE: Los empleos

A flier from the Instituto Técnico de México advertising short-term courses that people can take to prepare themselves for various professions. The institute is located in Mexico City. The initials *D.F.* stand for *Distrito Federal*.

Page 178 realia

71. SHOPPING: Los supermercados

An ad for Mercafé supermarkets offering *economía* (price savings), *higiene* (cleanliness), *calidad* (quality), and *atención* (service). Daily specials (*las ofertas*) are announced in the newspaper and throughout the store.

Supermarkets abound in Hispanic cities. Shopping malls usually include well-stocked supermarkets in their list of stores. In Spain, many department stores have supermarkets on the lower level. Some department stores even have small restaurants or cafés.

Page 180 realia

72. MEDIA: La televisión en el mundo hispano

A TV guide announcement for all the shows that will be aired during the week. Although many Latin-American cities have only two or three channels, television is a popular diversion for the entire family. Mexico's *Televisa* is the fourth-largest television network in the world, after the American networks ABC, NBC, and CBS. Many of the *Televisa* programs can be viewed in the United States through *Univisión*, the Spanish-language network.

Page 181 realia

73. DAILY LIFE: El trabajo

An employment ad for an architect or a civil engineer. The ad seeks a person for an *obra foránea*, or overseas project. Engineering is an important and growing field in Latin-American countries. Many engineers speak English, and a good percentage have had some training in the United States.

Page 184 realia

74. TRADITIONS AND CUSTOMS: Los trabajos de verano

A Spanish want ad for students who would like a summer job in the field of tourism. In Spain, students do not ordinarily hold part-time jobs during the school year. Young teenagers receive their spending money from their parents. Doing well in school and helping around the house are their contributions to the family. Entire families usually take vacations during the summer, so few high school students hold summer jobs. Working is something young people do after high school and during their university years.

Page 186 📷
75. CITIES: Barcelona, España
ARCHITECTURE: La catedral de Gaudí

The facade of the Cathedral of the Holy Family (*la catedral de la Sagrada Familia*) in Barcelona. The cathedral, designed by the famous Catalan architect Antonio Gaudí (1852–1926), is one of Barcelona's major attractions and the most famous building by Gaudí. Construction began in 1881, but the cathedral was incomplete at Gaudí's death. Gaudí changed his ideas frequently as the work progressed. Gaudí's architecture, with its fluid, free designs, is exciting. Today work has resumed on the construction of the cathedral.

Page 187 (left) 📷
76. CITIES: Granada, España

The Lions' Court, or *el patio de los leones,* is named after the figures on its central fountain. The Alhambra is a palace-fortress of the Moorish kings. It was built in Granada during the thirteenth century. Seen from the outside, the palace exudes an imposing and massive air. Once inside, it reveals amazing architecture and decoration. When Boabdil, the last Moorish king of Granada, surrendered the city to Ferdinand and Isabella, the Catholic King and Queen (*los Reyes Católicos*), he deplored the loss of this most-treasured city. The king and queen were so overjoyed with their victory that they decided to be buried in Granada upon their deaths. A royal chapel was built for them in the Cathedral of Granada.

Page 187 (top right) 📷
77. HISTORICAL SITES: El Escorial, España

El Escorial, the monastery-palace founded by King Philip II of Spain in 1563 as a memorial to his father, Charles I, and to commemorate the Battle of Saint Quentin (*la batalla de San Quintín*) in 1557. Located 31 miles from Madrid, in a barren and severe setting at the base of the Guadarrama Mountains, San Lorenzo de El Escorial is the burial place of Spanish kings and queens. Begun by the architect Juan Bautista de Toledo and completed by the architect Juan de Herrera, this enormous building is a vast rectangle of more than 300 rooms. The combination of royal grandeur and monasteric austerity is unique. Some of the rooms are decorated with beautiful carpets, tapestries, and the works of Flemish and Spanish artists including Velázquez, Ribera, and El Greco. The library at El Escorial holds 40,000 rare volumes.

Page 187 (bottom right) 📷
78. HISTORICAL SITES: El acueducto de Segovia
CITIES: Segovia, España

The aqueduct (*el acueducto*) in Segovia, one of the world's best-preserved examples of Roman architecture. The aqueduct, a masterpiece of engineering, is built of huge uncemented stone blocks. It has 148 arches of over 30 feet each, with the double-tiered middle arches towering 90 feet above a large depression in the ground. All traffic that crosses the city must run under these center arches, in the Plaza del Azoquejo. The aqueduct still carries water from over ten miles away.

Segovia, a city of Castile, dates back more than 2,000 years. It was the Celto-Iberian center of resistance to Roman conquest until the Romans finally occupied it around 80 B.C. Segovia later became the capital of Spain during the reign of Alphonse the Wise (Alfonso el Sabio), around 1284. In 1474, Isabella was proclaimed queen here and her husband, King Ferdinand, swore to preserve the independent rights of Castile.

Page 192 📷

79. SPANISH-SPEAKING WORLD: El teléfono en España

Teresa, a high school student, is phoning from a public phone booth in Madrid's Plaza Mayor. Coins, tokens (*las fichas*), or special telephone cards may be used. You can purchase a light and handy telephone card for a few hundred pesetas. Each card is worth a number of message units. A small display window in the telephone shows both the number of message units used on the current phone call and how many units are left. The caller does not need coins and does not run out of change.

Telecommunications are becoming more specialized. For overseas calls from Madrid, special phone booths are located along important streets. One can also go to a public long-distance center where an operator places the call for you and directs you to one of the booths. The telephone system improves constantly.

Page 196 📷

80. FOOD: Unos platos españoles

Rafael Álvarez working in the kitchen of the restaurant "Mesón Tejas Verdes," located on the highway to Burgos from Madrid. In Madrid and its surrounding areas, there are hundreds of restaurants that offer delicious regional dishes. One such example, from Asturias, is *fabada,* a white-bean stew with sausage and salt pork. Many of the restaurants are small, family-owned businesses that take great pride in the preparation of their food. Because fresh fish (*el pescado*) and seafood (*los mariscos*) are abundant all over Spain, dishes made from these are a highlight of Spanish cuisine.

Spaniards eat late. In Madrid, it is common to have lunch between two and three o'clock, and to eat dinner between ten-thirty and eleven-thirty. Lunch (*el almuerzo*) is the most important meal of the day. Between meals, Spaniards love to eat snacks called *tapas.*

VISTA 5 ████████

Page 222 (top and bottom) 📷

81. EDUCATION: La educación secundaria en Colombia

Students of the Colegio de Nueva Granada, in Bogotá, Colombia, enjoying recess. Bogotá, known as "The Athens of South America," has many good schools. Colombia's literacy rate is one of the highest in South America. There are over 40 universities throughout the country. The universities prepare students for professions in banking, transportation and communication, insurance, and business.

Page 223 📷

82. CITIES: Bogotá, Colombia ART: El Museo del Oro de Bogotá

An aerial view of Bogotá, the modern and sophisticated capital of Colombia. Bogotá has a population of over four million people. It was originally named Santa Fe de Bogotá by its founder, Gonzalo Jiménez de Quesada. The city, located in a long, flat valley, is surrounded by the peaks of the Andes. With a temperate climate, the city enjoys springlike weather year round. During the Spanish colonial period, Bogotá served as the capital of Nueva Granada, a vast territory consisting of present-day Colombia, Ecuador, Panamá, and Venezuela. Nueva Granada was ruled by a viceroy.

The Museo del Oro, one of the treasures of Bogotá, is a fine example of modern Colombian architecture. It houses over 25,000 pre-Columbian gold artifacts including jewelry and ceremonial objects. The museum also holds Colombia's valuable collection of emeralds and the world's largest gemstone.

Page 224 📷

83. CITIES: Pamplona, España

Downtown Pamplona, the capital of Navarra, a province in northern Spain. From July 6 to July

20, Pamplona draws tourists to the Fiesta de San Fermín, the city's world-famous festival. San Fermín, Pamplona's patron saint, was the city's first bishop. The most famous event is *el encierro,* or the running of the bulls. A number of bulls, released from their corral, run through blocked off streets into the bullring (*la plaza de toros*) for the afternoon bullfight. Locals, dressed in traditional white costume with red sashes, and courageous visitors, run beside or in front of the bulls. Spectators cheer from windows and balconies. Pamplona and its San Fermines, the name given to this event, is the background of Ernest Hemingway's novel *The Sun Also Rises.*

Page 227 (top)

84. CITIES: Santander, España
ART: Las cuevas de Altamira

The highway to Santander, a city in northern Spain in the province of the same name. The coastline of Santander province runs along the Bay of Biscay (*la Bahía de Vizcaya*). Life in the city of Santander is centered around the sea, which provides fishing, swimming, yachting, and sailing in the summer.

Eighteen miles away from Santander are the prehistoric Caves of Altamira (*las cuevas de Altamira*). The first cave was discovered in 1875 and the second in 1928. The caves are known as "The Sistine Chapel of the Ice Age" for the beautiful, well-preserved drawings on their walls. Until recently, because of the strict atmospheric control, the dust, and the general wear and tear on the rocks, only 500 people per day were allowed to visit the caves. In the past few years, the caves have been closed to visitors.

Page 227 (bottom)

85. CITIES: Santillana del Mar, España

A young couple enjoying colas at an outdoor café in Santillana del Mar in the province of Santander. Santillana del Mar is a popular stop on the road to the Altamira caves, only two kilometers away. A picturesque little village of old houses adorned with heraldic coats of arms and emblems, Santillana del Mar still reflects fifteenth-century Spain. Although its name implies that the village is by the sea, Santillana is really four kilometers inland.

U N I D A D   1 0 ▪▪▪▪▪▪▪▪

86. SPANISH-SPEAKING WORLD: La vida en Puerto Rico
CITIES: San Juan, Puerto Rico

A Puerto Rican family in San Juan about to enjoy a family dinner. Many Hispanics live in extended families, with parents and grandparents in the same household. Younger family members are expected to help set the table and serve dinner. Broiled meats (*los asados*) and barbecue are favorite dishes in Puerto Rico.

When Puerto Rico was discovered by Juan Ponce de Léon in 1508, he named it "rich port." To protect the capital city of San Juan from attacks by pirates or other enemies, the Spaniards built a high wall around the city. San Cristóbal and El Morro are the forts that protect the city.

Page 228 (bottom)

87. SHOPPING: Comprando alimentos en Madrid

A market near the Plaza Mayor in Madrid. Fresh fruits, vegetables, and meats are available at various counters in the market. The people of Madrid (*los madrileños*) still like to shop daily for their food. When shopping in Spain, the custom is not to touch the fruit but to have the vendor package it. The same applies to cheeses, sausages, hams, and other meats. The markets also have an extensive seafood section. Fresh fish and a variety of seafood are available every day. All weight is measured by the metric system: in grams and kilograms (kilos).

Page 229

88. LEISURE ACTIVITIES: Las fiestas

Friends organizing a party. Hispanic young people enjoy getting together to talk, listen to music, and dance. Parents allow their children to hòst parties, preferring to have them socialize at home rather than go out. At these parties, refreshments are served. Teenagers also get together in groups and go dancing at discotheques, but on the whole, they prefer to arrange their own parties.

Page 231

89. FOOD: El plátano

A banana storage warehouse. In South America, bananas are also called *guineos*. The bunches of bananas (*los racimos*) are picked green and allowed to ripen during their trip to markets around the world. Bananas are exported in great quantities from Ecuador and Colombia. Central American countries that export bananas are Costa Rica, Honduras, Nicaragua, and Panamá. A well-known variety of bananas is the green plantain, or *plátano,* a staple food in South America and the Caribbean. Because plantains cannot be eaten raw and are starchy when unripe, they are usually fried or boiled and are accompanied by rice and beans. Ripe plantains (*maduros*) are sweet.

Page 233 realia

90. SPANISH-SPEAKING WORLD: Los servicios de teléfonos en el Perú

An ad for the Peruvian Telephone Company. (*S. A.,* which stands for *Sociedad Anónima,* is equivalent to English "Inc.") Although new lines are constantly being opened, the demand for phone service exceeds the supply. People often have to wait six months or more before they receive a telephone. Families usually have only one phone and one telephone line.

Page 234 realia

91. CITIES: Acapulco, México
FOOD: Unas especialidades mexicanas

An ad for the restaurant "Viva México" in Acapulco. It announces authentic Mexican cuisine and musical entertainment by mariachis.

Mexican cuisine is spicy. Corn is the base for flour tortillas and taco shells. Tomatoes are the main ingredient in the sauces, which are then spiced with chile peppers ranging from mild to extremely hot. There are over 80 commonly eaten chiles. A delicious appetizer made with chile peppers is *ceviche*—raw fish marinated in lime juice and seasoned with oil, oregano, onion, chile, and tomato.

Acapulco, one of the most beautiful Mexican resorts on the Pacific Ocean, is a choice vacation spot for Mexican and foreign tourists alike. The peak tourist season runs from December 15 to April 30. The picturesque bay offers all kinds of water sports.

Page 239

92. FOOD: (a) Los mariscos en España
(b) Unos platos típicos
españoles

The meat and fish section of a market near the Plaza Mayor in Madrid. Because of Spain's efficient system of transportation, one can always find fresh fish. Among seafoods, Spaniards prefer hake (*la merluza*), cod (*el bacalao*), sardines (*las sardinas*), squid (*los calamares*), tiny squid (*el pulpito* or *los chipirones*), baby eels (*las angulas*), mussels (*los mejillones*), and clams (*las almejas*). Spanish dishes also feature ham, pork, and lamb. Roast suckling pig (*el cochinillo asado*) is one of the most delicious dishes. The specialty of Madrid is stew, or *cocido,* made with pork and chickpeas. Spanish food is not usually spicy.

Page 241 realia

93. DAILY LIFE: Manteniendo la salud

A calorie chart showing the amount of calories per 100 grams of food. More and more

Hispanics are becoming aware of the importance of a good diet. Keeping trim and healthy is essential. In addition to watching what they eat, Hispanics are exercising more. Aerobics, jogging, and other types of physical activity are gaining popularity. Jogging paths and sports complexes with swimming pools are being built to satisfy these growing needs.

Page 242 realia

94. FOOD: Los alimentos

Pamphlets showing the four food groups. Published by the Spanish Department of Public Health (*el Ministerio de Salud*), these pamphlets describe the foods that combine to make a balanced meal. Spaniards are not usually eaters of red meat. Except for pork-related products and chicken, they prefer to eat fish. In Spain, meat is little eaten partly because there are few cattle farms. Madrid and its surrounding areas are so arid that grazing grass is limited. Southern Spain produces most of the country's fruits—oranges (*las naranjas*) from Valencia, grapes (*las uvas*), peaches (*los melocotones*), medlar (*los nísperos*), among others—and also most of its vegetables. Beans, chickpeas, and grains are used in a variety of dishes.

Page 244 (left)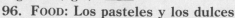

95. FOOD: Las bebidas refrescantes

A student from the Dominican Republic enjoying a refreshing *horchata* in Madrid. The *horchata,* a sweet, milky, almond drink, is one of a number of drinks available at outdoor cafés. The list of *bebidas* always includes several types of water. Spaniards may order *agua mineral* (mineral water), *agua con gas* (carbonated water), or *agua sin gas* (noncarbonated water). *Batidos* (milkshakes) are made in a blender with fresh fruit and are popular in the summer. *Granizados,* sweetened crushed ice with coffee and lemon or orange syrup, are served chilled.

Page 244 (right)

96. FOOD: Los pasteles y los dulces

A girl enjoying a slice of apple pie (*la tarta de manzana*) at a pastry shop (*la pastelería*) in Madrid. Traditional Spanish pastries are of Moorish inspiration. The sweet, dry cakes known as *polvorones, manoletes,* and *yemas* are but one example. Pastry shops also offer cream-filled cakes like napoleons (*los napolitanos*), cream horns (*los cuernos*), and "palmiers" (*las palmeras*). For dessert, Spaniards prefer fruits or *flan,* a caramel custard. They love to eat pastries, however, to help bridge the long gap between meals.

Candy shops (*las confiterías*) display luscious chocolates, candied fruits, sugared nuts, marzipan (*el mazapán*), and nougat (*el turrón*) in their windows.

Page 250

97. TRADITIONS AND CUSTOMS: El apellido de la mujer casada

Hispanic women continue to progress in society and are changing some established traditions. One of these traditions is the use of *de* with their husband's last name. Marta Peña is married to Esteban Peña, but Mrs. Peña does not use the *de* in her name. Women still keep their paternal last name and in formal writing are addressed by their complete names. Important documents such as passports and bank accounts still bear the full name. For Marta Peña, that would be *Marta Elena Escudero de Peña.* Otherwise, Sra. Peña is sufficient.

Another changing tradition is that of having a large family. With both parents working outside the home, Hispanic couples are having fewer children, two on average.

Page 254 realia

98. FOOD: La comida en Puerto Rico

A catering firm ad that appeared in the Puerto Rican *Daily News.* More and more Hispanic housewives are leaving certain chores to businesses. Entertaining depends usually on a party tray (*la bandeja*), which consists of a variety of meats and other foods. A typical tray may contain a macaroni salad (*la ensalada de macarrones*), cole slaw (*el picadillo de coles*), and cucumbers (*los pepinillos*). The customer may also choose a box of potato chips (*el cubo de papitas fritas*) or a loaf of wheat bread (*la hogaza de pan centeno*). Large trays serve up to 20 people and are used for weddings (*las bodas*), baptisms (*los bautizos*), and birthdays. A bottle of champagne is given to the customer as an extra bonus. The postscript on the advertisement offers rice with black beans (*el arroz con gandules*), another authentic Puerto Rican dish.

Page 258

99. MUSIC: Los jóvenes y la música

Friends chatting and listening to music. Although Hispanic teenagers do not buy many things, musical instruments and audio equipment are an exception to the rule. Almost all middle-class teenagers own a portable stereo (*la radiograbadora*), a walkman (*el walkman*), or even a compact disk player (*el tocadiscos láser*). Parents and relatives, aware of this fascination with electronic sound, give these items

as birthday or Christmas presents. If the teenagers are given money, they may spend it on cassettes or on compact disks (*los discos compactos*), which they gladly exchange with friends.

Page 259 realia

100. MUSIC: Unos famosos guitarristas y la música flamenca

A poster of a concert given by Pablo de la Cruz, a celebrated Spanish guitarist. The guitar dates back to a medieval musical instrument, the *quitara,* used by the Moors in Al-Andalus (now Andalusia). The Spanish perfected the guitar as it is known today. Andrés Segovia (1893–1987), a Spaniard, raised guitar music to unprecedented heights by adapting and playing classical music on the instrument. Segovia, a master of the guitar, lives on in the many young guitarists enriched by his musical legacy.

The guitar forms the basis of flamenco. A uniquely Spanish dance style, flamenco is in fact a combination of song and dance, with fierce stamping of the heels and clicking of the castanets (*las castañuelas*). The guitar music depicts the player's emotions. Flamenco was developed by the Gypsies who lived in the Sacromonte Caves (*las cuevas de Sacromonte*) on the outskirts of Granada.

PART 5 Reference Guide for DÍA A DÍA

USEFUL CLASSROOM EXPRESSIONS

The teacher who wishes to conduct the class entirely in Spanish may use the following vocabulary supplements. These classroom expressions may be copied and distributed to students.

11.1 Palabras

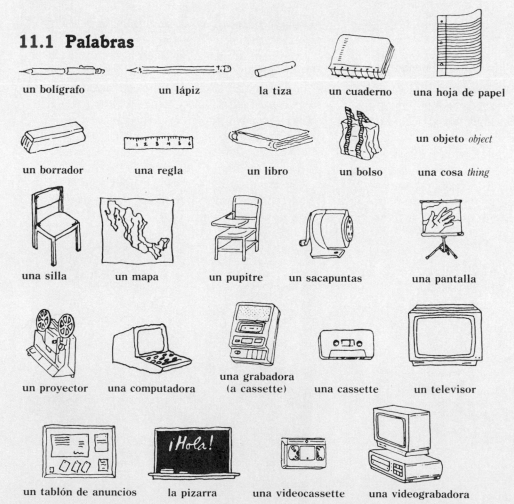

un bolígrafo   un lápiz   la tiza   un cuaderno   una hoja de papel

un borrador   una regla   un libro   un bolso   un objeto *object*

una cosa *thing*

una silla   un mapa   un pupitre   un sacapuntas   una pantalla

un proyector   una computadora   una grabadora (a cassette)   una cassette   un televisor

un tablón de anuncios   la pizarra   una videocassette   una videograbadora

11.2 Expresiones

Both the plural (**Escuchen**) and the singular (**Escucha**) command forms are given here.

Escuchen (Escucha).	*Listen.*
Escuchen (Escucha) la cinta (cassette).	*Listen to the cassette.*
Miren (Mira) el vídeo.	*Watch the video.*
Repitan (Repite).	*Repeat.*
No repitan (No repitas).	*Don't repeat.*
Hablen (Habla) más alto.	*Speak up. Speak louder.*
Escuchen (Escucha) la pregunta.	*Listen to the question.*
Contesten (Contesta).	*Answer.*
No contesten (No contestes).	*Don't answer.*
Vengan (Ven) aquí (enfrente de la clase).	*Come here (in front of the class).*
Hagan (Haz) el papel de . . .	*Play the part of . . .*
Empiecen (Empieza).	*Begin.*
Gracias.	*Thank you.*
Siéntense (Siéntate).	*Sit down.*
Saquen (Saca) los libros (cuadernos).	*Take out your books (workbooks).*
Abran (Abre) los libros a la página . . .	*Open your books to page . . .*
Cierren (Cierra) los libros.	*Close your books.*
Saquen (Saca) un bolígrafo (un lápiz).	*Take out a pen (pencil).*
Saquen (Saca) papel.	*Take out some paper.*
Lean (Lee) en voz alta.	*Read aloud.*
Continúen (Continúa).	*Continue.*
Escriban (Escribe).	*Write.*
No escriban (No escribas).	*Don't write.*
Levántense (Levántate).	*Get up.*
Vayan (Ve) a la pizarra.	*Go to the board.*
Miren (Mira) la pizarra.	*Look at the board.*
Mírenme (Mírame).	*Look at me.*
Pongan (Pon) atención.	*Pay attention.*
Silencio.	*Silence.*
No hablen (No hables).	*Don't talk.*
Cuidado con la pronunciación (la ortografía).	*Careful with the pronunciation (spelling).*
Digan (Di) . . .	*Say . . .*
Díganle (Dile) . . .	*Tell him/her . . .*
Todos juntos	*All together*
Todo el mundo	*Everyone*
Otra vez	*Again. Once more*
Muy bien.	*Very good.*
Excelente.	*Excellent.*
No, no es eso.	*That's not it.*

Para mañana . . .	*For tomorrow . . .*
Para la próxima vez . . .	*For the next time . . .*
Preparen (Prepara) . . .	*Prepare . . .*
Hagan (Haz) el ejercicio (los ejercicios) . . .	*Do the exercise (the exercises) . . .*
En español	*In Spanish*
En inglés	*In English*
¿Qué quiere decir . . . ?	*What does . . . mean?*
¿Cómo se dice . . . ?	*How do you say . . . ?*
¿Hay preguntas?	*Are there any questions?*
Levanten (Levanta) la mano.	*Raise your hand.*
¿Comprenden? (¿Comprendes?)	*Do you understand?*
No comprendo.	*I don't understand.*
No sé.	*I don't know.*

11.3 Expressions for the *Actividades* and for *Para la comunicación*

Cambia.	*Change. Conjugate.*
Compara.	*Compare.*
Contesta.	*Answer.*
Cuenta.	*Tell, relate.*
Da.	*Give.*
Describe.	*Describe.*
Di.	*Say, tell.*
Empieza.	*Start, begin.*
Escoge.	*Choose.*
Escribe (un párrafo; una oración).	*Write (a paragraph; a sentence).*
Explica.	*Explain.*
Expresa.	*Express.*
Haz el papel (los papeles) de . . .	*Play the part (parts) of . . .*
Hazle una pregunta (según el modelo).	*Ask him/her a question (according to the model).*
Imagina.	*Imagine.*
Lee.	*Read.*
Manda.	*Send.*
Pide.	*Ask for.*
Piensa.	*Think.*
Pon.	*Put.*
Pregunta.	*Ask.*
Prepara.	*Prepare.*
Usa.	*Use.*
la columna	*column*
la frase (oración)	*sentence*
la palabra	*word*
la respuesta (contestación)	*answer*
un elemento	*an element*
siguiente	*following*

TAPESCRIPT FOR *PUENTE*

The *Presentation text* and the **Notas culturales** of all 5 **Puente** lessons are available on audiocassette. They are recorded on side 1 of the **Puente** cassette in the Cassette Program. Side 2 contains the 5 unit songs from BIENVENIDOS.

THE OVERPRINT

13.1 Description

In the textbook, an overprint of small, blue type provides teachers with the following information:

- Unit summaries of the main communicative, grammatical, and cultural objectives
- Supplementary comprehension questions on the *Presentation texts*
- Supplementary grammatical information
- Supplementary cultural information
- Supplementary vocabulary
- Suggestions for expanding and modifying the **Actividades**
- Suggested prereading and postreading activities for the **¡Vamos a leer!** sections
- Suggested realia to enliven the presentation of culture
- Suggested optional activities
- Responses to all **Observación** sections
- Material designated as optional
- Correlation of the TPR activities to the text
- Correlation of the text to the components (*see Symbols and Codes*)
- Identification of the **Actividades** emphasizing oral communication (*see Symbols and Codes*)
- Correlation of the photos and realia to the Culture Briefs (*see Symbols and Codes*)

It is important to note here that the term "optional" does not mean that the material should be left out. It simply designates material that can be adapted or omitted according to the specific objectives of the class and/or material that can be assigned as supplementary work for the better student or for the student that has a particular interest in the topic.

The key **Est. A, B, C,** or **D** is used to cross-reference the **Observaciones** to the **Estructura** section(s) to which they correspond.

13.2 Symbols and Codes

■ The following are used in the overprint to cue the use of the various components:

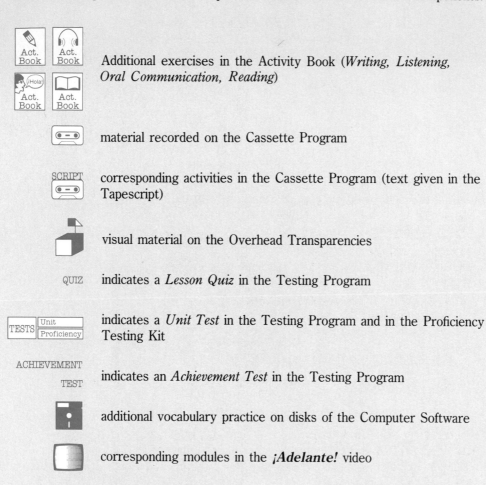

Additional exercises in the Activity Book (*Writing, Listening, Oral Communication, Reading*)

material recorded on the Cassette Program

corresponding activities in the Cassette Program (text given in the Tapescript)

visual material on the Overhead Transparencies

indicates a *Lesson Quiz* in the Testing Program

indicates a *Unit Test* in the Testing Program and in the Proficiency Testing Kit

indicates an *Achievement Test* in the Testing Program

additional vocabulary practice on disks of the Computer Software

corresponding modules in the *¡Adelante!* video

paired communication activities on Question Cards in the Teacher's Resource Package

■ The following are used to cue or identify various elements in the Student Text:

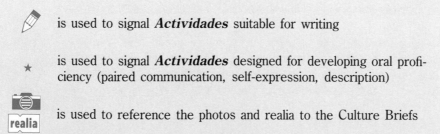

is used to signal *Actividades* suitable for writing

is used to signal *Actividades* designed for developing oral proficiency (paired communication, self-expression, description)

is used to reference the photos and realia to the Culture Briefs

SPANISH for MASTERY B

Día a Día

TEACHER'S ANNOTATED EDITION

Jean-Paul Valette
Rebecca M. Valette

Editor-Consultant
Teresa Carrera-Hanley

Contributing Writers
Frederick Suárez Richard
Clara Inés Olaya

D.C. HEATH AND COMPANY
Lexington, Massachusetts / Toronto, Ontario

TEACHER CONSULTANTS
Susan Crichton, Lynnfield High School, Massachusetts
Karen Davis, McLean Middle School, Texas
Elena Marsh, Columbine High School, Colorado
Judith Morrow, Bloomington High School South, Indiana
Delores Rodríguez, San Jose Unified School District, California

LINGUISTIC CONSULTANT
Kenneth Chastain, University of Virginia

DIRECTOR, MODERN LANGUAGES
Roger D. Coulombe

PROJECT EDITORS
Lawrence Lipson
Sylvia Madrigal
Reem Kettaneh

NATIONAL MODERN LANGUAGE COORDINATOR
Teresa Carrera-Hanley

D.C. HEATH CONSULTANT
Karen Ralston

DESIGN AND PRODUCTION
Victor Curran, Design Section Manager
David B. Graham and Christine Beckwith, Designers
Sandra Easton, Senior Production Coordinator
Marianna Frew Palmer, Editorial Services
Christine Beckwith, Cover Designer
Susan McDermott, Photo Researcher
Melle Katze, Illustrator

Published simultaneously in Canada

Printed in the United States of America

International Standard Book Number: 0-669-~~26895-X~~ 26896-8

1 2 3 4 5 6 7 8 9 0

Queridos amigos,
Dear friends,

The language you are going to study this year is a very special language. It is present all around us! Think of the many states, cities, rivers and mountains that bear Spanish names: Florida, Colorado, Los Angeles, El Paso, the Rio Grande, the Sierra Nevada . . . More important, Spanish is spoken by millions of Americans every day. You may have a friend with a Hispanic name, or you may know of famous people whose names are Spanish. In fact, you yourself may be of Hispanic origin.

   Spanish is the language of Spain, of Mexico, of Central America and of most of South America. It is also spoken in parts of the Philippines and in parts of Africa. It is the official language of 20 countries and is one of the five official languages of the United Nations. More than 330 million people around the world use Spanish daily to communicate.

   In a broader sense, the study of Spanish is important because language is part of culture. In learning a language, you learn not only how other people express themselves, but also how they live and what they think. This, in turn, will help you to understand your own culture better.

   As you see, knowing Spanish can be a step toward several worthwhile goals: communication with others here and abroad, increased knowledge of the world and better understanding of ourselves.

Y ahora, ¡adelante con el español!
And now, forward with Spanish!

Jean-Paul Valette   Rebecca M. Valette

Contents

v

Unidad 6   Nuestras diversiones   1

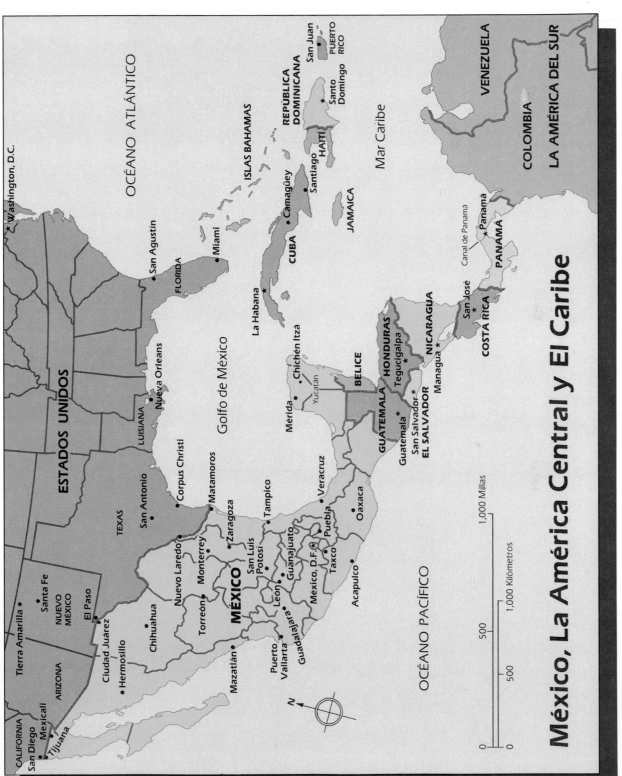

México, La América Central y El Caribe

1, 2

OCÉANO ATLÁNTICO

★ Washington, D.C.

ESTADOS UNIDOS

CALIFORNIA
San Diego
Mexicali
Tijuana

ARIZONA
Tierra Amarilla
Santa Fe
NUEVO MÉXICO
El Paso
Ciudad Juárez
Hermosillo

TEXAS
Chihuahua
Nuevo Laredo
Torreón
Monterrey
Zaragoza
San Antonio
Corpus Christi
Matamoros

LUISIANA
Nueva Orleans

FLORIDA
San Agustín
Miami

ISLAS BAHAMAS

OCÉANO PACÍFICO

MÉXICO
Mazatlán
Puerto Vallarta
Guadalajara
León
Guanajuato
San Luis Potosí
Tampico
México, D.F. ⊛
Taxco
Puebla
Acapulco
Oaxaca
Veracruz
Mérida
Yucatán
Chichén Itzá

Golfo de México

La Habana

CUBA
Camagüey
Santiago

JAMAICA

HAITÍ
Santiago
Santo Domingo

REPÚBLICA DOMINICANA
San Juan
PUERTO RICO

Mar Caribe

BELICE
GUATEMALA
Guatemala ★
EL SALVADOR
San Salvador ★
HONDURAS
Tegucigalpa ★
NICARAGUA
Managua ★
COSTA RICA
San José ★
PANAMÁ
Panamá ★
Canal de Panamá

VENEZUELA
COLOMBIA
LA AMÉRICA DEL SUR

N

0   500   1,000 Millas
0   500   1,000 Kilómetros

xiii

Mar Caribe

Canal de Panamá
Caracas
COSTA RICA
Cartagena · Maracaibo ·
★
Medellín
VENEZUELA
GUYANA
PANAMÁ
·
SURINAM
Bogotá
★
GUAYANA FRANCESA
Cali
·
COLOMBIA

Quito ★
ECUADOR
Guayaquil ·
· Manaus
· Belém
Iquitos
·
· Fortaleza

Trujillo ·
PERÚ
B R A S I L

El Callao ·
Lima ★
Machu Picchu
· Salvador
□
· Cuzco

La Paz
Arequipa ·
★
★ Brasilia
BOLIVIA
★
Sucre

PARAGUAY
Rio de Janeiro
Antofagasta ·
São Paulo ·

OCÉANO
PACÍFICO
Asunción · ★
San Miguel
de Tucumán
·
Pôrto Alegre
·
CHILE
Córdoba
·
URUGUAY

Valparaíso ·
Santiago ★
LA PAMPA
★ Montevideo
Buenos
Aires
Punta del Este

Concepción ·
ARGENTINA
OCÉANO ATLÁNTICO

N
La América del Sur

ISLAS MALVINAS

Tierra del Fuego

0   400   800 Millas
0   400   800 Kilómetros

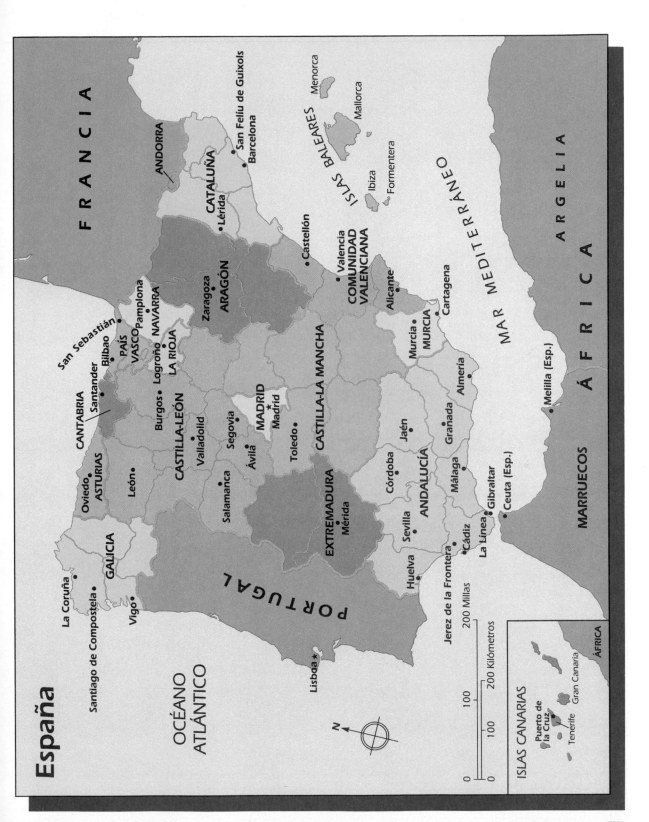

España

FRANCIA

ANDORRA

CATALUÑA
Lérida•

San Feliu de Guixols•
•Barcelona

ISLAS BALEARES

Menorca
Mallorca
Ibiza •Formentera

NAVARRA
Pamplona•
•Logroño LA RIOJA
PAÍS VASCO
Bilbao•
San Sebastián

•Zaragoza ARAGÓN

•Castellón

•Valencia
COMUNIDAD
VALENCIANA

•Alicante

MAR MEDITERRÁNEO

ÁFRICA

ARGELIA

Santander
CANTABRIA

Burgos•
CASTILLA-LEÓN
Valladolid•
Segovia•
•Ávila

MADRID
★
Madrid•

•Toledo

CASTILLA-LA MANCHA

Murcia•
MURCIA

Cartagena•

Almería•

Melilla (Esp.)•

Oviedo•
ASTURIAS

León•

Salamanca•

EXTREMADURA
Mérida•

Jaén•

Córdoba•

Granada•

Málaga•

ANDALUCÍA

Gibraltar
Ceuta (Esp.)•
La Línea•

MARRUECOS

OCÉANO
ATLÁNTICO

La Coruña•

Santiago de Compostela•

GALICIA

Vigo•

PORTUGAL

Lisboa★

Huelva•

Sevilla•

Jerez de la Frontera•
Cádiz•

N

200 Millas

100

100

0

0

200 Kilómetros

ISLAS CANARIAS
Puerto de
la Cruz
Tenerife Gran Canaria

ÁFRICA

xv

¡Hola! Me llamo...

Alberto
Alonso
Andrés
Antonio

Carlos
Diego
Domingo
Eduardo
Enrique

Esteban
Federico
Felipe
Francisco (Paco)
Guillermo
Jaime
Jesús
José (Pepe)
Juan
Luis
Manuel

Miguel
Pablo
Pedro
Ramón
Raúl
Rafael
Ricardo
Roberto
Salvador
Tomás

Me llamo...

Clara
Cristina
Elena
Emilia
Francisca (Paca)
Inés
Isabel
Josefina (Pepita)
Juana
Juanita

Laura
Lucía
Luisa
Manuela
María
Mariana
Marta

Rosa
Rosalinda
Susana
Teresa
Verónica

Alicia
Ana
Anita
Bárbara

Beatriz
Carolina
Carlota
Catalina

Puente

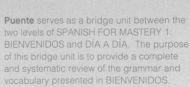

Entre amigos

1. ¿Qué tal?
2. El club de correspondencia
3. Hoy es sábado.
4. ¿Eres una persona generosa?
5. Una guapa y dos tontos

COMUNICANDO

Puente serves as a bridge unit between the two levels of SPANISH FOR MASTERY 1: BIENVENIDOS and DÍA A DÍA. The purpose of this bridge unit is to provide a complete and systematic review of the grammar and vocabulary presented in BIENVENIDOS.

The reviewing process should be flexible. The scope and manner in which it is conducted in class will depend on how well the students have mastered the material during their first year of Spanish. The review of the more common structures (**-ar** verbs, articles, adjective formation) may therefore be done very quickly with a sampling of the corresponding exercises; students may look over the grammatical explanations for homework. For the more complex structures (i.e., **ser** vs. **estar**, or the direct and indirect object pronouns), it will probably be necessary to review the grammatical explanations in class and to do most or all of the related exercises.

The review of both grammar and vocabulary follows the general sequence in which the material was originally presented in BIENVENIDOS; **Puente** thus permits easy articulation between the two levels. For example, a class that covered the first four units of BIENVENIDOS thoroughly but that went quickly through the fifth unit at the end of the school year would probably benefit from a light review of Lessons 1–4 of **Puente** and a more complete treatment of Lesson 5.

TPR Activities 1–14, pages TG28–TG36.

For backgound information on the photos (facing and above), see page TG51.

FOR REVIEW
Module 1

REVIEWED STRUCTURES:
-ar verbs: affirmative and negative forms,
the infinitive; questions

REVIEWED VOCABULARY:
-ar verbs; question words

¡Hola, amigos norteamericanos!
Me llamo Teresa Mateos,
   pero para mis amigos soy Tere.

Act. 1

Soy de Quito, Ecuador, y soy alumna del colegio «Espejo».
Estudio francés e inglés.
Hablo inglés bastante bien, pero no hablo tan bien como mi papá.
   (El trabaja para una compañía internacional y
   ¡habla como un yanki!)
Soy aficionada a los deportes.
Me gusta especialmente nadar.
   Nado bastante bien . . . pero ¡una campeona olímpica no soy!
Me gusta también tocar la guitarra, sacar fotos y viajar.
Un día espero visitar los Estados Unidos.
   Y ustedes, ¿viajan mucho?
   ¿Esperan ustedes visitar la América del Sur?
   ¿Sí? ¡Qué bueno!

tan . . . como: *as . . . as*

aficionada a los
   deportes: *sports fan*

campeona: *champion*

Puente

¿Cómo se llama la chica? ¿De dónde es? ¿Qué idiomas (languages) estudia Teresa? ¿Qué idioma
habla su papá? ¿Dónde trabaja él? ¿Qué le gusta hacer a Teresa? ¿Qué país espera visitar?

NOTAS CULTURALES

El Ecuador

pp. TG51–TG52

¿Sabes cómo se llama la línea° imaginaria que divide a la Tierra° en dos hemisferios? Se llama el ecuador, ¿verdad? El Ecuador es un país de la América del Sur que atraviesa° el ecuador. Quito, la capital del Ecuador, es una ciudad de 900.000 (novecientos mil) habitantes.

El colegio

En el mundo hispánico, el «colegio» no es una pequeña universidad. Es una escuela secundaria.° Hay colegios públicos y colegios privados. En general, los colegios públicos llevan el nombre de° una persona famosa del país. Por ejemplo, el «Colegio Espejo» lleva el apellido° de Francisco Santa Cruz y Espejo, un famoso independentista ecuatoriano de raza° india.

línea line **Tierra** Earth **atraviesa** crosses **escuela secundaria** high school **llevan el nombre de** carry the name of **apellido** last name **raza** race

Puente

CONVERSACIÓN

Vamos a hablar de ti. ★ SELF-EXPRESSION

¿Cómo te llamas?

¿Estudias mucho?

¿Hablas español o inglés en la clase de español?

¿Cantas bien? ¿Cantas en el coro *(choir)* de la escuela?

¿Nadas bien? ¿Nadas el crawl?

¿Escuchas la radio? ¿Qué programas escuchas?

¿Tocas la guitarra? ¿Tocas el piano? ¿Tocas el violín? ¿Qué instrumento
tocas?

¿Te gusta estudiar español?

Other instruments: **el clarinete, la trompeta,
el trombón, la flauta** (flute), **el tambor** (drum)

See TPR Activity 1, page TG28.

VOCABULARIO PRÁCTICO   Unas actividades y expresiones

Actividades diarias (Daily activities)

comprar (el periódico)	to buy (the newspaper)
escuchar (discos)	to listen to (records)
estudiar (francés, matemáticas)	to study (French, math)
ganar (dinero)	to earn (money)
hablar (español, inglés)	to speak (Spanish, English)
mirar (la televisión)	to watch (television)
tomar (el autobús)	to take (the bus)
trabajar (en casa)	to work (at home)

Expresiones

bien ≠ mal	well ≠ badly, poorly	Ana canta **bien.** Yo canto **mal.**
mucho ≠ poco	much, a lot ≠ little	Trabajamos **mucho** pero ganamos **poco.**
muy	very	Carlos canta **muy** bien.
pero	but	Hablo español **pero** no hablo francés.
también	too	Mi papá habla italiano y francés **también.**
con	with	Felipe baila **con** Alicia.
para	for	Olga trabaja **para** una compañía mexicana.

Puente

You may remind students that **un poco** means *a little.*

P4

¿Te gusta viajar? ¿Viajas mucho?
¿Te gusta sacar fotos?
¿Te gusta escuchar música clásica?
¿Te gusta mirar la televisión? ¿Qué programas te gusta mirar?

FOR REVIEW
Modules 5, 6

Ahora, vamos a hablar de tus padres. ★ SELF-EXPRESSION
¿Habla español tu papá? ¿y tu mamá?
¿Hablan francés tus padres?
¿Qué periódico *(newspaper)* compran tus padres?
¿Trabaja tu mamá mucho en casa? ¿y tu papá?
¿Viajan tus padres durante *(during)* las vacaciones?

EXTRA VOCABULARY: **patinar** (to skate)

Actividades del fin de semana

bailar	to dance
cantar	to sing
nadar	to swim
sacar fotos	to take pictures
tocar (la guitarra)	to play (the guitar)
viajar	to travel
visitar	to visit

REFRÁN

Quien canta, sus males espanta.

He who sings chases his problems away.

Puente

P5

Repaso

See TPR Activity 2, pages TG28–TG29.

A. Los verbos que terminan en –ar: formas afirmativas y negativas

Review the present tense forms of **estudiar** in the affirmative and negative sentences below. Pay attention to the endings in heavy print.

INFINITIVE:	estudiar			
SUBJECT PRONOUN:	PRESENT TENSE:			ENDINGS:
(yo)	Estudi**o** español.	No estudi**o**	francés.	**-o**
(tú)	Estudi**as** inglés.	No estudi**as**	italiano.	**-as**
(él, ella, Ud.)	Estudi**a** historia.	No estudi**a**	geografía.	**-a**
(nosotros)	Estudi**amos** biología.	No estudi**amos**	matemáticas.	**-amos**
(vosotros)	Estudi**áis** física.	No estudi**áis**	ciencias naturales.	**-áis**
(ellos, ellas, Uds.)	Estudi**an** música.	No estudi**an**	literatura.	**-an**

- Most verbs ending in **-ar** in the infinitive follow the above pattern. These verbs are called *regular* **-ar** verbs.

- Spanish speakers use **tú** to address a friend, a classmate, a child, or a member of the family. They use **Ud. (usted)** to address anyone else.

- Since the verb endings usually indicate the subject, the *subject pronouns* (except for **Ud.** and **Uds.**) are often omitted in Spanish. Subject pronouns are used mainly for emphasis or clarification.

- To make a sentence negative, Spanish speakers use **no** in front of the verb.

- In Latin America, many children address their parents as **usted**/**ustedes** to show respect.
- **Vosotros** is used as the plural of **tú** primarily in Spain. In other Spanish-speaking countries, **ustedes** is used as the plural of **tú**.

ACTIVIDAD 1   No podemos hacer de todo *(We can't do everything)*

Say that the people below are doing the first thing in parentheses, but not the second. Use the same verb in both sentences, according to the model.

- Paco   (escuchar discos / la radio)   Paco escucha discos.
    No escucha la radio.

1. yo   (estudiar español / francés)
2. mis amigos   (hablar inglés / español)
3. Enrique y Silvia   (tomar el autobús / el tren)
4. Uds.   (visitar Puerto Rico / México)
5. nosotros   (tocar la guitarra / el piano)
6. tú   (bailar el rock / el tango)
7. Elena   (trabajar en un hospital / en un restaurante)
8. Isabel y yo   (hablar español / italiano)

Puente

ACTIVIDAD 2 ¿Sí o no? ★ SELF-EXPRESSION

Say whether or not the following people do the activities in parentheses.

⟐ Mi mejor amigo (estudiar mucho / hablar español / tocar la guitarra)
>   Mi mejor amigo (no) estudia mucho.
>   (No) habla español.
>   (No) toca la guitarra.

1. Mi mejor amiga   (cantar bien / bailar bien / estudiar francés)
2. Mi papá   (hablar francés / trabajar mucho / tomar el autobús)
3. Mi mamá   (trabajar mucho en casa / comprar el periódico / escuchar la radio)
4. En casa, yo   (estudiar / trabajar / mirar la televisión)
5. En clase, nosotros   (hablar español / cantar / escuchar discos de música latina)
6. Los turistas   (sacar muchas fotos / viajar / visitar los museos / trabajar)
7. Yo   (cantar bien / ganar mucho dinero / viajar mucho)

ACTIVIDAD 3 Yo ★ SELF-EXPRESSION / DESCRIPTION

Describe what you do in the following circumstances. Complete each sentence with the **yo** form of an **-ar** verb of your choice. Use your imagination.

⟐ En casa . . .   En casa miro la televisión (escucho mis discos, escucho la radio).

1. En clase . . .
2. En una fiesta . . .
3. En casa de mis amigos . . .
4. En el verano *(summer)* . . .
5. Los fines de semana . . .
6. Cuando viajo con mis padres . . .

ct.
ook

Puente

B. El uso del infinitivo

In Spanish the infinitive is used after certain verbs and expressions.

desear	to wish	**Deseo** hablar español bien.
esperar	to hope	Un día, **espero** visitar México.
me gusta	I like	**Me gusta** cantar.
no me gusta	I don't like	**No me gusta** bailar.
¿te gusta . . .?	do you like . . .?	**¿Te gusta** escuchar música clásica?

ACTIVIDAD 4 ¿Y tú? ★ SELF-EXPRESSION

Read what the following people do. Then say whether you like to do the same things.

↝ Miguel Ángel escucha música clásica. (No) me gusta escuchar música clásica.

1. Ana María habla en público.
2. Rafael baila la música disco.
3. Felipe viaja en tren.
4. Eva visita los museos.
5. Esteban nada cuando hace frío.
6. Alberto trabaja durante *(during)* el verano.
7. Patricia estudia mucho en casa.
8. Raúl toma el autobús.
9. Carlos canta mal.
10. Alicia gana dinero.

p. TG52

ACTIVIDAD 5 Mis preferencias

Describe what you like to do, what you don't like to do, and what you hope to do. Complete the following sentences using the infinitive form of the verb.

1. Me gusta . . .
2. No me gusta . . .
3. Con mis amigos, me gusta . . .
4. Cuando estoy de vacaciones *(on vacation)*, me gusta . . . No me gusta . . .
5. El próximo verano *(Next summer)*, espero . . .
6. Si voy a Puerto Rico, espero . . .

Puente

C. Preguntas

The first group of questions below can be answered by **sí** or **no**. The questions of the second group ask for specific information. Note the position of the subject in both sets of questions.

yes / no questions

¿Habla español **Silvia?**	*Does **Silvia** speak Spanish?*
¿Trabajan mucho **tus amigos?**	*Do **your friends** work a lot?*
¿Nadas bien **(tú)?**	*Do **you** swim well?*

information questions

¿Dónde trabaja **el Sr. Molina?**	*Where does **Mr. Molina** work?*
¿Cuándo mira la televisión **Carmen?**	*When does **Carmen** watch television?*
¿Qué estudias **(tú)?**	*What are **you** studying?*

To ask questions, Spanish speakers usually use the following construction:

> ¿ question word(s) + verb + rest of sentence + subject ?
> (if any)   (if any)   (if expressed)

Often the subject may be placed immediately after the verb.

ACTIVIDAD 6   El club de vacaciones

Imagine you have a job at a vacation club. Find out about the talents of the following people by asking relevant questions.

> Mari-Carmen: ¿tocar la guitarra?   ¿Toca la guitarra Mari-Carmen?

1. Susana: ¿cantar bien?
2. Felipe: ¿bailar bien?
3. Esteban: ¿hablar francés?
4. Gloria y Marta: ¿bailar la salsa?
5. Alicia e Inés: ¿cantar en español?
6. Tomás y Manuel: ¿nadar bien?
7. Luisa: ¿sacar fotos?
8. Pablo y Enrique: ¿tocar el clarinete?

VARIATION: The students ask the same questions addressing the people directly and using **Ud.** or **Uds.**, as appropriate: **Mari-Carmen, ¿toca Ud. la guitarra?**

Puente

VOCABULARIO PRÁCTICO

¿cómo?	how?	**¿Cómo** hablas español? Bien, ¿verdad?
¿cuándo?	when?	**¿Cuándo** visitas el museo? ¿Hoy o el sábado?
¿dónde?	where?	**¿Dónde** trabaja el Sr. Montes? ¿En Colombia o en Bolivia?

¿por qué?	why?	**¿Por qué** estudias español?
porque	because	**Porque** deseas visitar México, ¿verdad?
¿qué?	what?	**¿Qué** estudia Paco? ¿Inglés o francés?

¿quién?	who?	**¿Quién** toca la guitarra? ¿Elena o Delia?
¿con quién?	with whom?	**¿Con quién** baila Felipe? ¿Con Sara o con Teresa?
¿para quién?	for whom?	**¿Para quién** trabajas? ¿Para el señor Vargas?

NOTA: **¿Quiénes?** is used instead of **¿quién?** when the question refers to more than one person.
—¿Con **quiénes** hablas español?
—Hablo español con mis amigos mexicanos.

Puente

When the above expressions are used in a declarative statement (rather than in a question), they do not take an accent mark: **Visitamos el museo donde trabaja el Sr. Martínez.**

ACTIVIDAD 7   La curiosidad

Ricardo wants more information about the following people. Play the role of
Ricardo, beginning your questions with the expressions in parentheses.

> Elena baila. (¿con quién?)   ¿Con quién baila Elena?

1. Luz canta. (¿cómo?)
2. Felipe nada. (¿cómo?)
3. Silvia y Ramón visitan México. (¿cuándo?)
4. Andrés y Clara estudian inglés. (¿por qué?)
5. Marta estudia música. (¿dónde?)
6. Tomás trabaja. (¿para quién?)
7. Ana y Teresa viajan. (¿con quiénes?)
8. El Sr. Díaz trabaja. (¿dónde?)

ACTIVIDAD 8   Diálogo   ★ PAIRED COMMUNICATION

Pablo asks Teresa about her activities and she answers him. Play both roles
according to the model. Be sure to begin Pablo's questions with the
appropriate question words.

> ¿. . . escuchas? (un disco de jazz)   Pablo: ¿Qué escuchas?
>   Teresa: Escucho un disco de jazz.

1. ¿. . . trabajas? (en un café)
2. ¿. . . visitas el museo? (mañana)
3. ¿. . . estudias? (francés e inglés)
4. ¿. . . cantas? (bastante bien)
5. ¿. . . tomas el autobús? (a las diez)
6. ¿. . . bailas? (en la discoteca Miramar)
7. ¿. . . trabajas? (con Marta)
8. ¿. . . trabajas? (para la Sra. Domínguez)

ACTIVIDAD 9   Un poco de lógica, ¡por favor!   ★ DESCRIPTION

Ask questions about what the people in column C are doing, by using
elements of columns A and B. Then give a logical answer to each question,
using a response from column D. Study the models.

A	B	C	D
¿cómo?	hablar español	Felipe	muy bien
¿dónde?	tocar la guitarra	el Sr. Gómez	en un restaurante
¿cuándo?	estudiar	Marta y Cecilia	en el Océano Pacífico
¿con quién?	trabajar	la Srta. Ramos	en una discoteca
¿para quién?	bailar	Ud.	una ópera
¿qué?	nadar	Uds.	inglés
	cantar	Carlos y Luis	el rock
	escuchar	Teresa	a las diez y media
			con Paco
			para el Sr. Ramírez

> ¿Qué canta la Srta. Ramos?   ¿Ella? Canta una ópera.
> ¿Cómo canta Ud.?   ¿Yo? Canto muy bien.

Puente

La vida diaria (Daily life)

1. Los números de 0 a 12

0	cero	5	cinco	9	nueve
1	uno	6	seis	10	diez
2	dos	7	siete	11	once
3	tres	8	ocho	12	doce
4	cuatro				

2. La hora

¿Qué hora es?

Es la una.

Son las dos.

Son las ocho.

Son las doce.

Es la una y cuarto.

Son las tres y media.

Son las once menos cuarto.

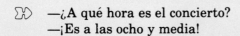

—¿A qué hora es el concierto?
—¡Es a las ocho y media!

P12

Puente

✏️

ACTIVIDAD   Unas preguntas

¿A qué hora es la clase de español?
¿A qué hora es la clase de biología?
¿A qué hora es la cita con Rafael?
¿A qué hora es el partido de fútbol?
¿A qué hora es el concierto de jazz?
¿A qué hora es la película con Tom Cruise?

8:30	clase de español
10:15	clase de biología
1:45	cita con Rafael
3:15	partido de fútbol
5:30	concierto de jazz
8:45	película con Tom Cruise

3. Expresiones

a)

—¿Cómo está Ud.?
—Muy bien. ¿Y Ud.?

b)

—¿Qué tal?
—Regular. ¿Y tú?

c)

—¡Adiós!
—¡Hasta luego!

d)

—¡Perdón!

¡Dispense! and ¡Excúseme! are two other expressions of apology.

Puente

Soy un estudiante español que estudia inglés en el colegio. Deseo tener correspondencia con una chica inglesa o norteamericana.

Alfonso Herrera
Avenida Cantabria 15
Madrid 32, España

REVIEWED STRUCTURES:
ser and **tener**; expressions with **tener**; nouns, adjectives, and articles; position of adjectives

colegio: *school*

REVIEWED VOCABULARY:
people; physical and psychological descriptions; adjectives of nationality; objects; description of objects

EXPOSICIÓN UNIVERSAL SEVILLA 1992
ESPAÑA   EXPO 92   50   CORREOS
LA ERA DE LOS DESCUBRIMIENTOS   F.N.M.T. 1987

Tengo 15 años y soy de Bogotá, Colombia. Soy alta, morena, bastante bonita... y un poco tímida. Deseo tener correspondencia con un chico mexicano o puertorriqueño. Él tiene que ser serio y sincero.

Alina Pontón
Carrera 24 N° 35-40
Bogotá, Colombia

COLOMBIA $1.00
CHICHA MAYA

por correspondencia:
by mail
intercambiar:
exchange

Tengo 16 años y soy del signo Leo. Me gusta hacer amigos por correspondencia. Deseo intercambiar cartas con muchachos o muchachas del signo Libra.

Marcos Espinel
Calle Boyacá N° 1240
Guayaquil, Ecuador

Puente

¿De dónde es Alfonso? ¿Con quién desea tener correspondencia? ¿De dónde es Alina? ¿Cuántos años tiene? ¿Cómo es? ¿Con quién desea tener correspondencia? ¿De dónde es Marcos? ¿Cuántos años tiene? ¿De qué signo es? ¿Con quién desea intercambiar cartas?

> *Soy mexicana y colecciono postales. Deseo tener correspondencia con amigos y amigas de todos los países para intercambiar tarjetas postales y estampillas.*
>
> *Rocío Intriago*
> *Avenida Insurgentes N° 820*
> *México 16, D. F., México*

postales: *postcards*

tarjetas postales: *postcards*
estampillas: *stamps*

¿De dónde es Rocío? ¿Qué colecciona? ¿Con quién desea tener correspondencia? ¿Para qué? ¿De dónde son Erika y Lori? ¿Con quiénes desean tener correspondencia? ¿Para qué?

> *Somos chicas norteamericanas. Deseamos tener correspondencia con chicos mexicanos o latinoamericanos para intercambiar discos y hablar de música. Vamos a escribir en inglés y ellos tienen que contestar en español.*
>
> *Erika y Lori Hanley*
> *40 Priscilla Road*
> *Newton, MA 02167, U.S.A.*

tienen que contestar: *must answer*

P15

You may introduce the Spanish equivalent of U.S.A.: **EE. UU. (Estados Unidos).**

The above addresses are real, but the names are fictitious.

NOTA CULTURAL

¡Arriba el español!°

¿Dónde se habla español?° En España, naturalmente . . . y también y principalmente en Latinoamérica. Latinoamérica es un enorme grupo de países que se extiende desde la frontera sur° de los Estados Unidos hasta° la extremidad de Sudamérica. México, la Argentina, el Perú, Bolivia, el Ecuador, Chile, Venezuela . . . forman parte de Latinoamérica. El español es la lengua común° de todos los países latinoamericanos, con la excepción del Brasil, donde se habla° portugués.

¡Arriba el español! *Hurrah for Spanish!* **se habla español** *is Spanish spoken* **se extiende desde la frontera sur** *extends from the southern border* **hasta** *until* **lengua comun** *common language* **se habla** *is spoken*

You may want to review the Spanish-speaking countries on a map of the Americas. Besides Brazil, there are a few small Latin American countries where Spanish is not the national language: French Guiana, Surinam (Dutch), Guyana (English), Belize (formerly British Honduras).

Puente

CONVERSACIÓN

Vamos a hablar de ti y de tus compañeros *(classmates).*   ★ SELF-EXPRESSION

¿Eres un chico o una chica?

¿Cuántos años tienes?

¿Eres moreno(a) o rubio(a)?

En la clase de español, ¿tienes un profesor o una profesora?

¿Hay muchos chicos en la clase de español? ¿Cuántos?

¿Hay muchas chicas en la clase de español? ¿Cuántas?

¿Hay alumnos de origen hispano en la escuela? ¿Son mexicanos? ¿puertorriqueños? ¿cubanos?

¿Hay alumnas de origen hispano en la escuela? ¿Son mexicanas? ¿puertorriqueñas? ¿cubanas?

VOCABULARIO PRÁCTICO   La gente *(People)*

Las personas

un amigo	friend	**una amiga**	friend
el mejor amigo	best friend	**la mejor amiga**	best friend
un chico / **un muchacho**	boy	**una chica** / **una muchacha**	girl
un novio	boyfriend	**una novia**	girlfriend
un estudiante / **un alumno**	student	**una estudiante** / **una alumna**	student
un profesor	teacher	**una profesora**	teacher
un hombre	man	**una mujer**	woman
un señor	man, gentleman	**una señora**	lady
un joven	young man	**una joven**	young woman

Puente
- **La gente** is always singular. **La persona** is feminine even when it refers to a man.
- The teacher of younger students is **un maestro / una maestra.** You may remind the students, however, that a high school teacher is also often referred to as **un maestro / una maestra.**

P16

¿Es tu mejor amigo moreno o rubio? ¿Es un chico divertido? ¿Cuántos años tiene?

¿Es tu mejor amiga morena o rubia? ¿Es una chica divertida? ¿Cuántos años tiene?

Ahora, vamos a hablar de tus posesiones.   ★ SELF-EXPRESSION

¿Tienes una bicicleta? ¿Es una bicicleta nueva?

¿Tienes un radio? ¿Es un radio grande o pequeño?

¿Tienes muchos discos? ¿Cuántos?

¿Tienen coche tus padres? ¿Es un coche norteamericano? ¿japonés? ¿inglés?
  ¿Es un coche grande o pequeño? ¿Es un buen coche?

EXTRA VOCABULARY: **alemán (alemana), canadiense, chino, ruso, argentino, boliviano, colombiano, ecuatoriano, peruano, venezolano, japonés (japonesa)**

La descripción física

alto	tall	≠	**bajo**	short
bonito	pretty	≠	**feo**	plain, ugly
guapo	handsome, good-looking			
delgado	thin	≠	**gordo**	chubby, fat
moreno	dark-haired, brunette	≠	**rubio**	blond
joven	young	≠	**viejo**	old

La descripción psicológica

bueno	good	≠	**malo**	bad
divertido	amusing, fun	≠	**serio**	serious
inteligente	intelligent	≠	**tonto**	foolish, stupid
interesante	interesting	≠	**aburrido**	boring
simpático	nice	≠	**antipático**	unpleasant

La nacionalidad   See TPR Activity 3, pages TG29–TG30.

español (española)	Spanish
francés (francesa)	French
inglés (inglesa)	English
mexicano	Mexican
norteamericano	American (USA)
puertorriqueño	Puerto Rican
cubano	Cuban

Expresiones

bastante	rather	Elena es **bastante** bonita, ¿verdad?
demasiado	too much, too	¡Uds. son **demasiado** curiosos!

P17

- The adjective **bonito** is usually used to describe girls; **guapo** is used to describe both boys and girls.
- **Demasiado** and **bastante** are invariable adverbs. Make sure that the students do not make these adverbs agree.

Puente

Repaso

A. Los verbos *ser* y *tener*; expresiones con *tener* Ser and **estar** are contrasted in **Puente**, Lesson 3.

Review the forms of **ser** *(to be)* and **tener** *(to have)* in the following sentences.

INFINITIVE:	**ser**	**tener**
PRESENT:		
(yo)	**Soy** inteligente.	**Tengo** muchas ideas brillantes.
(tú)	**Eres** simpático.	**Tienes** muchos amigos.
(él, ella, Ud.)	**Es** interesante.	**Tiene** ideas divertidas.
(nosotros)	**Somos** estudiantes.	**Tenemos** profesores muy buenos.
(vosotros)	**Sois** españoles.	**Tenéis** pasaportes españoles.
(ellos, ellas, Uds.)	**Son** ricos *(rich)*.	**Tienen** un coche Mercedes.

> **Ser** *(to be)* is used to describe basic characteristics:
>
> with people—origin, physical traits, psychological traits, professions
> with things—origin, color, physical aspect

> The basic meaning of **tener** is to have. It is also used in many idiomatic expressions where it has a different meaning.

tener ... años	to be ... (years old)	**¿Cuántos años** tienes? ¿Yo? **¡Tengo** quince **años!**
tener que + infinitive	to have to, must	**Tengo que** comprar el periódico para mi papá.
tener ganas de + infinitive	to feel like, to wish	**¿Tienes ganas de** comprar una moto muy rápida?

ACTIVIDAD 1   El club internacional

The following people belong to an international club. Say which city each one is from.

> Elena: San Juan
> Elena es de San Juan.

1. Juan Miguel: Madrid
2. Felipe y Clara: Bogotá
3. nosotros: Quito
4. yo: Lima
5. tú: Montevideo
6. mis amigos: Santiago
7. Teresa y yo: La Paz
8. Ud.: Panamá
9. Uds.: Buenos Aires

p. TG5

Puente Have the students locate these cities on a world map. Perhaps, for each capital, the students can name the corresponding country.
San Juan es la capital de Puerto Rico.
1. **España** 2. **Colombia** 3. **Ecuador** 4. **el Perú** 5. **Uruguay** 6. **Chile** 7. **Bolivia** 8. **Panamá** 9. **la Argentina**

ACTIVIDAD 2   El examen de español

Announce the grades the following students received on their math tests, using the appropriate forms of **tener.** Then say whether in your opinion they should study more or not, using the appropriate form of the expression **tener que estudiar más.** (Note: **más** = *more*)

➣ Clara: una C   Clara tiene una C.
                     (No) tiene que estudiar más.

1. Felipe: una D
2. yo: una A
3. nosotros: una A
4. tú: una D
5. Carmen: una B
6. Uds.: una C
7. Paco y Rubén: una C
8. Enrique y yo: una B
9. Ud.: una A

ACTIVIDAD 3   Preguntas personales

1. ¿Tienes que trabajar mucho en casa?
2. ¿Tienes que estudiar mucho para la clase de español?
3. ¿Tienes que hablar español en clase?
4. ¿Tienes que ser más paciente con tus amigos?
5. ¿Tienes ganas de tener una moto?
6. ¿Tienes ganas de tener una fiesta?
7. Ahora, ¿tienes ganas de estudiar?
8. Ahora, ¿tienes ganas de bailar?

Act. Book

B. Sustantivos, artículos y adjetivos

Nouns designate people, animals and things. They are often introduced by *articles* and modified by *descriptive adjectives*. Look at the forms of the articles and adjectives in the following sentences.

Paco es **el** amigo de Luis.
Ana es **la** amiga de Marta.
José y Tomás son **los** amigos de Juan.
Eva y Tere son **las** amigas de Clara.

Es **un** chico **simpático** e **interesante.**
Es **una** chica **simpática** e **interesante.**
Son chicos **simpáticos** e **interesantes.**
Son chicas **simpáticas** e **interesantes.**

Nouns

All nouns have *gender:* they are either *masculine* or *feminine.*

> Most nouns ending in **-o** are masculine.
>   un **chico,**   un **disco,**   un **perro**
>
> EXCEPTIONS:
> una foto, la mano

> Most nouns ending in **-a** are feminine.
>   una **chica,**   una **guitarra,**   una **cinta**
>
> EXCEPTIONS:
> un día, un programa

All nouns have *number:* they are either *singular* or *plural.*
The plural of a noun is formed by adding:

> **-s** if the singular ends in a vowel
>   un **chico**   dos **chicos**

> **-es** if the singular ends in a consonant
>   un **televisor**   dos **televisores**
>
> EXCEPTION:
> z → ces   lápiz → lápices

Puente

Articles

Articles *agree* in gender and number with the nouns they introduce.
They have the following forms.

	DEFINITE ARTICLE *(the)*		INDEFINITE ARTICLE *(a, an)*	*(some, a few)*
masculine	**el** chico	**los** chicos	**un** chico	**(unos)** chicos
feminine	**la** chica	**las** chicas	**una** chica	**(unas)** chicas

The articles **unos** and **unas** are usually omitted.

The indefinite article is often omitted after **tener** when the following noun is not modified by an adjective:
Tengo radio pero no tengo televisor.

Adjectives   See TPR Activity 4, page TG30.

Descriptive adjectives *agree* in gender and number with the nouns they modify.

Adjectives ending in **-dor, -ón** and **-án** also add an **-a** in the feminine.

Feminine forms

Adjectives which end in **-o** in the masculine, end in **-a** in the feminine.

Most adjectives which do not end in **-o** in the masculine, remain the same in the feminine.

Juan es **independiente** y **optimista**.	Ana es **independiente** y **optimista**.
El profesor es **joven**.	La profesora es **joven**.

Adjectives of nationality which end in a consonant in the masculine, add an **-a** in the feminine.

Paco es **español**.	Carmen es **española**.
Pierre es **francés**.	Marie es **francesa**.

Plural forms

The plural of an adjective is formed by adding:

-s if the singular ends in a vowel	**interesante**	**interesantes**
-es if the singular ends in a consonant	**popular**	**populares**

Puente

ACTIVIDAD 4 Somos diferentes

You may first want to review the pairs of adjectives in the **Vocabulario práctico** on page P17.

Brothers and sisters are often different from one another. First say that the people mentioned in parentheses are not like the brothers or sisters described below. Then describe the people using an adjective which means the opposite of the adjective in italics. Follow the model.

▷ Pablo es *moreno*. (Clara)   Clara no es morena. Es rubia.

1. Roberto es *delgado*. (Tomás y Raúl)
2. José es *alto*. (Carmen y Luisa)
3. Manuel es *interesante*. (Inés)
4. Eva es *inteligente*. (Marcos y Rafael)
5. Clara es *divertida*. (Miguel y Juan)
6. Alberto y Felipe son *rubios*. (Teresa)
7. Susana es *simpática*. (Paco y Andrés)
8. Ana y Lupita son *interesantes*. (Alonso y Pepe)

ACTIVIDAD 5 Retratos *(Portraits)* ★ DESCRIPTION

Make short portraits of the following people and characters by describing their physical and psychological traits. If appropriate, give their nationality. For each portrait, use at least three adjectives from the *Vocabulario práctico,* page P17.

▷ Woody Allen   Es moreno y bajo. No es muy guapo. Es muy divertido. Es norteamericano.

Pairs of students may each prepare one portrait and share it with the class.

1. yo
2. mi papá
3. mi mamá
4. mi mejor amigo
5. mi mejor amiga
6. Paula Abdul
7. Tom Brokaw
8. Michael J. Fox
9. Bill Cosby
10. los New Kids on the Block
11. Drácula
12. Blancanieves *(Snow White)*
13. Carlitos *(Charlie Brown)*
14. Bart Simpson
15. los Muppets
16. Arnold Schwarzenegger

ACTIVIDAD 6 Unos tipos ideales ★ SELF-EXPRESSION

Describe the ideal types by using at least three of the following adjectives for each person. Your sentences may be *affirmative* or *negative*. Study the model carefully.

aburrido	generoso	joven	serio	tonto
dinámico	independiente	justo *(fair)*	sincero	viejo
divertido	impaciente	paciente	tímido	
estricto	interesante	sentimental	tolerante	

▷ la novia   La novia ideal tiene que ser sincera y generosa. No tiene que ser tímida.

1. el novio
2. los amigos
3. las amigas
4. los profesores
5. los padres
6. el presidente
7. la mujer
8. los estudiantes
9. el jefe *(boss)*
10. el compañero *(classmate)*

Puente

P21

C. La posición de los adjetivos

Note the position of the adjectives in the following sentences.

Clara es una chica **seria.**   *Clara is a **serious** girl.*
Tiene una bicicleta **nueva.**   *She has a **new** bicycle.*

In Spanish, descriptive adjectives usually come *after* the nouns they modify.

The adjectives **bueno** *(good)* and **malo** *(bad)* may come *before* or *after* the noun. When used before a noun, the masculine singular forms **bueno** and **malo** become **buen** and **mal.**

José es un **buen** amigo pero es un **mal** estudiante.

ACTIVIDAD 7   **Descripciones**   ★ DESCRIPTION

The following people are at the bus stop. Describe them, using the noun in parentheses and one or more adjectives of your choice.

Eduardo (muchacho)   Eduardo es un muchacho alto y moreno.

1. Miriam (muchacha)
2. Ana (estudiante)
3. Joselito (chico)
4. la Sra. Sánchez (mujer)
5. el Sr. Camacho (hombre)
6. Apolo (perro: *dog*)

Puente

VOCABULARIO PRÁCTICO Los objetos

un coche   also (especially in Latin America): **un auto, un carro**

un disco

una bicicleta

A *compact disk* is **un disco compacto.**

un radio

una moto

un televisor

A *moped (or motorbike)* is **una motoneta.**

una cinta

(una cassette)
also: **un cassette (casette, casete)**

un tocadiscos

una grabadora

un bolso   also: **una grabadora a cassette**

una calculadora

This is new vocabulary.

un reloj

una cámara

un periódico

un bolígrafo   in Spain: **una pluma**

un lápiz   **una foto**
plural: **lápices**

un cuaderno

una revista

un libro

un regalo

un objeto   object   **una cosa**   thing

• **Un televisor** is *TV set;* **la televisión** is *TV (broadcasting).* Similarly, **un radio** is a *radio set;* **la radio** is *radio (broadcasting).*
• EXTRA VOCABULARY: **un marcador** (felt pen), **una carpeta** (ring binder), **una computadora** *(Latin America)* / **un ordenador** *(Spain)* (computer), **un monitor, un procesador de texto, una máquina de escribir (electrónica),** un "walkman", **una radiograbadora** ("boom box"), **un equipo de estéreo, un tocadiscos láser (un lector de CD)** (CD player), **una videograbadora** (VCR), **una videocámara** (camcorder), **una videocinta (una videocassette), un videodisco.**

Puente

VOCABULARIO PRÁCTICO

La descripción de los objetos

caro	expensive	≠	**barato**	inexpensive, cheap
grande	big, large	≠	**pequeño**	little, small
nuevo	new	≠	**viejo**	old

Verbos

comprar	to buy	Con mi dinero, **compro** discos.
necesitar	to need	¿**Necesitas** el libro?

Expresiones

¿cuántos? ¿cuántas?	how many?	¿**Cuántos** discos tienes? ¿**Cuántas** revistas?
muchos, muchas	many	Tengo **muchos** discos de música disco.
hay	there is, there are	**Hay** una grabadora en la clase de español
no hay	there is no, there are no	. . . pero **no hay** televisor.
¿qué hay . . .?	what is there . . .?	¿**Qué hay** en el coche?

NOTA: **Grande** may come *after* the noun (with the meaning of *big, large*), or *before* the noun (with the meaning of *great*). Before a singular noun, **grande** becomes **gran.**

Es un **gran** problema.

REFRÁN

La casa es chica pero el corazón es grande.

The house is small, but the heart is big.

Puente

ACTIVIDAD 8   Venta de coches   ★ DESCRIPTION

Imagine you are a salesperson for a used car dealer. The following cars are for sale. Describe each one using one or several of the following adjectives.

barato   **económico**   **práctico**
bueno   **grande**   **rápido** *(fast)*
caro   **pequeño**   **lento** *(slow)*

   un Toyota   Es un coche económico y pequeño. Es un buen coche.

1. un Cadillac
2. un Alfa Romeo
3. un Mercedes
4. un Subaru

5. un Honda
6. un Camaro
7. un Festiva
8. un Jaguar

ACTIVIDAD 9   Nuestras posesiones

Describe what the following people own, using the verb **tener.** For each noun in parentheses, select an adjective from the *Vocabulario práctico*.

   el (la) profesor(a) (un bolso, un libro)

       El (La) profesor(a) tiene un bolso grande.
       Tiene un libro viejo.

1. yo (un bolígrafo, un bolso, un reloj)
2. mi mejor amigo (una bicicleta, discos, libros)
3. mis padres (un coche, una cámara)
4. en casa, nosotros (un televisor, un radio, revistas)

ACTIVIDAD 10   Un poco de lógica, ¡por favor!   ★ DESCRIPTION

Describe the people in column A using an activity from column B. Then say what each one is like, using elements of columns C and D. Study the models carefully.

A	B	C	D
yo	estudiar mucho	chico	atlético
tú	trabajar mucho	chica	dinámico
Marta	nadar bien	estudiante	interesante
Paco	tener un Jaguar	hombre	inteligente
nosotros	hablar bien	mujer	serio
Uds.	comprar libros de		rico *(rich)*
el Sr. Ramírez	historia		
la Srta. Muñoz	viajar mucho		
mis amigos			

Act.
Book

   Marta nada bien. Es una chica atlética.
       Mis amigos estudian mucho. Son chicos serios.

Puente

La vida diaria

1. Los números de 13 a 100   See TPR Activities 6 and 8, pages TG31 and TG32.

13 **trece**	21 **veinte y uno (veintiuno)**	50 **cincuenta**
14 **catorce**	22 **veinte y dos (veintidós)**	60 **sesenta**
15 **quince**	23 **veinte y tres (veintitrés)**	70 **setenta**
16 **diez y seis (dieciséis)**	30 **treinta**	80 **ochenta**
17 **diez y siete (diecisiete)**	31 **treinta y uno**	90 **noventa**
18 **diez y ocho (dieciocho)**	32 **treinta y dos**	100 **cien (ciento)**
19 **diez y nueve (diecinueve)**	33 **treinta y tres**	
20 **veinte**	40 **cuarenta**	

NOTA: **Uno** becomes **un** before a masculine noun: **treinta y un** discos

una before a feminine noun: **treinta y una** cintas

Ciento is used before another number: **ciento diez (110)**

ACTIVIDAD **De compras en Puerto Rico** *(Shopping in Puerto Rico)*

The following people are shopping at a department store in San Juan. Say how much money each one has and what he (she) can buy with that money. Look at the various possibilities and choose a combination that equals the amount of money each one has.

Carlos (34 dólares)   Carlos tiene treinta y cuatro dólares.
Compra seis discos y cuatro cuadernos.
(Compra un reloj, dos cintas y dos bolígrafos.)

1. Ana María (65 dólares)
2. Paco y Carmen (58 dólares)
3. nosotros (72 dólares)
4. tú (48 dólares)
5. yo (100 dólares)
6. Cecilia (90 dólares)

2. La hora completa

Son las dos y cinco.

Son las tres y veinte.

Son las cinco menos diez.

Son las seis menos cinco.

Puente

ACTIVIDAD   En el aeropuerto

Imagine that you are working at the information desk of Aeroméxico, the
Mexican national airlines. Give the departure times of the following planes.
(Note: **El avión sale . . .** means *The plane leaves . . .*)

☞   Nueva York   El avión para Nueva York sale a las dos y trece.

1. San Juan
2. Bogotá
3. Madrid
4. San Antonio
5. Buenos Aires
6. Quito
7. Chicago

HORAS DE SALIDA	
Nueva York	2:13
San Juan	3:24
Bogotá	4:18
Madrid	5:16
San Antonio	5:27
Buenos Aires	5:40
Quito	6:50
Chicago	10:55

3. Expresiones

a)

¡Qué bueno!

c)

b)

¡Qué malo!

¡Qué lástima!

Puente

Hoy es sábado.

Act. 1

Hoy es sábado y no hay clases. ¿Dónde están Elena y sus amigos?
¿Adónde van hoy?

REVIEWED STRUCTURES:
personal **a**; contractions **al** and **del**; **estar**
and **ir**; **ir a** + infinitive; **ser** vs. **estar**;
the present progressive
REVIEWED VOCABULARY:
places; **-ar** verbs; adjectives used with
estar

Elena está en el café.
Espera a Celia.
Hoy las chicas van a la playa.
Y después, ¿adónde van a ir?
¿Al cine, al concierto . . . o a la discoteca?
¿Quién sabe?

¿Quién sabe?: *Who knows?*

boletos: *tickets*

Paco tiene dos boletos para el concierto.
¿A quién va a invitar?
¿A Marta o a Claudia o a Teresa?
¡Ay, qué problema!

In Spain: **billetes** (tickets)

P28

Evita y Clarita son buenas amigas.
Ahora las dos chicas están en el café.
Evita habla del colegio . . .
   Habla del nuevo profesor de francés . . .
   Habla del partido de fútbol . . .
Evita habla, habla y habla . . .
Pero Clarita no escucha a Evita.
Está mirando a los chicos que están pasando por la calle.

colegio: *school*

por: *along*

Puente

¿Qué tipo (type) de persona es Miguel Ángel? ¿Está contento hoy? ¿Por qué no?
¿Dónde está Carmen? ¿Por qué no está con sus amigos? ¿Por qué está estudiando?

Miguel Ángel es un chico muy simpático y muy divertido.
Pero hoy él no está contento.
Está muy preocupado y muy nervioso.
¿Por qué está tan nervioso Miguel Ángel?
Porque hoy va al dentista.
¡Ay, caramba!

tan: *so*

Carmen no está con sus amigos.
Hoy está en casa.
¿Está cansada ella? ¿Está enferma?
¡No! Carmen es una alumna muy seria. Hoy está estudiando.
El lunes hay un examen de matemáticas.
¡Qué lástima!

El lunes: *(On)*
Monday

NOTA CULTURAL

Los diminutivos

¿Tienes amigos que se llaman° Bill, Bob o Jim?
¿y amigas que se llaman Peggy o Ginny? Esos
nombres son diminutivos de William, Robert,
James, Margaret y Virginia. Los hispanohablantes
también usan° diminutivos: Paco y Pancho para
Francisco, Pepe para José, Tere para Teresa,
Chela para Graciela, etc. . . . Usan también muchos
diminutivos que terminan° en -ito (para chicos) y en
-ita (para chicas). Miguelito, Joselito, Manolito, Evita
y Clarita son diminutivos de Miguel, José, Manolo,
Eva y Clara.

se llaman *are named* **usan** *use* **terminan** *end*

"MIGUELITO EL CARIÑOSO"
CERVEZA
VINOS
CASERA
REFRESCOS
ARROZ
SOPA
CALAMARES
ENSALADA
BOQUERONES
CHOPITOS
GAMBAS
CALAMARITOS
LENGUADO
SALMÓ...

Puente

Diminutives in **-ito** and **-ita** are usually given to young children.
They are also used among people of all ages to denote affection.

p. TG52

CONVERSACIÓN

Vamos a hablar un poco de ti y de tu familia. ★ SELF-EXPRESSION

Eres norteamericano(a), ¿verdad?

¿Eres de Chicago? ¿de Nueva York? ¿de San Antonio? ¿de Los Ángeles?
  ¿De dónde eres?

¿De dónde es tu papá? ¿de Florida? ¿de California? ¿De dónde es tu mamá?

Ahora, ¿estás en casa o en la escuela?

Ahora, ¿está tu mamá en casa? ¿Dónde está?

Ahora, ¿está tu papá en casa? ¿Dónde está?

VOCABULARIO PRÁCTICO   Lugares y expresiones de lugar

un barrio	neighborhood	una calle	street
un café	cafe	una casa	house
el campo	country, countryside	una ciudad	city
el centro	downtown	una escuela	school
un cine	movie theater	una iglesia	church
un lugar	place	una piscina	swimming pool
el mar	sea	una playa	beach
un museo	museum	una plaza	square
un pueblo	village	una tienda	shop, boutique, store
un restaurante	restaurant		

Vamos a hablar de tus diversiones *(pastimes).* ★ SELF-EXPRESSION

¿Vas a menudo al cine? ¿al teatro? ¿a casa de tus amigos?

En el verano, ¿vas a la playa? ¿a la piscina? ¿A qué piscina vas?

¿Te gusta ir al restaurante? ¿Hay un restaurante cerca de tu casa?
  ¿Cómo se llama?

El próximo fin de semana *(Next weekend),* ¿vas a estudiar? ¿vas a mirar la
  televisión? ¿vas a ir al cine? ¿vas a ir a casa de un amigo? ¿vas a ir a una
  fiesta *(party)?* ¿Adónde vas a ir?

El próximo verano, ¿vas a trabajar? ¿dónde? ¿Vas a viajar? ¿adónde?

See TPR Activity 10, pages TG33–TG34.

en	in, at	Juan Miguel trabaja **en** un restaurante mexicano.
a	in, to	Vamos **a** la playa.
de	from	Olga es **de** Puerto Rico.
	of	Pedro saca una foto **de** la iglesia.
	about	Hablamos **de** la chica francesa.
¿dónde?	where	**¿Dónde** estás? ¿en casa?
¿adónde?	where (to)	**¿Adónde** vas? ¿al café?
¿de dónde?	where (from)	**¿De dónde** son tus amigos? ¿de Puerto Rico?
en casa	at home	Felipe no está **en casa.**
en casa de	at . . .'s house	Está **en casa de** Ramón.
a casa	home	Vamos **a casa.**
a la casa de	to . . .'s house	Cecilia va **a la casa de** Marta.
aquí	here	Enrique no está **aquí.** Está en el café.
allí	there	Está **allí** con sus amigos.
cerca (de)	near, close (to)	El cine está **cerca de** la iglesia.
lejos (de)	far (from)	La escuela está **lejos de** mi casa.
llegar	to arrive	El autobús **llega** a las dos y media.
venir	to come	Paco **viene** a mi casa a las tres.

See TPR Activity 9, pages TG32–TG33.

NOTA: **Venir** is an irregular verb. In the present tense, it has the following forms:
  vengo, vienes, viene, venimos, venís, vienen.

P31

Puente

Repaso

A. La *a* personal

In the sentences on the left, the direct objects of the verbs are *people*. In the sentences on the right, the direct objects are *things*. Compare each pair of sentences.

Paco visita **a** una amiga.   Elena visita el museo.
Enrique escucha **a** la profesora.   Tomás escucha un disco.
Clara mira **a** un chico.   José mira el periódico.

When the direct object is a *person,* Spanish speakers use the construction:

$$\text{verb} \; + \; \textbf{a} \; + \; \text{person(s)}$$

You may want to review the notion of direct object (the person or thing directly affected by the action of the verb) with the help of English examples: I invite a friend / We help our friends / Charles takes the book.

- The personal **a** is not used after **tener.**
  Tenemos un profesor muy bueno.
- Note the use of the personal **a** in questions:
  ¿**A quién** invitas a la fiesta?   *Whom* are you inviting to the party?
  ¿**A quién** escucha Paco?   *To* **whom** is Paco listening?

VOCABULARIO PRÁCTICO   Unos verbos que terminan en *-ar*

ayudar	to help	Voy a **ayudar** a mi mamá.
buscar	to look for	**Busco** a Felipe. ¿Dónde está?
esperar	to wait for	Carmen **espera** a sus amigas.
invitar	to invite	Vamos a **invitar** a unos amigos.
llamar	to call	Elena **llama** a su perro *(dog)*.
llamar por teléfono	to call, phone	Enrique **llama** a su novia **por teléfono.**
llevar	to bring, take along, to carry	Voy a **llevar** los discos a la fiesta.

Puente

All these verbs take direct objects. You may want to refer to them when reviewing the direct object pronouns in **Puente,** Lesson 4.

ACTIVIDAD 1　El fin de semana

Say what the following people are doing and what they are not doing. Make an *affirmative* and a *negative* sentence, using the nouns in parentheses. Use the personal **a** when necessary.

> Paco espera (una amiga / el tren)　　Paco espera a una amiga.
> 　　　　　　　　　　　　　　　　　No espera el tren.

1. Felipe visita (un amigo / el museo)
2. Ramón invita (Elena / Delia)
3. Isabel escucha (discos / la radio)
4. Enrique mira (las chicas / la televisión)
5. Alberto llama por teléfono (Teresa / la chica francesa)
6. Carmen espera (su novio / sus amigas)
7. Pablo lleva (Olga / Ana María) a la playa
8. Raúl busca (el programa de cine / el programa de televisión)
9. Tomás ayuda (su mejor amigo / sus padres)

ACTIVIDAD 2　Preguntas personales　★ SELF-EXPRESSION

1. ¿Ayudas mucho en casa? ¿A quién ayudas? ¿a tu papá o a tu mamá?
2. ¿Te gusta buscar regalos para tus amigos? ¿para tus padres?
3. Cuando vas a una fiesta, ¿llevas discos? ¿Qué tipo de discos?
4. Cuando vas a una fiesta de cumpleaños *(birthday),* ¿llevas regalos?
5. ¿Eres paciente o impaciente? ¿Te gusta esperar a tus amigos cuando no llegan a tiempo *(on time)?*

B. Las contracciones *al* y *del*

Note the contractions of the definite article **el** with the prepositions **a** and **de**.

	a + el = **al**	de + el = **del**
el café el chico el museo	Elena va **al** café. Clara espera **al** chico. Llegamos **al** museo.	Ana viene **del** café. Teresa habla **del** chico. Sacamos fotos **del** museo.

Remind the students that there are no contractions with **la, los,** and **las.**

ACTIVIDAD 3　La fotógrafa

Amalia is the official photographer for the school yearbook. Say that she visits the following people and takes their pictures. Follow the model.

> el profesor de francés　　Amalia visita al profesor de francés.
> 　　　　　　　　　　　　Saca una foto del profesor de francés.

1. el profesor de inglés
2. la profesora de español
3. el presidente de la clase
4. el mejor *(best)* atleta
5. la mejor atleta
6. el director del colegio
7. el secretario del director
8. el mejor estudiante
9. las mejores estudiantes
10. el club de español

Puente

C. Los verbos *estar* e *ir*; la construcción *ir a* + infinitivo

Estar *(to be, to be located in)* and **ir** *(to go)* are irregular. Note the forms of these verbs in the following sentences.

INFINITIVE:	**estar**	**ir**
PRESENT:		
(yo)	**Estoy** en el centro.	**Voy** a la tienda de discos.
(tú)	**Estás** en el café.	**Vas** a la piscina.
(él, ella, Ud.)	**Está** en casa.	**Va** al centro.
(nosotros)	**Estamos** en clase.	**Vamos** a casa.
(vosotros)	**Estáis** en España.	**Vais** a Portugal.
(ellos, ellas, Uds.)	**Están** en el cine.	**Van** en la cafetería.

To express an action which is going to happen in the near future, Spanish speakers use the construction:

$$\textbf{ir a} \quad + \quad \text{infinitive}$$

—¿**Vas a estudiar** el sábado? *Are you going to study Saturday?*
—No, no **voy a estudiar.** *No, I'm not going to study.*
   Voy a ir al cine. *I'm going to go to the movies.*

P34

ACTIVIDAD 4 ¿Están en casa?

Read what the following people are doing. Then say whether or not, in your opinion, they are at home.

   Mis amigos nadan.   No están en casa.

1. Felipe escucha sus discos.
2. Elena y Carmen compran discos.
3. Uds. visitan a unos amigos.
4. Ayudo a mi mamá.
5. Sacas fotos de la catedral de Toledo.
6. Ayudamos a la profesora de francés.
7. Antonio mira a las chicas que nadan.
8. Ud. mira la televisión.
9. Ana y María bailan en la discoteca nueva.
10. Estudiamos para el examen de álgebra.

Puente

p. TG53

ACTIVIDAD 5   Un poco de lógica, ¡por favor!   ★ DESCRIPTION

If you know where someone is going, you can often tell what he or she is going to do. Write as many logical sentences as you can, using **ir a** and elements from columns A, B, and C. Study the model.

A	B	C
yo	casa	bailar
tú	la casa de un amigo	nadar
Juanita	el centro	sacar fotos
nosotros	la tienda	comprar discos
mis amigos	la discoteca	escuchar discos
	el campo	buscar un regalo
	la playa	ayudar a un amigo
	la piscina	estudiar
	la escuela	

Tú vas a la piscina. Vas a nadar.

D. ¿Ser o estar?

Although **ser** and **estar** both mean *to be,* their uses are very different. **Ser** and **estar** cannot be substituted for one another.

   Ser is used to tell *who* or *what* the subject is. It is the verb used to describe basic traits and characteristics.

   Estar is used to tell *where* the subject is and *how* he or she feels. It is the verb used to express location and describe feelings.

Compare the uses of **ser** and **estar** in the following sentences.

<table>
<tr><td colspan="2">ser: who the subject is</td><td colspan="2">estar: where the subject is
and how he (she) feels</td></tr>
<tr><td>nationality</td><td>Paco es mexicano.</td><td>location</td><td>Ahora está en Puerto Rico.</td></tr>
<tr><td>origin</td><td>Ana es de Texas.</td><td></td><td>Mis amigos están en California.</td></tr>
<tr><td>profession</td><td>Somos estudiantes.</td><td></td><td>Estamos en clase.</td></tr>
<tr><td></td><td>La Sra. Pérez es profesora.</td><td></td><td>Está con los alumnos.</td></tr>
<tr><td>physical</td><td>Soy alto y delgado.</td><td>physical</td><td>Estoy enfermo.</td></tr>
<tr><td>traits</td><td></td><td>condition</td><td>Y tú, ¿cómo estás?</td></tr>
<tr><td>personality</td><td>Elena es simpática.</td><td>feelings</td><td>Ahora estoy muy contenta.</td></tr>
<tr><td>traits</td><td>Pablo no es paciente.</td><td></td><td>¿Por qué está muy nervioso?</td></tr>
</table>

Puente

REFRÁN

Cuando el gato no está, los ratones bailan.

When the cat's away, the mice will play.

ACTIVIDAD 6   Preguntas personales   ★ SELF-EXPRESSION

1. ¿Generalmente *(Generally)* eres una persona generosa?
2. ¿Eres paciente con tus amigos?
3. ¿Eres un buen alumno (una buena alumna)?
4. ¿Dónde estás ahora?
5. ¿Cómo estás? ¿bien o mal?
6. ¿Estás nervioso(a) cuando hablas español? ¿cuando hablas en público? ¿cuando tienes un examen? ¿cuando tienes una cita *(date)* importante?

See TPR Activity 11, pages TG34–TG35.

VOCABULARIO PRÁCTICO   ¿Cómo estás?

bien

alegre

contento

de buen humor

mal

triste

de mal humor

cansado

enfermo

nervioso

P36

Puente
- The expressions **de buen humor** and **de mal humor** are new.
- EXTRA VOCABULARY: **malhumorado**

ACTIVIDAD 7 Un poco de lógica, ¡por favor! ★ DESCRIPTION

Describe the people in column A. First say where they are going, using **ir** and an expression from column B. Then say how they feel, using **estar** and an expression from column C. How many logical sentences can you make?

A	B	C
yo	el hospital	bien
tú	el dentista	mal
mi mejor amigo	una cita *(date)*	nervioso
Paco y Ana	el restaurante	contento
Uds.	un examen	triste
Miguel Ángel	una fiesta	enfermo
Eva	la casa de un amigo	
nosotros	la casa de un chico aburrido	

Eva va al restaurante. Está contenta.

ACTIVIDAD 8 ¿Y tú? ★ SELF-EXPRESSION

Complete the sentences below with a personal expression. Use your imagination.

1. Estoy contento(a) cuando . . .
2. Estoy triste cuando . . .
3. Estoy nervioso(a) cuando . . .
4. Estoy cansado(a) cuando . . .

P37

E. *Estar* + el participio presente

Note the forms of the verbs in the following sentences.

Carlos **está mirando** la televisión.	Carlos *is watching* TV.
Paco y Ana **están bailando.**	Paco and Ana *are dancing.*
Yo **estoy estudiando.**	I *am studying.*

To emphasize the fact that an action is in progress, Spanish speakers use the following construction:

> present tense of **estar** + present participle

Remind the students that **estar** takes endings to agree with the subject. The present participle does not. Also point out that the present progressive in Spanish is used much less frequently than its English counterpart.

The present participle of **-ar** verbs is formed by replacing the ending **-ar** by **-ando.**

trabaj**ar** → trabaj**ando**
escuch**ar** → escuch**ando**

Puente

ACTIVIDAD 9 Hoy es domingo.

Today is Sunday. Say where the following people are and what they are doing at this moment.

 Susana (en la piscina / nadar)   Susana está en la piscina. Está nadando.

1. yo (en casa / mirar la televisión)
2. Paco y Elena (en una discoteca / bailar)
3. nosotros (en el campo / sacar fotos)
4. tú (en el café / hablar con tus amigos)
5. Felipe (en el museo / mirar las estatuas)
6. los chicos (en la playa / mirar a las chicas)
7. Uds. (en casa de Pedro / escuchar discos)
8. Silvia (en el restaurante / trabajar)

ACTIVIDAD 10 Descripciones ★ DESCRIPTION

Describe each of the following people. Tell what they look like, where they are, what they are doing and how they feel.

 Ana   Ana es una chica morena, bastante guapa.
                Está con Roberto. Está en una fiesta.
                Ahora está bailando. Está contenta.

Act. Book

P38

1. Roberto
2. Felipe
3. Miguel Ángel
4. Eva
5. Raúl
6. Pilar

Ana   Roberto

Felipe

Miguel Ángel

Eva

Raúl   Pilar

La vida diaria

1. Los días de la semana y las partes del día

un día	day	**la mañana**	morning	**por la mañana**	in the morning
		la tarde	afternoon	**por la tarde**	in the afternoon
		la noche	night	**por la noche**	at night

los días de la semana

lunes   martes   miércoles   jueves   viernes   sábado   domingo

hoy	today	**el lunes**	Monday, on Monday
mañana	tomorrow	**el próximo lunes**	next Monday
el fin de semana	weekend	**el lunes por la tarde**	Monday afternoon

ACTIVIDAD   El calendario de Teresa

Look at Teresa's calendar and say what she does each day of the week.

lunes	2:00 p.m.	cita con Paco
martes	9:00 p.m.	concierto con Jaime
miércoles	3:00 p.m.	cine
jueves	8:30 p.m.	restaurante con Alicia
viernes	3:45 p.m.	teatro
sábado	8:45 a.m.	cita con Alberto
domingo	10:00 a.m.	iglesia

El lunes por la tarde tiene una cita con Paco.

2. Expresiones

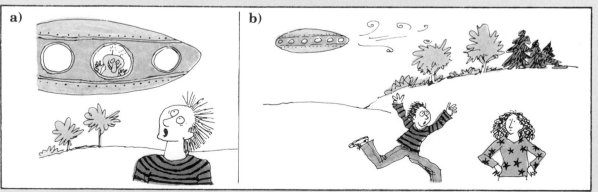

a) ¡Ay, caramba!

b) —¡Dios mío!
   —¿Qué pasa?

Puente

Lección 4 ¿Eres una persona generosa?

REVIEWED STRUCTURES:
de indicating possession;
possessive adjectives;
direct object pronouns;
-er and -ir verbs
REVIEWED VOCABULARY:
family; pets; -er and -ir verbs

Act. 1

Eres simpático(a) y tienes muchos amigos, ¿verdad? ¿Eres también una persona verdaderamente generosa? ¡Vamos a ver! Lee las ocho situaciones siguientes. ¿Cuál es tu reacción? ¿«a» o «b»?

verdaderamente: *truly*
siguientes: *following*,
Cuál: *What*

1. Un chico de la clase está en el hospital. Él no es tu mejor amigo pero es un buen compañero. ¿Lo visitas?
   - a. Sí, lo visito.
   - b. No, no lo visito.

compañero:
companion

2. Hay dos alumnos nuevos en la clase. Son tímidos y no tienen muchos amigos. ¿Los invitas a tu próxima fiesta?
   - a. Sí, los invito.
   - b. No, no los invito.

3. Hay un programa muy interesante en la televisión . . . pero ahora tu mamá está en la cocina y tiene mucho trabajo. ¿La ayudas?
   - a. Sí, la ayudo.
   - b. No, no la ayudo.

cocina: *kitchen*

4. Hay unas alumnas que no comprenden bien la tarea de español. Son bastante simpáticas pero no son tus amigas. ¿Las ayudas con la tarea?
   - a. Sí, las ayudo.
   - b. No, no las ayudo.

tarea: *assignment*

5. Tienes una cita para ir al concierto con unos chicos. Ellos no llegan a tiempo y el concierto va a empezar en dos minutos. ¿Los esperas?
   - a. Sí, los espero.
   - b. No, no los espero.

a tiempo: *on time*,
empezar: *to begin*

Puente

P40

6. Hoy es el cumpleaños de una prima que vive muy lejos y que no ves a menudo. ¿La llamas por teléfono?

     a. Sí, la llamo por teléfono.

     b. No, no la llamo por teléfono.

vive: lives **ves:** *see*

7. Un chico cuenta un chiste. El chiste no es chistoso. ¿Escuchas el chiste?

     a. Sí, lo escucho.

     b. No, no lo escucho.

cuenta: tells, chiste: joke, chistoso: funny

8. Estás en el autobús. En el autobús hay una señora con dos maletas. La señora es pequeña y las maletas son ... enormes. ¿Llevas las maletas de la señora?

     a. Sí, las llevo.

     b. No, no las llevo.

maletas: suitcases

INTERPRETACIÓN

¿Cuántas respuestas «a» tienes?

  7-8 ¡Eres un angelito!

  4-6 Generalmente, eres una persona generosa.

  2-3 Eres generoso(a) ... cuando tienes tiempo.

    1 Para ti, la generosidad es muy rara.

    0 ¿Qué tipo de persona eres tú?

respuestas: answers

Generalmente: Generally

generosidad: generosity

NOTA CULTURAL

La amistad°

¿Quién es tu amigo? ¿Es el chico que vive cerca de tu casa o el chico con quien vas a la escuela todos los días?° Para un joven hispánico, un amigo es mucho más que eso.° Es la persona con quien hablas de todo. Es la persona con quien compartes° tus alegrías° y tus problemas. Es la persona que siempre está contigo cuando la necesitas. Un amigo no es simplemente° un conocido.° Es una persona muy especial porque la amistad dura toda la vida.°

La amistad *Friendship* **todos los días** *every day* **que eso** *than that* **compartes** *share* **alegrías** *joys* **simplemente** *simply* **conocido** *acquaintance* **toda la vida** *for life*

p. TG53

Puente

CONVERSACIÓN

Vamos a hablar de tu familia. ★ SELF-EXPRESSION

¿Dónde vives? ¿en una casa o en un apartamento? ¿Cuántas personas viven allí?

¿Tienes hermanos? ¿Cuántos? ¿Cómo se llaman? ¿Son mayores o menores? ¿Cuántos años tienen?

¿Tienes hermanas? ¿Cuántas? ¿Cómo se llaman? ¿Son mayores o menores? ¿Cuántos años tienen?

¿Trabaja mucho en casa tu papá? ¿Lo ayudas? Y tu mamá, ¿la ayudas cuando ella trabaja?

¿Tienes primos? ¿Dónde viven? ¿Los llamas por teléfono a menudo? ¿Los visitas?

¿Tienes abuelos? ¿Viven contigo? ¿Dónde viven? ¿Los visitas a menudo? ¿Cuándo los visitas? ¿Los ves durante *(during)* las vacaciones?

¿Tienes un perro? ¿Cómo se llama? ¿Tienes un gato? ¿Cómo se llama? ¿Tienes otros animales domésticos? ¿Cuáles? *(Which ones?)*

See TPR Activity 12, page TG325.

VOCABULARIO PRÁCTICO   La familia

el hermano	brother	**la hermana**	sister
el hijo	son	**la hija**	daughter
el padre / **el papá**	father	**la madre** / **la mamá**	mother
el esposo	husband	**la esposa**	wife
los padres	parents		
el abuelo	grandfather	**la abuela**	grandmother
el primo	cousin	**la prima**	cousin
el tío	uncle	**la tía**	aunt
los parientes	relatives		

mayor	older	Tengo una hermana **mayor**...
menor	younger	y tres hermanas **menores**.

Puente

EXTRA VOCABULARY: **suegro** (father-in-law), **padrastro** (stepfather), **suegra** (mother-in-law), **madrastra** (stepmother), **cuñado** (brother-in-law), **hermanastro** (stepbrother), **cuñada** (sister-in-law), **hermanastra** (stepsister)

P42

VOCABULARIO PRÁCTICO — Los animales domésticos

un gato

un mono

un pájaro

un papagayo

un perro

un pez
plural: **peces**

EXTRA VOCABULARY: **un conejo** (rabbit), **un conejillo de Indias** (guinea pig), **un hámster,**
un periquito (parakeet), **un pez dorado** (goldfish), **una tortuga** (turtle)

Repaso

A. El uso de la preposición *de* para indicar la posesión

In the sentences below, note the use of **de** and the word order of the phrases
in heavy print.

Felipe es **el hermano de Clara.**   *Felipe is **Clara's brother.***
¿Dónde están **las amigas de José?**   *Where are **José's friends?***
Busco **el libro del profesor.**   *I am looking for **the teacher's book.***

To indicate possession or relationship, Spanish speakers often use the
construction:

$$\text{noun} \ + \ \textbf{de} \ + \ \begin{cases} \text{name} \\ \text{article} \ + \ \text{noun} \end{cases}$$

The noun + **de** + noun construction is also used to express relationships
between things:

una **raqueta de tenis**   *a tennis racket*
un **libro de historia**   *a history book*

Be sure the students understand that the word order in
Spanish and in English is different. In Spanish, the main noun
comes first; in English, it comes second.

Puente

ACTIVIDAD 1   La familia de Ramón Mateos

Explain the relationship between the people and animals shown in the drawing. Use the *Vocabularios prácticos* on pages P42–P43.

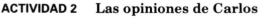

1. Luisa Mateos / Marisa y Rafael
2. Elena Mateos / Roberto
3. Marisa / Miguel Mateos
4. Roberto y Rafael / Marisa
5. Rafael / Antonio
6. Eva / Roberto

7. Ana Sánchez / Marcos Sánchez
8. Marcos Sánchez / Marisa
9. Ana Sánchez / Roberto y Rafael
10. Atila / Felipe
11. Kiki / Rafael
12. Romeo / Marisa

Ramón Mateos   Luisa Mateos

Elena Mateos   Miguel Mateos

Roberto   Marisa   Rafael
**   Romeo   Kiki**

Ana Sánchez   Marcos Sánchez

Antonio   Eva   Felipe
**   Atila**

P44

ACTIVIDAD 2   Las opiniones de Carlos

Carlos has an opinion about everyone and everything. Express these opinions according to the model.

el novio / Isabel / simpático   El novio de Isabel es simpático.

1. la novia / Paco / bonita
2. los amigos / Anita / inteligentes
3. el hermano / el chico francés / aburrido
4. los libros / el profesor / interesantes

5. los discos / el chico mexicano / buenos
6. el coche / tu hermano / muy viejo
7. las opiniones / tus amigos / ridículas
8. el cine / el barrio / barato

Act. Book

Be sure that the students use **del** in items 3, 4, 5 and 8.

Puente

B. Los adjetivos posesivos

Another way to indicate possession or relationship in Spanish is to use possessive adjectives. The forms of these adjectives are reviewed in the chart below.

POSSESSOR	SINGULAR		PLURAL		
yo	**mi** hermano	**mi** hermana	**mis** hermanos	**mis** hermanas	(my)
tú	**tu** primo	**tu** prima	**tus** primos	**tus** primas	(your)
él ella Ud.	**su** amigo	**su** amiga	**sus** amigos	**sus** amigas	(his, its) (her, its) (your)
nosotros	**nuestro** tío	**nuestra** tía	**nuestros** tíos	**nuestras** tías	(our)
vosotros	**vuestro** hijo	**vuestra** hija	**vuestros** hijos	**vuestras** hijas	(your)
ellos ellas Uds.	**su** profesor	**su** profesora	**sus** profesores	**sus** profesoras	(their) (their) (your)

☆ All possessive adjectives agree in number with the nouns which they introduce: they have singular and plural forms. Note that **nuestro** and **vuestro** also agree in gender.

Su and **sus** have several English equivalents:

☆ la casa de Paco: **su** casa   *his* house   la casa de mis amigos: **su** casa   *their* house
   la casa de Ana: **su** casa   *her* house   la casa de Uds.: **su** casa   *your* house
    la casa de Ud.: **su** casa   *your* house

You may have the students give the English equivalent of **sus** in similar examples: **los libros de Paco: sus libros** *his books* etc.

ACTIVIDAD 3   Los distraídos *(Absent-minded)*

The following people are very absent-minded and have forgotten where they left their things. Say that they are now looking for them.

☆ Felipe (el bolígrafo y la calculadora)   Felipe busca su bolígrafo y su calculadora.

1. Rosita (el bolso y la cámara)
2. el Sr. Camacho (el coche)
3. la Sra. Onís (el coche)
4. mi hermano (los libros y la revista)
5. Carlos (la grabadora y las cintas)
6. Ud. (el radio)
7. Carmen y Teresa (el televisor)
8. Uds. (la moto)
9. nosotros (el radio, la cámara y los discos)
10. yo (el libro y los lápices)
11. tú (el tocadiscos y las fotos)
12. Raúl y yo (el cuaderno y las revistas)

Puente

C. Los pronombres de complemento directo   See TPR Activity 13, pages TG35–TG36.

In the questions below, the nouns in heavy print are the *direct objects* of the verbs. Note the forms and position of the pronouns which replace these nouns in the answers.

| ¿Invitas a **Paco**? | Sí, **lo** invito. | ¿Miras a **los chicos**? | Sí, **los** miro. |
| ¿Escuchas **la cinta**? | No, no **la** escucho. | ¿Compras **las revistas**? | No, no **las** compro. |

In Spanish, direct object pronouns come immediately *before* the verb. They agree with the nouns they replace and have the following forms:

	SINGULAR	PLURAL
masculine	**lo**	**los**
feminine	**la**	**las**

You may want to review the concept of the direct object. In the sentences **Invito a Paco** and **Compro revistas**, the nouns **Paco** and **revistas** are directly affected by the action of the verb; they are the direct objects. The following verbs in Spanish are used with direct objects: **ayudar, buscar, comprar, escuchar, esperar, invitar, llamar, llevar, mirar, necesitar, tomar, visitar.**

The above pronouns are used to replace nouns designating people, animals, or things.

ACTIVIDAD 4   Unas invitaciones   ★ SELF-EXPRESSION

Imagine that you are organizing a party at your house. Because of space limitations, you cannot invite everyone. Read the descriptions of the following people and decide whom you are inviting and whom you are not inviting.

⅏   Ramón es bastante interesante.   Lo invito. (No lo invito.)

1. Olivia es muy simpática.
2. Tomás y Antonio no son simpáticos.
3. Raúl tiene una guitarra.
4. Adela tiene una guitarra.
5. El novio de Adela es tonto.
6. Los amigos de Clara son aburridos.
7. Las hermanas de Tomás son guapas.
8. Marcos toca el piano muy bien.
9. Teresa y Delia cantan bien.
10. Las primas de Tomás no hablán inglés.

p. T

ACTIVIDAD 5   ¿Y tú?   ★ SELF-EXPRESSION

Teresa says what she does. Say whether or not you do the same things.

⅏   Ayudo a mis hermanos.   Yo también, los ayudo. (Yo no los ayudo.)

1. Miro la televisión.
2. Miro los programas políticos.
3. Invito a mis amigas a casa.
4. Invito a los novios de mis amigas.
5. Siempre escucho a mi profesor de español.
6. Tomo el autobús para ir a la escuela.
7. Llevo mis discos a las fiestas.
8. Escucho los programas de jazz en la radio.
9. Compro el periódico del domingo.
10. Visito a mis abuelos.

Puente

P46

D. Los verbos que terminan en -er y en -ir

Note the forms of the verbs **aprender** *(to learn)* and **vivir** *(to live)*, paying
special attention to the endings in heavy print.

INFINITIVE:	**aprender**	**vivir**
PRESENT:		
(yo)	Aprend**o** español.	Viv**o** en Buenos Aires.
(tú)	Aprend**es** español también.	Viv**es** en Lima.
(él, ella, Ud.)	Aprend**e** inglés.	Viv**e** en Nueva York.
(nosotros)	Aprend**emos** portugués.	Viv**imos** en Lisboa.
(vosotros)	Aprend**éis** francés.	Viv**ís** en París.
(ellos, ellas, Uds.)	Aprend**en** italiano.	Viv**en** en Roma.
PRESENT PARTICIPLE:	aprend**iendo**	viv**iendo**

Many verbs ending in **-er** and **-ir** follow the above pattern. They are
called regular **-er** and **-ir** verbs.

VOCABULARIO PRÁCTICO   Verbos que terminan en -er y en -ir

verbos en **-er**

aprender	to learn	**Aprendemos** español.
beber	to drink	Ana María no **bebe** chocolate.
comer	to eat	**Comemos** bien en el restaurante mexicano.
comprender	to understand	¿**Comprenden** Uds. cuando la profesora habla español?
creer	to believe, think	**Creo** que voy a trabajar durante *(during)* el verano.
leer	to read	¿Qué **lees?** ¿Una revista española?
vender	to sell	Alberto **vende** su moto porque necesita dinero.
ver	to see	No **veo** a Paco. Y tú, ¿lo **ves?**

verbos en **-ir**

asistir a	to attend, go to	Mi hermano **asiste a** la universidad.
escribir	to write	Elena **escribe** un poema.
vivir	to live	¿Dónde **vive** Ud.? ¿En México?

sustantivos: **la lectura** (reading)

un cuento	story		**una carta**	letter
el horóscopo	horoscope		**una novela**	novel
un poema	poem		**una tarjeta**	card, postcard

NOTA: The verb **ver** *(to see)* has an irregular **yo** form: **veo.**

Puente

REFRÁN

Donde comen tres, comen cuatro.

Four can eat as cheaply as three.

ACTIVIDAD 6   Ventas y compras *(Sales and purchases)*

The following people are selling certain things and buying others. Express
this, using the appropriate forms of **vender** and **comprar**, as in the model.

☆   José (su bicicleta / una moto)   José vende su bicicleta. Compra una moto.

1. la Sra. Ochoa (su Ford / un Mercedes)
2. mis primos (su radio / un televisor)
3. yo (mi libro de español / revistas)
4. tú (una calculadora / una grabadora)
5. mi tío (su casa / un apartamento)
6. nosotros (discos / cintas)
7. Ud. (su radio / un tocadiscos)
8. Uds. (su Cadillac / un coche pequeño)

ACTIVIDAD 7   Preguntas personales   ★ SELF-EXPRESSION

1. ¿En qué ciudad vives? ¿Dónde vive tu mejor amigo? ¿Dónde viven tus
   primos?
2. ¿Comes en la cafetería de la escuela durante *(during)* la semana?
   ¿Comen bien Uds. allí? Generalmente *(Generally)*, ¿comes mucho o poco?
3. ¿Bebes café? ¿té? ¿chocolate? ¿Qué te gusta beber en el invierno? ¿en el
   verano?
4. ¿Aprende español o francés tu mejor amigo? ¿Aprenden Uds. muchas
   cosas interesantes en la escuela?
5. ¿Comprenden al profesor de español los alumnos? ¿Siempre comprendes
   a tus amigos? ¿a tus padres?
6. ¿Vas a asistir a la universidad? ¿A qué universidad?
7. ¿Te gusta escribir? ¿Escribes poemas? ¿Escribes muchas tarjetas postales
   cuando estás de vacaciones *(on vacation)*? ¿Escribes muchas tarjetas de
   Navidad *(Christmas)*? Un día, ¿vas a escribir una novela?
8. ¿Te gusta leer? ¿Lees novelas? ¿Lees revistas? ¿Qué revistas? ¿Lees tu
   horóscopo?
9. ¿Qué periódico leen tus padres? ¿Qué revistas?

Puente

10. ¿Crees en el horóscopo? ¿en los extraterrestres *(beings from outer space)?* ¿en los fantasmas *(ghosts)?*
11. ¿Ves los programas deportivos *(sport)* en la televisión? ¿Ves las películas *(movies)?* ¿Qué programas ves los sábados? ¿Qué programas vas a ver esta noche *(tonight)?*

ACTIVIDAD 8   ¿Sí o no?

Explain what the following people do by using the first expression in parentheses. Then describe the consequence of this activity by using the second expression in an *affirmative* or *negative* sentence. In your second sentence, use a *direct object pronoun.*

Paco (no necesitar sus libros / ¿vender?)   Paco no necesita sus libros. Los vende.

1. el Sr. Montero (necesitar su coche / ¿vender?)
2. mis primos (necesitar las cintas / ¿comprar?)
3. yo (comprar una hamburguesa / ¿comer?)
4. tú (comprar unas revistas / ¿leer?)
5. nosotros (vivir con nuestros abuelos / ¿ver a menudo?)
6. Felipe (no creer a sus amigos / ¿escuchar?)
7. Uds. (comprar unos discos buenos / ¿llevar a la fiesta?)
8. Pedro (no leer la novela / ¿comprender?)

ACTIVIDAD 9   Una reunión familiar   ★ DESCRIPTION

Describe the characters in the following scene. According to you, what is the relationship between the various people in the drawing. Describe what they are doing and what they are not doing.

La vida diaria

1. La fecha

los meses del año *(months of the year)*

enero	julio
febrero	agosto
marzo	septiembre
abril	octubre
mayo	noviembre
junio	diciembre

¿Qué día es hoy (mañana)?	*What day is it today (tomorrow)?*
Es sábado.	*It's Saturday.*
¿Cuál es la fecha de hoy (mañana)?	*What is today's (tomorrow's) date?*
Es el 12 de octubre.	*It's October 12.*

NOTA: To give the date, Spanish speakers use the following construction:

el + number + **de** + month

Hoy es **el dos de mayo.** Mañana es **el tres de mayo.**

Exception: The first day of the month is **el primero.**

El cumpleaños de Pedro es **el primero de agosto.**

Primero becomes **primer** before a masculine singular noun: **Enero es el primer mes del año.**

P50

ACTIVIDAD   Fechas importantes

Give the following dates.

1. mi cumpleaños
2. el cumpleaños de mi mejor amiga
3. la Navidad *(Christmas)*
4. el Día de los Enamorados *(Valentine's Day)*
5. el primer día de la primavera
6. el primer día del otoño

¡FELIZ NAVIDAD!

Puente

2. Expresiones

a)

¡Mira!

b)

¡Oye!

c)

—¿Sabes quién es?

—No, no sé . . .

Puente

Lección 5 — Una guapa y dos tontos

REVIEWED STRUCTURES:
hacer and **decir;** indirect object
pronouns; object pronouns in
infinitive constructions; pronouns
after prepositions

REVIEWED VOCABULARY:
expressions of time

En la calle Colón, hay un café.
En el café, hay una chica muy bonita.
Antonio y Rafael, dos alumnos del Colegio Americano, pasan enfrente
del café . . . y ven a la chica.

enfrente de: *in front of*

Antonio: ¡Mira a la chica!
Rafael: Es muy bonita, ¿verdad?
Antonio: ¡Claro! ¿Quién es?
Rafael: Creo que es una alumna nueva. ¡Qué linda!
Antonio: ¿Por qué no le hablamos?
Rafael: ¡Qué buena idea! ¡Tú le hablas!
Antonio (quien es un poco tímido): ¿Yo le hablo? ¿Por qué siempre yo?
¡Tú le hablas!
Rafael: ¡Bueno! Voy a hablarle a la chica . . . pero ¿qué le digo?
Antonio: Le dices que . . .   Le dices que . . .   No sé . . . ¿Por qué no
le preguntas qué hora es?
Rafael: ¿Yo? ¿Voy a preguntarle a la chica qué hora es? ¡Qué
pregunta! Antonio, ¡eres un tonto!

linda: *beautiful*

No sé: *I don't know*
Por qué no le
preguntas: *Why
don't you ask her*
preguntarle: *to ask her*
¡Qué pregunta!: *What
a question!*

¿Dónde está el café? ¿Quiénes son Antonio y Rafael? ¿Quién es la chica? ¿Por qué no
quiere (*wants*) Antonio hablarle a la chica?

Puente

P52

Otro chico pasa enfrente del café. Él también ve a la chica . . . y va a hablarle.

El chico: ¡Buenas tardes, señorita! ¿Puede decirme qué hora es?
La chica: ¡Claro! Son las cuatro y media. . . . Ud. es alumno en el Colegio Americano, ¿verdad?
El chico: Sí. Me llamo Ricardo Fuentes.
La chica: ¡Encantada! Yo me llamo Delia Hidalgo. Soy una alumna nueva. . . . ¡Le gustaría tomar chocolate conmigo?
El chico: ¡Con mucho gusto, Delia!

Puede decirme: *Can you tell me*

¡Encantada!: *Enchanted!*
Le gustaría: *Would you like*

Antonio y Rafael observan la situación . . . Ellos no están muy contentos.

Antonio: ¡Rafael! Tú eres el tonto!

Puente

Act. 2

NOTAS CULTURALES

El café

¿Por qué van los jóvenes hispánicos al café? ¿Para tomar° café o chocolate? ¡Por supuesto! Pero van también al café para escuchar música . . . para charlar° con sus amigos . . . para conocer° a otros chicos y chicas . . . para mirar a los que pasan por° la calle . . . De veras,° el café es el lugar ideal para pasar un buen rato.°

Cristóbal Colón

¿Sabes° quién es Cristóbal Colón? ¡Claro! Es el descubridor° de América. Por eso, el nombre° Colón es muy popular en el mundo hispánico. Se da° a muchas ciudades, calles, avenidas, escuelas, hoteles, cafés y cines . . . ¿Y sabes que el colón es la unidad monetaria° en Costa Rica y el Salvador, dos países de Centroamérica?

Para tomar *In order to have*   **charlar** *to chat*   **conocer** *to get to know*   **los que pasan por** *others that pass by*   **De veras** *Truly*   **pasar un buen rato** *to have a good time*   **Sabes** *Do you know*   **descubridor** *discoverer*   **nombre** *name*   **Se da** *It is given*   **unidad monetaria** *monetary unit*

CONVERSACIÓN

Vamos a hablar de tus amigos.   ★ SELF-EXPRESSION

¿Cómo se llama tu mejor amigo? ¿Dónde vive?

¿Le hablas mucho? ¿Le hablas de tu familia? ¿Le hablas de tus planes? ¿Le hablas de tus problemas?

¿Le escribes cuando estás de vacaciones *(on vacation)*? ¿Le escribes cuando él está de vacaciones?

¿Le prestas tus discos? ¿Le prestas tu tocadiscos?

¿Vas a darle un regalo bonito para su cumpleaños? ¿Qué vas a darle?

¿Cómo se llama tu mejor amiga? ¿Dónde vive?

¿Le hablas mucho? ¿Le hablas de tus otras *(other)* amigas?

¿Le escribes muchas cartas cuando estás de vacaciones?

¿Le prestas tus discos? ¿Le prestas tus revistas?

¿Qué vas a darle para su cumpleaños?

VOCABULARIO PRÁCTICO   Unos verbos y expresiones

dar	to give	¿Por qué le **das** tus discos a José?
enseñar	to show	Paco le **enseña** sus fotos a su novia.
mandar	to send	Siempre le **mando** una tarjeta a mi tío para su cumpleaños.
prestar	to lend	No le **presto** mi bicicleta nueva a Enrique.

NOTA: The verb **dar** *(to give)* is irregular in the **yo** form: **doy.**

Puente

Manos que dan, reciben.

Hands that give, receive.

Repaso

FOR REVIEW
Module 12

A. Los verbos *hacer* y *decir*

Hacer *(to make, to do)* and **decir** *(to say)* are irregular verbs. Note their forms in the following sentences.

Have the students observe the **-go** ending in the **yo** forms of both verbs and the stem change (e→i) of **decir.** Both verbs have regular endings.

INFINITIVE:	**hacer**	**decir**
PRESENT:		
(yo)	**Hago** cosas interesantes.	**Digo** cosas brillantes.
(tú)	**Haces** poco.	**Dices** mucho.
(él, ella, Ud.)	**Hace** la tarea.	**Dice** que es muy difícil.
(nosotros)	**Hacemos** un viaje.	**Decimos** que es un viaje interesante.
(vosotros)	**Hacéis** planes.	**Decís** que vais a México.
(ellos, ellas, Uds.)	**Hacen** mucho.	**Dicen** que trabajan demasiado.
PRESENT PARTICIPLE:	**haciendo**	**diciendo**

P55

Hacer is used in many expressions:

hacer la maleta	to pack a suitcase	¿Por qué **haces la maleta?** ¿Adónde vas?
hacer la tarea	to do the assignment	Paco **está haciendo la tarea** de inglés.
hacer un viaje	to go on a trip	Isabel **hace un viaje** a México con sus tíos.

Decir is often followed by the construction: **que** + clause.

El profesor dice **que** los alumnos hablan español muy bien.

ACTIVIDAD 1   Preguntas personales   ★ SELF-EXPRESSION

1. ¿Haces muchas cosas interesantes con tus amigos? ¿con tu familia?
2. ¿Haces muchos viajes? ¿Te gusta hacer viajes en tren? ¿en autobús?
3. ¿Vas a hacer un viaje durante *(during)* las vacaciones de verano? ¿Adónde? ¿Con quién?
4. ¿Haces mucho para *(in order)* ayudar a tu familia? ¿para ayudar a tus amigos?
5. ¿Vas a hacer cosas interesantes el próximo fin de semana? ¿Qué vas a hacer?
6. ¿Qué vas a hacer durante el verano?

Act.
Book

Puente

Be sure the students can differentiate between direct and indirect objects.
(1) The indirect object is indirectly (rather than directly) affected by the action of the verb: *I give the book to Jane.*
(2) In English, the indirect object is often introduced by *to: I speak to Charles. We are writing (to) Pablo.*

B. Los pronombres de complemento indirecto

The pronouns in heavy print are the *indirect object* of the verb. Note the position and forms of these pronouns.

Tengo un amigo simpático.	**Le** escribo a menudo.	*I often write **(to) him**.*
Tengo una prima tonta.	No **le** escribo a menudo.	*I don't often write **(to) her**.*
Tengo muchos amigos.	**Les** presto mis discos.	*I lend **them** my records. (I lend my records **to them**.)*
Tengo dos hermanas.	No **les** presto mi radio.	*I don't lend **them** my radio. (I don't lend my radio **to them**.)*

Indirect object pronouns come *before* the verb and have the following forms:

	SINGULAR	PLURAL
masculine / feminine	le	les

In Spanish, **le** and **les** are often used in sentences which have an indirect object noun.

Le doy mis discos **a Paco**.	*I am giving my records **to Paco**.*
Les escribo una carta **a mis primas**.	*I am writing a letter **to my cousins**.*

(3) The direct object may be a person or a thing. The indirect object is usually a person.
(4) Many verbs in English and Spanish may take both a direct and an indirect object: *to give, lend, show, tell, sell* (something to someone).
(5) Spanish verbs that may be used with only an indirect object: **hablar, escribir (a alguien).** (6) Spanish verbs that may be used with a direct and an indirect object: **comprar, dar, decir, enseñar, escribir, mandar, prestar, vender (algo a alguien).**

ACTIVIDAD 2   Un millonario   ★ SELF-EXPRESSION

A very rich uncle has just left you a multi-million dollar fortune. You have bought the following items. Say to which of the following people you will give these presents. Use **dar** and the appropriate *indirect object pronouns.*

**un Mercedes   un Alfa Romeo   una casa de verano en México
un avión   una cámara   una revista cómica** *(comic book)*
**un televisor de color   un reloj   un perro   un kilo de chocolate
una guitarra**

¿a tu hermano menor?   Le doy el perro. (Le doy la revista cómica.)

1. ¿a tu mamá?
2. ¿a tus padres?
3. ¿a tu mejor amigo?
4. ¿a tu mejor amiga?
5. ¿al profesor de español?
6. ¿a tus primos?
7. ¿a tus abuelos?
8. ¿al director de la escuela?
9. ¿a los vecinos *(neighbors)*?
10. ¿a tu tío favorito?

p. TG54

P56

Puente

ACTIVIDAD 3 ¿Sí o no?   ★ SELF-EXPRESSION

Imagine that the people below are your classmates. Read the descriptions.
Then decide whether or not you are going to do the things indicated in
parentheses. Use the **yo** form of the verb and the appropriate *indirect object
pronoun.*

⟯⟯   Teresa es muy simpática.   (¿escribir durante las vacaciones?)
        Sí, le escribo durante las vacaciones.   (No, no le escribo durante las vacaciones.)

1. Carlos y Juan son antipáticos.   (¿escribir durante las vacaciones?)
2. Manuel organiza una fiesta.   (¿prestar tus discos?)
3. Laura necesita dinero para *(in order)* ir al cine.   (¿prestar dos dólares?)
4. Felipe necesita dinero para comprar una cámara.   (¿prestar 50 dólares?)
5. Ana y Olga son muy indiscretas.   (¿hablar de tus problemas personales?)
6. Ramón necesita una grabadora.   (¿vender tu grabadora vieja?)
7. Marcos y José son muy gordos.   (¿comprar hamburguesas?)
8. Isabel saca fotos muy buenas.   (¿enseñar tus fotos?)
9. Elena es muy curiosa.   (¿decir la verdad: *truth*?)
10. Raúl y Tomás están enfermos.   (¿mandar una tarjeta?)

ACTIVIDAD 4   **Relaciones personales**   ★ SELF-EXPRESSION / DESCRIPTION

Describe your relationships with the people below in affirmative or negative
statements. Use the **yo** form of the expression in parentheses and the
appropriate *direct* or *indirect* object pronoun.

⟯⟯   tu primo favorito   (llamar por teléfono / escribir para su cumpleaños)
        Lo llamo por teléfono. (No lo llamo por teléfono.)
        Le escribo para su cumpleaños. (No le escribo para su cumpleaños.)

1. tu mejor amigo   (invitar a tu casa / prestar dinero / dar tus discos viejos)
2. tu mejor amiga   (ayudar con la tarea / siempre decir la verdad *(truth)* /
   mandar una tarjeta de San Valentín)
3. tus padres   (ayudar en casa / siempre decir la verdad / escuchar /
   comprender)
4. tus abuelos   (visitar / ver a menudo / escribir / mandar tarjetas)
5. el (la) profesor(a)   (llamar por teléfono / visitar / comprar regalos /
   escuchar)
6. los alumnos de la clase   (invitar / enseñar tus fotos / prestar tus notas /
   visitar)

Act.
Book

Puente

VOCABULARIO PRÁCTICO

Expresiones de tiempo
(Expressions of time)

ahora	now	**Ahora** estamos en la clase.
antes (de)	before	Voy a llamar a Felipe **antes de** la fiesta.
después (de)	after	Paco va a casa **después de** la clase.
durante	during	**Durante** las vacaciones, vamos a hacer un viaje.
a veces	sometimes	Les escribo a mis abuelos **a veces**.
a menudo	often	En el verano, vamos a la playa **a menudo**.
siempre	always	**Siempre** hago la tarea, ¿y Uds.?
de vez en cuando	once in a while	**De vez en cuando**, Paco va al cine con su novia.

C. Los pronombres con el infinitivo   See TPR Activity 14, page TG36.

Note the position of the object pronouns in the answers to the questions below.

¿Vas a invitar a Manuel? { Sí, voy a invitar**lo**.
{ Sí, **lo** voy a invitar.

¿Vas a comprar los discos? { No, no voy a comprar**los**.
{ No, no **los** voy a comprar.

¿No le prestas tus discos a Ana? { Sí, voy a prestar**le** mis discos.
{ Sí, **le** voy a prestar mis discos.

In infinitive constructions, the object pronouns may come either:

—*after the infinitive,* and attached to it; or
—*before the first verb.*

You may point out that the same pattern is used with the present progressive: **Paco está escuchando el disco. Está escuchándolo. Lo está escuchando.**

ACTIVIDAD 5 ¡Ahora, no!

The people below are not doing certain things now, but are going to do them later. Say when, using the construction **ir a** + infinitive. In your replies, use the appropriate *direct* or *indirect* object pronoun and the expression in parentheses.

Elena no invita a Paco. (mañana)   Elena va a invitarlo mañana.

1. Carlos no invita a sus amigos. (mañana)
2. Felipe no le habla a Carmen. (después de la clase)
3. Raúl no les escribe a sus primas. (el fin de semana)
4. Elena no hace la tarea. (antes de las ocho)
5. Alberto no mira la televisión. (después de las nueve)
6. Mi papá no compra el periódico. (mañana)
7. No le escribo a mi mejor amigo. (durante las vacaciones)
8. No mandamos cartas al profesor. (en el verano)
9. No ayudas a tu papá. (durante el fin de semana)
10. Mi hermano no le escribe a su novia. (antes del domingo)

Act.
Book

Puente

P58

D. Los pronombres después de una preposición

In the answers to the questions below, note the forms of the pronouns which come after the prepositions **de** *(of, about)*, **para** *(for)*, and **con** *(with)*.

¿Habla Carlos de mis amigos?	Sí, habla de **ellos.**	*He talks about **them**.*
¿Trabajas para la Sra. Montero?	Sí, trabajo para **ella.**	*I work for **her**.*
¿Vas al cine con tu hermano?	No, no voy con **él.**	*I'm not going with **him**.*

The pronouns which come after a preposition are the same as the subject pronouns. There are two exceptions: **mí** and **ti.**

Claudia siempre habla de **ti**.	*Claudia always talks about **you**.*
Ramón canta para **mí**.	*Ramón is singing for **me**.*

The pronouns **mí** and **ti** combine with the preposition **con** to form the expressions **conmigo** and **contigo.**

¿Vas al concierto **conmigo?**   ¿**Contigo?** ¡Claro que sí!

ACTIVIDAD 6 ¡Qué lástima!

Carlos does a lot of things for and with his friends . . . but not for or with you since he does not know you. Answer the following questions about Carlos, as in the model. Use the appropriate pronouns.

¿Trabaja para Elena?   Sí, Carlos trabaja para ella . . . ¡pero no trabaja para mí!

1. ¿Trabaja para sus amigos?
2. ¿Va a la fiesta con su novia?
3. ¿Va al concierto con Paco y Antonio?
4. ¿Canta para Ana y Carmen?

5. ¿Toca la guitarra para sus amigos?
6. ¿Habla bien de Pedro?
7. ¿Estudia con Isabel?
8. ¿Va al restaurante con Tomás?

ACTIVIDAD 7   Un poco de lógica, ¡por favor!   ★ DESCRIPTION

Explain the relationship between the people of column A and those of column B using the information in column C. Study the model carefully. How many logical sentences can you make?

A	B	C
yo	un novio	llamar por teléfono
nosotros	una novia	visitar de vez en cuando
el profesor	muchos amigos	escribir a menudo
el Dr. Jiménez	un abuelo viejo	invitar a la fiesta
Emilio	muchos pacientes	dar medicina
Anita	alumnos serios	dar notas *(grades)* buenas
		prestar discos
		prestar libros

El profesor tiene alumnos serios. Les presta libros.

Puente

ACTIVIDAD 8   Descripciones   ★ DESCRIPTION

Describe each of the illustrated scenes as well as you can. You may want to consider the following questions: How many people are there in each scene? Where are they? What is their relationship to one another? What are they doing? What are they talking about? What are they saying to each other?

1.

2.

3.

4.

Puente

La vida diaria

1. Las estaciones y el tiempo

Las estaciones: la primavera, el verano, el otoño, el invierno

El tiempo

¿Qué tiempo hace?	What is the weather like? How's the weather?
Hace buen tiempo.	The weather is nice (fine).
Hace mal tiempo.	The weather is bad.
Hace calor.	It is hot.
Hace frío.	It is cold.
Hace sol.	It is sunny.
Hace viento.	It is windy.
Llueve.	It rains. It's raining.
Nieva.	It snows. It's snowing.

La temperatura

¿Cuál es la temperatura?	What is the temperature?
Veinte grados.	Twenty degrees. *(Celsius)*

ACTIVIDAD   **Las cuatro estaciones**   ★ DESCRIPTION

Describe the weather in your part of the country for each of the four seasons.
Also give the average temperatures.

1. En el verano . . .
2. En el otoño . . .
3. En el invierno . . .
4. En la primavera . . .

P61

2. Expresiones

—¡Qué estupendo!
—¡Qué bonito!
—¡Qué fantástico!
—¡Qué feo!
—¡Qué tonto!

Puente

Puente

Comunicando

¿Y ustedes?   All answers will vary.

Complete the following sentences with an expression that best reflects your personal situation or preferences. Then compare your answers with those of your classmates. You may want to establish a class survey.

El regalo que más me gustaría recibir . . .

1 Tengo . . .
- trece años
- catorce años
- quince años
- ¿?

2 Ahora estoy . . .
- bien
- alegre
- triste
- cansado(a)
- enfermo(a)
- de mal humor
- ¿?

3 Para mi cumpleaños, lo que° más me gusta es . . .
- dar una fiesta para mis amigos
- recibir° tarjetas
- recibir dinero
- recibir regalos
- ¿?

4 El regalo que más me gustaría° recibir para mi próxima fiesta de cumpleaños es . . .
- una guitarra
- un perro
- un reloj
- una cámara
- ¿?

5 Con mi dinero, lo que más me gusta hacer es . . .
- ir al cine
- comprar ropa°
- comprar discos o cassettes
- invitar a mi novio(a) a un restaurante
- ¿?

6 Lo que más me gusta hacer los fines de semana es . . .
- ir al cine
- asistir a un concierto
- visitar a mis abuelos
- mirar la televisión en casa
- ¿?

lo que *what*   **recibir** *receive*
más me gustaría *I would most like*   **ropa** *clothes*

7 Lo que más me gusta hacer durante las vacaciones es . . .
- nadar
- viajar
- visitar a mis primos
- trabajar y ganar dinero
- ¿?

8 De las siguientes cosas, mi favorita es . . .
- sacar fotos
- leer un buen libro
- ver una película° de aventuras
- comer en un buen restaurante
- ¿?

Conversaciones

Developing critical thinking skills

Reading comprehension and speaking practice

Pair activity

This activity consists of several conversations between two speakers, A and B. Put these conversations together by matching each of A's questions or comments with an appropriate response from the box. You may act out each conversation with a classmate.

1 **On the way to school**
A: Hola, Carlos, ¿qué tal?
B: —
A: ¿Estás enfermo?
B: —
A: ¿Por qué?
B: —

2 No, pero estoy muy cansado.

3 Estudio demasiado.

1 Así, así.

2 **In San Juan, Puerto Rico**
A: ¿Eres de aquí?
B: —
A: ¿Dónde vives?
B: —
A: ¿Te gusta Puerto Rico?
B: —

3 ¡Muchísimo! ¡La gente de aquí es muy simpática!

1 No, soy española.

2 En Madrid.

°**película** *film*

3   Tuesday before school

A: ¿Cómo se llama la chica rubia?

B: —

A: ¡Qué bonita!

B: —

A: ¿Cómo lo sabes?

B: —

> 3 Es mi novia.
>
> 2 Es simpática e inteligente también.
>
> 1 Anita López.

4   At the café

A: Hola, Carmen. ¿Qué estás haciendo?

B: —

A: ¿Quieres° ir al museo conmigo?

B: —

A: ¿Por qué no?

B: —

> 3 Tengo que hacer la tarea para mañana.
>
> 2 Muchas gracias, pero no es posible.
>
> 1 Leo el periódico.

5   In the school cafeteria

A: ¿Vas a viajar durante las vacaciones?

B: —

A: ¿Por qué?

B: —

A: ¿Para qué lo necesitas?

B: —

> 2 Necesito dinero.
>
> 3 Voy a comprar una moto.
>
> 1 No, voy a trabajar.

6   At home

A: ¿Qué estás buscando?

B: —

A: ¿Por qué lo necesitas?

B: —

A: ¿El libro de francés?

B: —

> 1 Mi bolso.
>
> 3 No, la última novela de García Márquez.
>
> 2 El libro que estoy leyendo está adentro.°

Quieres *Do you want*   adentro *inside*

7 **At a phone booth**

A: ¿A quién llamas?

B: —

A: ¿Por qué la llamas?

B: —

A: Ah, bueno. ¿Qué vas a darle?

B: —

¹ A mi novia.

³ Un anillo de plata° . . . pero, ¡qué curioso eres!

² Quiero° invitarla a un restaurante. Mañana es su cumpleaños.

8 **In front of the mail box**

A: Hola, Luisa. ¿A quién le mandas la tarjeta?

B: —

A: ¿Por qué le escribes?

B: —

A: ¿Dónde está?

B: —

³ En la Ciudad de México. Vive allá con su esposa.

¹ A mi hermano mayor.

² El viernes es el día de su santo.

Situaciones

Model questions only. All questions and answers will vary.

Asking and answering questions

Building oral proficiency

Pair activity

Imagine you are in the following situations. Choose a partner. Your partner will play the role of the other person in the situation and answer your questions.

1 **You meet another student at the Spanish Club.**

Ask your partner . . .

- what his/her name is
  ¿Cómo te llamas?

- how old he/she is
  ¿Cuántos años tienes?

- where he/she lives
  ¿Dónde vives?

- if he/she comes to the club **(al club)** often
  ¿Vienes al club a menudo?

- if he/she likes to listen to Spanish music
  ¿Te gusta escuchar la música española?

2 **It is vacation time. You are going to Spain for the first time. On the plane you meet another student.**

Ask your partner . . .

- if he/she likes to travel
  ¿Te gusta viajar?

- if he/she is going to Spain
  ¿Vas a España?

- what languages (**¿qué idiomas?**) he/she speaks
  ¿Qué idiomas hablas?

- how many weeks he/she is going to spend **(pasar)** there
  ¿Cuántas semanas vas a pasar allá?

anillo de plata *silver ring*   **Quiero** / *want*

3 It is Saturday morning. A Spanish friend has called to ask if you want to go shopping.

Ask your partner . . .

- at what time he/she is going downtown
  ¿A qué hora vas al centro?
- if he/she is going to take the bus
  ¿Vas a tomar el autobús?
- what he/she is going to buy
  ¿Qué vas a comprar?

4 A Venezuelan friend has invited you to a party at his/her home.

Ask your partner . . .

- what day the party (**la fiesta**) is
  ¿Qué día es la fiesta?
- at what time?
  ¿A qué hora es la fiesta?
- on (**en**) which street he/she lives
  ¿En qué calle vives?
- if it is nearby or far away
  ¿Está lejos o cerca de aquí?
- how many people (**personas**) he/she is going to invite
  ¿Cuántas personas vas a invitar?

5 You want to know what your friends are going to do tonight.

Ask your partner . . .

- if he/she is going to study
  ¿Vas a estudiar?
- if he/she is going to help his/her parents
  ¿Vas a ayudarles a tus padres?
- what programs (**¿qué programas de televisión?**) he/she is going to watch on TV
  ¿Qué programas de televisión vas a mirar?

6 You are discussing your weekend plans.

Ask your partner . . .

- if he/she is going to the movies on Saturday
  ¿Vas al cine el sábado?
- if he/she is going to the country on Sunday
  ¿Vas al campo el domingo?
- when he/she is going to do homework
  ¿Cuándo vas a hacer la tarea?

7 Both you and your partner have been invited to a party this weekend.

Ask your partner . . .

- if he/she likes to dance
  ¿Te gusta bailar?
- if he/she is going to take his/her records or cassettes
  ¿Vas a llevar tus discos o cassettes?
- whom he/she is going to invite to the party (**la fiesta**)
  ¿A quién(es) vas a invitar a la fiesta?

8 You want to know more about your partner's family.

Ask your partner . . .

- if he/she has any brothers (and if so, how many)
  ¿Tienes hermanos? ¿Cuántos?
- if he/she has any sisters (and if so, how many)
  ¿Tienes hermanas? ¿Cuántas?
- where his/her cousins live
  ¿Dónde viven tus primos?
- if his/her grandparents live at his/her house
  ¿Viven tus abuelos en tu casa?

Intercambios All answers will vary.

1 On a separate sheet of paper, list the months of the year. Then ask your friends when their birthdays are and write their names next to the appropriate month. Which is the month with the most birthdays?

mes	el cumpleaños de . . .
enero	
febrero	*Gloria*

2 Get to know your classmates better. On a separate piece of paper, draw a chart similar to the one below. Then ask your friends what they like to do in each situation. Are there two people with exactly the same interests?

MODELO —**Ana, ¿qué te gusta hacer en casa?**
—**Me gusta hablar con mi mamá.**
—**Y los fines de semana, ¿qué te gusta hacer?**
—**...**

	mis amigos		
	Ana	*Carlos*	
en casa	*hablar con su mamá*		
los fines de semana	*ir al cine*		
durante las vacaciones	*viajar*		

3 Because you need money, you would like to sell the following objects. Make a card for each item and decide on a price under $100. Then try to sell the item to a classmate.

precio: *$50*

¿a quién? *A Roberto*

- First, find a classmate who likes the activity associated with the object.

- Then try to sell him/her the object, stating the price.

MODELO
— **¿Te gusta sacar fotos?**
— **Claro, me gusta mucho.**
  (No, no me gusta.) → Suggest another activity
— **¿Quieres° comprar mi cámara?**
— **¿Por cuánto la vendes?**
— **Por cincuenta dólares.**
— **¡De acuerdo! La compro.**
  (Muchas gracias,
  pero no la compro.) → Suggest another activity

4 You have tickets to several different events and are inviting a friend to join you. Your friend, however, needs more information: what day? what time? After you have provided that information, your friend will decide whether he/she can go or not. If not, then he/she will give you an excuse.

Cine Colón
domingo 16 de septiembre
9:00 p.m.

Concierto de Música Mexicana
sábado 14 de febrero
8:00 p.m.

Museo de Arte Moderno
sábado 12 de octubre
3:00 p.m.

Teatro del Prado
lunes 8 de marzo
2:30 p.m.

MODELO
— **¿Tienes ganas de ir al Cine Colón conmigo?**
— **Depende. ¿Qué día?**
— **El sábado próximo.**
— **¿A qué hora?**
— **A las nueve y media.** (Alternate)
— **Me gustaría mucho.** → — No puedo.
— **Entonces, hasta el sábado.** — ¿Por qué no?
  — Tengo una cita con Silvia.

La vida práctica

Building reading comprehension

Tell students that they can refer to the **La vida práctica** glossary on pages 325-326 for unknown vocabulary in the realia documents.

1 | **Visiting the Spanish-speaking world**   Answers will vary.

To improve your knowledge of Spanish, you are thinking of spending some time in a Spanish-speaking country.

Look at the following ad and select 5 Spanish-speaking Latin American countries that you would like to visit. Locate these 5 countries on a map.

- Which country is closest to the city where you live? How much would it cost you to go there and back (leaving from New York)?

- Which country is the farthest away from the city where you live? How much would it cost to go there (from New York)?

Another possibility would be to visit Spain. Look at the ad again.

- How much would it cost to go to Spain (from New York)?
  $659

- Would the price include the cost of the hotel?
  Yes

- How long would the trip be?
  8 days

CALTOURS

La Agencia de los Campeones

212-486-8666

19 East 48th Street, 5to piso, NY 10017

Argentina	$699	Honduras	$375
Belize	$347	México	$345
Bolivia	$699	Nicaragua	$378
Brasil	$679	Panamá	$467
Chile	$699	Paraguay	$679
Colombia	$529	Perú	$429
Costa Rica	$299	Puerto Rico	$195
Ecuador	$448	R. Dominicana	$228
El Salvador	$358	Uruguay	$699
Guatemala	$345	Venezuela	$289
California	$398	Florida	$185
New Orleans	$267	Texas	$291

Ciertas restricciones aplican a estas tarifas de ida y vuelta.

CANCUN $269
3 días-viernes a lunes. Incl. pasaje y hotel

CARIBE $289
4 días, incluye pasaje y hotel

CRUCEROS $699
Al Caribe-7 días. Incl. pasaje

HAWAII $669
7 días, Inc. pasaje, hotel, Transf.

ESPAÑA $659
8 Dias Madrid-Incl. pasaje y hotel

Remind students that people in Brazil speak Portuguese, not Spanish.

Tell students that although the official language is English in Belize—formerly British Honduras—most people there speak Spanish.

tarifa *fare*   **ida y vuelta** *round trip*   **incl. (incluye)** *includes*

Pen pals from the Spanish-speaking world   Answers will vary.

Read the following letters. They appeared in *Tú*, a teen magazine published simultaneously in Panama, Mexico, Colombia, Ecuador, and Puerto Rico.

Nombre: Angélica Aparicio.
Dirección: Calle Suapure, Qta. Raquel, El Marquéz, Caracas 1070, VENEZUELA.
Edad: 14 años.
Pasatiempos: Ver televisión, escuchar música, coleccionar monedas y billetes de diferentes países, hablar por teléfono, ver los videos de mis artistas favoritos, especialmente los de George Michael y practicar ejercicios aeróbicos.

Nombre: Sorayda Arrindell.
Dirección: Seroe Lora Weg 42 D, Willemstad, Curaçao, ANTILLAS NEERLANDESAS.
Edad: 16 años.
Pasatiempos: Cantar, bailar, practicar deportes, viajar, la equitación, coleccionar postales, mantener correspondencia con jóvenes de todas las edades, leer revistas e ir al cine.

Nombre: César A. de la Peña.
Dirección: San Miguel 10, Becerril de Campos, Palencia, ESPAÑA.
Edad: 22 años.
Pasatiempos: Mantener correspondencia con chicas y chicos de todas partes del mundo, tener muchos amigos, bailar, viajar, escribir poemas, coleccionar postales y fotografías. Pueden escribirme en inglés, español, italiano o portugués.

Nombre: Heidy A. Narváez.
Dirección: Calle 62 C Sur, 70-32, Barrio Madelena, Bogotá, COLOMBIA.
Edad: 16 años.
Pasatiempos: Bailar, ir al cine, escuchar música variada, leer, practicar deportes, cantar y salir con mis amistades. Pueden escribirme en francés, inglés o español.

Nombre: Ana M. Sánchez.
Dirección: P.O. Box 1321, Utuado, 00761, PUERTO RICO.
Edad: 14 años.
Pasatiempos: Practicar deportes, caminar, escribir, leer, ir a la playa, conocer personas de diferentes nacionalidades y ver los videos de mis artistas favoritos.

Nombre: Oselys Rodríguez.
Dirección: I-36, Apto. 2, Distrito José Martí, Santiago de Cuba, CUBA.
Edad: 16 años.
Pasatiempos: Ir al cine, estudiar, intercambiar correspondencia, ver televisión, visitar a mis amigas, leer revistas, practicar deportes y escribir versos.

¿Quieres ponerte en contacto con amigos de todas partes? Envíanos tus datos utilizando este cupón.

Nombre: _____

Dirección: _____

Edad: _____
Pasatiempos: _____

El cupón dirígelo a:
LÍNEA DIRECTA REVISTA TÚ

- Choose a pen pal. What is his/her name?

- Where does he/she live?

- How old is your pen pal?

- What are his/her favorite pastimes?

- Which of these pastimes do you also enjoy? Which ones don't you like?

On a separate sheet of paper, fill in the coupon with information about yourself and your interests.

Qta. (Quinta) *Fifth*
Apto. (Apartamento) *apartment*

The address for *Tú* is:
Editorial América, S.A.,
Edificio Bank of America,
Calle 50 (Piso 16),
Panamá 5, República de Panamá

Vamos a escríbir

Model answers only. All answers will vary.

1 Make a list of 5 things you do not own but would like to have. Then list 5 other objects which you do own but would like to get rid of.

1. *un coche*

2. una cámara
   una grabadora

3. un televisor
   una calculadora

1. *mi bicicleta vieja*

2. mi tocadiscos viejo
   mi libro de español

3. mi radio viejo
   mi reloj

2 Describe your talents. Make a list of 3 or 4 things you do and say how well you do them. You may also add how often you do them and/or where.

¿qué? ¿cómo?   ¿cuándo? ¿dónde?

1. *Nado bastante bien. Nado a menudo durante las vacaciones. Nado en la piscina de mi barrio.*

2. Toco la guitarra muy bien.   Toco la guitarra en las fiestas.

   Hablo español un poco.   Hablo español en clase.

3. Escribo cuentos.   Escribo cuentos en casa.

3 Write a short letter to Juanita, your Spanish pen pal. Describe yourself, giving the following information:

- *your name*
- *your age*
- *what you look like*
- *what kind of a person you are*

- *where you live*
- *which school you go to*
- *what you are studying*
- *which leisure activities you like*

Querida Juanita,
Me llamo Alicia. Tengo trece años.

...Soy alta y delgada y tengo el pelo castaño. Soy muy generosa. Vivo en San Antonio, Texas. Voy

al colegio "___". Estudio historia, inglés y español. Me gusta mucho sacar fotos y leer novelas.

4 Name the city where you live. Then describe your neighborhood by mentioning some of the buildings and other places there. Also indicate some of the things that you don't have in your neighborhood.

Vivo en Tampa.
Hay muchas tiendas bonitas
en mi barrio.
También hay... un cine y una iglesia.

No hay... museos en mi barrio.

Active Vocabulary

DAILY ACTIVITIES

comprar (la calculadora) ganar (dinero) tomar (el autobús)
escuchar (discos) hablar (español, inglés) trabajar (en casa)
estudiar (francés, matemáticas) mirar (la televisión)

WEEKEND ACTIVITIES

bailar tocar (la guitarra)
cantar viajar
nadar visitar
sacar fotos

EXPRESSIONS

bien ≠ mal pero con de buen (mal) humor
mucho ≠ poco también para nervioso
muy

QUESTION WORDS

¿cómo? ¿por qué? ¿con quién?
¿cuándo? ¿qué? ¿para quién?
¿dónde? ¿quiénes?

NUMBERS FROM 0 TO 12

cero cuatro siete diez
uno cinco ocho once
dos seis nueve doce
tres

TIME

¿Qué hora es? Son las dos. Son las once.
Es la una. Son las tres y media. Son las doce menos cuarto.
Es la una y cuarto. Son las ocho.

DAILY LIFE

Greetings **Farewells** **Apologizing**
¿Como está Ud.? ¡Adiós! ¡Perdón!
Muy bien. ¿Y Ud.? ¡Hasta luego!
¿Qué tal?
Regular. ¿Y tú?

Unidad 6

Nuestras diversiones

6.1 El problema del dinero

6.2 Los deportes

6.3 Las diversiones y tú

6.4 Los sábados por la noche

¡VAMOS A LEER! El correo del corazón

COMUNICANDO

OBJECTIVES

Communication

By the end of this unit, students will be able to use Spanish:
- To discuss what they earn and spend
- To talk about sports
- To discuss leisure activities such as movies, TV and reading

Language

This unit completes the initial presentation of the simple sentence. (The next units will introduce the reflexives, the preterite and the commands.) The grammatical focus here is on:
- The object pronouns **me, te, nos**
- The use of the definite article in a general sense
- Affirmative and negative expressions
- Stem-changing verbs
- Verbs in **-cer** and **-cir**

Culture

This unit presents the Hispanic view of money and leisure activities such as sports, movies and dating.

 Unit Six   Modules 13, 14

TPR Activity 15, page TG37.

 For background information on the photos (facing and above), see page TG54.

1

Lección 1   El problema del dinero

STRUCTURES TO OBSERVE: the pronoun **me**; the negative constructions **no ... nunca, no ... nada.**

Owing to currency fluctuations, the allowances mentioned here may not be accurate.

Act. 1 ¿Cuánto dinero te dan tus padres? ¿Te dan mucho? ¿Te dan poco? ¿Qué haces con tu dinero?

El problema del dinero es un problema universal. Todos los jóvenes del mundo tienen este problema. Hoy, cinco jóvenes hispanos nos van a hablar de este importante problema.

mundo: *world*,
    este: *this*

Carlos (Es del Uruguay y tiene quince años.)

Mis padres me dan cincuenta pesos cada semana. Con eso compro discos y revistas, y voy al cine de vez en cuando.

eso: *that*

María Victoria (Es la hermana de Carlos y tiene trece años.)

A mi hermano mis padres le dan cincuenta pesos cada semana. Pero a mí me dan sólo treinta. No es mucho y . . . ¡no es justo! ¡Yo también tengo gastos! ¡Yo también necesito comprar discos y revistas! ¡Yo también tengo ganas de ir al cine! . . . Pero no voy nunca . . . ¡No tengo suficiente dinero!

gastos: *expenses*

Elena (Es de México y tiene diez y seis años.)

A mí mi papá no me da nada. De vez en cuando mi mamá me da tres mil pesos . . . ¡especialmente cuando saco buenas notas en clase! Afortunadamente tengo amigos generosos. Me invitan al cine, a los conciertos, a tomar café . . . ¡Y yo no pago nada, por supuesto!

nada: *nothing*
tres mil: *three thousand*, saco: *get*,
    notas: *grades*
Afortunadamente: *Fortunately*
pago: *pay*

Guillermo (Es de Bolivia y tiene quince años.)

Mis padres me dan ochocientos pesos cada semana. ¿Crees que es mucho? Realmente es muy poco: Tengo muchas amigas . . . y cuando invito a una chica al café, claro, tengo que pagar por ella. ¡Después no tengo dinero el resto de la semana!

ochocientos: *eight hundred*

pagar: *to pay*

Esteban (Es de San Francisco y tiene diez y nueve años.)

¡Yo nunca pido dinero! ¡No me gusta pedir nada! . . . No necesito el dinero de mis padres. Trabajo en una estación de servicio. Soy mecánico y gano mucho. El dinero que gano no lo gasto. Lo ahorro para comprar una moto . . . una Kawasaki 500.

nunca: *never*, pido: *ask for*

gasto: *spend*, ahorro: *save*

• 500 = quinientos (centímetros cúbicos)
• ¿De dónde es Carlos? ¿Cuántos años tiene? ¿Quién le da dinero a Elena? ¿Cuándo? ¿Quiénes invitan a Elena al cine? ¿Cuánto dinero recibe Guillermo? ¿Es mucho? ¿Por qué no? ¿Qué hace Esteban con su dinero? ¿Qué va a comprar?

CONVERSACIÓN   OPTIONAL

Ahora vamos a hablar de ti.

1. ¿**Te** dan mucho dinero tus padres?
   Sí, **me** dan . . . (No, no **me** dan . . .)
2. ¿**Te** dan dinero tus abuelos?
3. ¿**Te** dan dinero tus tíos?
4. ¿**Te** prestan sus discos tus amigos?
5. ¿**Te** prestan sus libros tus amigos?
6. ¿**Te** prestan sus revistas tus amigos?

OBSERVACIÓN   Est. A

The questions to the left are addressed to you personally.

- Which object pronoun is used?   te

In the answers you refer to yourself.

- Which object pronoun do you use?   me

NOTAS CULTURALES

Una cuestión de caballeros°

Hace unos años,° en los países hispánicos, si un grupo de amigos iba° al cine, al café o al restaurante, los chicos pagaban° los gastos° de las chicas. Hoy ya no° es así.° Si un grupo sale,° cada persona paga sus gastos. Un chico sólo paga cuando invita a una chica a salir en una cita. Es una cuestión de caballeros . . . y ¡a las chicas les encanta° salir con un caballero!

Una cuestión de caballeros *A matter of being a gentleman* **Hace unos años** *A few years ago* **iba** *went* **pagaban** *paid* **gastos** *expenses* **ya no** *no longer* **así** *like this* **sale** *goes out* **a las chicas les encanta** *the girls are delighted*

p. TG54–TG55

¡Hay pesos y pesos!

El peso es la unidad monetaria° en varios países de Latinoamérica, pero su valor° no es el mismo en cada uno de esos° países. A continuación° se encuentra° una lista de países con sus unidades monetarias.

unidad monetaria *monetary unit* **valor** *value* **esos** *those* **A continuación** *Below* **se encuentra** *is (found)*

Cuando un grupo va al cine, ¿quién paga? ¿Y en los Estados Unidos?

EL PAÍS	LA UNIDAD MONETARIA
Bolivia	el peso boliviano
Chile	el peso chileno
Colombia	el peso colombiano
la República Dominicana	el peso dominicano
México	el peso mexicano
el Uruguay	el peso uruguayo

- SUGGESTED REALIA: coins or banknotes from Hispanic countries.
- For the names of other currencies, see BIENVENIDOS, page 15.

Estructuras

A. Los pronombres *me, te, nos*

Note the uses of the object pronouns in heavy print.

— ¿**Me** invitas al cine?	*Are you inviting **me** to the movies?*
— ¡Por supuesto **te** invito!	*Of course I am inviting **you**.*
— ¿**Te** dan dinero tus padres?	*Do your parents give **you** (= **to you**) money?*
— Sí, pero no **me** dan mucho.	*Yes, but they don't give **me** (= **to me**) much.*
— ¿**Nos** llamas por teléfono, Luisa?	*Are you phoning **us**, Luisa?*
— ¿**Nos** prestas tu coche?	*Are you lending **us** (= **to us**) your car?*

☞ **Me** *(me, to me)*, **te** *(you, to you)* and **nos** *(us, to us)* may refer to nouns that are direct or indirect objects. These pronouns do not have separate direct and indirect forms like the pronouns you have already learned.

The object pronoun corresponding to **vosotros** is **os**.

☞ The position of **me, te** and **nos** is the same as that of the other object pronouns:

• Usually the pronouns come directly *before* the verb.
• When used with an infinitive, the pronouns usually come *after* the infinitive and are attached to it. (They may come *before* the first verb.)

Voy a invitar**te** al cine.	¿Vas a prestar**me** tu bicicleta?
(**Te** voy a invitar al cine.)	(¿**Me** vas a prestar tu bicicleta?)

☞ The object pronouns corresponding to **Ud.** and **Uds.** are the same as the third person object pronouns.

(usted)	**lo, la**	*(you)*	Srta. López, ¡no **la** comprendo!
	le	*(to you)*	Sr. Alonso, **le** vendo mi coche.
(ustedes)	**los, las**	*(you)*	Carlos y Felipe, **los** invito a mi fiesta.
	les	*(to you)*	¿**Les** vendo mis discos a Uds.?

Act. 5

VOCABULARIO PRÁCTICO   El dinero

un consejo	(piece of) advice	¿**Te** dan buenos **consejos** tus amigos?
el dinero	money	¿Tienes **dinero** para ir al cine?
un gasto	expense	No tengo dinero porque tengo muchos **gastos**.
el trabajo	work, job	¿Tienes **trabajo** de verano?
ganar	to earn (money)	Trabajo mucho pero no **gano** mucho.
pagar (por)	to pay for	¿Tienen los chicos que **pagar** por las chicas cuando van al cine?

WORD ASSOCIATIONS: **consejo** (*counselor*), **ganar** (*gain*), **pobre** (*poverty*).

> For emphasis Spanish speakers may use the expressions **a mí, a ti,** and **a nosotros(as)** with the pronouns **me, te,** and **nos:**
>
> **A mí,** mis padres no **me** dan dinero.

★ PAIRED COMMUNICATION / SELF-EXPRESSION

ACTIVIDAD 1   Diálogo: La vida de tus compañeros *(The life of your classmates)*

Ask your classmates about their relationships with the people in parentheses. You may use the expression **a menudo** in your questions and answers.

VARIATION: The students work in small groups and ask questions in the **Uds.** form. ¿**Les escriben Uds. a menudo a sus primos?**

> escribir (tus primos)   Estudiante 1: ¿Te escriben a menudo tus primos?
> Estudiante 2: Sí, me escriben a menudo.
> (No, no me escriben a menudo.)

1. escribir (tus abuelos; tu mejor amigo; tus tíos)
2. invitar (tus primos; tu mejor amiga; los chicos de la clase)
3. llamar por teléfono (tu mejor amiga; tu mejor amigo; tus primos)

4. comprender (tu mejor amigo; tus padres; tus profesores)
5. ayudar con tus tareas (tus profesores; tu mamá; tus hermanos)
6. hablar de sus problemas (los chicos de la clase; tus primos; tu mejor amigo)

OPTIONAL

ACTIVIDAD 2   Diálogo: ¡Favores!   ★ PAIRED COMMUNICATION / SELF-EXPRESSION

Ask your classmates if they intend to do the following things for you. Use **me** in the questions and **te** in the answers.

VARIATION: Use the plural.
—¿Vas a invitarnos al cine?
—Sí, voy a invitarlos.

> invitar al cine   Estudiante 1: ¿Vas a invitarme al cine?
> Estudiante 2: Sí, voy a invitarte al cine.
> (No, no voy a invitarte al cine.)

1. invitar a tu casa
2. llamar por teléfono
3. ayudar con la tarea

4. hablar de tus planes
5. prestar tus discos
6. prestar tu bicicleta

gastar	to spend (money)	¿Cuánto **gastas** cuando vas al cine?
≠ **ahorrar**	to save (money)	Betsy está **ahorrando** para ir a España.
ser rico	to be rich	Los amigos de Gloria **son ricos.**
≠ **ser pobre**	to be poor	Mis amigos **son pobres.**
demasiado(a)	too much	En clase tenemos **demasiado** trabajo . . . y
demasiados(as)	too many	**demasiados** exámenes.

NOTA: Like **mucho, demasiado** agrees with the noun which follows.

ACTIVIDAD 3   La fiesta de cumpleaños de Carlos   ★ PAIRED COMMUNICATION

Carlos is having a birthday party. His friends are asking him whether
they are being invited. He says yes. Play both roles according to the model.

> Luisa y Elena   Luisa y Elena: ¿Nos invitas a tu cumpleaños?
> Carlos: ¡Claro, las invito!

1. Enrique
2. Mónica
3. Pablo y Paco

4. Sara y María
5. Felipe y Miguel
6. Tomás y Carmen

VARIATION with cues eliciting
the object pronouns for the **U**d
form: **el profesor de español**
mamá de Enrique, el papá d
Mónica, la tía de Felipe, el tí
de Sara.

ACTIVIDAD 4   Preguntas personales   ★ SELF-EXPRESSION

1. ¿Tienes trabajo? ¿Cuánto ganas?
2. ¿Ahorras dinero? ¿Estás ahorrando para hacer un viaje? ¿para comprar una
   bicicleta? ¿un tocadiscos? ¿una grabadora? ¿una calculadora?
3. ¿Gastas mucho dinero cuando vas al cine? ¿a la playa? ¿a un concierto?
4. ¿Eres muy generoso(a)? Y tus padres, ¿son generosos?
5. ¿Son ricos tus amigos? ¿Son generosos?
6. ¿Cuánto pagas por una Coca-Cola en la cafetería? ¿Cuánto por un sándwich?
7. ¿Tienes demasiado trabajo en esta clase? ¿demasiadas tareas?

B. Palabras afirmativas y negativas

The words in columns A and B are opposites. Note the use of these words
in the sentences below.

A	B	
siempre (always)	**nunca** (never)	—¿**Siempre** vas al cine los sábados? —No, **no** voy **nunca**.
alguien (someone, anyone)	**nadie** (no one, not anyone)	—¿Estás con **alguien**? —No, **no** estoy con **nadie**.
algo (something, anything)	**nada** (nothing, not anything)	—¿Le dices **algo** al profesor? —No, **no** le digo **nada**.
alguno (some, any)	**ninguno** (no, not any, none)	—¿Tienes **algunas** amigas en México? —No, **no** tengo **ninguna** amiga en México.

> The negative words **nunca, nadie, nada** and **ninguno** may come
> before or after the verb. When they come after the verb, **no** is used
> before the verb.
>
> **Nunca** vamos al cine. } *We **never** go to the movies.*
> **No** vamos **nunca** al cine. }

Act.
Book

SCRIPT
Act. 3, 4

Act.
Book

Act. 6

Ninguno is almost always used in the singular.

🔲 **Alguno** and **ninguno** agree with the nouns they describe.
Before a masculine singular noun, they become **algún** and **ningún**.

No tengo **ningún** amigo en España.   *I don't have **any** friends in Spain.*
Algún día voy a visitar México.   ***Someday** I am going to visit Mexico.*

★ PAIRED COMMUNICATION / SELF-EXPRESSION

ACTIVIDAD 5   Diálogo: Esta noche *(Tonight)*

Ask your classmates about their plans for tonight. Use **alguien** in
sentences 1-5 and **algo** in sentences 6-10. Your classmates may answer
affirmatively or negatively.

🔲   invitar a   Estudiante 1: ¿Vas a invitar a alguien a la fiesta?
    la fiesta   Estudiante 2: Sí, voy a invitar a alguien a la fiesta.
                        (No, no voy a invitar a nadie a la fiesta.)

1. visitar   6. hacer
2. ver   7. leer
3. invitar al cine   8. escribir
4. llevar al teatro   9. comprar
5. llamar por teléfono   10. buscar

ACTIVIDAD 6   ¡No! ★ PAIRED COMMUNICATION

Today Felipe is in a very contrary mood. He says no to every one of   VARIATION: Say Felipe is not
Isabel's questions. Play both roles according to the model.   doing these things. **Felipe no hace**
                                                                         nada.
🔲   hacer algo   Isabel: ¿Haces algo, Felipe?
                     Felipe: ¡No, no hago nada!

1. escribir algo   7. trabajar siempre en clase
2. leer algo   8. decir siempre la verdad *(truth)*
3. comprar algo para tus amigos   9. tener alguna amiga en España
4. invitar a alguien al cine   10. tener algún disco bueno
5. hablar de tus problemas con alguien   11. desear ir a algún café
6. ir siempre al cine los domingos   12. necesitar algún consejo

C. *Pedir* (e → i)

Note the forms of the verb **pedir** *(to ask for)*.
Pay attention to the vowel of the stem of the verb.

INFINITIVE:	pedir		
PRESENT:			
(yo)	Pido cuatro pesos.	(nosotros)	Pedimos tu coche.
(tú)	Pides cinco pesos.	(vosotros)	Pedís un favor.
(él, ella, Ud.)	Pide dinero.	(ellos, ellas, Uds.)	Piden consejos.
PRESENT PARTICIPLE: pidiendo			

Lección uno

7

The verb **pedir** has regular –ir endings. Note, however, that the vowel **e** of the stem (**ped-**) changes to **i** in the **yo, tú, él** and **ellos** forms, and in the present participle. **Pedir** is called a *stem-changing verb*.

Although both **pedir** and **preguntar** may mean *to ask* in English, their uses are different:

- **Pedir** means *to ask for, to request, to order (something)*.

  ¿Le **pides** el coche a tu papá?   *Do you **ask** your father **for** the car?*
  No, no le **pido** nunca el coche.   *No, I never **ask** him **for** the car.*

- **Preguntar** means *to ask (a question), to inquire (about something)*.

  Cuando no comprendo   *When I don't understand*
    le **pregunto** al profesor.   *I **ask** the teacher.*

You may contrast:
No te pido nada.   I am not asking you (to give me) anything.
No te pregunto nada.   I am not asking you (to tell me) anything.

ACTIVIDAD 7   Regalos de cumpleaños

Say what the following people are asking for as birthday presents. Follow the model.

Isabel (un radio)   Isabel pide un radio.

1. Carlos (una guitarra eléctrica)
2. Manuela (una bicicleta)
3. Jaime (discos)
4. nosotros (un reloj)

5. Paco y Roberto (una moto)
6. yo (una calculadora)
7. tú (una cámara de cine)
8. María y Pilar (una raqueta de tenis)

ACTIVIDAD 8   Diálogo: ¿Qué pides? ¿Qué preguntas?   ★ PAIRED COMMUNICATION / SELF-EXPRESSION

Ask your classmates whether they request (1-5) or ask (6-10) the following things of their family and friends. Use the indirect object pronouns **le** and **les** in your questions and answers.

pedir: dinero a tu mamá   Estudiante 1: ¿Le pides dinero a tu mamá?
                           Estudiante 2: Sí, le pido dinero.
                              (No, no le pido nunca dinero.)

preguntar: a tus padres si ganan mucho
                           Estudiante 1: ¿Les preguntas a tus padres si ganan
                              mucho?
                           Estudiante 2: Sí, les pregunto si ganan mucho.
                              (No, no les pregunto nunca si ganan
                              mucho.)

1. dinero a tus padres
2. el coche a tu papá
3. consejos a tu mejor amiga
4. sus discos a tus amigas
5. buenas notas (*grades*) a tus profesores

6. a tus padres si gastan mucho
7. a tus amigos si son ricos
8. a tus amigas si ahorran su dinero
9. a tus primos si necesitan dinero
10. a tus profesores si van a dar un examen difícil

Pronunciación   El sonido de la consonante *p* inicial

Model word: poco

Practice words: pago pido pobre perdón preguntar Paco

Practice sentences: Paco le pide un peso a su papá.

¿Por qué está Pablo siempre en la plaza?

En Panamá, no pago con pesos.

In English, the sound / p / at the beginning of a word is pronounced with a puff of air. Hold your hand by your mouth as you say the English word "poke" and you should feel the air. Now say the English word "spoke": there is almost no puff of air. In Spanish, the sound / p / is always pronounced *without* a puff of air, even at the beginning of a word.

Para la comunicación

Expresiones para la composición

regularmente	*regularly*
a menudo	*often*
a veces	*sometimes*
raras veces	*rarely, seldom*

Mini-composición   Mi problema con el dinero

Escribe un pequeño párrafo, explicando cómo resuelves el problema del dinero. Usa las preguntas como guía para la composición, y usa las expresiones para la composición.

Presupuesto de la semana

	pesetas
Transporte	30
Cine	70
Revistas	35
Café	50
Sellos	50
Teléfono	20
	20
total	225

presupuesto (budget), **sellos** (stamps)

- ¿Te dan dinero regularmente tus padres? ¿Cuánto?
- ¿Les pides dinero a tus abuelos?
- ¿Recibes dinero cuando ayudas a tu papá o a tu mamá?
- ¿Tienes trabajo? ¿Cuánto ganas?
- ¿Recibes dinero cuando sacas buenas notas *(grades)* en clase?
- ¿Vas al cine a menudo? ¿a los conciertos?
- ¿Compras discos? ¿periódicos? ¿revistas?
- ¿Tienes amigos generosos? ¿Te invitan al cine? ¿al teatro? ¿a la heladería *(ice cream parlor)*?

Regularmente mi mamá me da dinero. Cada semana, recibo dos dólares. **A veces** mis abuelos me dan cinco o diez dólares . . .

Act. Book

SCRIPT
Act. 12

Act. Book

¡Hola!
Act. Book

TRP

QUIZ

9

Lección 2 Los deportes

STRUCTURES TO OBSERVE: **jugar; me gusta(n);** definite article with nouns used in the general sense.

Act. 1

29

¿Te gustan los deportes? . . . ¿Qué deporte te gusta más? . . . Cuatro jóvenes hispánicos (dos muchachos y dos muchachas) contestan:

Te gustan: *Do you like,* deportes: *sports*
contestan: *answer*

Josefina
Me gusta nadar . . . Nado bastante bien . . . ¡Soy la campeona de mi escuela! También me gusta el tenis . . . Juego un poco, pero no juego muy bien.

campeona: *champion*
Juego: *I play*

Enrique
Me gusta el fútbol. Es mi deporte favorito. ¡Qué deporte! ¡Es sensacional! ¡Estupendo! ¡Fabuloso! . . . Juego al fútbol en la escuela. Tenemos un equipo tremendo . . . Con suerte, vamos a ser los campeones interescolares.

fútbol: *soccer*

equipo: *team*

interescolares: *interscholastic*

Benjamín
A mí también me gusta el fútbol . . . Soy un gran aficionado. Los domingos siempre asisto a los partidos de fútbol. Mi equipo favorito es el Real Madrid. ¡Son formidables! ¡Qué agilidad! ¡Viva el Real Madrid!

¿Me preguntas si juego al fútbol? ¿Yo? Bueno . . . no . . . No tengo tiempo para practicar. Me gusta más ver los partidos. Es más emocionante.

aficionado: *fan,* Los domingos: *On Sundays*
partidos: *games,* equipo: *team*
Viva: *Long live*

Me gusta más: *I prefer*
emocionante: *exciting*

Ana María
A mí me gusta el boxeo . . . Me gusta el karate . . . Me gusta el judo . . . ¡Sí! Me gustan los deportes violentos . . . pero sólo verlos en la televisión.

En realidad, no soy una persona violenta y no practico deportes violentos . . . Yo juego al volibol. También me gustan el tenis y la natación.

boxeo: *boxing*

practico: *take part in*

natación: *swimming*

¿Cómo nada Josefina? Cuál es el deporte favorito de Enrique? ¿Dónde juega al fútbol? ¿Qué hace Benjamín los domingos? ¿Cuál es su equipo favorito? ¿Juega al fútbol? ¿Por qué no? ¿Cuáles son los deportes favoritos de Ana María?

CONVERSACIÓN

Vamos a hablar de los deportes *(sports)*.

1. **¿Te gusta** el tenis?
   Sí, **me gusta**... (No, **no me gusta**...)
2. **¿Te gusta** el karate?
3. **¿Te gusta** el volibol?

4. **¿Te gustan** los deportes?
   Sí, **me gustan**... (No, **no me gustan**...)
5. **¿Te gustan** los deportes violentos?
6. **¿Te gustan** los partidos *(games)* de béisbol?

OBSERVACIÓN   Est. B, C

Reread the above questions.

- What is the Spanish expression which corresponds to *do you like* when the question concerns a *single* activity such as tennis, karate, or volleyball? ¿te gusta ... ?

- What expression is used when the question concerns *several* activities, such as sports or baseball games? ¿te gustan ... ?

When you ask a Spanish speaker **¿Te gusta el tenis?** or **¿Te gusta el karate?** you are asking whether this person likes tennis or karate *in general*.

- Which word comes before **tenis** and **karate?** el

- Does English use the definite article in constructions of this sort? no

NOTA CULTURAL

¡Fútbol!

Hay fútbol y fútbol. El fútbol que juegan° los hispanohablantes no es como el fútbol norteamericano. En los Estados Unidos, el fútbol hispanoamericano se llama *soccer*.

En todas partes° donde hay espacios° abiertos,° los jóvenes hispánicos juegan al fútbol: en el estadio,° en la escuela, pero también en el campo, en la playa, en la calle. Los domingos, millones de aficionados° aplauden a sus equipos° favoritos: el Real Madrid en España, el Peñarol en el Uruguay, el Boca Juniors en la Argentina...

¡De veras, el fútbol es rey° en el mundo° hispánico!

juegan *play*   **en todas partes** *everywhere*   **espacios** *spaces*
abiertos *open*   **estadio** *stadium*   **aficionados** *fans*
equipos *teams*   **rey** *king*   **mundo** *world*

Spanish-speaking countries usually figure prominently in the international soccer World Cup, which is held every four years. In 1990, the World Cup took place in Italy.

p. TG55

Estructuras

El **deporte** is active vocabulary.

VOCABULARIO PRÁCTICO

Los deportes *(Sports)*

Deportes individuales

el esquí

el tenis

la gimnasia

la natación

Deportes de equipo

el básquetbol

el béisbol

el volibol

el fútbol

el fútbol americano

un equipo	team	Nuestra escuela tiene un **equipo** de fútbol muy bueno.
un(a) jugador(a)	player	Hay once **jugadores** en un equipo de fútbol.
un partido	game, match	¿Vas a asistir al **partido** de béisbol mañana?
un(a) atleta	athlete	¿Hay muchos **atletas** buenos en tu escuela?
un aficionado(a) a	a fan (of)	Soy **aficionado** al fútbol. Mi hermana es **aficionada** al tenis.
deportista	active in sports, athletic	Carlos no es **deportista,** pero tiene dos hermanas que son muy **deportistas.**
deportivo(a)	(concerning) sports	¿Lees las revistas **deportivas**?
jugar (u → ue) a	to play (a sport)	¿**Juegas** bien al ping pong?

• Alternate terms: **baloncesto** (basketball) and **balonvolea** (volleyball).
• Also: the noun **un(a) deportista** (someone who is active in sports).

ACTIVIDAD 1 Preguntas personales ★ SELF-EXPRESSION

1. ¿Eres deportista? ¿Qué deportes practicas? ¿el tenis? ¿el básquetbol?
   ¿el esquí? ¿la natación?
2. ¿Eres aficionado(a) al béisbol? ¿al volibol? ¿a la gimnasia?
3. ¿Hay en tu escuela un equipo de fútbol? ¿de fútbol americano?
   ¿de básquetbol? ¿Son buenos los equipos?
4. ¿Miras los partidos de tenis en la televisión? ¿los partidos de béisbol?

ACTIVIDAD 2 Un sondeo de opinión *(Opinion poll)* ★ SELF-EXPRESSION

Vote for the best sports, the best athletes, the best teams. The results of
this class survey may be presented as percentages or in tabular form.

1. El mejor deporte individual es . . .
2. El mejor deporte de equipo es . . .
3. El mejor jugador de béisbol es . . .
4. El mejor jugador de básquetbol es . . .
5. El mejor jugador de tenis es . . .
6. La mejor jugadora de tenis es . . .
7. El mejor equipo de béisbol es . . .
8. El mejor equipo de básquetbol es . . .
9. El mejor equipo de fútbol americano es . . .

A. *Jugar* (u → ue)

Note the forms of the stem-changing verb **jugar** *(to play)*.
Pay special attention to the stem vowels.

INFINITIVE:	jugar		
PRESENT:			
(yo)	**Jue**go al fútbol.	(nosotros)	**Ju**gamos al béisbol.
(tú)	**Jue**gas al básquetbol.	(vosotros)	**Ju**gáis al ping pong.
(él, ella, Ud.)	**Jue**ga al volibol.	(ellos, ellas, Uds.)	**Jue**gan al tenis.
PRESENT PARTICIPLE:	jugando		

The **u** of the stem (**jug-**) becomes **ue** in the **yo, tú, él** and **ellos** forms
of the present tense. Like all other stem-changing verbs, the endings
of **jugar** are regular.

With the name of a sport, **jugar** is followed by the preposition **a**.

ACTIVIDAD 3 Hay buenos y malos jugadores

Roberto, the captain of the soccer team, wants your opinion of the players.
Express your opinion of each player according to the model.

 Alejandro: muy bien   Alejandro juega muy bien.

1. Lorenzo: mal
2. Gabriel: estupendamente
3. mis hermanos: bastante bien
4. Luis y yo: bien
5. Federico: muy mal
6. Alberto: muy bien
7. Roberto: bien, a veces
8. tú: muy mal
9. yo: bastante bien

B. El uso del artículo definido en el sentido general

Act. 6

Note the use of the definite article (**el, la, los, las**) in the following sentences.

El tenis es un deporte sensacional.	*Tennis **(in general)** is a sensational sport.*
No me gusta **la** violencia.	*I don't like violence **(in general)**.*
Los hispanohablantes son aficionados al fútbol.	*Hispanic people **(in general)** are soccer fans.*
¿Son **las** chicas más deportistas que **los** chicos?	*Are girls **(in general)** more active in sports than boys **(in general)**?*

⟯ In Spanish, the definite article is used to introduce nouns used in a general sense. This is not the case in English.

ACTIVIDAD 4   Tu opinión de los deportes   ★ SELF-EXPRESSION

Give your general opinion of the sports in column A, using one of the adjectives in column B. Your opinions may be positive or negative. (Note: The words marked with an asterisk (*) are feminine; all others are masculine.)

A		B	
tenis	ping pong	divertido	sano *(healthy)*
fútbol	esquí	aburrido	fácil *(easy)*
béisbol	natación*	violento	difícil
volibol	golf	artístico	peligroso *(dangerous)*
boxeo	gimnasia*	sensacional	espectacular
judo	fútbol americano		
karate	básquetbol		

⟯ tenis   El tenis (no) es un deporte sensacional (fácil, . . .).

ACTIVIDAD 5   Otras opiniones personales   ★ SELF-EXPRESSION

Give your general opinion of the following, according to the model.

⟯ música popular: ¿estupenda?   La música popular es estupenda.
(La música popular no es estupenda.)

1. música clásica: ¿divertida?
2. deportes de equipo: ¿violentos?
3. violencia: ¿terrible?
4. programas deportivos: ¿interesantes?
5. televisión: ¿una diversión intelectual?
6. dinero: ¿útil? *(useful)*
7. español: ¿difícil?
8. francés: ¿útil?
9. atletas: ¿personas interesantes?
10. chicos norteamericanos: ¿buenos atletas?
11. chicas norteamericanas: ¿buenas atletas?

ACTIVIDAD 6　Generalizaciones　★ SELF-EXPRESSION

Express your general opinion about the following topics. You may want to
use adjectives such as **interesante, fantástico, fabuloso, estupendo,
divertido, tonto, aburrido.** Your sentences may be affirmative or
negative. (The feminine nouns are indicated by an asterisk.)

> violencia*　¡La violencia (no) es tonta!

1. ciencia ficción*
2. novelas históricas*
3. novelas románticas*
4. historietas* *(comic strips)*
5. revistas deportivas*
6. comedias musicales*
7. jazz
8. rock
9. karate
10. deportes violentos

C. *Gustar*

Note the forms of **gustar** in the following questions and answers:

—¿**Te gusta** el tenis?　　　　　　*Do you like tennis?*
—Sí, **me gusta** el tenis.　　　　　*Yes, I like tennis.*

—¿**Te gustan** los deportes violentos?　*Do you like violent sports?*
—No, **no me gustan** los deportes violentos.　*No, I don't like violent sports.*

> The expressions **me gusta (el tenis), me gustan (los deportes)** are
> equivalent to the English expression *I like (tennis, sports).* Word for
> word, however, these expressions mean:
>
> *(Tennis) pleases me (is pleasing to me).*
> *(Sports) please me (are pleasing to me).*

> In the expression **me gusta(n), te gusta(n)** . . . **me** and **te** are object
> pronouns. The verb **gustar** does not agree with these pronouns, but
> with the following noun which is the subject.

> The expression **me gusta(n) más** means *I like better, I prefer.*
> Me gusta el fútbol pero **me gusta más** el volibol.

> When speaking to people whom you address as **Ud.** or **Uds.,** the
> pronouns to use are **le** and **les.**
> ¿**Le gusta** el tenis, Sra. González?　*Do you like tennis . . . ?*
> ¿**Les gusta** el fútbol a Uds.?　*Do you like soccer . . . ?*

> When speaking for yourself and others, the pronoun to use is **nos.**
> A Jaime y a mí **nos gusta** la natación.　. . . *we like swimming.*

The forms **le gusta, les gusta**
and **nos gusta** are presented
primarily for recognition.

ACTIVIDAD 7   Diálogo: Preferencias personales   ★ PAIRED COMMUNICATION / SELF-EXPRESSION

Ask your classmates what they prefer, according to the model.

¿el cine o el teatro?   Estudiante 1: ¿Qué te gusta más, el cine o el teatro?
                         Estudiante 2: Me gusta más el cine.
                                       (Me gusta más el teatro.)

1. ¿nadar o jugar al volibol?
2. ¿mirar la televisión o escuchar discos?
3. ¿el béisbol o el fútbol americano?
4. ¿el tenis o el ping pong?
5. ¿la televisión o el cine?
6. ¿la música clásica o la música popular?
7. ¿los deportes individuales o los deportes de equipo?
8. ¿los partidos de básquetbol o los partidos de béisbol?
9. ¿los chicos deportistas o los chicos intelectuales?
10. ¿los profesores estrictos o los profesores tolerantes?

VARIATION with the plural: **¿Qué les gusta más, el cine o el teatro? Nos gusta más el cine.**

Act. Book

SCRIPT
Act. 9

p. TG55

Act. 10

Pronunciación   Los sonidos de las consonantes *g, j*

Model word: ju̲ego

Be sure the students are not tempted to use the English **g** of "George."

Practice words: ju̲gador ju̲gadora gimnasia ga̲no ga̲sto
                al̲go al̲guno

Practice sentences: José Jiménez viaja con Juan González.
                    ¿Juega bien Benjamín?
                    ¿Quién es el mejor jugador, Jorge o Jaime?

Remember: The "jota" sound is represented by: **j** in all positions
                                               g (before **e** and **i**).
          The / g / sound is represented by: **g** (before **a, o, u** and consonants).

Para la comunicación

> **Expresión para la composición**
>
> **en mi opinión**   *in my opinion*

Mini-composición   Mi deporte favorito

Prepara un pequeño párrafo describiendo tu deporte favorito. Usa las preguntas como guía para la composición. Usa también la expresión para la composición.

- ¿Cuál *(What)* es tu deporte favorito?
- ¿Es un deporte individual o un deporte de equipo? Si es un deporte de equipo, ¿cuántos jugadores hay en un equipo? ¿Hay un equipo en tu escuela? ¿Cómo se llama?
- ¿Es un deporte muy popular en los Estados Unidos? ¿en los países hispánicos?
- ¿Qué necesitas para practicar este deporte? ¿una raqueta? ¿una pelota *(ball)*? ¿un balón *(inflated ball)*?
- ¿Dónde lo practicas? ¿en tu escuela? ¿en el gimnasio? ¿en un estadio? ¿en el campo?
- ¿Cuándo lo practicas? ¿en el verano? ¿en el invierno? ¿en el otoño? ¿en la primavera? ¿en todas las estaciones?
- ¿Es un deporte para las muchachas y los muchachos?
- ¿Quiénes son los mejores atletas norteamericanos que lo practican? ¿y las mejores atletas?

Mi deporte favorito es el béisbol. . . . **En mi opinión,** los mejores atletas norteamericanos que lo practican son. . . .

 Act. Book

 SCRIPT Act. 11

 Act. Book

 ¡Hola! Act. Book

 TRP

QUIZ

Lección 3   **Las diversiones y tú**

Act. 1

¿Hay una relación entre nuestra personalidad y las diversiones que preferimos? Vamos a ver.

entre: between
diversiones: pastimes

Para cada pregunta, escoge una respuesta (A, B, o C) y descubre tu personalidad.

escoge: choose,
  respuesta: answer,
  descubre: discover

1. ¿Qué tipo de música prefieres?
   - A. Prefiero la música clásica.
   - B. Prefiero la música popular.
   - C. Prefiero las comedias musicales.

prefieres: do you
  prefer

2. ¿Qué tipo de películas prefieres?
   - A. Prefiero los dramas psicológicos.
   - B. Prefiero las películas de aventuras.
   - C. Prefiero las películas románticas.

películas: films

3. ¿Qué programas de televisión prefieres?
   - A. Prefiero los programas científicos.
   - B. Prefiero los programas deportivos.
   - C. Prefiero los programas de variedades musicales.

4. ¿Qué prefieres leer en un periódico?
   - A. Prefiero leer la página editorial.
   - B. Prefiero leer la página deportiva.
   - C. Prefiero leer el horóscopo.

página: page

5. De las tres siguientes actividades, ¿cuál quieres hacer este fin de semana?
   - A. Quiero ir a un museo.
   - B. Quiero ir al estadio.
   - C. Quiero ir al campo con mis amigos.

cuál: which,
  quieres: do you
  want
este: this
estadio: stadium

6. De las tres siguientes actividades, ¿cuál quieres hacer durante las vacaciones?
   - A. Quiero estudiar una lengua extranjera.
   - B. Quiero trabajar para ganar dinero.
   - C. Quiero hacer un viaje a otro país.

lengua extranjera:
  foreign language

INTERPRETACIÓN

Ahora, suma el número de respuestas A, B y C.

Si tienes cuatro respuestas A (o más), eres un ratón de biblioteca.
 Tienes una curiosidad intelectual muy grande.

Si tienes cuatro respuestas B (o más), tienes mucho sentido práctico.
 Eres una persona dinámica y realista.

Si tienes cuatro respuestas C (o más), eres romántico(a) e idealista.

Si tienes menos de cuatro respuestas A, B o C, eres una persona
 equilibrada, pero no tienes una personalidad muy fuerte.

suma: *add*

ratón de biblioteca:
 "bookworm" (lit.:
 library mouse)
sentido: *sense*

menos de: *less than*
equilibrada:
 well-balanced,
fuerte: *strong*

CONVERSACIÓN   OPTIONAL

Vamos a hablar de las preferencias de la clase.

1. ¿**Prefieren** Uds. estudiar francés o español?
 Preferimos . . .
2. ¿**Prefieren** Uds. hablar español o inglés
 en clase?
3. ¿**Prefieren** Uds. ir al cine o al teatro?
4. ¿**Prefieren** Uds. vivir en una ciudad o en el
 campo?

OBSERVACIÓN   Est. B

The questions and answers to the left use the
verb **preferir** *(to prefer).*

- Does the stem of **preferir** change in the
 Uds. form? What is the change?   yes / e → ie
- Does it change in the **nosotros** form?   no

NOTA CULTURAL

El cine

¿Vas a menudo al cine? El cine es una de las
diversiones favoritas de la juventud° hispánica.

¿Qué ven los jóvenes hispánicos en el cine?
Puede° ser una película° mexicana, española o
argentina. España, Argentina y México son países
que producen muchas películas. También puede
ser una película norteamericana. Las películas
norteamericanas son muy populares en el mundo°
hispánico. Claro, tienen que ser en español. A
veces° las películas norteamericanas tienen
subtítulos. Otras veces están dobladas.°

Estos° son los títulos en español de algunas
películas norteamericanas muy famosas. ¿Puedes°
identificarlas?

juventud *youth*   **Puede** *It may*   **película** *film*   **mundo** *world*
veces *times*   **dobladas** *dubbed*   **Estos** *These*   **Puedes** *Can
you*

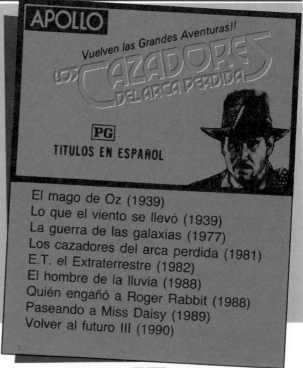

APOLLO

Vuelven las Grandes Aventuras!!

LOS CAZADORES DEL ARCA PERDIDA

PG

TÍTULOS EN ESPAÑOL

El mago de Oz (1939)
Lo que el viento se llevó (1939)
La guerra de las galaxias (1977)
Los cazadores del arca perdida (1981)
E.T. el Extraterrestre (1982)
El hombre de la lluvia (1988)
Quién engañó a Roger Rabbit (1988)
Paseando a Miss Daisy (1989)
Volver al futuro III (1990)

- SUGGESTED REALIA: movie section of a Spanish-language
 magazine or newspaper printed in the United States. See also ads
 on pages 106–107.
- English titles: The Wizard of Oz; Gone with the Wind; Star Wars;
 Raiders of the Lost Ark; E.T. the Extraterrestrial; Rain Man; Who
 Framed Roger Rabbit; Driving Miss Daisy; Back to the Future III.

realia
p. TG55

Estructuras

VOCABULARIO PRÁCTICO Las diversiones

las diversiones	pastimes
el cine	
una película	film, movie
una película romántica	love movie
una película de aventuras	adventure movie
una película del oeste	western
una película policíaca	police or detective movie
el teatro	
una comedia musical	musical comedy
una obra de teatro	play
la televisión	
las noticias	news
un programa	program
un programa de variedades	variety show

un(a) comediante

un actor   una actriz

un(a) cantante

ACTIVIDAD 1   ¿Eres aficionado(a) al cine? ★ SELF-EXPRESSION

Give an example of each of the following.

↪ una película de horror   «Frankenstein» es una película de horror.

1. una película de aventuras
2. una película romántica
3. una película policíaca
4. una película del oeste

5. un actor norteamericano muy bueno
6. una actriz norteamericana muy buena
7. un actor extranjero *(foreign)*
8. una actriz extranjera

ACTIVIDAD 2   Tus diversiones ★ SELF-EXPRESSION

What we do often depends on where we are, what time it is, and how we
feel. What would you do at the following times?

↪ Cuando estoy alegre . . .   Cuando estoy alegre, voy a ver una comedia.

1. Cuando estoy solo(a) en casa . . .
2. Cuando estoy en casa con mis amigos . . .
3. Cuando estoy con mi mejor amiga . . .

4. Cuando estoy con mi mejor amigo . . .
5. Cuando estoy triste . . .
6. A las siete de la noche . . .

A. ¿Cuál?   OPTIONAL   This can be taught for recognition only.

The question word **¿cuál?** *(which, what)* has the following forms:

SINGULAR	**¿cuál?**	**¿Cuál** es tu película favorita?
PLURAL	**¿cuáles?**	**¿Cuáles** son tus libros favoritos?

↪ **¿Cuál?** is used instead of **¿qué?** before **ser** when a choice is asked for.

ACTIVIDAD 3   Diálogo: Tus favoritos   ★ PAIRED COMMUNICATION / SELF-EXPRESSION

Ask a classmate about his or her favorites.

↪ el programa de televisión   Estudiante 1: ¿Cuál es tu programa de televisión favorito?
Estudiante 2: Mi programa favorito es *(Life Goes On)*.

1. la película
2. los deportes
3. la comedia musical
4. los discos

5. las revistas
6. el día de la semana
7. el actor
8. la actriz

9. el comediante
10. la comediante
11. el cantante
12. la cantante

This can be the basis of a class survey. The results can be tabulated.

B. *Pensar, querer, preferir* (e → ie)

The verbs **pensar** *(to think)*, **querer** *(to want)* and **preferir** *(to prefer)* are stem-changing verbs. Note their forms in the chart below.

INFINITIVE:	pensar	querer	preferir
PRESENT:			
(yo)	pienso	quiero	prefiero
(tú)	piensas	quieres	prefieres
(él) (ella) (Ud.)	piensa	quiere	prefiere
(nosotros)	pensamos	queremos	preferimos
(vosotros)	pensáis	queréis	preferís
(ellos) (ellas) (Uds.)	piensan	quieren	prefieren
PRESENT PARTICIPLE:	pensando	queriendo	prefiriendo

VOTA
por el México
que quieres.

realia
p. TG55

Have the students observe that the stem-changing verbs in **-ir** have another irregularity in the present participle (e → i). (This is for recognition only.)

↪ All the verb forms have regular endings.
↪ The **e** of the stem becomes **ie** in the **yo, tú, él** and **ellos** forms of the present tense.

ACTIVIDAD 4   Un sondeo de opinión *(An opinion poll)*

A youth magazine wants to know what forms of entertainment teenagers prefer. Give the answers of the following people.

▷ Susana: las comedias   Susana prefiere las comedias.

1. Tomás y Rafael: los conciertos
2. los amigos de Rafael: las obras de teatro
3. Carmen: los programas de variedades
4. yo: las películas del oeste
5. tú: los dramas psicológicos
6. Uds.: las películas policíacas
7. Enrique y Luisa: las películas de horror
8. nosotros: las comedias musicales

SCRIPT
Act. 5

Act. 6

VOCABULARIO PRÁCTICO   Verbos con cambios (e → ie)

verbos que terminan en –ar:

empezar	to begin	¿Cuándo **empieza** el verano?
empezar a	to begin to	¿Cuándo **empieza a** tocar la orquesta?
pensar	to think	¿Qué **piensas?**
pensar en	to think about	¿María, **en** qué **piensas?**
pensar de	to think of, about	¿Qué **piensas de** Mel Gibson?
pensar que	to think that	**Pienso que** Mel Gibson tiene mucho talento.
pensar + infinitive	to plan to	¿**Piensas ir** al cine mañana?

verbos que terminan en –er:

entender	to understand	¿**Entiendes** la película?
perder	to lose	¿**Pierdes** tus libros a menudo?
perder el tiempo	to waste time	Juan **pierde el tiempo** mirando la televisión.
querer	to want	¿**Quieres** mucho dinero?
querer a	to like, to love (someone)	¿**Quiere** Paco **a** María?
querer + infinitive	to want to	¿**Quieres ir** al cine con nosotros?
querer decir	to mean	¿Qué **quiere decir** la palabra «obra»?

verbos que terminan en –ir:

preferir	to prefer	¿**Prefieres** el teatro o el cine?
sentir	to feel	¿**Sientes** mucha emoción cuando ves películas románticas?

Sentir may also mean *to regret* or *to feel sorry.*
Lo siento mucho means *I am very sorry.*

ACTIVIDAD 5 Viajes

Several students are discussing where they plan to go during vacation and which cities they want to visit. Express this according to the model.

VARIATION: They prefer visiting these countries. **Ramón prefiere visitar Puerto Rico.**

⟩⟩ Ramón: Puerto Rico / San Juan   Ramón piensa ir a Puerto Rico. Quiere visitar San Juan.

1. Isabel y Teresa: Francia / París
2. nosotros: Italia / Roma
3. Pablo: la Argentina / Buenos Aires
4. tú: el Japón / Tokio
5. Uds.: Venezuela / Caracas
6. nosotros: España / Barcelona
7. Enrique: Chile / Santiago
8. Pilar y Elena: el Canadá / Quebec
9. yo: Alemania / Berlín
10. ella: Costa Rica / San José

★ PAIRED COMMUNICATION / SELF-EXPRESSION

ACTIVIDAD 6 Diálogo: ¿Cómo son tus compañeros?

Ask your classmates questions, according to the model.

⟩⟩ entender: español   Estudiante 1: ¿Entiendes español?
Estudiante 2: Sí, entiendo español.
(No, no entiendo español.)

entender:
1. francés
2. inglés
3. italiano
4. al profesor

perder a menudo:
5. el tiempo
6. tus cosas

empezar a:
7. estudiar español
8. pensar en español

sentir admiración por:
9. los artistas de cine
10. los deportistas profesionales
11. los cantantes

en el futuro, pensar:
12. ser actor (actriz)
13. hacer una película
14. escribir una novela

realia
p. TG55

★ PAIRED COMMUNICATION / SELF-EXPRESSION

ACTIVIDAD 7 Entrevista con el representante de la clase

Use the questions in the preceding activity to interview a class representative. This representative will answer for the group.

Change "representatives" every few questions, or address the questions to groups of students.

⟩⟩ entender español   Estudiante 1: ¿Entienden Uds. español?
Estudiante 2: Sí, entendemos español.
(No, no entendemos español.)

ACTIVIDAD 8   Creación   ★ DESCRIPTION

See how many logical sentences you can build in five minutes, using elements of columns A, B and C. The sentences may be affirmative or negative.

Act. Book

A	B	C
yo	pensar	el tiempo ir al teatro
mi mejor amigo(a)	entender	español ver una película
nosotros	querer	inglés
las personas inteligentes	perder	

 Mi mejor amigo no entiende español.

C. *Encontrar, poder, dormir* (o → ue)

Encontrar *(to find, to meet)*, **poder** *(can, to be able)*, and **dormir** *(to sleep)* are stem-changing verbs. Note their forms in the chart below.

🎵 Act. 7

INFINITIVE:	encontrar	poder	dormir
PRESENT:			
(yo)	enc**ue**ntro	p**ue**do	d**ue**rmo
(tú)	enc**ue**ntras	p**ue**des	d**ue**rmes
(él) (ella) (Ud.)	enc**ue**ntra	p**ue**de	d**ue**rme
(nosotros)	encontramos	podemos	dormimos
(vosotros)	encontráis	podéis	dormís
(ellos) (ellas) (Uds.)	enc**ue**ntran	p**ue**den	d**ue**rmen
PRESENT PARTICIPLE:	encontrando	pudiendo	durmiendo

The present participles of **poder** and **dormir** (o → u) are presented for recognition only.

🔹 All the verb forms have regular endings.

🔹 The **o** of the stem becomes **ue** in the **yo, tú, él** and **ellos** forms of the present tense.

ACTIVIDAD 9   ¡Imposible!

It is Sunday and there are many things the following young people would like to do . . . but there is a big exam coming up and they have to study. Say that they can't do what they want to do.

🔹 Pablo: ir al cine   Pablo quiere ir al cine pero no puede.

1. Manuela: bailar
2. yo: ver una película
3. tú: jugar al tenis
4. Alfonso: visitar a sus amigos
5. mis primos: invitar a un amigo
6. nosotros: dormir

ADDITIONAL CUES: **Ud.: correr / Uds. : jugar al fútbol / tú y yo: ir al teatro**

ACTIVIDAD 10 No pueden hacer nada

Say that the following people will not be able to do certain things if they
don't find what they need.

⟣ Elena: sus libros / estudiar   Si Elena no encuentra sus libros no puede estudiar.

1. María: su cámara / sacar fotos
2. Esteban: su raqueta de tenis / jugar
3. nosotros: la pelota *(ball)* / jugar
4. ellas: a Miguel / hablarle
5. yo: la carta / contestarla
6. ellos: el tocadiscos / bailar

7. Uds.: el dinero / ir al cine
8. María: su bolso / comprar discos
9. nosotros: nuestros trajes de baño *(swimsuits)* / nadar
10. tú: a Tomás / invitarlo al estadio *(stadium)*

VOCABULARIO PRÁCTICO   Verbos con cambios (o → ue)

verbos que terminan en **–ar**

contar	to count	Emilio **cuenta** su dinero.
	to tell, to relate	Paco nos **cuenta** algo divertido.
costar	to cost	¿Cuánto **cuesta** ir al cine?
encontrar	to find (something that is lost)	No **encuentro** mis discos. ¿Los tienes tú?
	to meet, to run into	Inés **encuentra** a sus amigos a menudo.
recordar	to remember	No **recuerdo** cuándo empieza la película.

verbos que terminan en **–er**

poder	can, to be able to, may	Pepe, ¿**puedes** prestarme tu guitarra?
		Sr. Vargas, ¿**puedo** ayudarlo?
volver	to return, to go back	**Volvemos** a casa a las tres.

verbos que terminan en **–ir**

dormir	to sleep	Los niños **duermen** ahora.

WORD ASSOCIATIONS: **contar** (*count*), **encontrar** (*encounter*), **volver** (*revolve*), **dormir** (*dormitory*).

REFRÁN

Querer es poder.

To want is to be able. (Where there's a will, there's a way.)

ACTIVIDAD 11 Preguntas personales ★ SELF-EXPRESSION

1. ¿A qué hora vuelves a casa cuando vas a una fiesta por la noche *(at night)?* ¿Y a qué hora vuelves a casa cuando sales de la escuela?
2. ¿Te gusta contar chistes *(jokes)?* ¿A quiénes les cuentas chistes?
3. ¿Recuerdas algún chiste?
4. ¿Recuerdas los nombres *(names)* de tus profesores del año pasado *(last year)?*
5. ¿Duermes bien o mal? ¿En tu casa duermen todos bien? ¿Quiénes duermen bien? ¿Quiénes duermen mal?
6. ¿Cuánto cuesta ir al cine?
7. ¿Cuánto cuesta una raqueta de tenis? ¿una bicicleta?

OPTIONAL

ACTIVIDAD 12 Creación ★ DESCRIPTION

See how many logical sentences you can build in five minutes, using elements of columns A, B, and C. The sentences may be affirmative or negative.

A	B	C	
yo	contar	a casa	mal
tú	recordar	en casa	chistes *(jokes)*
Carlos	volver	a la una	cosas muy divertidas
nosotros	dormir	a las siete	dónde está el cine
mis amigos			el nombre *(name)*
			de la película

Act. Book

No recuerdo los chistes.

Act. 12

Pronunciación Los diptongos *ie, ue*

Model words: qu**ie**re   p**ue**do
Practice words: pref**ie**re emp**ie**zo ent**ie**nden p**ie**nsas
d**ue**rmes c**ue**stan c**ue**nto v**ue**lve rec**ue**rdan
Practice sentences: ¿D**ue**rmes b**ie**n cuando ll**ue**ve o hace v**ie**nto?
No p**ie**rdo el t**ie**mpo cuando j**ue**go al tenis.
Man**ue**l enc**ue**ntra a Cons**ue**lo en P**ue**bla.
Pronounce the vowels **ie** and **ue** together in one syllable.

realia
p. TG55

Para la comunicación

> **Expresión para la composición**
>
> **a fin de cuentas**   *all in all*

Mini-composición   El cine

Describe a tu actor (actriz) favorito(a). Usa las preguntas como guía para la composición. Usa también la expresión para la composición.

- ¿Cómo se llama?
- ¿Es norteamericano(a) o extranjero(a)?
- ¿Es joven o viejo(a)? ¿Cuántos años tiene?
- ¿Es guapo (bonita)? ¿rubio(a) o moreno(a)? ¿alto(a)? ¿delgado(a)?
- ¿En qué tipo de películas trabaja generalmente? ¿en películas del oeste? ¿películas románticas? ¿comedias musicales?
- ¿Canta él (ella) también?
- ¿Cómo se llama su última *(last)* película?
- ¿Cuál es su mejor película?

Su última película se llama ____, pero **a fin de cuentas** no es su mejor película. Su mejor película es ____.

 Act. Book

 SCRIPT Act. 10, 11, 13

 Act. Book

 ¡Hola! Act. Book

 TRP

QUIZ

Lección 4   Los sábados por la noche

STRUCTURES TO OBSERVE: definite article with days of the week; verbs with **yo** forms in **-go; conocer**

Act. 1

Para nosotros los jóvenes, la noche del sábado es una noche muy especial. No tenemos que estudiar. No tenemos que hacer las tareas. No tenemos que aprender verbos irregulares y otras tonterías . . . Bueno, entonces ¿qué hacemos los sábados por la noche? Depende. No todos tenemos los mismos gustos ni . . . ¡los mismos padres!

tonterías: *foolishness*
Depende: *It depends*
gustos: *tastes,*
  ni: *nor*

Rafael (quince años, de los Estados Unidos)

¿Qué hago los sábados? Casi siempre voy al cine con una chica. Conozco a muchas chicas simpáticas . . . ¿A quién voy a invitar el próximo sábado? ¿A Carmen? . . . ¿a Anita? . . . ¿a Silvia?

Conozco: *I know*

Tomás (diez y seis años, de Costa Rica)

Yo también conozco a muchas chicas simpáticas, pero no salgo con ellas. Salgo con mis amigos . . . Hay muchas cosas que podemos hacer juntos . . . Cuando tenemos bastante dinero, vamos al cine o a una cafetería. Si no, vamos a la casa de otro amigo y escuchamos discos.

salgo: *go out*

juntos: *together*

Carolina (quince años, del Perú)

Yo no salgo mucho. Mis padres son muy estrictos. Casi nunca me dan permiso para salir de noche. Así es que me quedo en casa mirando la televisión. Realmente no hago mucho los sábados por la noche.

permiso: *permission*
de noche: *at night*
  Así es que me quedo:
  Consequently I stay

María Luisa (diez y seis años, de México)

Yo no salgo tampoco. Mis padres no me permiten salir de noche. Por suerte, de vez en cuando me dan permiso para dar una fiesta. Invito a algunos amigos, ponemos discos y bailamos hasta las tres de la mañana . . . Es más divertido que mirar la televisión, ¿verdad?

tampoco: *either*
Por suerte: *Luckily*

ponemos: *we put on*
hasta: *until*
más divertido: *more*
  fun

¿Adónde va Rafael los sábados? ¿con quién? ¿Cuántos años tiene Tomás? ¿Con quiénes sale? ¿Adónde va cuando tiene dinero? ¿Adónde va cuando no tiene dinero? ¿Por qué no sale Carolina? ¿Qué hace los sábados por la noche? ¿Qué hace María Luisa de vez en cuando? ¿Por qué no puede dormir su hermano?

Mario Lorenzo (diez años, hermano de María Luisa)

¿Qué hago los sábados por la noche?
Duermo . . . ¡como todas las noches!
Excepto cuando mi hermana invita a sus
amigos. ¡Hacen mucho ruido y es
absolutamente imposible dormir!

ruido: *noise*

CONVERSACIÓN   OPTIONAL

Vamos a hablar de tu vida *(life)*.

1. ¿Sa**les** a menudo los sábados por la noche?
   Sí, sal**go** . . . (No, no sal**go** . . .)
2. ¿Sa**les** a menudo los domingos?
3. ¿Sa**les** solo(a) o con tus amigos?
4. ¿Po**nes** los libros en tu cuarto?
   Sí, pon**go** . . . (No, no pon**go** . . .)
5. ¿Po**nes** tus fotos en un álbum?
6. ¿Po**nes** tu dinero en el banco?

OBSERVACIÓN   Est. B

In the questions and answers to the left you have
been using the verbs **salir** *(to go out)*
and **poner** *(to put)*. Compare the **yo** and **tú**
forms of these verbs.

- Is the ending of the **tú** form regular?   yes
- In which two letters does the **yo** form end?   -go

NOTA CULTURAL

Amigos de la familia

En los países hispánicos, ser amigo de alguien°
es ser amigo de toda su familia.

Las familias hispánicas son muy hospitalarias.°
Si un buen amigo de los hijos visita la casa, siempre
es bienvenido.° Regularmente le ofrecen° algo de
comer° y todos charlan animadamente.° Si un joven
visita la casa de un amigo muy a menudo, los
hermanos de su amigo lo pueden llegar a considerar°
su amigo también. Juntos salen a pasear,° a la
playa, al campo, al café o al cine.

En realidad, los amigos de los hijos son amigos
de toda la familia.

alguien *someone* **hospitalarias** *hospitable* **bienvenido**
welcome **ofrecen** *they offer* **algo de comer** *something to
eat* **todos charlan animadamente** *everybody engages in
lively conversation* **llegar a considerar** *come to consider*
salen a pasear *they go out*

p. TG56

Estructuras

A. El artículo definido con los días de la semana

Note the use of the definite article in the question and answer below.

—¿Vas al cine **el sábado?**　　　　*Are you going to the movies **(on) Saturday?***
—No, no voy nunca al cine **los sábados.**　　*No, I never go to the movies **on Saturdays.***

 The definite article is regularly used before days of the week, except after **ser.**

Hoy es **lunes.**　　Mañana es **martes.**

Except for **domingo** and **sábado**, the days of the week have the same form in the singular and in the plural.

In some Spanish-speaking countries, calendar weeks begin with Monday.

Act. 3

VOCABULARIO PRÁCTICO　　Expresiones con los días de la semana

el lunes	(on) Monday
el próximo martes	next Tuesday
el miércoles pasado	last Wednesday
el jueves por la mañana	(on) Thursday morning
el viernes por la tarde	(on) Friday afternoon
el sábado por la noche	(on) Saturday night, evening
los domingos	(on) Sundays
los sábados por la noche	(on) Saturday nights
todos los días	every day

Act. Book

SCRIPT　Act. 4

Act. Book

ACTIVIDAD 1　El horario　★ SELF-EXPRESSION

Complete the schedule of your weekly activities, as appropriate.

 Miro la televisión . . .　　Miro la televisión todos los días.

1. Tengo clases de inglés . . .
2. Tengo clases de español . . .
3. Tengo clases de matemáticas . . .

4. Practico deportes . . .
5. Voy al cine . . .
6. Visito a mis amigos . . .

B. Salir, poner, traer, oír

The verbs **salir** *(to go out, to leave)*, **poner** *(to put)*, **traer** *(to bring)* and **oír** *(to hear)* have the ending **-go** in the **yo** form of the present. Note the forms in the chart below.

You may remind the students that **hacer (hago)** and **decir (digo)** follow this same pattern.

INFINITIVE:	**salir**	**poner**	**traer**	**oír**
PRESENT:				
(yo)	sal**go**	pon**go**	tra**igo**	o**igo**
(tú)	sales	pones	traes	oyes
(él) (ella) (Ud.)	sale	pone	trae	oye
(nosotros)	salimos	ponemos	traemos	oímos
(vosotros)	salís	ponéis	traéis	oís
(ellos) (ellas) (Uds.)	salen	ponen	traen	oyen
PRESENT PARTICIPLE:	saliendo	poniendo	trayendo	oyendo

The endings of these verbs are regular.

Have the students observe that:
- The verbs **traer** and **oír** end in **-igo** in the **yo** form: **traigo, oigo.**
- The stem of the verb **oír** ends in **-y** in the **tú**, **él** and **ellos** forms of the present.
- The stems of the verbs **oír** and **traer** end in **-y** in the present participle.

★ PAIRED COMMUNICATION / SELF-EXPRESSION

ACTIVIDAD 2   Diálogo: ¿Qué hacen tus compañeros?

Ask your classmates whether they do the following things.

salir los sábados por la noche

Estudiante 1: ¿Sales los sábados por la noche?
Estudiante 2: Sí, salgo los sábados por la noche.
(No, no salgo los sábados por la noche.)

salir:

1. mucho
2. con tus amigos a menudo
3. los domingos
4. con amigos hispánicos

poner:

5. tus libros en un bolso
6. tu dinero en el banco
7. tus fotos en un álbum
8. azúcar *(sugar)* en el café

traer:

9. revistas a la escuela
10. muchos libros a la clase
11. regalos para tus compañeros
12. regalos para tu profesor(a)

oír:

13. música ahora
14. cosas interesantes en clase
15. tonterías *(nonsense)*
16. chistes *(jokes)* buenos en la escuela

VARIATION: Use the plural, making all necessary changes.
—¿Salen Uds. ... ?
—Sí, salimos ...

C. *Conocer* (c → zc)

Note the forms of **conocer** *(to know)* in the chart below.

Act. 7

INFINITIVE:	**conocer**		
PRESENT:			
(yo)	Conozco a tus amigos.	(nosotros)	Conocemos a Clara.
(tú)	Conoces a María.	(vosotros)	Conocéis San Juan.
(él, ella, Ud.)	Conoce a Paco.	(ellos, ellas, Uds.)	Conocen México.
PRESENT PARTICIPLE:	conociendo		

> In the present tense, many verbs ending in **-cer** and in **-cir** end in **-zco** in the **yo** form. The other forms of the present are regular.

> **Conocer** means *to know* in the sense of being acquainted with people and places.

—¿**Conoces** a María? —No, no la **conozco**, pero **conozco** a su hermana.
—¿**Conoces** México? —No, pero **conozco** San Juan.

ACTIVIDAD 3 Diálogo: ¿Los conocen? ★ PAIRED COMMUNICATION / SELF-EXPRESSION

Ask your classmates whether they know the following people and places.

> el profesor de francés   Estudiante 1: ¿Conoces al profesor de francés?
    Estudiante 2: Sí, lo conozco.
          (No, no lo conozco.)

1. el (la) director(a) de la escuela
2. el padre de tu mejor amigo
3. la mamá de tu mejor amiga
4. los hermanos de tu mejor amigo
5. los amigos de tus amigos
6. tus vecinos *(neighbors)*
7. el presidente de los Estados Unidos
8. la ciudad de Nueva York
9. la ciudad de Los Ángeles
10. la ciudad de San Antonio

VARIATION: Use the plural.
—¿**Conocen Uds. ...?**
—**Sí, lo conocemos.**

Act. 8

VOCABULARIO PRÁCTICO Verbos con cambios (c → zc)

conocer	to know	**Conozco** la Argentina.
obedecer	to obey	No **obedezco** siempre a mis padres.
ofrecer	to offer	Te **ofrezco** mi ayuda *(help)*.
conducir	to drive	**Conduzco** un coche francés.
traducir	to translate	**Traduzco** una carta de un amigo italiano.

ACTIVIDAD 4 Preguntas personales ★ SELF-EXPRESSION

1. ¿Obedeces a tu mamá siempre? ¿a tu papá? ¿a tus profesores?
2. ¿Les ofreces algo de beber a tus amigos cuando vienen a tu casa?
   ¿algo de comer?
3. Cuando lees algo en español, ¿traduces muchas palabras?
4. ¿Traduces cartas en español para tus amigos?
5. ¿Conduce bien tu papá? ¿tu mamá?
6. ¿Qué tipo de coche conducen tus padres?

OPTIONAL

ACTIVIDAD 5 Creación ★ DESCRIPTION

See how many logical sentences you can build in five minutes, using elements of columns A, B, C and D. The sentences may be affirmative or negative.

Make sure that the students use the personal **a** when necessary.

A	B	C	D
yo	conducir	el coche	de Pedro
tú	conocer	un libro	de matemáticas
Carlos	traducir	el tocadiscos	en la mesa *(table)*
mis hermanos	poner	música	en mi cuarto
	traer	ruido *(noise)*	de mis amigos
	oír	los padres	en la discoteca
		el profesor	en francés
		las fotos	

Yo oigo música en la discoteca.

p. TG56
(both)

Act. 10

Pronunciación
El sonido de la consonante d

Model words: <u>d</u>ía sába<u>d</u>o
Practice words: <u>d</u>omingo <u>d</u>ormir <u>d</u>eportes <u>d</u>inero con<u>d</u>ucir
tra<u>d</u>uce pasa<u>d</u>o to<u>d</u>os po<u>d</u>er obe<u>d</u>ece
Practice sentences: A<u>d</u>ela no pue<u>d</u>e tra<u>d</u>ucir mi carta.
El <u>d</u>omingo por la tar<u>d</u>e escucho la ra<u>d</u>io.
A<u>d</u>ela <u>d</u>esea con<u>d</u>ucir el coche <u>d</u>e su pa<u>d</u>re.

Remember that in the beginning of a word, and after **n** and **l,** the letter **d**
is like the **d** of the English "day." In other positions, the letter **d** is
pronounced / d̶ / like the **th** of the English "they."

Para la comunicación

> **Expresiones para la composición**
>
> **generalmente** ⎫
> **por lo general** ⎬ *generally*
> **en general** ⎭

Mini-composición   Fiestas

Describe las fiestas que das o que quieres dar. Puedes usar las
respuestas *(answers)* de las preguntas siguientes.

- ¿Das muchas fiestas?
- ¿Cuándo das fiestas?
- ¿Dónde das fiestas? ¿en la sala? ¿en el sótano *(basement)?* ¿o en el jardín?
- ¿A quiénes invitas? ¿A cuántas personas como máximo?
- ¿Sirves Coca-Cola? ¿limonada? ¿jugos *(juices)* de frutas?
- ¿Pones discos? ¿Qué tipo de música?
- ¿Bailan tus amigos?
- ¿Hacen mucho ruido *(noise)* tus amigos?
- ¿Quién limpia *(cleans up)* la mañana siguiente?

No doy muchas fiestas. Cuando doy fiestas, las doy **generalmente** el
sábado por la noche. . .

¡Vamos a leer! El correo del corazón

¿Con quién hablas tú cuando tienes un problema personal . . . o sentimental? ¿Con tu mejor amigo . . . o tu mejor amiga . . . o tal vez con tu mamá?

Puedes también escribirle a Perlita Paz, una consejera° de Caracas. Ella tiene soluciones para cada problema. Perlita Paz tiene una correspondencia extensa con muchachos y muchachas . . . Cada semana, les contesta° en su columna «El correo° del corazón».°

consejera: advisor

contesta: she answers,
correo: mail,
corazón: heart

Estimada consejera:

Soy un estudiante de intercambio° de los Estados Unidos. Ahora asisto al colegio Andrés Bello de Caracas. Me gustan mucho mis profesores y mis nuevos amigos. Especialmente me gusta una muchacha que es muy simpática y muy atractiva. Quiero invitarla al cine o llevarla a almorzar° a un restaurante bonito.

Pero hay un problema: sus padres. Cada vez° que llamo por teléfono a Carmen (así se llama mi amiga), me contesta su mamá, y me dice que su hija no está en casa. Yo creo que ella no me está diciendo la verdad,° porque Carmen siempre me dice que ella nunca sale, excepto para ir al colegio.

¿Qué puedo hacer en esta° situación? Necesito buenos consejos.

Desesperado,
Jim Newman

Querido° Jim:

Seguramente° eres un muchacho norteamericano muy simpático, pero aquí, no estás en los Estados Unidos; estás en Venezuela. Tenemos nuestro modo° de vivir que no es como el norteamericano. Aquí los padres de una muchacha no le dan permiso para salir sola con un muchacho, especialmente cuando no lo conocen. ¡Tienes que aceptar esta situación!

Perlita Paz

intercambio: exchange

almorzar: to have lunch
vez: time

verdad: truth

esta: this

Querido: Dear
Seguramente: Surely

modo: style

Estimada consejera:

Tengo quince años y soy del signo de Libra. Conozco a un muchacho muy simpático. Se llama Jorge y es del signo de Acuario. Ése es el problema. El horóscopo dice que los Acuarios son muy excéntricos y a mí, no me gustan las personas excéntricas.

¿Puede Ud. darme su opinión sincera sobre° mi problema?

Preocupada,°
Silvia Ortiz

sobre: *about*
Preocupada: *Worried*

Querida Silvia:

¿En qué tienes más fe?° ¿En el horóscopo o en tus sentimientos? ¡Tú tienes que decidir!

Perlita Paz

fe: *faith*

Estimada consejera:

Tengo diez y ocho años y trabajo como secretaria para una agencia de viajes. Mi novio tiene veinte años y trabaja como mecánico.

El problema es que tiene una moto nueva y ahora pasa más tiempo con su moto que° conmigo.

¿Puedo hacer algo para cambiar° esta situación?

Abandonada,
Luisa Morales

que: *than*
cambiar: *to change*

Querida Luisa:

Una moto es un objeto . . . y tú eres una persona. Si tu novio no puede entender la diferencia, ¡tienes que buscar a otro más atento!°

Perlita Paz

atento: *attentive*

Estimada consejera:

Tengo diez y seis años. Tengo muchos amigos que me comprenden. Y mis padres son fantásticos porque también me comprenden. Pero tengo un problema del que no puedo hablarles. Voy a contarle a Ud. este° problema.

En la escuela hay una muchacha que me gusta mucho y creo que ella me encuentra° simpático. En clase me mira a menudo, pero nunca me habla.

¿Por qué no me habla? ¿Por qué no me da la oportunidad que necesito para decirle que me gusta mucho?

Perplejo,°
Luis Ernesto López Paredes

este: *this*

me encuentra: *she finds me*

Perplejo: *Perplexed*

Querido Luis Ernesto:

¿Quién es más tímido? ¿Tú o ella? Si tu interés en ella es realmente muy grande, tienes que hablarle a esa° muchacha. . . Si no dices nada, tal vez ella va a perder la paciencia.

Perlita Paz

esa: *that*

Estimada consejera:

Soy una muchacha de diez y seis años. Salgo a menudo con un grupo de amigos, y hay un muchacho en particular que me gusta mucho. Creo que es muy simpático y atractivo.

Mi problema es mi hermana. Ella también cree que es muy atractivo. Tiene sólo doce años, pero pienso que ella está secretamente enamorada de° él. Cuando lo invito a mi casa, ella habla con él constantemente. Y él, como es muy atento,° no la ignora. Muchas veces° la invita a la heladería.° Yo no soy una persona celosa,° pero no puedo aceptar esta situación. Necesito su opinión y su ayuda,° Sra. Consejera.

Furiosa,
María Mercedes Lima

enamorada de: *in love with*
atento: *considerate*
veces: *times,*
  heladería: *ice cream parlor*
celosa: *jealous*
ayuda: *help*

Querida María Mercedes:

¿Cuál es realmente tu problema? ¿Tu hermana? ¡No, no es ella! ¿Recuerdas el refrán° que dice, «Donde hay amor, hay celos»?°

Sí, María Mercedes, creo que tú estás celosa. Pero es un sentimiento normal . . . como los sentimientos de tu hermana. Tienes que aceptarlos . . . y estar alegre de tener un amigo atento con todos.

Perlita Paz

refrán: *proverb,*
  celos: *jealousy*

El arte de la lectura

Enriching your vocabulary: cognates in -*ción*

Many Spanish nouns ending in **-ción** correspond to English nouns ending in -*tion*. These Spanish nouns are feminine. In the plural they end in **-ciones.**

(una) situa**ción**   *situation*
(una) solu**ción**   *solution*

Ejercicio

Complete the following cognates. Then fit them into the sentences below.

comunica ___, na ___, imagina ___, investiga ___, inven ___

1. Generalmente, los artistas tienen una gran _____.
2. México es una _____ hispánica.
3. El teléfono es un modo *(means)* de _____.
4. La policía hace una _____.
5. El avión es una _____ de los hermanos Wright.

¿Y ustedes? All answers will vary.

Guided self-expression

Building reading comprehension

Complete the following sentences with an expression that best reflects your personal situation or preferences. Then compare your answers with those of your classmates. You may want to establish a class survey.

 1 Miro la televisión . . .
- raras veces
- menos de° una hora por día
- entre° una y dos horas por día
- más de dos horas por día
- ¿?

 2 En la televisión, prefiero ver . . .
- las noticias
- las películas
- las comedias
- los programas deportivos
- ¿?

Miro la televisión . . .

 3 Los sábados por la noche, me gusta . . .
- dormir
- mirar la televisión en casa
- salir con mi novio(a)
- ir al cine con un grupo de amigos
- ¿?

 4 Voy al cine . . .
- casi° nunca
- raras veces
- todas las semanas
- dos veces° por semana
- ¿?

 5 Cuando voy al cine, prefiero ver . . .
- las comedias
- las películas románticas
- las películas de aventuras
- las películas de ciencia-ficción
- ¿?

 6 Cuando salgo con mis amigos, prefiero . . .
- ir a un restaurante
- ir al cine
- asistir a un concierto
- asistir a un partido de béisbol
- ¿?

menos de *less than* **entre** *between* **casi** *almost* **dos veces** *twice*

7 El deporte que más me gusta practicar es . . .
- el tenis
- el volibol
- la natación
- el básquetbol
- el esquí
- ¿?

8 Me gustaría° ser . . .
- actor (actriz)
- cantante
- comediante
- atleta profesional
- ¿?

Conversaciones

Developing critical thinking skills

Reading comprehension and speaking practice

Pair activity

This activity consists of several conversations between two speakers, A and B. Put these conversations together by matching each of A's questions or comments with an appropriate response from the box. You may act out each conversation with a classmate.

1 **After school**

A: ¿Qué vas a hacer el próximo sábado?

B: —

A: ¿Con quién?

B: —

A: ¿Qué van a ver?

B: —

> 2 Con una amiga del colegio.
>
> 3 La última película de Tom Cruise.
>
> 1 Voy al cine con alguien.

2 **Friday afternoon**

A: ¿Te gusta el tenis?

B: —

A: ¿Quieres jugar conmigo?

B: —

A: ¿Qué vas a hacer?

B: —

A: Entonces, ¡adiós!

> 1 Sí, mucho.
>
> 3 Voy a volver a casa a dormir.
>
> 2 Lo siento,° pero estoy muy cansado.

Me gustaría *I would like*   **Lo siento** *I'm sorry*

39

3 Saturday afternoon

A: ¿Quieres ir al teatro con nosotros?

B: —

A: ¿Dónde trabajas?

B: —

A: ¿Qué haces con el dinero que ganas?

B: —

A: ¡Qué buena idea!

2 En la farmacia de mi tío Miguel.

1 No puedo. Tengo que trabajar.

3 Lo ahorro para comprar una moto.

4 Sunday afternoon

A: ¡Hola, Marisol! ¿Quieres ir al cine con nosotros?

B: —

A: Una comedia musical.

B: —

A: ¡Qué lástima! Después° de la película vamos a una discoteca a bailar.

B: —

2 No me gusta ese tipo de película.

3 En ese caso, voy con ustedes.

1 Depende. ¿Qué dan?

5 Tuesday, after class

A: ¿Conoces a Maricarmen?

B: —

A: ¡Claro! Voy a invitarla al concierto el jueves por la noche. ¿Quieres ir con nosotros?

B: —

A: No te preocupes,° te invito a ti también.

B: —

A: ¡De nada! Eres mi mejor amigo.

3 En ese caso, de acuerdo, y muchas gracias.

1 Es la nueva alumna, ¿verdad?

2 Me gustaría° mucho, pero no tengo dinero.

Después *After* **Me gustaría** *I would like to* **No te preocupes** *Don't worry*

6 **At home, in front of the TV**

A: ¿Qué miras?

B: —

A: ¿Quién juega?

B: —

A: ¿Van a ganar el partido?

B: —

A: ¡Qué lástima!

> 2 El equipo de San Sebastián.
>
> 1 Un partido de fútbol.
>
> 3 ¡Ellos, no! Juegan muy mal. ¡Van a perder!

Situaciones

Model questions only. All questions and answers will vary.

> Asking and answering questions
>
> Building oral proficiency
>
> Pair activity

Imagine you are in the following situations. Choose a partner. Your partner will play the role of the other person in the situation and answer your questions.

1 **You are in charge of membership at "El club deportivo." Your partner wants to join.**

Ask your partner . . .

- if he/she likes swimming
  ¿Te gusta la natación?

- what other sports he/she likes
  ¿Cuáles otros deportes te gustan?

- if he/she plays on a team (and, if so, on which team)
  ¿Juegas en un equipo? ¿Cuál equipo?

2 **You have heard that your partner is having a party on Saturday.**

Ask your partner . . .

- if he/she is inviting you (the answer is yes!)
  ¿Me vas a invitar?

- if you can bring a few records
  ¿Puedo traer algunos discos?

- what type (**¿qué clase?**) of music he/she likes
  ¿Qué clase de música te gusta?

3 **You have two free tickets for a concert of Spanish music.**

Ask your partner . . .

- if he/she likes Spanish music
  ¿Te gusta la música española?

- if he/she wants to go to the concert with you
  ¿Quieres ir al concierto conmigo?

- if he/she prefers to go next Saturday or next Sunday
  ¿Prefieres ir el próximo sábado o domingo?

4 **You want to go out Saturday night, but you don't want to go out alone. You phone your partner, but unfortunately the connection is not very good.**

Ask your partner . . .

- if he/she can hear you well
  ¿Puedes oírme bien?

- if he/she wants to go out with you on Saturday night
  ¿Quieres salir conmigo el sábado por la noche?

- what type (**¿qué clase?**) of movies he/she prefers to see
  ¿Qué clase de películas prefieres ver?

5 As a reporter for the magazine *El mundo de los jóvenes,* you are conducting a survey on what American teenagers do in their free time.

Ask your partner . . .

- if he/she goes out often
  ¿Sales a menudo?
- what he/she does on Saturday nights
  ¿Qué haces los sábados por la noche?
- how much money he/she spends
  ¿Cuánto dinero gastas?
- at what time he/she comes back home
  ¿A qué hora vuelves a casa?

6 You are also interested in knowing if American teenagers like going to the movies.

Ask your partner . . .

- when he/she goes to the movies
  ¿Cuándo vas al cine?
- what type (**¿qué clase?**) of movies he/she likes
  ¿Qué clase de películas te gusta?
- who his/her favorite actor is
  ¿Quién es tu actor favorito?
- who his/her favorite actress is
  ¿Quién es tu actriz favorita?

Intercambios
All answers will vary.

1 Do a class survey to find out which sports your friends like to watch and who their favorite teams and players are. Interview 5 or 6 classmates and record their answers on an information sheet similar to the one below. Then summarize your findings.

- *¿A qué deporte eres más aficionado(a)?*
- *¿Cuál es tu equipo favorito?*
- *¿Quién es tu jugador(a) favorito(a)?*

nombre	deporte favorito	equipo favorito	jugador(a) favorito(a)
Carolina	básquetbol	los Celtics de Boston	Larry Bird

_____ alumnos prefieren _____.

2 Young people all over the world love to go to the movies. Do a survey of your class preferences by using an information card similar to the one below. Select a partner and work in pairs, asking each other the following questions:

- *¿Cuándo vas al cine?*
- *¿Qué clase de película es tu favorita?*
- *¿Quién es tu actor favorito?*
- *¿Quién es tu actriz favorita?*

MODELO — Hola, Elena. ¿Cuándo vas al cine?
— Voy al cine todas las semanas.

nombre	¿cuándo?	clase de película	actor favorito	actriz favorita
Elena	todos los sábados	películas románticas	Tom Cruise	Michelle Pfeiffer

3 Your partner has several pairs of free tickets for various events. Ask your partner whom he/she is going to invite and why. Write down your partner's answers.

MODELO — ¿A quién vas a invitar al Cine Excelsior?
— Voy a invitar a Clara (a mi primo, al profesor...)
— ¿Por qué vas a invitarla?
— Porque le gusta mucho ver películas de aventuras.

Cine Excelsior	Teatro Lorca	Museo de Bellas Artes	Partido de fútbol: Madrid-Roma	Partido de béisbol: Boston-Nueva York

4 Look at the activities illustrated and choose one you would like to do. Then invite your partner to join you. He/She will need more information and will ask questions such as:

- *¿qué día?*
- *¿cuándo?*
- *¿dónde?*
- *¿con quién?*

On the basis of your answers, your partner will decide whether to accept or refuse your invitation. If he/she refuses, he/she will have to give you an excuse.

MODELO
—**¿Quieres ir al concierto conmigo?**
—**Depende. ¿Quién va a cantar?**
—**Paula Abdul.**
—**¿Cuándo es el concierto?**
—**El próximo sábado.**
—**¿A qué hora?**
—**A las dos y media.**
—**Muchas gracias, me gustaría°** → mucho ir contigo.

(Alternate)
— Lo siento mucho, pero no puedo ir contigo.
— ¿Por qué no?
— Tengo una cita con Rafael.
(Tengo que ir al dentista.)

44   **me gustaría /** *I would like*

La vída práctica

1 **Basketball**

Look at the following information from the sports page of a Spanish newspaper.

Mundial de básquetbol Argentina '90

LOS CUARTOS DE FINAL

La ronda de cuartos de final se jugará entre el lunes y el miércoles próximos, y los dos primeros de cada grupo pasarán a las semifinales. Así están integradas las zonas:

GRUPO 1	GRUPO 2
Puerto Rico	Yugoslavia
Australia	Brasil
Estados Unidos	Grecia
Argentina	Unión Soviética

Éste es el programa, a desarrollarse en el Luna Park:

Lunes 13	13 hs Puerto Rico vs. Australia
	16 hs Estados Unidos vs. **Argentina**
	19 hs Yugoslavia vs. Brasil
	22 hs Grecia vs. Unión Soviética
Martes 14	13 hs Puerto Rico vs. **Argentina**
	16 hs Australia vs. Estados Unidos
	19 hs Yugoslavia vs. Unión Soviética
	22 hs Brasil vs. Grecia
Miérc. 15	13 hs Australia vs. **Argentina**
	16 hs Puerto Rico vs. Estados Unidos
	19 hs Yugoslavia vs. Grecia
	22 hs Brasil vs. Unión Soviética

Mundial *World Championship*   **desarrollarse** *to take place*   **hs (horas)** *hours*

- What international event is reported in the above?
  World Championship of basketball
- Where and when was it held?
  Argentina, 1990

- Against which 3 teams did the United States play in the quarter finals? On what dates and at what times were the games played? Argentina: Monday the 13th, 4:00; Australia: Tuesday the 14th, 4:00; Puerto Rico: Wednesday the 15th, 4:00
- Of all the quarter final matches, which one would you most like to have watched?
  Answers will vary.

2 │ Going to the movies

Read the following
movie ads.

- Can you give the
  English titles of the
  movies in the ad?
  Dead Poets Society; Teenage
  Mutant Ninja Turtles; Total Recall
- How many of these
  movies have you seen?
  Answers will vary.

3 │ Watching television

Look at the following TV guide.
It lists the programs shown on
Channel 1 of Spanish television
for a particular day of the week.

- What day is the TV guide for?
  Tuesday, the 9th
- At what time is the first program shown? What is its title?
  8:00 a.m.; Good Morning
- At what time of the day could
  you watch the weather report?
  9:00 p.m.
- At what times of the day could
  you watch the regional news?
  2:00 p.m., 8:20 p.m.
- What program could you
  watch at 17.50 (5:50 p.m.)?
  Sesame Street
- What movie could you watch
  at 22.20 (10:20 p.m.)?
  Enviado Especial (Foreign Correspondent)

_____ MARTES, 9

tve 1

8.00.—Buenos días.
10.00.—El día por delante.
14.00.—Informativos
 territoriales.
15.00.—Telediario-1.
15.30.—A mi manera.
17.45.—Avance telediario.
17.50.—Barrio Sésamo.
18.20.—Patoaventuras.
18.50.—Apaga y vámonos.
19.20.—Entre líneas.
19.50.—Como en los
 viejos tiempos.
20.20.—Informativos
 territoriales.
20.30.—Telediario-2.
21.00.—El tiempo.
21.15.—La Luna
 (último programa).
22.20.—Sesión de noche:
 Enviado especial.

▶ **Enviado especial**, de *Al-
fred Hitchcock*. 1940. 115
minutos. A punto de estallar
la guerra en Europa, en un
periódico neoyorquino des-
taca como reportero John
Jones. Aventuras.

tve 1: *Televisión Española 1* **territorial** *local*
Telediario *News* **Sesión de noche** *Late show*

46

Vamos a escribir

Model answers only. All answers will vary.

1 You want to become a member of "El club atlético." Prepare a form similar to the one here and list 5 sports you enjoy, ranking them in order of preference.

El Club Atlético

Nombre: *Pancho Pérez*

Deportes preferidos:

1. *el básquetbol*

   el tenis   el béisbol
2. la natación   el volibol

2 Plan your weekend by making a list of 4 things you are going to do.

sábado

jugar al volibol

salir con mis amigos

domingo

dormir hasta las diez

mirar la televisión

3 You are spending the summer in the home of señora Chávez in Barcelona, Spain. While she was in town shopping, your friend Antonio came by to invite you out. Leave a note for señora Chávez telling her what you are doing this afternoon. Include the following information:

- *You are going to go out with Antonio.*
- *First you are going to play tennis.*
- *Afterwards, you are going to go to the movies.*
- *You are going to see a detective movie.*
- *You are going to come back at 7.*
- *Sign your note.*

Señora,

Esta tarde, voy a

salir con Antonio. Primero vamos a jugar al tenis.

Después, vamos al cine. Vamos a ver una película

policíaca. Vuelvo a las siete.

(student's name)

4 Write a short letter to your Spanish pen pal Alicia. Tell her what you do in your free time. Answer the following questions:

- *Do you like to go out?*
  When do you go out?
  With whom?

- *Do you like to go to the movies?*
  When do you go?
  Which are your favorite type of movies?
  Who is your favorite actor?
  Who is your favorite actress?

- *Do you like music?*
  Who is your favorite singer?

Querida Alicia,
Me gusta mucho salir.

Salgo los sábados por la noche. Salgo con mis amigos. Me gusta mucho ir al cine. Voy al cine los domingos por la tarde. Mis películas favoritas son las películas románticas. Mi actor favorito es William Hurt. Mi actriz favorita es Julia Roberts. Me gusta mucho la música. Mi cantante favorita es Whitney Houston.

5 Your pen pal Federico is coming to visit you this summer. Since you want to be a good host (hostess), you want to find out what he likes to do. Prepare a list of 6 questions asking him about his favorite activities.

¿Te gusta ir al cine?
¿Te gusta jugar al fútbol?
¿Te gusta salir los fines de semana?
¿Te gusta bailar?
¿Te gusta ir a los partidos de béisbol?

1. *¿Te gusta ir al teatro?*

2. _____

6 Make a list of 4 to 6 things you can do with your pocket money.

comprar discos
ir a la discoteca
salir a comer
dar fiestas

Lo que puedo hacer con mi dinero:

- *ahorrarlo*
- *comprar...*

Active Vocabulary

SPORTS

(el) deporte	(el) esquí	(el) aficionado	(la) aficionada
(el) equipo	(el) fútbol	(el) atleta	(la) atleta
(el) partido	(el) tenis	(el) jugador	(la) jugadora
(el) básquetbol	(el) volibol		
(el) béisbol	(la) natación		

LEISURE TIME AND MONEY

(el) cine	(la) comedia musical	(el) actor	(la) actriz
(el) programa	(las) diversiones	(el) cantante	(la) cantante
(el) teatro	(las) noticias	(el) comediante	(la) comediante
(el) consejo	(la) obra de teatro		
(el) dinero	(la) película (romántica, de		
(el) gasto	aventuras, policíaca, del oeste)		
	(la) televisión		

DESCRIPTIONS

deportista	pobre
deportivo	rico

ACTIVITIES

ahorrar	oír [oigo]	empezar [ie] a	contar [ue]
gastar	poner [pongo]	entender [ie]	costar [ue]
gustar	salir [salgo]	pensar [ie]	dormir [ue]
pagar (por)	traer [traigo]	perder [ie]	encontrar [ue]
preguntar		preferir [ie]	jugar [ue]
	obedecer [obedezco]	querer [ie]	recordar [ue]
conducir [conduzco]	ofrecer [ofrezco]	sentir [ie]	volver [ue]
conocer [conozco]	traducir [traduzco]		

TIME AND FREQUENCY

en general	raras veces	los domingos	el (jueves) por la mañana
generalmente	regularmente	el (lunes)	(tarde, noche)
por lo general	siempre	el (fin de semana) pasado	la próxima semana
nunca	todos los días	el próximo (fin de semana)	

OPPOSITES

algo	nada
alguien	nadie
alguno (algún)	ninguno (ningún)

COMMUNICATIVE EXPRESSIONS

a fin de cuentas	en mi opinión	querer decir

Unidad 7

Los secretos de una buena presentación

7.1 Modas para los jóvenes

7.2 La ropa es un problema

7.3 ¡El pobre señor Ochoa!

7.4 Una persona pulcra

¡VAMOS A LEER! ¿Cómo mantenerte en buena salud?

COMUNICANDO

OBJECTIVES

Communication

By the end of this unit, students will be able to use Spanish:

- To shop for clothes
- To talk about personal fitness and grooming
- To discuss daily activities

Language

The main grammatical focus of this unit is on the reflexive construction. The unit also introduces:

- Comparative and superlative constructions
- Demonstrative adjectives
- The nominalization of adjectives
- The use of the definite article with parts of the body

Culture

This unit focuses on the importance of personal appearance in Hispanic society, and introduces shopping customs, clothing, and personal fitness.

 Unit Seven   Modules 15, 16

TPR Activities 16–19, pages TG37–TG40

51

 For background information on the photos (facing), see page TG56.

Act. 1

Leccion 1   Modas para los jóvenes

STRUCTURES TO OBSERVE: comparative
and superlative constructions.

Aquí están Carmen, Luisa, Inés, Juanita y Bárbara ... cinco modelos
que hoy presentan los últimos estilos de la moda para jóvenes.

The word **modelo** is invariable:
un(a) modelo.

estilos: *styles,*
moda: *fashion*

| Carmen | Luisa | Inés | Juanita | Bárbara |

¡Mira a Carmen!
Tiene sólo diez y siete años. ¡Es la más joven de las modelos!
Ahora, compara a Carmen con las otras modelos.

   ¿Es Carmen más alta que Luisa?

   ¿Es más delgada que Inés?

   ¿Es más (o menos) elegante que Juanita?

   ¿Es más (o menos) bonita que Bárbara?

¡Mira a todas las modelos!
De las cinco, ¿quién es

   . . . la más alta?   Luisa

   . . . la más baja?   Inés

   . . . la más delgada?   Luisa (Juanita, Bárbara)

   . . . la más elegante?   Juanita

   . . . la más bonita?   (Answers will vary.)

Mira: *Look*
la más joven: *the
  youngest*

más alta que: *taller
  than*
delgada: *thin*

bonita: *pretty*

la más alta: *the
  tallest*

EXTRA VOCABULARY: **unas botas** (boots), **una bufanda** (scarf), **una piel** (fur).

CONVERSACIÓN

Vamos a hablar de ti y de tu mejor amiga.

1. ¿Eres **más** alto(a) o **menos** alto(a) **que** ella? Soy **más** alto(a) **que** ella.
   (Soy **menos** alto(a) **que** ella.)
2. ¿Eres **más** delgado(a) o **menos** delgado(a) **que** ella?
3. ¿Eres **más** independiente o **menos** independiente **que** ella?
4. ¿Eres **más** tímido(a) o **menos** tímido(a) **que** ella?
5. ¿Eres **más** generoso(a) o **menos** generoso(a) **que** ella?
6. ¿Eres **más** individualista o **menos** individualista **que** ella?

OBSERVACIÓN   Est. B

In the above questions and answers, you are using adjectives to compare yourself with another person.

- What are the two words which may be used *before* the adjective?   más and menos
- Which word comes *after* the adjective (and before the word **ella**)?   que

NOTA CULTURAL

La elegancia hispánica

Para los jóvenes hispánicos es importante vestirse° bien y ser elegante. Vestirse bien quiere decir principalmente° vestirse con buen gusto.° Esto° requiere no usar° estilos exagerados o colores fuertes° que no combinan.° Vestirse bien significa también ponerse ropa° apropiada, según° el lugar o la ocasión. Los jóvenes hispanos se visten° más informalmente e imitan las modas° de los Estados Unidos y Europa cuando van a fiestas, discotecas y algunas escuelas. Sin embargo muchos todavía usan uniforme para ir a la escuela: pantalones,° camisa° y suéter para ellos, falda,° blusa° y suéter para ellas. Para ocasiones especiales los jóvenes se ponen ropa más formal. La elegancia hispánica no es simplemente un modo° de vestirse o de presentarse.° Es un modo de vivir.

p. TG56

vestirse *to dress* **principalmente** *principally* **gusto** *taste* **Esto** *This* **usar** *wearing* **fuertes** *bright* **no combinan** *do not go well together* **ponerse ropa** *to put on clothes* **según** *depending on* **se visten** *dress* **modas** *styles* **pantalones** *pants* **camisa** *shirt* **falda** *skirt* **blusa** *blouse* **modo** *way* **presentarse** *present oneself*

¿Qué quiere decir vestirse con buen gusto? ¿Cómo se visten los jóvenes hispanos para las fiestas? ¿Qué usan en la escuela?

Estructuras

A. Repaso: los adjetivos

Note the forms of the adjectives in the sentences below:

Pablo es **alto** y **elegante**.	Carlos y Felipe son **altos** y **elegantes**.
Manuela es **alta** y **elegante**.	Silvia y Ana son **altas** y **elegantes**.

 If an adjective ends in **-o** in the masculine, the feminine form ends in **-a**. Most adjectives ending in other letters have identical masculine and feminine forms.

If an adjective ends in **-o** in the masculine, the feminine form ends in **-a**. Most adjectives ending in other letters have identical masculine and feminine forms.

The plural of most adjectives is formed by adding **-s** to the singular form if it ends in a vowel, or **-es** if it ends in a consonant.

Adjectives agree with the noun they describe in gender and number.

Act. 3

30

VOCABULARIO PRÁCTICO   El aspecto exterior de una persona

El aspecto general   Eres . . .

¿alto o bajo?   ¿delgado o gordo?   ¿fuerte o débil?   ¿ joven o vieja?

¿elegante o informal?   ¿bonita, linda o fea?   ¿guapo o feo?

Describe these famous persons and characters using adjectives listed in the
Vocabulario práctico under *El aspecto general*. For each person, create
three sentences. These may be affirmative or negative, and you may use
adverbs like **muy, bastante** and **poco.**

Chevy Chase es bastante guapo.
Chevy Chase no es muy alto.
Chevy Chase no es gordo.

1. Janet Jackson
2. Tom Cruise
3. Carlitos (*Charlie Brown*)
4. King Kong

5. Blancanieves (*Snow White*)
6. los Siete Enanitos (*Seven Dwarfs*)
7. Burt Reynolds y Clint Eastwood
8. Papá Noel (*Santa Claus*)

La cara is active vocabulary.

La cara Tienes . . .
      el pelo (hair)
   ¿**liso** (straight) o **rizado** (curly)?
     ¿**largo** o **corto?**

     la frente (forehead)
¿**estrecha** (narrow) o **ancha** (wide)?

     los ojos (eyes)
   ¿**pequeños** o **grandes?**

     las orejas (ears)
   ¿**pequeñas** o **grandes?**

     la nariz (nose)
   ¿**pequeña** o **grande?**

     la boca (mouth)
   ¿**pequeña** o **grande?**

     los dientes (teeth)
   ¿**pequeños** o **grandes?**

¿Tienes el pelo . . . **negro** (*black*)?   ¿**rubio** (*blond*)?   ¿**castaño** (*brown*)?
¿Tienes los ojos . . . **azules** (*blue*)?   ¿**verdes** (*green*)?   ¿**de color café** (*brown*)?

NOTAS: 1. **Largo** means *long;* **grande** means *large, big.*
       2. In Spanish, the definite article is often used before parts of the body.
          In English, we use the possessive adjective.
          Tengo **el** pelo corto. *My hair is short. (I have short hair.)*

ACTIVIDAD 2 Caras ★ DESCRIPTION

Describe the faces of the following persons using the words listed in the **Vocabulario práctico** under *La cara*. For each person, create at least three sentences.

VARIATION: Have the students bring to class a magazine picture of a person and have them prepa three descriptive sentences.

➣ Bill Cosby tiene el pelo corto.
Bill Cosby tiene los ojos negros.
Bill Cosby tiene el pelo negro.

1. Drácula
2. Kathleen Turner
3. mi padre
4. mi mamá

5. mi profesor(a)
6. mi mejor amigo
7. mi mejor amiga
8. yo

ACTIVIDAD 3 Un juego: ¿Quién es? ★ DESCRIPTION

Choose a person who fits one of the following descriptions. Create six sentences describing this person as accurately as possible. When you are finished, read your sentences to your classmates who will try to guess who is the person you have chosen.

1. un actor famoso
2. una actriz famosa
3. un cantante famoso
4. una cantante famosa

5. un personaje (*character*) histórico
6. un(a) deportista famoso(a)
7. un(a) profesor(a)
8. un(a) político(a)

B. La forma comparativa

To make comparisons, you use the *comparative* form of the adjective. Note the following sentences.

Soy **más** alto **que** mi hermana.

Mis hermanas son **más** independientes **que** yo.

Carmen es **menos** generosa **que** Josefina.

Soy **tan** inteligente **como** Uds.

*I am taller **than** my sister.*

*My sisters are **more** independent **than** I.*

*Carmen is **less** generous **than** Josefina.*

*I am **as** intelligent **as** you.*

➣ To express comparisons with adjectives, Spanish speakers use these constructions:

+	**más** ⎫	+ adjetivo +	**que**	*more* ⎫	+ *adjective* +	*than*
−	**menos** ⎭			*less* ⎭		
=	**tan**	+ adjetivo +	**como**	*as*	+ *adjective* +	*as*

➣ In comparative constructions, the adjective agrees in gender and number with the noun or pronoun to which it refers.

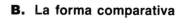

Make sure that the students understand that the construction **más . . . que** has two English equivalents: (1) . . . er than (greater than); (2) more . . . than (more intelligent than).

ACTIVIDAD 4   Comparando precios *(Comparing prices)*

Imagine that you paid twenty-five dollars for a pocket calculator. Say whether the following objects are more expensive, less expensive, or as expensive as your calculator.

VARIATION: Compare various objects in the classroom in physical terms: size, height, age.

🔀 una raqueta de tenis: $25   La raqueta de tenis es tan cara como la calculadora.
 una raqueta de tenis: $45   La raqueta de tenis es más cara que la calculadora.
 una raqueta de tenis: $10   La raqueta de tenis es menos cara que la calculadora.

1. un reloj: $30
2. un radio: $45
3. una cámara: $80
4. una revista: $1
5. un disco: $6

6. una maleta: $25
7. un bolso: $25
8. un libro: $10
9. un televisor: $150
10. una cinta: $4

VOCABULARIO PRÁCTICO   Adjetivos con comparativos irregulares

ADJETIVO	COMPARATIVO		
bueno	**mejor**	*better*	Carlos es **mejor** que yo en los deportes.
malo	**peor**	*worse*	Mis amigos son **peores** que yo en matemáticas.
grande	**mayor**	*older*	Soy **mayor** que mi hermano,
	más grande	*larger, bigger*	pero no soy **más grande** que él.
pequeño	**menor**	*younger*	Elena es **menor** que Alicia, y es **más**
	más pequeño	*smaller*	**pequeña** que ella.

NOTA: **Mayor** and **menor** are almost always used to refer to a person's age. They do not refer to physical size.

EXTRA VOCABULARY: **los mayores** (adults), **los menores** (young people).

ACTIVIDAD 5   Diálogo: Tu compañero(a)   ★ PAIRED COMMUNICATION

Ask the student next to you to compare himself or herself to his or her best male friend.

🔀 alto   Estudiante 1: ¿Eres más alto(a) que tu mejor amigo?
 Estudiante 2: Sí, soy más alto(a) que él.
 (No, soy menos alto(a) que él.)
 (Soy tan alto(a) como él.)

1. delgado(a)
2. independiente
3. pequeño
4. grande
5. individualista

6. generoso(a)
7. fuerte
8. bueno(a) en español
9. bueno(a) en los deportes
10. buen(a) estudiante

Be sure that the students use **mejor** as the comparative form of **bueno** in items 8, 9 and 10.

ACTIVIDAD 6   **Puntos de vista** *(Points of view)*   ★ SELF-EXPRESSION

Using the adjectives given, compare the following according to your own personal point of view.

✍ útil *(useful)*: el español / el inglés

El español es más útil que el inglés.
(El español es menos útil que el inglés.)
(El español es tan útil como el inglés.)

útil:
1. el francés / el español
2. las matemáticas / la filosofía
3. un reloj / una calculadora
4. un coche / una bicicleta

interesante:
5. el cine / la televisión
6. el béisbol / el fútbol
7. las películas románticas / las películas de aventuras
8. Nueva York / Los Ángeles
9. México / España

simpáticos:
10. los chicos / las chicas
11. los amigos intelectuales / los amigos deportistas
12. las personas divertidas / las personas generosas

ACTIVIDAD 7   **Preguntas personales**   ★ SELF-EXPRESSION

1. ¿Tienes hermanos? ¿Cuántos? ¿Son mayores o menores que tú?
2. ¿Tienes hermanas? ¿Cuántas? ¿Son mayores o menores que tú?
3. ¿Eres mayor o menor que tu mejor amigo? ¿que tu mejor amiga?
4. ¿Quién es mayor, tu papá o tu mamá?

p. TG56,
p. TG57

C. La forma superlativa

To compare a person or object with a group, you use the *superlative* form
of the adjective. Note the following sentences.

Diego es **el** chico **más** popular de la clase.
*Diego is **the most** popular boy in the class.*

Manuela es **la** chica **más** bonita de la escuela.
*Manuela is **the prettiest** girl in the school.*

¿Quiénes son **los** actores **más** guapos del mundo?
*Who are **the most** handsome actors in the world?*
The noun is often not expressed:
Diego es el más popular de la clase.

In Spanish, the superlative is expressed with the following construction:

| definite article (el, la, los, las) | + (noun) + | más / menos | + adjective + de |

⊗ In a superlative construction, the word **de** expresses the idea of *in*.

⊗ **Mejor, peor, mayor** and **menor** are also used in superlative
constructions. These words usually come before the noun:

¿Quién es **la mejor** actriz del mundo?
¿Quiénes son **los mejores** jugadores de tenis?

EL LIBRO ES EL
REGALO
MAS GRANDE
Y
MAS ECONOMICO

ACTIVIDAD 8   Un voto   ★ SELF-EXPRESSION

Imagine you are preparing a special yearbook spread about your Spanish
class. Vote for each of the suggested categories. (You may want to add
other categories!)

⊗ el chico: divertido   El chico más divertido de la clase es . . .

el chico:
1. serio
2. elegante
3. bueno en español
4. bueno en inglés

la chica:
5. seria
6. elegante
7. buena en español
8. buena en inglés

los dos chicos:
9. simpáticos
10. generosos
11. populares

las dos chicas:
12. simpáticas
13. generosas
14. populares

realia
p. TG57

ACTIVIDAD 9   Un sondeo de opinión *(An opinion poll)*   ★ SELF-EXPRESSION

In a group of people, you can find the best and also the worst. Again as a class you are going to participate in an opinion poll to determine the best and the worst in the following categories. Cast your votes according to the model.

> el actor: popular   El actor más popular es . . .
> El actor menos popular es . . .

el actor:
1. guapo
2. bueno

la actriz:
3. guapa
4. buena

el cantante:
5. bueno
6. popular

la cantante:
7. buena
8. popular

el atleta:
9. bueno
10. simpático

la atleta:
11. buena
12. simpática

ACTIVIDAD 10   Otro sondeo de opinión   ★ SELF-EXPRESSION

Now the opinion poll has to do with these things:

el programa de televisión:
1. apasionante *(thrilling)*
2. divertido *(entertaining)*

el deporte:
3. apasionante
4. violento

la canción *(song)*:
5. bonita
6. popular

la película:
7. aburrida
8. interesante

Act. Book

Act. 9

Pronunciación   El sonido de la consonante *z*

Model word: a<u>z</u>ul
Practice words: nari<u>z</u>   ri<u>z</u>ado   actri<u>z</u>   empe<u>z</u>ar
Practice sentences: No cono<u>z</u>co a Gon<u>z</u>alo Pérez.
El die<u>z</u> de mar<u>z</u>o voy a <u>Z</u>arago<u>z</u>a con Loren<u>z</u>o Lópe<u>z</u>.
Los <u>z</u>apatos de Constan<u>z</u>a son a<u>z</u>ules.

Remember: The letter **z** in Spanish always represents the sound / s / as in the English "yes."

In Castilian Spanish, the letter **z** represents the **th** sound of the English "thin."

Para la comunicación

Expresión para la composición

sin embargo   *however, nevertheless*

Mini-composición   Los otros y yo

Escribe un párrafo comparándote con dos de las siguientes personas. Si quieres, puedes usar los adjetivos entre paréntesis.

(guapo / alto / delgado / elegante / joven / fuerte / débil / inteligente / divertido / serio / simpático)

Usa la expresión para la composición.

Las personas:
King Kong
Peter Pan
Drácula
Carlitos *(Charlie Brown)*
Blancanieves *(Snow White)*
Jane Fonda
Bill Cosby
Kathleen Turner

Soy más fuerte que Carlitos; **sin embargo** no soy tan fuerte como King Kong . . .

The students may want to add other names to this list.

Act. Book

SCRIPT
Act. 10

Act. Book

¡Hola!
Act. Book

TRP

QUIZ

Lección 2 La ropa es un problema

STRUCTURES TO OBSERVE: nominalization of adjectives (**el rojo, el verde**); demonstrative adjectives.

Act. 1

¿Qué camisa voy a comprar? Bueno . . . ¿la azul o la verde? ¿o la amarilla?. . . ¿y por qué no la roja? . . . ¿o tal vez la blanca? ¿o la negra?

¡Qué problemas!

Escoger ropa es un problema para todos los chicos y todas las chicas del mundo . . .

> camisa: *shirt,*
> la azul: *the blue one*
> amarilla: *yellow,*
> roja: *red,*
> blanca: *white*
> Escoger: *Choosing*

En «El Pacífico», una tienda grande en Buenos Aires

Adela: ¡Mira, Pilar, ese bolso!
      Es elegante, ¿verdad?
Pilar: ¿Qué bolso? ¿El blanco o el negro?
Adela: ¡El negro! Es muy bonito, ¿verdad?
Pilar: ¡No! No me gusta. Es demasiado grande. No es práctico.

> ese: *that*

En «Los Gobelinos», un almacén en Santiago de Chile

Ana María: ¡Mamá! ¡Mira esa falda!
Sra. Suárez: ¿La roja o la verde?
Ana María: ¡La roja! Es muy bonita.
Sra. Suárez: ¿Esa falda? ¡Qué horror! ¡Es demasiado corta!
Ana María: ¡Pero mamá, está de moda!
Sra. Suárez: ¡A mí no me gusta la moda de las faldas cortas!
Ana María: Pero mamá . . .

> almacén: *department store*
> falda: *skirt*
> corta: *short*
> de moda: *in fashion*

En «La Chouette», una tienda muy elegante en Bogotá

Sonia: Marina, mira esos zapatos.
      Son muy bonitos, ¿verdad?
Marina: ¡Chica! ¡Son fabulosos!
Sonia: Vamos a preguntar cuánto cuestan . . . Perdón, señorita, ¿cuánto cuestan aquellos zapatos?

> esos zapatos: *those shoes*
> aquellos: *those*

¿Qué está mirando Adela? ¿De qué color es? ¿Por qué no le gusta a Pilar? ¿Le gusta la falda a la mamá de Ana María? ¿Por qué no? ¿Cuánto cuestan los zapatos?

Srta.: Los rojos ... vamos a ver ...
cuestan ... dos mil pesos.

Sonia: ¡Dos mil pesos! ¡Dios mío! Me
gusta el color ... me gusta el
estilo ... pero ¡no me gusta el
precio!

estilo: *style*
precio: *price*

CONVERSACIÓN   OPTIONAL

Vamos a ver qué piensas de esta *(this)* clase.

1. ¿Te gusta **esta** clase?   Sí, me gusta **esta** clase.
   (No, no me gusta **esta** clase.)
2. ¿Comprendes **esta** lección?
3. ¿Te gusta **este** libro?
4. ¿Te gusta **este** asiento *(seat)*?
5. ¿Tienes amigos en la clase? ¿Son buenos
   alumnos **estos** chicos?
6. ¿Tienes amigas en la clase? ¿Son buenas
   alumnas **estas** chicas?

OBSERVACIÓN   Est. A

In these questions and answers, the words
in heavy print are used to point out specific
people and objects. They are called
demonstrative adjectives.

• What is the form of this demonstrative
  adjective before a *masculine singular* noun?
  before a *feminine singular* noun? before a
  masculine plural noun? before a *feminine
  plural* noun?   este / esta / estos / estas

NOTA CULTURAL

La ropa

¿Qué significa la ropa° para ti? En una encuesta°
en la ciudad de México, el 95% (noventa y cinco
por ciento) de los jóvenes piensa que la ropa refleja
la personalidad. Por eso los jóvenes hispanos tratan
de seleccionar° su ropa de acuerdo con° sus gustos.°
Ellos prefieren vestirse a la moda, pero también es
importante sentirse cómodos° con la ropa que llevan.
La mayoría° usa ropa informal en situaciones cotidianas.° Los blue-jeans son el uniforme universal
de los jóvenes en la playa, en el campo o en las
calles de la ciudad.

La selección de la ropa es a veces° un problema.
Por eso algunos jóvenes prefieren ir de compras°
con sus hermanos o amigos. En los países hispánicos, los padres les dan dinero a sus hijos para
comprar la ropa porque la mayoría de los jóvenes
no ganan su propio° dinero.

ropa *clothes*   **encuesta** *poll*   **tratan de seleccionar** *try to choose*
de acuerdo con *in keeping with*   **sus gustos** *their likes*
cómodos *comfortable*   **mayoría** *majority*   **cotidianas** *everyday*
a veces *sometimes*   **ir de compras** *go shopping*   **propio** *own*

p. TG57

¿Qué piensan los jóvenes hispanos de la ropa? ¿Tienen
mucho dinero los jóvenes?

Estructuras

See TPR Activities 16–18, pages TG37–TG39.

- Other words for *glasses* are **las gafas, los espejuelos, los lentes.**
  Contact lenses are **lentes de contacto** or **lentillas de contacto.**
- In Spain, **los vaqueros** is often used for *jeans*.
- EXTRA VOCABULARY: **vestirse (ir) a la moda** (to dress fashionably)

La ropa is active vocabulary.

VOCABULARIO PRÁCTICO

La ropa *(Clothing)*

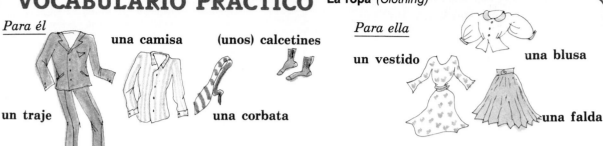

Para él

una camisa   (unos) calcetines

un traje   una corbata

Para ella

un vestido   una blusa

una falda

Para él o para ella

(unos) zapatos   (unos) blue-jeans   (unos) pantalones

(unos) anteojos

Para el invierno

un impermeable   un abrigo

una chaqueta

Para el verano

(unas) sandalias   un traje de baño

una camiseta

un suéter   un sombrero   (unos) pantalones cortos

(unos) anteojos de sol

llevar   to wear   Pedro **lleva** pantalones azules.

¿De qué color . . .?

amarillo	**gris**	**verde**
azul	**negro**	**castaño**
blanco	**rojo**	

NOTA: The indefinite article (**un, una, unos, unas**) is sometimes omitted before items of clothing unless something specific is said about these items.

  ¿El profesor no lleva corbata? *Isn't the teacher wearing **a** tie?*
  Sí, lleva **una** corbata amarilla. *Yes, he is wearing **a** yellow tie.*

64

Act. Book

SCRIPT
Act. 4

Act. Book

ACTIVIDAD 1   Colores   ★ DESCRIPTION

Describe the colors of the clothes that
the following people are wearing.

  mi mamá   Hoy mi mamá lleva una
falda azul, un suéter rojo
y unos zapatos negros.

1. yo
2. mi padre
3. el (la) profesor(a)
4. el (la) chico(a) a mi derecha *(right)*
5. el (la) chico(a) a mi izquierda *(left)*
6. mi mejor amigo
7. mi mejor amiga
8. la secretaria de la escuela

realia
p. TG57

★ SELF-EXPRESSION

ACTIVIDAD 2   Ropa para cualquier ocasión
(Clothes for any occasion)

What you wear often depends on the occasion, the place where you are
going, and so on. Say what you generally wear on the following occasions.

Cuando voy a un concierto de rock ...
Cuando voy a un concierto de rock, llevo blue-jeans y sandalias.

1. Cuando voy a una fiesta ...
2. Cuando voy a un restaurante elegante ...
3. Cuando voy a la playa ...
4. Cuando voy al campo ...
5. Cuando voy a un partido de fútbol americano ...
6. Cuando llueve ...
7. Cuando nieva ...
8. Cuando hace mucho calor ...
9. Cuando hace mucho frío ...
10. Cuando estoy en casa ...

3er PISO NIÑOS Y NIÑAS
BEBES
CALZADO · JUGUETES
CUNAS · MUEBLES

calzado (footwear)
cuna (crib)

2o PISO   MODAS
SOMBRERERIA
CORSETERIA · LENCERIA
CALZADO

lencería (linen shop)

1er PISO SASTRERIA
TRAJES · CALZADO
ARTICULOS DE VIAJE
DEPORTES · FOTOS
Salon de Belleza

sastrería (tailoring)

PLANTA BAJA   REGALOS
ARTICULOS PARA CABALLEROS
PERFUMERIA ·

OPTICA · RELOJERIA

BAJO PISO   HOGAR
ELECTRICOS · DISCOS
CRISTALERIA · LOZA · PELTRE
MUEBLES DE COCINA

hogar (housewares)
loza (china)
peltre (pewter)

Note that **primer, segundo, tercer,** etc.
are often abbreviated with the letters they
end in.

VARIATION: Have the students bring
to class a picture of a person in one
of these situations and have them
describe what the person is wearing.

REFRÁN

El hábito
no hace
al monje.

Literally: The habit does not make the monk.

ACTIVIDAD 3   Preguntas personales

1. ¿Cuál es tu color favorito?
2. ¿Lees revistas de modas *(fashion)*? ¿Cuáles?
3. ¿Usas anteojos?
4. ¿Usas anteojos de sol? ¿Cuándo?
5. ¿Quieres ser modelo?
6. ¿Vas a la moda? *(Do you dress fashionably?)*
7. ¿Cuál es más elegante para una chica, llevar pantalones o llevar falda?
8. ¿Cuáles son más elegantes, los vestidos cortos o los vestidos largos?

A. Los adjetivos demostrativos

There are three groups of demonstrative adjectives in Spanish. Note the forms of these adjectives in the chart below:

Act. 5

		this / these	*that / those*	
SINGULAR	masculine feminine	**este** chico **esta** chica	**ese** chico **esa** chica	**aquel** chico **aquella** chica
PLURAL	masculine feminine	**estos** chicos **estas** chicas	**esos** chicos **esas** chicas	**aquellos** chicos **aquellas** chicas

- Make sure that the students note the difference between **esta** (this) and **está** (he/she/it is).
- Tell the students that they can derive the **ese** forms from the **este** forms by dropping the **t**.

➳ Demonstrative adjectives always come before the noun.
They agree with it in gender and number, like all other adjectives.

➳ The choice of which demonstrative adjective to use depends on the location of the object or person with relation to the speaker. Look at the illustrations:
1. **¡Esta** blusa es muy bonita!
2. **¡Esa** blusa es muy bonita también!
3. **¡Aquella** blusa no es bonita!

- **Este** *(this)* is used by the speaker to point out people or things which are near him or her.
- **Ese** *(that)* is used to point out people or things that are near the person being spoken to.
- **Aquel** *(that . . . over there)* is used to point out people or things which are far from both the speaker and the person being spoken to.

ACTIVIDAD 4   ¿Cómo se llaman . . .?

Pedro has taken his girlfriend Marta to the cafeteria where he usually goes. On the way to their table they pass other people. Marta wants to know their names. Play Marta's role according to the model.

VARIATION: Marta wants to know where each person is from. **¿De dónde es aquel chico?**

ℜ   el chico   Marta: ¿Cómo se llama aquel chico?

1. la chica
2. el estudiante
3. las estudiantes
4. los muchachos

5. las muchachas
6. el profesor
7. la profesora
8. los señores

ACTIVIDAD 5   En «Galerías Preciados»   ★ PAIRED COMMUNICATION

Imagine you are in the Spanish department store, «Galerías Preciados». A customer is looking at various items and wants the salesperson to bring over some other items. Play both roles, according to the model.

VARIATION: The customer wants to know how much each item costs. **Señorita, ¿cuánto cuesta ese bolso, por favor?**

ℜ   un bolso: Cliente: Señorita, quiero ver ese bolso, por favor.
                 Empleada: ¿Este bolso?

1. una corbata
2. un vestido
3. unos zapatos
4. unos calcetines
5. un abrigo

6. un impermeable
7. un sombrero
8. una chaqueta
9. un suéter
10. una camisa

realia
p. TG57–TG58

B. El uso del adjetivo como sustantivo   OPTIONAL   This may be taught for recognition only.

Note the use of the definite article and adjective in the answers to the following questions.

—¿Te gusta el suéter blanco?	*Do you like the white sweater?*
—No, prefiero **el rojo.**	*No, I prefer **the red one.***
—¿Te gusta la camisa verde?	*Do you like the green shirt?*
—Sí, pero prefiero **la azul.**	*Yes, but I prefer **the blue one.***
—¿Y las faldas?	*And the skirts?*
—**Las cortas,** por supuesto.	***The short ones,** of course.*
Son más bonitas.	*They are prettier.*

To avoid repeating a noun, Spanish speakers often use this construction:

> definite article
> (**el, la, los, las**) + adjective
> The equivalent English construction is:
> *the* + adjective + *one (ones)*

ACTIVIDAD 6   Obsesión   ★ PAIRED COMMUNICATION

Arturo thinks that red is very fashionable. Whenever he goes shopping with his sister Luisa, he declares his preference for that color. Play both roles according to the model.

la camisa verde   Luisa: ¿Vas a comprar la camisa verde?
Arturo: No, prefiero la roja.

1. la chaqueta blanca
2. el traje azul
3. los calcetines negros
4. la camisa blanca

5. los anteojos azules
6. las corbatas verdes
7. los pantalones blancos
8. los zapatos amarillos

ADDITIONAL CUES: **el impermeable blanco/el sombrero azul/las sandallas negras/el traje de baño verde.**

ACTIVIDAD 7   Diálogo: Las preferencias de tus compañeros   ★ PAIRED COMMUNICATION / SELF-EXPRESS

Ask the classmates next to you what their preferences are.

los zapatos: negros o rojos   Estudiante 1: ¿Prefieres los zapatos negros o los rojos?
Estudiante 2: Prefiero los negros.
(Prefiero los rojos.)

1. las faldas: cortas o largas
2. los pantalones: anchos o estrechos
3. las películas: policíacas o románticas
4. los restaurantes: italianos o franceses
5. los coches: norteamericanos o europeos

6. la moda *(fashion)*: norteamericana o europea
7. las tiendas: grandes o pequeñas
8. las corbatas: anchas o estrechas

SCRIPT
Act. 9

Act. 10

VOCABULARIO PRÁCTICO   Los números de 100 a 1.000.000

100	**cien (ciento)**	400	**cuatrocientos(as)**	900	**novecientos(as)**
101	**ciento uno(a)**	500	**quinientos(as)**	1.000	**mil**
102	**ciento dos**	600	**seiscientos(as)**	1.500	**mil quinientos(as)**
200	**doscientos(as)**	700	**setecientos(as)**	2.000	**dos mil**
300	**trescientos(as)**	800	**ochocientos(as)**	1.000.000	**un millón**

NOTAS:
1. **Ciento** is used before numbers under 100.
   Cien dólares **más** *(plus)* **ciento** veinte dólares son doscientos veinte dólares.
2. The word **y** is not used after **ciento:**
   La bicicleta cuesta **ciento cincuenta** dólares.
3. Numbers above one thousand are always expressed with **mil.**
   ¿Dónde vas a estar en el año **mil novecientos noventa?**
4. Periods, not commas, are used in Spanish to mark off thousands.
5. The hundreds from two to nine hundred have masculine and feminine forms. They agree with the nouns they introduce.
   Doscient**os** pes**os**   Doscient**as** peset**as**.
6. **Un millón** is followed by **de** before nouns.
   Miguel espera tener **un millón de** dólares.

ACTIVIDAD 8   En la tienda de ropa   ★ PAIRED COMMUNICATION

The customer in a clothing store is asking the salesperson what the prices
of various items are. Play both roles, according to the model.

𝄞   el sombrero: 350   Cliente: Por favor, ¿cuánto cuesta este sombrero?
        Vendedor: ¿Ese sombrero? Cuesta trescientos cincuenta pesos.

1. la camisa blanca: 300   4. el abrigo: 2.000   7. el impermeable: 1.000
2. los pantalones: 800   5. la falda azul: 600   8. el traje de baño: 250
3. los pantalones cortos: 500 6. los zapatos negros: 700 9. los zapatos blancos: 550

Pronunciación   Los sonidos de las consonantes *l, ll*

Model words: mil millón
Practice words: aquel sandalias calcetines pantalones débil liso
                amarillo llevo ella calle llega llaman
Practice sentences: Las sandalias blancas son de Isabel.
                    Luisa lleva una blusa azul.
                    Guillermo lleva pantalones amarillos.
                    ¿Cómo se llama la calle donde está el Hotel Sevilla?

Remember: When you pronounce the Spanish l, imitate the l of the English
             "leaf" and touch the tip of your tongue to your upper front teeth.
             The Spanish ll is pronounced like the y of the English "yes."
             In Castilian Spanish, the ll represents a sound similar to the lli of the English "million."

Para la comunicación

Expresión para la composición

por eso   *therefore*

Mini-composición   Invitación

Imagina que vas a los siguientes funciones *(functions)*. Describe la ropa que
vas a llevar. Usa la expresión para la composición.

• la boda *(wedding)* de tu prima
• una fiesta de disfraces *(costume party)*
• una fiesta en la playa

𝄞   Esta boda va a ser elegante. **Por eso,** debo *(I should)* llevar
un vestido nuevo . . .

The students can illustrate their compositions with magazine pictures.

Act.
Book

SCRIPT
Act. 13

Act.
Book

Act.
Book

TRP

QUIZ

Lección 3   ¡El pobre señor Ochoa!

STRUCTURE TO OBSERVE: reflexive constructions.

Act. 1   33

7:10

El señor Ochoa se levanta.
Va al baño,
pero está ocupado. . .

se levanta: *gets up*

— Pam, pam, pam.
— ¿Sí?
— ¿Eres tú, Marina?
— ¡Sí, Ramón! . . . ¡Un momento!
  Me estoy peinando.

Me estoy peinando:
*I'm combing my
hair*

7:30

El señor Ochoa vuelve al baño.
Está todavía ocupado.

todavía: *still*

— Pam, pam, pam.
— ¿Sí?
— ¿Eres tú, Felipe?
— ¡Sí, papá! . . . ¡Un momentito!
  Me estoy lavando.

Me estoy lavando: *I'm
washing*

8:00

El señor Ochoa se pone los pantalones.
Vuelve al baño . . .
¡Todavía ocupado!

se pone: *puts on*

— Pam, pam, pam.
— ¿Sí?
— ¿Eres tú, Olga?
— Sí, papá. Un minuto, por favor.
  Me estoy bañando.

Me estoy bañando:
I'm taking a bath

33

El señor Ochoa se pone la camisa.
Vuelve al baño.
¡Está ocupado!

— Pam, pam, pam.
— ¿Sí?
— ¿Eres tú, Anita?
— ¡Sí, papá! . . . ¡Un momentito,
  por favor!
  Me estoy lavando el pelo.

Me estoy lavando el
  pelo: *I'm washing
  my hair*

Finalmente, el baño está libre.
Con mucha prisa, el señor Ochoa se lava,
se afeita, se peina.

libre: *free*
prisa: *haste*
se afeita: *shaves*

Después, va al comedor.
La familia está tomando café.

— ¿Quieres café, Ramón?
— Sí, claro . . . pero . . . ¿qué hora es,
  Marina?
— Son las nueve menos cuarto, Ramón.
— ¡Las nueve menos cuarto!
  ¡Dios mío! ¡No tengo tiempo
  para tomar café!
  ¡Adiós, Marina! ¡Adiós, chicos!

tiempo: *time*

. . . Y el señor Ochoa se va de la casa . . . sin tomar café.
¡El pobre señor Ochoa!

se va de : *leaves,*
sin : *without*

CONVERSACIÓN

Vamos a hablar de tu dinero. ¿Cómo lo gastas?

1. ¿**Te** compras libros?
   Sí, **me** compro . . . (No, no **me** compro . . .)
2. ¿**Te** compras discos?
3. ¿**Te** compras revistas?
4. ¿**Te** compras ropa?
5. ¿**Te** compras dulces *(candy)*?

OBSERVACIÓN   Est. A, B

In the above *questions* you are asked about things you buy for yourself.

- What object pronoun is used to express the idea of *for yourself*?   te
- Do this pronoun and the subject of the question (**tú**) refer to the same person?   yes

Now reread the sample *answers*.
- What object pronoun expresses the idea of *for myself*?   me
- Do this pronoun and the subject of the answer (**yo**) refer to the same person?   yes

Act. 2

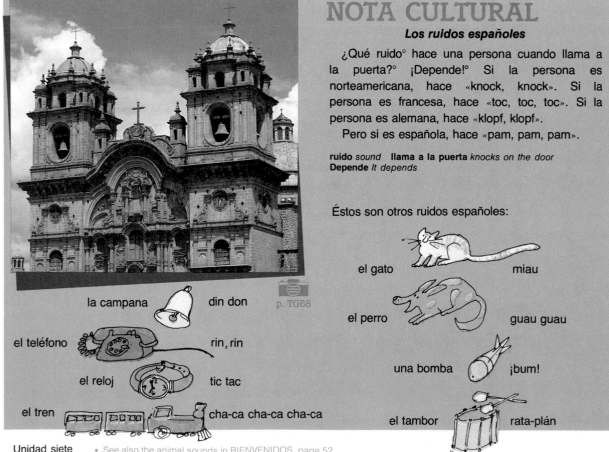

NOTA CULTURAL

Los ruidos españoles

¿Qué ruido° hace una persona cuando llama a la puerta?° ¡Depende!° Si la persona es norteamericana, hace «knock, knock». Si la persona es francesa, hace «toc, toc, toc». Si la persona es alemana, hace «klopf, klopf».

Pero si es española, hace «pam, pam, pam».

ruido *sound* **llama a la puerta** *knocks on the door*
Depende *It depends*

Éstos son otros ruidos españoles:

el gato   miau

el perro   guau guau

una bomba   ¡bum!

el tambor   rata-plán

la campana   din don

el teléfono   rin, rin

el reloj   tic tac

el tren   cha-ca cha-ca cha-ca

p. TG58

Unidad siete
72

- See also the animal sounds in BIENVENIDOS, page 52.
- There are variations on these sounds. For example, a ringing sound may also be **talán, talán** (big bell) or **tilín, tilín** (small bell).

Estructuras

A. Los pronombres reflexivos

Read the illustrated sentences below, noting the different pronouns used in situations A and B.

A   B

Inés tiene un coche.

 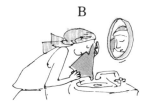

Inés **lo** lava.   Después, Inés **se** lava.

Manuel tiene una amiga muy elegante.

Manuel **la** mira.   Después, Manuel **se** mira en el espejo.

Pedro tiene dos hermanas.

Pedro **les** compra dos sándwiches.   Después, Pedro **se** compra un sándwich.

- In sentences A, Inés, Manuel and Pedro perform an action on or for something or someone else:

  Inés washes her car, Manuel looks at a friend,
  Pedro buys sandwiches for his sisters.

  The pronouns **lo, la, les** represent persons or objects which are *different* from the subject.

- In sentences B, Inés, Manuel and Pedro are performing actions on or for *themselves:*

  Inés washes *herself,* Manuel looks at *himself* in the mirror, Pedro buys *himself* a sandwich.

  The pronoun **se** represents the same person as the subject. **Se** is called a *reflexive pronoun* because it indicates that the action is reflected back to the subject.

- Verbs which use a reflexive pronoun (**se lava, se mira, se compra**) are called *reflexive verbs.*

The following chart shows the reflexive pronouns and the present tense forms of **lavarse** *(to wash oneself)*.

Act. 4

SUBJECT PRONOUN	REFLEXIVE PRONOUN	lavarse	to wash oneself
(yo)	**me**	**me lavo**	*I wash myself*
(tú)	**te**	**te lavas**	*you wash yourself*
(él) (ella) (Ud.)	**se**	**se lava**	*he washes himself* *she washes herself* *you wash yourself*
(nosotros)	**nos**	**nos lavamos**	*we wash ourselves*
(vosotros)	**os**	**os laváis**	*you wash yourselves*
(ellos) (ellas) (Uds.)	**se**	**se lavan**	*they wash themselves* *you wash yourselves*

꒰ Except for **se** (the third person reflexive pronoun), reflexive pronouns have the same forms as object pronouns.

꒰ The reflexive pronouns **me, te,** . . . often correspond to the English pronouns *myself, yourself,* . . .

꒰ Like object pronouns, reflexive pronouns usually come *before* the verb.

꒰ In a dictionary or vocabulary listing, reflexive verbs are indicated with **se** attached to the infinitive: **lavarse, mirarse, comprarse.**

ACTIVIDAD 1   Después del partido de básquetbol

After the basketball game, some of the players wash up while others go directly home. Say who is washing up and who is not.

꒰   Paco (no)   Paco no se lava.

1. Roberto (sí)
2. Luis y Pedro (no)
3. Clara (sí)
4. Elena y Carmen (sí)
5. yo (no)
6. tú (no)
7. nosotros (sí)
8. Uds. (no)

VARIATION: The players are getting ready for the victory party (**prepararse**). **Paco no se prepara para la fiesta.**

ACTIVIDAD 2   El espejo *(The mirror)*

There is a large mirror in the school hall. Some students look at themselves in it and admire themselves. Express this according to the model.

☼ Enrique (no)   Enrique no se mira en el espejo.
No se admira.

1. Elena (sí)
2. Eduardo y Tomás (sí)
3. Mónica (sí)
4. Luisa e Inés (no)
5. yo (sí)
6. tú (no)
7. Ud. (sí)
8. nosotros (no)

ADDITIONAL CUES: **Uds. (no);**
Ana y José (sí); tu y yo (sí).

ACTIVIDAD 3   Con cinco dólares

There are many ways of spending five dollars. Say what the following people are buying for themselves.

　　Ricardo: un disco　　Ricardo se compra un disco.

1. yo: un sombrero
2. tú: una caja *(box)* de chocolates
3. el Sr. Vargas: una corbata
4. la Sra. Durán: un bolso
5. Pedro y Felipe: unos anteojos de sol
6. Elena: unas revistas de modas
7. María y Luisa: unos dulces *(candy)*
8. nosotros: unos sombreros de sol
9. Uds.: un álbum para fotos
10. mis amigos: unos libros

★ DESCRIPTION

realia
p. TG58

ACTIVIDAD 4   El costo de la vida *(The cost of living)*

Say what the following people buy themselves with certain amounts of money. Use elements from A, B and C to form logical sentences.

A	B	C	
45 centavos	yo	un coche	un traje de baño
1 dólar	tú	una guitarra	un disco
5 dólares	mi mejor amigo	una tarjeta	un tocadiscos
10 dólares	mis padres	un periódico	una entrada de
100 dólares		una revista	cine *(movie ticket)*
5.000 dólares		un sombrero	

☼ Con un dólar, te compras una revista (o cuatro periódicos, o cinco tarjetas, o un periódico y cuatro tarjetas . . .).

B. Los verbos reflexivos: el arreglo personal *(Personal care)*

Compare the reflexive and non-reflexive uses of the verbs in the following pairs of sentences.

Mi papá **lava** el coche.	*My father **is washing** the car.*
Se lava.	*He **is washing** (himself).*
Clara **pone** la blusa en la mesa.	*Clara **puts** the blouse on the table.*
Se pone la blusa.	*She **puts** the blouse **on** (herself).*
Peino mi perro.	*I am **combing** my dog.*
Me peino.	*I am **combing** my hair.*

Spanish speakers may or may not use the personal **a** with animals depending on whether or not a close relationship exists between the owner and the animal. For simplicity, the personal **a** is not used in this text with animals.

↪ In Spanish, verbs relating to personal care are used reflexively when the subject performs the action on or for himself / herself.

↪ In English, the reflexive pronouns *(myself, yourself, . . .)* are usually not expressed, although they are implied.

Act. 7

34

VOCABULARIO PRÁCTICO El arreglo personal

bañarse
to take a bath

Me baño cada mañana.

lavarse
to wash (oneself)

¿Cuándo **te lavas**?

peinarse
to comb (one's hair)

Manuel **se peina**.

ACTIVIDAD 5   El baile *(The dance)*

Everyone is getting dressed for the school dance. Say what each of the following people is putting on, using the verb **ponerse.**

> Susana: una falda azul   Susana se pone una falda azul.

VARIATION: The dance is over and all the people are at home. Say that they are taking off these clothes. **Susana se quita la falda azul.**

1. Ricardo: una camisa roja
2. nosotros: unos zapatos negros
3. mi hermano: una chaqueta elegante
4. Uds.: unos pantalones blancos
5. yo: un suéter amarillo
6. tú: una corbata gris
7. mis primos: unos pantalones azules
8. Ana: un vestido verde
9. Guillermo: un traje negro

ponerse
to put (something) on (oneself)

Isabel **se pone** los zapatos.

quitarse
to take (something) off (oneself)

Me quito el suéter.

vestirse (e → i)
to dress (oneself), to get dressed

¡**Te vistes** con mucha elegancia, María!

NOTA: Spanish speakers use the *definite article* before articles of clothing when it is clear who the possessor is. (In English, the possessive adjective is used.)

Me pongo **el** suéter.   *I'm putting on **my** sweater.*
El profesor se quita **el** sombrero.   *The teacher is taking off **his** hat.*

The definite article is often dropped with plurals: **Llevo pantalones.**

ACTIVIDAD 6 La ropa adecuada *(The right clothes)* ★ SELF-EXPRESSION

Which of the following items of clothing would you put on for the occasions
mentioned below?

un suéter / blue-jeans / una camiseta / pantalones cortos / un vestido (traje)
elegante / un impermeable / anteojos de sol / un traje de baño / una
chaqueta de esquí

🗫 Cuando voy a la playa . . .   Cuando voy a la playa, me pongo una camiseta
                                        y pantalones cortos.

1. Cuando voy a la piscina . . .   6. Cuando esquío . . .
2. Cuando hace mucho sol . . .   7. Cuando voy a un restaurante . . .
3. Cuando hace frío . . .   8. Cuando voy a la casa de mis amigos . . .
4. Cuando llueve . . .   9. Cuando tengo una cita . . .
5. Cuando nado . . .   10. Cuando voy al baile de mi escuela . . .

ACTIVIDAD 7 Diálogo: Todas las mañanas *(Every morning)* ★ PAIRED COMMUNICATION / SELF-EXPRESSION

There are things we do every morning, and others we don't do. Ask your
classmates whether they do the following.

🗫 ponerse ropa elegante   Estudiante 1: ¿Te pones ropa elegante todas las mañanas?
                                  Estudiante 2: Sí, me pongo ropa elegante.
                                                (No, no me pongo ropa elegante.)

1. ponerse perfume   5. lavarse el pelo
2. mirarse en el espejo *(mirror)*   6. vestirse
3. peinarse   7. quitarse los pijamas
4. lavarse   8. bañarse

Pronunciación El sonido de la consonante *ch*

Model word: mu<u>ch</u>o
Practice words: o<u>ch</u>enta an<u>ch</u>o estre<u>ch</u>o no<u>ch</u>e <u>ch</u>ico mu<u>ch</u>a<u>ch</u>a
Practice sentences: ¿Quién es el mu<u>ch</u>a<u>ch</u>o <u>ch</u>ileno?
                     Marisol O<u>ch</u>oa come mu<u>ch</u>o <u>ch</u>ocolate.

China, china   **Una china** is *a pebble*. Spanish-speaking
Capu<u>ch</u>ina   children use the "**China, china**" rhyme to
En esta mano   guess which hand an object is in. It
Está la <u>ch</u>ina. corresponds to the American "eenie,
                    meenie, minie mo."

In Spanish, **ch** is always pronounced like the **ch** of the English word "chicken."

Para la comunicación

Mini-composición   Los problemas del Sr. Ochoa

Imagina que tú eres el Sr. Ochoa. Ahora estás en la oficina *(office)*. Escribe un pequeño párrafo contando a tus colegas *(colleagues)* los problemas de la mañana.

Usa la expresión para la composición.

Me levanto a las siete. A las siete y diez, voy al baño. Está ocupado. A las siete y media el baño **todavía** está ocupado . . .

Act. Book

SCRIPT
Act. 10

Act. Book

¡Hola!
Act. Book

TRP

QUIZ

Lección 4 Una persona pulcra

STRUCTURES TO OBSERVE: position of reflexive pronouns in infinitive constructions, use of article with parts of the body.

Act. 1

Una persona pulcra es limpia y elegante. Su presentación es siempre impecable. Para ella, la apariencia personal es muy importante.

pulcra: *perfectly dressed*, limpia: *clean*

¿Y para ti? ¿Es absolutamente necesario hacer las siguientes cosas para ser una persona pulcra?

siguientes: *following*

sí no

- ■ ■ 1. Bañarse todas las mañanas . . .
- ■ ■ 2. Bañarse todas las noches . . .
- ■ ■ 3. Lavarse las manos antes de comer . . .
- ■ ■ 4. Lavarse el pelo todos los días . . .
- ■ ■ 5. Cortarse el pelo frecuentemente . . .
- ■ ■ 6. Ponerse perfume o colonia . . .
- ■ ■ 7. Mirarse en el espejo frecuentemente . . .
- ■ ■ 8. Cambiarse de ropa varias veces al día . . .
- ■ ■ 9. Comprarse un traje de baño nuevo cada verano . . .
- ■ ■ 10. Ponerse un traje o un vestido elegante cuando vas a una fiesta . . .

Lavarse las manos: *To wash one's hands*

Cortarse: *To cut*
colonia: *cologne*
espejo: *mirror*
Cambiarse: *To change*, veces: *times*

- Questions on the drawing: **¿A la chica le gusta bañarse todas las mañanas? Y su hermano, ¿se baña todas las mañanas?**
- EXTRA VOCABULARY: relating to the drawing: **el cocodrilo, la pulga** (flea), **el burro, la araña** (spider), **la tinta** (ink), **el corazón de la manzana.**

ct. 2

CONVERSACIÓN   OPTIONAL

Vamos a hablar de las cosas que vas a comprarte el verano próximo.

1. ¿Vas a comprar**te** unos anteojos de sol?
    Sí, voy a comprar**me** . . . (No, no voy a comprar**me** . . .)
2. ¿Vas a comprar**te** un traje de baño nuevo?
3. ¿Vas a comprar**te** unos pantalones cortos?
4. ¿Vas a comprar**te** unos blue-jeans nuevos?
5. ¿Vas a comprar**te** unas sandalias?

OBSERVACIÓN   Est. C

In the above questions and answers you were talking about things you were going to buy for yourself.

- What is the position of the reflexive pronoun
  with respect to the infinitive?   It comes after and is attached to it.
- Is it the same position as that of other object pronouns?   yes

NOTA CULTURAL

La apariencia personal

Hay un viejo refrán° español que dice: «El hábito no hace al monje»,° pero un joven mal vestido es mal visto° por la familia y por la sociedad.

La ropa no tiene que ser cara. Con ropa limpia° y apropiada, se logra° una buena apariencia. Por ejemplo,° las chicas pueden ir en pantalones al trabajo o a la iglesia, pero aún° no se acepta el uso de los pantalones cortos en la calle. Mucha gente piensa que los pantalones cortos son para los turistas o para usar en la playa. También es mal visto si los muchachos usan estilos exagerados o colores fuertes° que no combinan.°

Si un día vas a un país hispánico, recuerda° lo que dice este refrán: «Una persona bien vestida,° es en todas partes° bien recibida».°

p. TG58

refrán *proverb* monje *monk* mal visto *looked on with disapproval* limpia *clean* se logra *one achieves* Por ejemplo *For example* aún *still* fuertes *bright* no combinan *do not go well together* recuerda *remember* vestida *dressed* en todas partes *everywhere* recibida *received*

¿Qué dice el primer refrán? ¿Y el segundo?

Estructuras

A. El uso del artículo con las partes del cuerpo

Note the use of the definite article in the following sentences.

Tengo **el** pelo corto.	*My hair is short. (I have short hair.)*
Me lavo **las** manos.	*I am washing **my** hands.*
Inés se corta **el** pelo.	*Inés is cutting **her** hair.*

Spanish speakers use the definite article **el, la, los, las** before parts of the body, when it is clear whose body is referred to. The same construction is used with clothing.

See TPR Activity 19, pages TG39–TG40.

El cuerpo is active vocabulary.

Act. 3

35

VOCABULARIO PRÁCTICO **El cuerpo** *(The body)*

el pie izquierdo
el pie derecho
la pierna
la rodilla
la espalda
la cabeza
el brazo
la mano
los dedos

EXTRA VOCABULARY: **el corazón** (heart), **el codo** (elbow), **el estómago** (stomach).

ACTIVIDAD 1 Después de acampar

The following people are back from a camping trip. They are now washing up. Express this according to the model.

✍ Elena: el pelo   Elena se lava el pelo.

1. Roberto: la cara
2. Inés: las manos
3. Felipe y Carlos: los pies
4. nosotros: las piernas
5. tú: los brazos
6. yo: la espalda

ACTIVIDAD 2 El uso del cuerpo

Tell which parts of the body you use to perform the following activities.

✍ Para mirar...   Para mirar, uso los ojos.

1. Para bailar ...
2. Para escribir ...
3. Para jugar al básquetbol ...
4. Para jugar al volibol ...
5. Para jugar al fútbol ...
6. Para nadar ...
7. Para tocar la guitarra ...
8. Para cantar ...

ADDITIONAL CUES: **Para tocar el violín/ Para esquiar/Para comer.**

B. Verbos reflexivos: otros usos

Read each pair of sentences carefully. The same verbs are used with and without a reflexive pronoun. Note the differences of meaning in the English equivalents.

Elena **va** al cine.	*Elena **is going** to the movies.*
Se va de la casa a la una.	*She **leaves** home at one o'clock.*
Duermo bien de noche.	*I **sleep** well at night.*
Por eso no **me duermo** en la clase.	*Therefore I don't **fall asleep** in class.*
Llamo a Carlos.	*I **am calling** Carlos.*
Me llamo Isabel.	***My name is** Isabel. (**I call myself**, or **I am called** Isabel.)*

Many Spanish verbs can be used with reflexive pronouns.

✍ Reflexive pronouns are used in Spanish to show that the action indicated by the verb reflects on the subject. In English, reflexive pronouns are not always expressed.

✍ With certain Spanish verbs, the use of a reflexive pronoun changes the meaning of the verb.

There is usually a relationship between the reflexive and the nonreflexive meaning of the verb: **me duermo** means literally "I put myself to sleep"; **me llamo** means literally "I call myself."

VOCABULARIO PRÁCTICO

Actividades de todos los días

acostarse (o → ue) to go to bed	Los sábados **me acuesto** a las doce de la noche.
divertirse (e → ie) to enjoy oneself, to have fun	**Nos divertimos** mucho en esta clase.
dormirse (o → ue) to fall asleep	Cuando me acuesto, **me duermo** inmediatamente.
irse to go away, to leave	¿**Te vas** a México?
levantarse to get up	Los domingos **me levanto** a las diez.
quedarse to stay, remain	Paco **se queda** en casa porque está enfermo.
sentarse (e → ie) to sit down	¿**Te sientas** en el comedor para comer?
sentirse (e → ie) to feel	¿Por qué **se sienten** Uds. tristes hoy?

Note: The **yo** forms of both **sentarse** and **sentirse** are the same. **Me siento.** *I sit down* or *I feel.*

REFRÁN

Aunque la mona
se vista de seda,
mona se
queda.

CACAO

Although a monkey may dress in silk, it's still a monkey.

ACTIVIDAD 3   ¿Cómo se sienten?

Say how the following people are feeling today.

⟩⟩   Manuel: cansado   Hoy Manuel se siente cansado.

1. Isabel: triste
2. tú: muy bien
3. yo: así, así
4. Uds.: nerviosos

5. nosotros: muy mal
6. ellas: un poco mal
7. Esteban: alegre
8. la Srta. Pérez: enferma

ACTIVIDAD 4   Preguntas personales   ★ SELF-EXPRESSION

1. ¿A qué hora te acuestas los lunes? ¿los sábados? ¿los domingos?
2. ¿A qué hora te levantas los lunes? ¿los sábados? ¿los domingos?
3. ¿A qué hora te vas a la escuela?
4. ¿A qué hora se va tu papá al trabajo? ¿y tu mamá?
5. ¿Ahora te sientes bien o mal? ¿Cansado(a) o descansado(a) *(rested)?*
   ¿alegre o triste? ¿nervioso(a) o tranquilo(a) *(calm)?*
6. ¿Te sientes nervioso(a) antes de un examen? ¿Se siente nervioso(a) tu
   mejor amigo(a)?

VARIATION: Have the students answer these questions (except item 4) in the plural.
—¿A qué hora se acuestan Uds. ...?
—Nos acostamos...

ACTIVIDAD 5   Diálogo: Actividades   ★ PAIRED COMMUNICATION / SELF-EXPRESSION

Ask your classmates whether they do the following things.

⟩⟩   divertirse (con tus amigos)   Estudiante 1: ¿Te diviertes con tus amigos?
                                    Estudiante 2: Sí, me divierto con mis amigos.
                                         (No, no me divierto con mis amigos.)

divertirse

1. en casa
2. durante el fin de semana
3. en la clase de español

dormirse

4. mirando la televisión
5. en la clase de inglés
6. en la clase de matemáticas

sentirse

7. mal ahora
8. mal durante un examen
9. cansado(a) ahora

quedarse en casa

10. durante el fin de semana
11. durante las vacaciones
12. todos los domingos

ACTIVIDAD 6   Creación   ★ DESCRIPTION

You have five minutes to create as many logical sentences as you can, using an element from each column. Your sentences may be affirmative or negative.

A	B	C	
Pepe	acostarse	a las siete	bien
nosotros(as)	dormirse	a las diez	triste(s)
mis amigos(as)	irse	en casa	cansado(a)(s)
	quedarse	en la clase	un poco nervioso(a)(s)
	sentarse	hoy a México	en una silla *(chair)*
	sentirse	de la playa	en la cama *(bed)*

Act.
Book

⟫ Pepe se acuesta a las diez.

C. El infinitivo de los verbos reflexivos

Note the position of the reflexive pronouns in the answers to the following questions.

¿Te lavas ahora, Miguel?   No, voy a lavar**me** después.
                               (No, **me** voy a lavar después.)

¿Por qué no va Elena al cine? Porque tiene que quedar**se** en casa.
                               (Porque **se** tiene que quedar en casa.)

⟫ Reflexive pronouns, like other object pronouns, are usually placed *after* the infinitive and are attached to it. (They may also come *before* the *first* verb.)

   Note: The same word order applies to the present progressive: **Me estoy lavando** or **Estoy lavándome.**

ACTIVIDAD 7   La gripe *(The flu)*

Paco is in bed with a severe flu. In your opinion, is he going to do any of the following things tomorrow?

⟫ levantarse   Sí, va a levantarse.
                   (No, no va a levantarse.) .

1. bañarse   5. divertirse
2. lavarse la cara   6. sentirse cansado
3. quedarse en casa   7. sentirse bien
4. quedarse en la cama *(bed)*   8. dormirse temprano *(early)*

ACTIVIDAD 8   Diálogo: Los sábados   ★ PAIRED COMMUNICATION / SELF-EXPRESSION

Ask your classmates whether they like to do the following things on Saturdays.

⟫ levantarse temprano *(early)*   Estudiante 1: ¿Te gusta levantarte temprano?
                                   Estudiante 2: Sí, (No, no) me gusta levantarme temprano.

SCRIPT
Act. 10

1. levantarse tarde *(late)*   4. irse al campo
2. quedarse en casa   5. acostarse temprano
3. divertirse con unos amigos   6. acostarse tarde

Pronunciación El sonido de la consonante v

Model words: <u>v</u>erde la<u>v</u>ar

Practice words: <u>v</u>estido <u>v</u>estirse <u>v</u>iejo <u>v</u>ol<u>v</u>er <u>v</u>olibol
me di<u>v</u>ierto te le<u>v</u>antas nos <u>v</u>estimos lle<u>v</u>o jo<u>v</u>en

Practice sentences: Me <u>v</u>oy a las nue<u>v</u>e.
E<u>v</u>a lle<u>v</u>a un <u>v</u>estido nue<u>v</u>o.
El <u>v</u>iernes, <u>V</u>íctor <u>v</u>a a <u>V</u>alencia.
¡<u>V</u>amos a <u>v</u>isitar a <u>V</u>icente <u>V</u>elásquez!

Remember: At the beginning of a word, or after **n** or **l**, the letter **v** is pronounced like the **b** of the English "boy."
In all other positions, the letter **v** represents the sound / ƀ /, in which the lips do not come together.

Para la comunicación

Expresión para la composición

por ejemplo   *for instance, for example*

Mini-composición   Mis sentimientos

Nuestros sentimientos *(feelings)* cambian *(change)* durante el día. Escribe un pequeño párrafo describiendo tus sentimientos. Puedes usar las siguientes expresiones:

- Me siento de buen humor . . .
- Me siento de mal humor . . .
- Me siento alegre . . .
- Me siento cansado(a) . . .
- Me siento libre *(free)* . . .
- Me siento triste . . .

Generalmente me siento de buen humor. **Por ejemplo,** me siento alegre cuando me levanto y hace sol. . . .

¡Vamos a leer!   ¿Cómo mantenerte en buena salud?

Para mantenerte° en buena forma física necesitas quemar° las calorías superfluas.° ¿Cómo hacerlo? Hay una solución muy fácil: ¡practica un deporte!
Pero, ¿qué tipo de deporte?
Depende de° tu condición física . . . y de tu personalidad.

mantenerte: *to keep yourself,* quemar: *to burn*
superfluas: *extra*

Depende de: *It depends on*

150 calorías

Caminar

Puedes ir a pie a la escuela, al centro, al cine, a la playa . . . Caminar° es un ejercicio que no necesita ninguna aptitud física en particular . . . ¡y que no cuesta nada! Es excelente para las piernas, los músculos de la espalda, y el corazón.° También calma la tensión nerviosa.
. . . Y cuando caminas por° media hora, quemas ciento cincuenta calorías.

Caminar: *Walking*

corazón: *heart*

por: *for*

400, calorías

Correr

Si piensas que caminar es un deporte demasiado fácil, puedes correr° . . . Es un ejercicio realmente vigoroso que necesita mucha energía. Practicando° ese deporte, ejercitas° los músculos de las piernas, del abdomen y de la espalda, y mejoras° las funciones cardiovasculares. Correr no es necesariamente un deporte solitario. Puedes practicarlo solo o con tus amigos.
. . . Y cuando corres por media hora, quemas cuatrocientas calorías. También pierdes peso.°

correr: *run*
Practicando: *By practicing,* ejercitas *you exercise*
mejoras: *you improve*

peso: *weight*

300 calorías

La natación

La natación° es el deporte ideal. Cuando nadas, ejercitas no sólo las piernas y los brazos, sino° todos los músculos del cuerpo. La natación ayuda° al corazón y aumenta° la capacidad de los pulmones.° La natación es un deporte social que puedes practicar con tus amigos.
. . . Y cuando nadas por media hora, quemas trescientas calorías.

La natación: *Swimming*
sino: *but*
ayuda: *helps,* aumenta: *increases,* pulmones: *lungs*

Unidad siete

300 calorías

El ciclismo

¡Otro deporte excelente! Como nadar y correr, el ciclismo° mejora tu resistencia y tu energía, y usa todos los músculos. Puedes escoger° tu propio° ritmo,° rápido o lento.°

. . . Y cuando lo practicas por media hora, quemas trescientas calorías.

el ciclismo: *bicycling*

escoger: *choose,*
propio: *own,* ritmo:
rhythm, lento:
slowly

210 calorías

El tenis

Cuando juegas al tenis, usas todos los músculos del cuerpo y mejoras tu concentración y tu sentido° del equilibrio. El tenis es también un deporte intelectual: no sólo tienes que usar las manos, los brazos y las piernas, ¡tienes que usar la cabeza!

. . . Y cuando juegas al tenis por media hora, quemas doscientas diez calorías.

sentido: *sense*

300 calorías

El esquí

El esquí es un deporte que necesita mucha agilidad y concentración. Tonifica° los músculos de los brazos y de las piernas. Pero, ¡cuidado!° El esquí puede ser un deporte peligroso.° ¡No te rompas° un brazo o una pierna!

. . .Y cuando esquías por media hora, quemas trescientas calorías.

Tonifica: *It tones.*
¡cuidado!: *be careful!*
peligroso: *dangerous,*
no te rompas:
don't break

¡Vamos a leer!

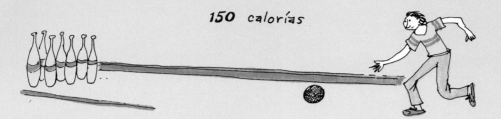

150 calorías

El juego de bolos

El juego de bolos° es otro deporte que necesita mucha concentración intelectual. Es un deporte excelente para calmar la tensión nerviosa, pero no es el deporte ideal para perder peso.°

. . . Y cuando lo practicas por media hora, quemas ciento cincuenta calorías.

El juego de bolos: *Candlepin bowling*

perder peso: *lose weight*

> ♦ POSTREADING ACTIVITY Have students in pairs find out their partner's preferences: **¿Te gusta caminar? ¿Te gusta el ciclismo?** What are the most popular ways of staying in shape?

El arte de la lectura

Enriching your vocabulary: adverbs in —*mente*

Many Spanish adverbs end in **-mente.** This ending usually corresponds to the English ending **-ly.**

realmente	*really*
necesariamente	*necessarily*

Most of the adverbs in **-mente** are formed as follows:

> feminine singular form of the adjective　+　**-mente**

sincero	**sincera**	¡No hablas **sinceramente**!
rápido	**rápida**	Juan trabaja **rápidamente.**
fácil *(easy)*	**fácil**	No aprendo **fácilmente.**

Ejercicio

Say that the following people act according to their characters.

🔊 Pablo es un chico alegre. Canta *alegremente.*

1. Mi hermano está loco. Está _____ enamorado de Carmen.
2. Tomás es tonto. Se expresa _____ .
3. Rafael es serio. Trabaja _____ .
4. Silvia es inteligente. Se expresa _____ .
5. Emilia y Luisa son francas. Hablan _____ .
6. Felipe y Carlos son sinceros. Hablan _____ .

Unidad 7

Comunicando

¿Y ustedes? All answers will vary.

Guided self-expression

Building reading comprehension

Complete the following sentences with an expression that best reflects your personal situation or preferences. Then compare your answers with those of your classmates. You may want to establish a class survey.

1 Tengo el pelo . . .
- corto
- largo
- rizado
- ¿?

2 Tengo los ojos . . .
- azules
- grises
- verdes
- cafés
- ¿?

3 Mi color favorito es . . .
- el amarillo
- el verde
- el rojo
- el azul
- ¿?

4 De las cuatro actividades siguientes, la que más me interesa es . . .
- leer un buen libro
- escuchar música
- asistir a un partido de béisbol
- comprar ropa

5 Cuando compro ropa, lo más importante es . . .
- el estilo°
- el color
- el precio°
- la calidad°

6 Cuando voy a una fiesta, generalmente me pongo . . .
- ropa cómoda°
- ropa elegante
- blue-jeans y camiseta
- ¿?

Cuando voy a una fiesta, generalmente me pongo . . .

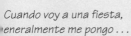

estilo *estilo*   **precio** *price*   **calidad** *quality*   **cómoda** *comfortable*   **91**

7 Generalmente me divierto más cuando . . .
- veo una película cómica
- voy solo(a) a una fiesta
- salgo con mi novio(a)
- asisto a un concierto
- ¿?

8 Por la mañana, la primera cosa que hago al levantarme° es . . .
- mirarme en el espejo°
- cepillarme los dientes
- pesarme°
- lavarme las manos
- ¿?

Conversaciones

Developing critical thinking skills

Reading comprehension and speaking practice

Pair activity

This activity consists of several conversations between two speakers, A and B. Put these conversations together by matching each of A's questions or comments with an appropriate response from the box. You may act out each conversation with a classmate.

1 **At a department store**

A: ¿Qué abrigo vas a comprar?
B: —
A: Pero, no es tan bonito como el azul.
B: —
A: ¿Cuánto cuesta?
B: —
A: ¡Es una ganga!°

3 Mil quinientos pesos.

1 Me gusta el gris.

2 Es verdad, pero es más barato.

2 **At a clothing boutique**

A: ¿En qué puedo servirle,° señorita?
B: —
A: ¿Qué piensa Ud. de la roja?
B: —
A: Aquí tiene una más corta.
B: —
A: ¡Por supuesto! Sígame,° por favor.

1 Busco una falda de verano.

3 Me gusta. ¿Puedo probármela?°

2 Me gusta el color, pero . . . es demasiado larga.

al levantarme *when I get up*   espejo *mirror*   pesarme *weigh myself*   ganga *bargain*
¿En qué puedo servirle? *May I help you?*   probármela *try it on*   Sígame *Follow me*

3 At a friend's house

A: ¿Qué estás buscando, Carolina?

B: —

A: ¿Para qué lo necesitas?

B: —

A: ¡Ah, bueno! ¿Y cuándo vas?

B: —

> 3 Esta tarde, con mi novio.
>
> 1 Mi nuevo traje de baño.
>
> 2 Voy a la piscina.

4 Paco's bedroom

A: ¿Por qué no te levantas, Paco?

B: —

A: ¿Estás enfermo?

B: —

A: Hoy es domingo. ¡Es una lástima que no puedas ir a la playa con tus amigos!

B: —

If the question arises, you may indicate that puedas is a subjunctive form. The subjunctive will be presented in Level 2.

> 3 ¡Un momento, me siento mejor!
>
> 2 ¡Creo que sí! Tengo un dolor de cabeza° tremendo.
>
> 1 No me siento bien.

5 At school, during lunch

A: Tengo una novia nueva.

B: —

A: Es muy bonita y muy elegante… Es una chica rubia. Tiene el pelo rizado y los ojos azules…

B: —

A: Sí, pero, ¿cómo sabes su nombre?

B: —

> 2 Se llama Verónica, ¿verdad?
>
> 3 ¡Es mi ex-novia!
>
> 1 ¡Felicitaciones! ¿Cómo es?

6 At home

A: Rafael, ¿dónde está tu hermana?

B: —

A: ¿Está estudiando?

B: —

A: ¿Y para qué?

B: —

> 2 No, se está vistiendo.
>
> 1 En su cuarto, mamá.
>
> 3 Creo que tiene una cita esta noche.

dolor de cabeza *headache*

7 **In the evening, at home**

A: ¿Por qué vas a tu cuarto?

B: —

A: ¿Estás cansado?

B: —

A: Y ¿a qué hora vas a
levantarte mañana?

B: —

A: ¡Buenas noches, Federico!

2 Sí, un poco.

3 A las siete menos cuarto.

1 Es que voy a acostarme.

8 **Walking downtown**

A: ¡Hola, Tomás! ¿Adónde vas?

B: —

A: ¿Y qué vas a comprar?

B: —

A: Pero, ¡nunca te pones
corbata!

B: —

3 No es para mí. Es para mi
hermano.

1 A la tienda de ropa.

2 Una corbata.

Situaciones

Model questions only. All questions and answers will vary.

Imagine you are in the following situations. Choose a partner. Your partner
will play the role of the other person in the situation and answer your
questions.

1 **You are at a shopping mall and
meet a friend from school
who is looking all over for
his/her little sister Pepita. You
offer to help find her.**

Ask your partner . . .

- how old Pepita is
  ¿Cuántos años tiene Pepita?
- if she is tall or short
  ¿Es alta o baja?
- if she is dark or blond
  ¿Es morena o rubia?
- if she has straight or curly
  hair
  ¿Tiene el pelo liso o rizado?

2 **You want to know more about
your partner's best friend.**

Ask your partner . . .

- what his/her friend's name is
  ¿Cómo se llama tu amigo(a)?
- if the friend is taller than he/
  she is
  ¿Es más alto(a) que tú?
- if the friend is younger or
  older
  ¿Es menor o mayor?
- if he/she is as nice
  ¿Es tan simpático(a) como tú?

3 You are conducting a survey for a Spanish fashion magazine.

Ask your partner . . .

- what his/her favorite colors are
  ¿Cuáles son tus colores favoritos?
- if he/she often buys clothes
  ¿Compras ropa a menudo?
- where he/she buys clothes
  ¿Dónde compras ropa?

4 This afternoon you and your partner are going to the beach with a group of friends.

Ask your partner . . .

- if he/she has a bathing suit
  ¿Tienes traje de baño?
- what color it is
  ¿De qué color es?
- if he/she has sunglasses
  ¿Tienes anteojos de sol?

5 Brrr. The weather has suddenly turned cold. You and your partner plan to go downtown later in the afternoon.

Ask your partner . . .

- if he/she has a sweater
  ¿Tienes suéter?
- if he/she has a hat
  ¿Tienes sombrero?
- if he/she is going to wear a raincoat or an overcoat
  ¿Vas a ponerte un impermeable o un abrigo?

6 Your partner has been invited to a wedding.

Ask your partner . . .

- if he/she is going to wear a white shirt (or blouse)
  ¿Vas a ponerte una camisa blanca? (una blusa blanca)
- if he/she is going to wear a jacket
  ¿Vas a llevar chaqueta?
- if he/she is going to wear black shoes
  ¿Vas a ponerte zapatos negros?

7 Your partner did not show up for class today. You are phoning him/her to find out if there is anything wrong.

Ask your partner . . .

- how he/she feels
  ¿Cómo te sientes?
- if he/she is sick
  ¿Estás enfermo(a)?
- if he/she is going to stay home tomorrow
  ¿Te vas a quedar en casa mañana?

8 You are going to spend next weekend at the home of a Mexican friend. You want to know how things are done at your friend's house.

Ask your partner . . .

- at what time he/she gets up
  ¿A qué hora te levantas?
- at what time he/she goes to bed
  ¿A qué hora te acuestas?
- if you can wear jeans for dinner (**para la cena**)
  ¿Puedo ponerme blue-jeans para la cena?

Intercambíos

1 You want to know who in your class needs the most sleep and who needs the least. Interview several classmates and record their answers on a chart similar to the one below. Then calculate how many hours each person sleeps.

- *¿A qué hora te acuestas?*
- *¿A qué hora te levantas?*

			horas de sueño
Cristina	11:30	7:10	*7 horas 40 minutos*

2 Bring to class a newspaper ad for an article of clothing or a common item such as a TV set or a bicycle. Show the ad to a classmate, but cover the price. Guide your partner until he/she guesses what the item costs.

MODELO
— **¿Cuánto cuesta la bicicleta?**
— **Doscientos dólares.**
— **No. ¡Más!**
— **Quinientos dólares.**
— **No. ¡Menos!**

BICICLETAS **$350.00**
RALEIGH
Partida Limitada,
llegada de Inglaterra.
Representante exclusivo:
DAVICO LTDA.
Convención 1124.
Tels. 98 16 37 - 90 18 88 - 98 64 86

3 It is Saturday afternoon and you are working as a salesperson in a department store. Your partner will come in looking for one of the items shown below.

- *Welcome your partner and find out what he/she is looking for.*
- *Ask him/her which color.*
- *Show your partner the item in the color he/she mentioned.*
- *Be prepared to give your partner a price (between $30 and $200).*
- *Your partner will decide whether or not to buy the item.*

MODELO
—**¿En qué puedo servirle?°**
—**Busco zapatos.**
—**¿De qué color?**
—**Negros, por favor.**
—**¿Le gustan estos zapatos?**
—**Sí, mucho. ¿Cuánto cuestan?**
—**Noventa dólares.**
—**Bueno, voy a comprarlos.** → (Alternate)
— Muchas gracias, pero son un poco caros.
— A su servicio.

4 This weekend your partner has planned to go to one of the following places or events:

- *la playa*
- *un partido de fútbol*
- *una fiesta*
- *el campo*
- *un partido de hockey*
- *una boda°*

Ask your partner where he/she is going and find out what your partner intends to wear. List all your partner's articles of clothing on a card similar to the one below.

MODELO
—**¿Adónde vas el próximo sábado?**
—**Voy a una boda.**
—**¿Vas a llevar tu nuevo vestido amarillo?**
—**Sí, voy a llevarlo.**
—**¿Vas a llevar tu impermeable?**
—**No, no lo voy a llevar.**

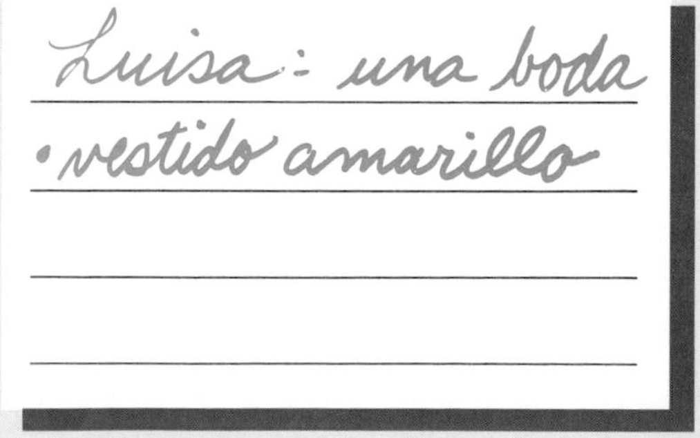

Luisa: una boda
• vestido amarillo
_____
_____

¿En qué puedo servirle? *May I help you?*   **boda** *wedding*

La vida práctica

Building reading comprehension

Tell students that they can refer to the **La vida práctica** glossary on pages 325-326 for unknown vocabulary in the realia documents.

1 ## Buying clothes

A good ad conveys its message simply and directly. The following ad announces a special sale on clothes. If it is effective, you should be able to understand its content even though you may not know certain words.

FELIZ NAVIDAD DE LA FLORIDA

VENTA DE NAVIDAD PARA HOMBRES

Comienza hoy
Ahorre 20%-40%

¡Saque su lista de regalos! Christian Dior, Geoffrey Beene, London Fog...y muchas de las mejores marcas en modas masculinas. Ahora en venta desde hoy hasta el domingo.

Venta 15.99
Camisas Geoffrey Beene, en mezcla de algodón, 14½-17½, reg. 27.50

Venta $16–$18
Camisas Revenge, algodón 100%, mangas cortas, de cuadros, listas, S-XL, reg. $21–22.50

Venta 26.25
Pantalones John Henry, con pliegues, 30–40, reg. $35

Venta 28.88
Suéteres Christian Dior, cuello V, Orlon acrílico, muchos colores S-XL, reg. 38.50

Venta 99.99
Saco deportivo London Fog, mezclas de seda, azul/rosado/amarillo, S-R-L, reg. $135

Burdines

COMPARTA EL ESPIRITU DE NAVIDAD

- At what time of the year does the sale take place?
  Christmas
- How much can you save on regular prices?
  20% – 40%
- What articles of clothing are advertised on the left?
  shirts, pants

- What article of clothing is advertised in the photograph on the left? What is it? What is it made of? What is its sale price? What is its regular price?
  un suéter; a sweater; orlon acrylic; 28.88; 38.50
- The article of clothing in the photograph on the right is *un saco deportivo*. What is it? What brand is it?
  sports jacket; London Fog

98   **marca** *brand name*   **mezcla** *blend*   **pliegues** *pleats*   **cuello** *neck*

2 **European versus American sizes** All answers will vary.

In clothing and shoes, people in Spain and many other Spanish-speaking countries use European rather than American sizes. Imagine that you are shopping in Madrid. You will need to know your correct size when talking to the salesperson. Look at the conversion table and answer the following questions.

For girls:

- You are buying shoes. What is your Spanish size?

- You are buying a dress. What is your Spanish size?

- You are buying tights. What is your Spanish size?

For boys:

- You are buying a shirt. What is your Spanish size?

- You are buying a pair of dress shoes. What is your Spanish size?

- You are buying a coat. What is your Spanish size?

ÉSTA ES SU TALLA
SEÑORAS
Vestidos/Trajes

Americana	10	12	14	16	18	20
Europea	38	40	42	44	46	48

Medias

Americana	8	8½	9	9½	10	10½
Europea	0	1	2	3	4	5

Zapatos

Americana	6	7	8	9
Europea	36	38	38½	40

CABALLEROS
Trajes/Abrigos

Americana	36	38	40	42	44
Europea	46	48	50	52	54

Camisas

Americana	14	15	16	17	18
Europea	36	38	41	43	45

Zapatos

Americana	5	6	7	8	8½
Europea	38	39½	40½	42	42½
Americana	9	9½	10	11	
Europea	43	43½	44	45	

talla *size* **medias** *tights*

99

Vamos a escríbir

Model answers only. All answers will vary.

1 For your birthday, your favorite aunt gave you some money to buy clothes. List 5 items you would like to have, ranking them in order of preference.

1. _una chaqueta negra_

unos anteojos de sol   unos blue-jeans
2. una blusa verde   un abrigo

2 You are studying in Barcelona this summer. A Spanish classmate has invited you to spend Saturday and Sunday at her family's beach home in Lloret de Mar on the Costa Brava. Make a list of the clothing you plan to pack for the weekend.

2 trajes de baño

1 sombrero

2 blue-jeans

3 camisetas

3 Describe yourself in 5 sentences and then compare yourself to your best friend. You may consider the following aspects.

- *tall?*
- *young?*
- *serious?*
- *rich?*
- *athletic?*

yo	mi amigo(a)
no soy alto.	_Roberto es más alto que yo._
Soy joven.	Roberto es más joven que yo.
No soy serio.	Roberto es más serio que yo.
No soy rico.	Roberto es más rico que yo.
Soy muy deportista.	Roberto es menos deportista que yo.

4

You will be studying as an exchange student in Caracas, Venezuela. Luisa, the daughter of your host family, is planning to meet you at the airport and wants to know what you look like. Write her a short letter telling her the following:

- *thank you for meeting me at the airport*

- *it will be easy to recognize me.*

- *I am (tall? short?)*

- *I am (blond? dark?)*

- *I have (long? short?) hair*

- *I have (blue? brown?) eyes*

- *I will be wearing …*

- *sign your name*

Have students write a description of someone in the class. Instruct them to be as complete as they can. They may include:

physical characteristics: height? hair color? length of hair? color of eyes?

appearance: glasses?

clothes: type and color? color of shoes?

Have each student exchange papers with another student and see if they can identify each other's descriptions.

Querida Luisa,
Muchas gracias por esperarme en el aeropuerto. Será fácil reconocerme. Soy... baja. Soy rubia. Tengo el pelo largo. Tengo los ojos azules. Voy a llevar una falda verde y una blusa azul.

Cordialmente,

(student's name)

5

You have been invited to a party tonight. Describe 5 things you will do so that you will look great.

Voy a lavarme el pelo....

Voy a bañarme.

Voy a ponerme perfume.

Voy a cortarme el pelo.

Voy a comprar unos zapatos nuevos.

Active Vocabulary

THE BODY

(el) brazo	(los) ojos	(la) boca	(la) espalda	(la) nariz
(el) cuerpo	(el) pelo	(la) cabeza	(la) frente	(las) orejas
(el) dedo	(el) pie	(la) cara	(la) mano	(la) pierna
(los) dientes				

CLOTHING

(el) abrigo	(el) sombrero	(la) blusa	(la) chaqueta
(los) anteojos	(el) suéter	(la) camisa	(la) falda
(los) blue-jeans	(el) traje	(la) camiseta	(la) ropa
(los) calcetines	(el) traje de baño	(la) corbata	(las) sandalias
(el) impermeable	(el) vestido		
(los) pantalones (cortos)	(los) zapatos		

COLORS

¿De qué color?	amarillo	blanco	gris	rojo
	azul	café	negro	verde

NUMBERS

cien (ciento)	doscientos	quinientos	ochocientos	mil quinientos
ciento uno	trescientos	seiscientos	novecientos	un millón
ciento dos	cuatrocientos	setecientos	mil	

DESCRIPTIONS

ancho	derecho	informal	liso	aquel(los), aquella(s)
castaño	elegante	joven	rizado	ese (esos), esa(s)
corto	estrecho	largo	rubio	este (estos), esta(s)
débil	fuerte	lindo	viejo	

COMPARISONS

más...que	tan...como	mejor
menos...que		peor

ACTIVITIES

lavarse	mirarse	acostarse [ue]	sentirse [ie]	irse
levantarse	peinarse	divertirse [ie]	vestirse [i]	ponerse
llamarse	quedarse	dormirse [ue]		
llevar	quitarse	sentarse [ie]		

COMMUNICATIVE EXPRESSIONS

por ejemplo	sin embargo	todavía

VISTA
El mundo
de las diversiones

4

Los pasatiempos favoritos

¿Qué haces tú cuando tienes tiempo libre?°
Éstos son los pasatiempos° de algunos chicos hispanos.

**Johnny González,
Nueva York**
En los veranos tengo mucho tiempo libre; entonces voy con mis hermanos a tocar la conga y los tambores° al Parque Central. ¡Es increíble! A veces hay unas cien personas que se reúnen° a bailar o a escucharnos.

**Esteban Herrera,
Lima, Perú**
Yo paso todo mi tiempo libre practicando el windsurf en el club Waikiki de Lima. Es un deporte difícil . . . ¡pero apasionante!° Las olas° son fantásticas, y me divierto mucho.

tiempo libre *free time*   **pasatiempos** *pastimes*   **tambores** *drums*   **se reúnen** *gather*
apasionante *exciting*   **olas** *waves*

**José María Ordóñez,
Cádiz, España**
Como buen español, dedico parte de mi tiempo libre a jugar al ajedrez,° a jugar al fútbol los sábados y a charlar° con mis amigos en el café de la esquina.°

**Margarita MacKenzie,
Valparaíso, Chile**
A mí me gustan el aire puro, el sol y las montañas. En agosto siempre voy a esquiar con un grupo de chicos. En Chile tenemos los mejores lugares para esquiar. Otra cosa que me gusta mucho es tocar la guitarra. Yo llevo mi guitarra a todas partes.°

**Felipe Pérez,
Monterrey, México**
A mí me gusta leer. Por eso, paso mi tiempo libre en casa. Me gustan las revistas y las novelas. Pero me gustan más los cuentos de ciencia-ficción. Las grandes aventuras del espacio son fascinantes, ¿verdad?

ajedrez *chess*   **charlar** *chat*   **esquina** *corner*   **a todas partes** *everywhere*

**Lupita Cabrera,
San Diego, California**
Mi pasatiempo favorito es ir al zoológico
con mis amigos y mirar los animales. Yo
creo que los animales también se divierten
mucho con nosotros.

**Alicia Durán,
Bogotá, Colombia**
Para muchos chicos bogotanos, el pasatiempo
favorito es ir al cine. ¿Por qué? . . . ¡porque en
Bogotá llueve mucho! A mí me encantan° las
películas mexicanas. Yo voy todos los domingos
por la tarde al cine con mis amigos.

me encantan / *love*

Walt Disney
La Bella Durmiente

"¡EL NUEVO HEROE DE TODO EL MUNDO!"

GREMLINS 2
LA NUEVA GENERACION
"GREMLINS 2 THE NEW BATCH"
PARA TODOS LOS PUBLICOS

E.T.
EL EXTRATERRESTRE

Dejarón el mejor viaje para lo ultimo...

MARY STEENBURGEN

¡HOY ESTRENO!

VOLVER AL FUTURO III
PARTE

STEVEN SPIELBERG PRESENTA MICHAEL J. FOX CHRISTOPHER LLOYD

Act. Book

GALERÍA de ESTRELLAS

Edward James Olmos
actor méxico-americano de cine y televisión

Sus raíces° son de México y Los Ángeles. Entre° sus pasiones se encuentran el béisbol y la música. Tal vez sea° más conocido° como el teniente° Castillo en la serie de televisión *Miami Vice.* Empezó° a actuar en teatros pequeños en Los Ángeles. Sus películas° *Zoot Suit, La Balada de Gregorio Cortez* y *Stand and Deliver* han tenido° mucho éxito.° Eduardo tiene todavía otra pasión: ayudar a la gente de su comunidad. Dedica casi todo su tiempo libre° a trabajos sociales y caritativos.° Sus proyectos incluyen prestarles ayuda a inmigrantes mexicanos y darles pláticas° a jóvenes contra la drogadicción.

Linda Ronstadt
cantante mexicana

Nativa de Tucson, Arizona, Linda Ronstadt es conocida por millones de jóvenes norteamericanos. Ella canta pop, jazz, rock y ahora . . . ¡rancheras° mexicanas! En su álbum *Canciones de mi padre,* Linda canta las canciones que le cantaba° su padre cuando era° chica. Para Linda, este disco es una celebración de sus raíces mexicanas.

La voz° dinámica de Linda junto con la música de los mariachis es una verdadera° fiesta musical, ¡estilo° mexicano!

Raúl Juliá
actor puertorriqueño

Es uno de nuestros actore[s] más versátiles. Su repert[orio] incluye obras de Shakespe[are] dramas contemporáneos y comedias musicales. Es también un destacado° act[or] de cine. Entre sus numeros[as] películas están *Romero, The Threepenny Opera* y *Presumed Innocent.* En la televisión, ha aparecido° en varias miniseries, en una telenovela° . . . y en *Sesame Street,* haciendo el papel° de Rafael, "The Fixit Man." Cuando no actúa,° Raúl se dedica al "Hunger Project," una organización internacio[nal] que lucha contra° el hambre° mundial.°

Raúl es de San Juan, Puerto Rico. Cuando era joven, sus padres querían que fuera abogado.° ¡Aplaudimos su elección° por el teatro!

El Canal de las Estrellas

raíces *roots*	**Entre** *Among*	**sea** *he is*	**conocido** *known*	**teniente** *lieutenant*	**Empezó** *He began*

raíces *roots*   **Entre** *Among*   **sea** *he is*   **conocido** *known*   **teniente** *lieutenant*   **Empezó** *He began*
películas *movies*   **han tenido** *have had*   **éxito** *success*   **tiempo libre** *free time*
caritativos *charitable*   **darles pláticas** *giving talks*   **rancheras** *cowboy songs*   **cantaba** *sang*
era *she was*   **voz** *voice*   **verdadera** *true*   **estilo** *style*   **destacado** *outstanding*   **ha**
aparecido *he has appeared*   **telenovela** *soap opera*   **haciendo el papel** *playing the role*   **no**
actúa *he isn't performing*   **lucha contra** *fights (against)*   **hambre** *hunger*   **mundial** *world*
querían que fuera abogado *wanted him to be a lawyer*   **elección** *choice*

108

Rubén Blades
cantante y abogado panameño

El carismático° cantante de salsa° es de Panamá y llegó° a los Estados Unidos en 1974. Él compone° sus propias canciones y es ganador de varios premios Grammy.

Rubén no es solamente un cantante famoso. También tiene el título de abogado.° Se interesa° en temas políticos y sociales, especialmente en los problemas de Latinoamérica. Recientemente volvió a su país para organizar unos voluntarios para mejorar° las condiciones en un barrio muy pobre de Panamá. En una ocasión, un reportero le preguntó° si le interesaría° ser presidente de Panamá. Rubén contestó:° ¿Y por qué no?

Gloria Estefan
cantante cubana

La joven cubana es la cantante principal del grupo de rock "Miami Sound Machine." Gloria escribe casi todas las canciones para el grupo. Sus éxitos° más populares son "Conga," "The Rhythm Is Going to Get You," "Here We Are" y "Get on Your Feet." Gloria y el Miami Sound Machine adaptan su música para el público norteamericano pero siempre conservando° la influencia latina. Recientemente, la ciudad de Miami nombró° una calle en honor del grupo popular.

Víctima en 1990 de un grave accidente de carretera,° Gloria con valor° se recuperó° de sus lesiones° para reasumir su posición entre las grandes cantantes de rock.

Elizabeth Peña
actriz cubana

Ella hizo el papel° de Rosie Morales, la cuñada° de Ritchie Valens en la película *La Bamba*. Ahora hace el papel de Lucy en la serie de televisión *Shannon's Deal*. Elizabeth empezó su carrera de actriz en Hollywood con la película *Down and Out in Beverly Hills*. Generalmente interpreta personajes° hispanos. Nació° en Elizabeth, New Jersey (de donde viene su nombre) pero pasó gran parte de su niñez° en Cuba, el país de sus padres. De hecho,° sus padres son su mayor influencia artística: ¡ellos también son actores!

LA PELÍCULA DE HOY
por silviano hernandez

---

carismático *charismatic*   **salsa** *salsa (popular Latin-American dance music)*   **llegó** *arrived*
compone *composes*   **abogado** *lawyer*   **Se interesa** *He is interested*   **para mejorar** *to improve*
le preguntó *asked him*   **si le interesaría** *if it would interest him*   **contestó** *replied*
éxitos *hits*   **siempre conservando** *always maintaining*   **nombró** *named*   **carretera** *highway*
con valor *valiantly*   **se recuperó** *recovered*   **lesiones** *injuries*   **hizo el papel** *played the part*
cuñada *sister-in-law*   **personajes** *characters*   **Nació** *She was born*   **niñez** *childhood*
De hecho *As a matter of fact*

Act.
Book

¿Qué sabes tú de la música hispánica?

La música en los países hispánicos es extraordinaria. ¿Por qué? ... porque es la mezcla° del alma° de tres continentes: América, África y Europa. Por ejemplo, en los instrumentos, los tambores son de origen africano; las maracas y las flautas de origen indio; la guitarra, el arpa y el piano de origen europeo.

Éstos son algunos instrumentos usados en algunas composiciones hispánicas. ¿Sabes qué palabra corresponde a cada instrumento?

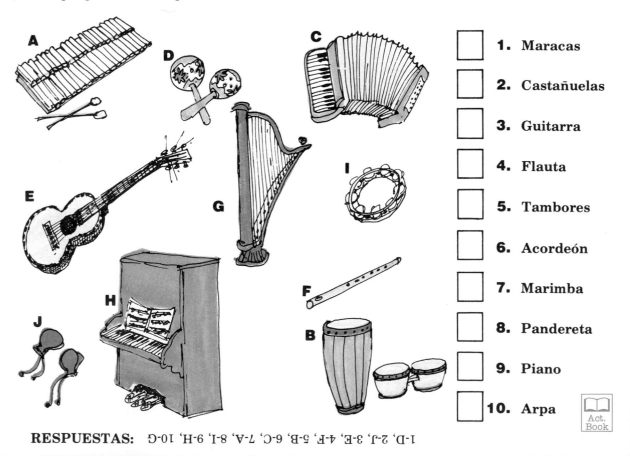

1. Maracas
2. Castañuelas
3. Guitarra
4. Flauta
5. Tambores
6. Acordeón
7. Marimba
8. Pandereta
9. Piano
10. Arpa

Act. Book

RESPUESTAS: 1-D, 2-J, 3-E, 4-F, 5-B, 6-C, 7-A, 8-I, 9-H, 10-G

mezcla *mixture*   **alma** *soul*

EL PRÍNCIPE DE LA
CANCIÓN

Julio Iglesias . . . ¿Quién no conoce la voz romántica de España? Simpático, guapo, Julio Iglesias canta canciones de amor con mucho sentimiento y con una voz extraordinaria.

Julio Iglesias es español, pero tiene millones de admiradores por todo el mundo.° Personas de todas partes° y de todas las edades° compran sus discos.

Julio Iglesias es nativo de Madrid. Cuando joven juega al fútbol en un equipo profesional. Luego se dedica al Derecho.° Pero un accidente automovilístico cambia° el curso de su vida. En el hospital un amigo le regala° una guitarra y . . . ¡comienza su carrera de cantante!

Hoy sus discos tienen un éxito° fenomenal. Se venden por millones . . . ¡casi 100 millones en total! Julio Iglesias canta en muchos idiomas°: español (¡por supuesto!), francés, portugués, italiano, alemán . . . También tiene varios° álbumes— *Nonstop* y *1100 Bel Air,* por ejemplo—donde canta sólo en inglés.

Muchos lo llaman «el príncipe español de la canción». En realidad, es el cantante hispánico más popular de todos los tiempos° . . . ¡una superestrella de la música popular!

por todo el mundo *all over the world*
de todas partes *everywhere*   **edades** *ages*
Derecho *Law*   **cambia** *changes*
regala *gives*   **éxito** *success*
idiomas *languages*   **varios** *several*
todos los tiempos *all time*

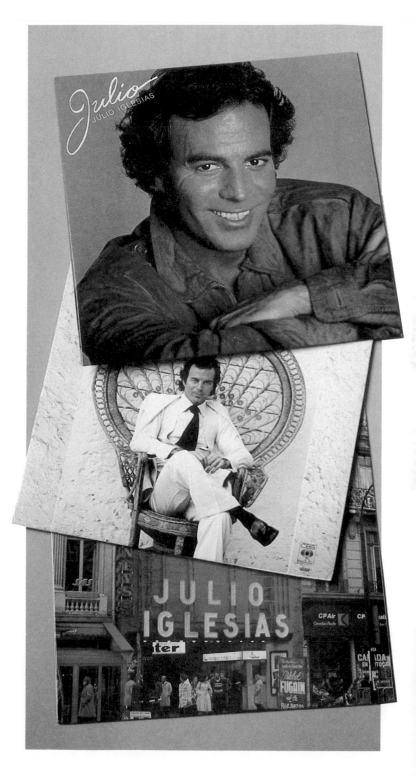

CELEBRACIONES Y FIESTAS EN EL MUNDO HISPÁNICO

¡Música y baile° en el Parque Central!

NUEVA YORK, ESTADOS UNIDOS — Los organizadores del Día de San Juan invitan a todos los hispanohablantes a celebrar este día. La gran fiesta es este domingo, empezando a las diez de la mañana, en el Parque Central de la ciudad. El veinte y cuatro de junio es el Día de San Juan, el santo patrón° de San Juan, la capital de Puerto Rico. No importa° si bailas bien o mal. ¡Éste es un día para bailar en el parque!

¡Adiós, Sr. del Mal Humor!

MAZATLÁN, MÉXICO — Son muy famosos el Carnaval de Río de Janeiro y el Mardi Gras de Nueva Orleáns. Pero el carnaval de este puerto mexicano es uno de los más alegres. Además,° los tamales, los tacos, las enchiladas y los chiles rellenos son más irresistibles en las calles llenas de° flores,° confeti y serpentinas.° Como siempre, el Carnaval de Mazatlán comienza con el solemne entierro° del Sr. del Mal Humor. Este gran muñeco° que representa el mal humor, es enterrado° todos los años en las aguas° del Océano Pacífico. ¡Viva el Carnaval! ¡Viva el buen humor!

¡30.000 personas en una aventura diferente!

PAMPLONA, ESPAÑA — Esta ciudad del norte de España va a recibir la visita de treinta mil personas la próxima semana. Vienen jóvenes de todas partes de España y del mundo entero.° Todos van a participar en una aventura diferente: el tradicional «encierro».° El siete de julio, Día de San Fermín, a las siete de la mañana, los toros° de la corrida° de la tarde salen libres° por las calles que van del corral a la Plaza de Toros. Los jóvenes esperan con impaciencia el momento para correr° delante de° los toros.

baile *dance* **santo patrón** *patron saint* **No importa** *It doesn't matter* **Además** *Besides* **llenas de** *filled with* **flores** *flowers* **serpentinas** *streamers* **entierro** *burial* **muñeco** *dummy* **enterrado** *buried* **aguas** *waters* **mundo entero** *entire world* **encierro** *enclosure* **toros** *bulls* **corrida** *fight* **libres** *free* **correr** *run* **delante de** *in front of*

GUITARRA

La guitarra es uno de los instrumentos favoritos de los jóvenes hispanos modernos. Pero la guitarra es un instrumento muy viejo. Los árabes la llevan a España desde° el Oriente, y en España, durante muchos siglos,° tiene cambios° en forma y expresión.

Hay muchos tipos de guitarras. Algunas son de madera,° otras son de metal. Hay guitarras acústicas y hay guitarras eléctricas. Una guitarra casi siempre tiene seis cuerdas.° Pero también hay guitarras de cuatro, ocho y doce cuerdas. La variedad es infinita. Para seleccionar una guitarra, primero debemos preguntarnos: ¿vamos a usarla para tocar música de rock? . . . ¿música clásica? . . . ¿música folklórica? . . .

La guitarra folklórica es de madera y tiene seis cuerdas de acero.° Es la guitarra que tocan los artistas como Paul Simon, John Denver y Joan Baez.

La guitarra clásica también es de madera y tiene seis cuerdas. Pero tiene un tono suave,° dulce° y delicado. Es la guitarra de la música seria, la guitarra de los artistas como Andrés Segovia, Narciso Yepes y Liona Boyd.

La guitarra flamenca tiene un tono muy brillante, para expresar la pasión del flamenco, la música típica del sur de España.

La guitarra eléctrica es la más popular. Si quieres expresar tus emociones creando° sonidos° y vibraciones electrónicas, ésta es tu guitarra. Es la guitarra para el «rock».

No digas° «Quiero una guitarra», si no sabes qué guitarra quieres.

Act. Book

Actividades culturales

Actividades para cada estudiante

1. *Get a Spanish newspaper, such as* El Diario, *and look at the movie section. Make a list of ten North American movies that you can identify, and give their Spanish and English titles.*

2. *Prepare a brief report on Andrés Segovia (Source: encyclopedia), on Pablo Casals (Source: encyclopedia), or on Plácido Domingo (Sources: recent magazine and newspaper articles).*

3. *Prepare a brief report on flamenco music, on the* mariachi *(Mexican street band), or on the* tuna *(student music group). (Sources: encyclopedia, book on music)*

4. *Prepare a brief report on Latin-American dance styles: for example, the rumba, conga, tango, mambo, salsa, cha-cha-cha, and* jarabe tapatío. *(Sources: encyclopedia, book on folk dancing, book on Latin America)*

Actividades para la clase

1. *Prepare a bulletin board exhibit of Hispanic actors and actresses. Use pictures from Hispanic magazines such as* Buenhogar, Estrellas, Semana, *or* ¡Hola!

2. *Using pictures from Hispanic magazines, prepare a bulletin board exhibit of Hispanic festivals and Hispanic folk dancing.*

---

desde *from* **siglos** *centuries* **cambios** *changes* **madera** *wood* **cuerdas** *strings*
acero *steel* **suave** *soft* **dulce** *sweet* **creando** *by creating* **sonidos** *sounds* **No digas** *Don't say*

Unidad 8

La vida y sus sorpresas

8.1 ¡Estas cosas ocurren siempre!

8.2 Un día que no empezó bien

8.3 ¡Qué suerte!

8.4 Noticias de todos los días

¡VAMOS A LEER! ¿Qué hicieron?

COMUNICANDO

OBJECTIVES

Communication

By the end of this unit, students will be able to use Spanish:
- To report on past events
- To talk about events which happened recently
- To keep a diary

Language

This unit introduces students to the description of past events, specifically:
- The construction **acabar de** + infinitive
- The construction **hace** + present
- The preterite forms of **-ar, -er** and **-ir** verbs
- The preterite of stem-changing verbs
- The preterite of **dar** and **ver**

Culture

This unit expands on familiar topics: skiing, school, birthdays, and various parts of the Hispanic world.

 Unit Eight   Modules 17, 18

TPR Activities 20–22, pages TG40–TG41.

 For background information on the photos (facing and above), see page TG61.

115

¡Estas cosas ocurren siempre!

STRUCTURE TO OBSERVE: **acabar de** + infinitive.

Act. 1

—¿Qué hace Pedro? ¿Juega al tenis?

—¡Ahora no! ¡Acaba de jugar . . . y ahora tiene un ojo morado!

Acaba de: *He has just*
ojo morado: *black eye*

—¿Qué hace Anita? ¿Esquía?

—¡Ahora no! ¡Acaba de esquiar . . . y ahora tiene una pierna rota!

rota: *broken*

—¿Qué hacen Manuela y Paco? ¿Bailan?

—¡Ahora no! ¡Acaban de bailar . . . y ahora están muy cansados!

¿Por qué tiene Pedro el ojo morado? ¿Por qué tiene Anita la pierna rota?
¿Por qué están muy cansados Manuela y Paco?

—¿Qué mira Carlos? ¿La televisión?

—¡Ahora no! ¡Acaba de mirarla . . . y ahora tiene un fuerte dolor de cabeza!

dolor de cabeza: *headache*

—¿Qué escucha María? ¿Un concierto de rock?

—¡Ahora no! ¡Acaba de escucharlo . . . y ahora no oye nada!

—¿Qué hace el Sr. Montero? ¿Saca el coche del garaje?

Saca: *Is he taking out*

—¡Ahora no! ¡Acaba de sacarlo . . . y de estrellarlo contra un árbol!

estrellar: *to smash,* contra: *against*

¿Por qué tiene Carlos un fuerte dolor de cabeza? ¿Por qué no oye nada María?
¿Por qué no saca su coche del garaje el Sr. Montero?

Lección uno
117

CONVERSACIÓN

Vamos a hablar de las cosas que vas a hacer inmediatamente **después de** *(after)* la clase de español.

1. ¿**Vas a** ir a otra clase?
   Sí, **voy a** ir . . . (No, no **voy a** ir . . .)
2. ¿**Vas a** ver a tus amigos?
3. ¿**Vas a** ir a casa?
4. ¿**Vas a** mirar la televisión?
5. ¿**Vas a** comer un sándwich?

Ahora vamos a hablar de las cosas que acabas de hacer **recientemente.**

6. ¿**Acabas de** venir de otra clase?
   Sí, **acabo de** venir de . . .
   (No, no **acabo de** venir de . . .)
7. ¿**Acabas de** llegar a la escuela?
8. ¿**Acabas de** hablar con tus amigos?
9. ¿**Acabas de** comer algo?
10. ¿**Acabas de** beber una Coca-Cola?

OBSERVACIÓN   Est. A

In questions 1-5, you are asked about things you *are going* to do.
- Which expression is used for *are you going?*   ¿Vas a...?
- Is the verb which follows an infinitive?   yes

In questions 6-10, you are asked about things you *have just* done.
- Which expression is used for *have you just?*   ¿Acabas de...?
- Is the verb which follows an infinitive?   yes

Act. 2

NOTA CULTURAL

El esquí, ¿un deporte hispánico?

¿Cómo imaginas Sudamérica? ¿Como un continente plano° donde hace siempre calor? La realidad es diferente. Claro, hay llanos° muy vastos, pero hay también montañas muy altas. En julio y agosto, que son meses de invierno en Sudamérica, hay mucha nieve° en aquellas montañas.

Así es que° hay muchos lugares ideales para esquiar en las montañas de los Andes, especialmente en Chile y en la Argentina. Muchos jóvenes van a esquiar en las «canchas° de esquí» de Portillo (Chile) o de Las Leñas (Argentina).

El esquí es también un deporte muy popular en España. Durante° las vacaciones de invierno, los jóvenes van a los Pirineos° y a la Sierra Nevada para practicar° su deporte favorito. Hoy una joven española, Blanca Fernández-Ochoa, figura entre° los campeones° del esquí mundial.°

ESPAÑA
CERLER
FORMIGAL/PANTICOSA
CANDANCHU
BAQUEIRA BERET
SIERRA NEVADA

NIEVE SKI
TOURING CLUB

realia
p. TG61

plano *flat* **llanos** *plains* **nieve** *snow* **Así es que** *That is why*
canchas *resorts* **Durante** *During* **Pirineos** *Pyrenees*
para practicar *to engage in* **entre** *among* **campeones**
champions **mundial** *world*

The word **cancha** refers usually to a playing field or court.

Estructuras

A. El pasado inmediato: *acabar de* + infinitivo

Compare the following sentences.

Acabo de hablar español.	**Voy a** hablar inglés.
I have just spoken Spanish.	*I am going to speak English.*
Dolores **acaba de** salir.	**Va a** comprar una revista.
Dolores has just gone out.	*She is going to buy a magazine.*
Acabamos de volver a casa.	**Vamos a** mirar la televisión.
We have just come back home.	*We are going to watch television.*

To express an event which has just taken place, you may use the following construction:

> (present tense of) **acabar de** + infinitive

- **Acabar** is a regular **-ar** verb which agrees with the subject. By itself, it means *to finish, to end:* ¿Puedes **acabar** el trabajo a las seis?

- Remember, to express an event which is going to take place in the near future, Spanish speakers use the construction:

> (present tense of) **ir a** + infinitive

Lo que comienza mal, acaba mal.

What begins badly ends badly.

ACTIVIDAD 1   ¿Por qué están cansados?

Algunos alumnos se están durmiendo en la clase de ciencias. Explícale al profesor por qué están cansados.

> Ramón: jugar al fútbol   Ramón acaba de jugar al fútbol.

1. Elena: jugar al tenis
2. Paco: jugar al volibol
3. yo: nadar
4. tú: correr *(run)* dos millas

5. Uds.: correr cinco millas
6. nosotros: tomar un examen muy difícil
7. Manuel y Carlos: hacer sus tareas
8. Carmen y Dolores: jugar al básquetbol

Note: From this point on, the directions for the **Actividades** are in Spanish. Help the students with any unfamiliar constructions (especially command forms) by referring to the "Expressions for the **Actividades**" in the Teacher's Guide, page TG74. You may want to duplicate these expressions and distribute them to the students.

Act. 6

VOCABULARIO PRÁCTICO   La escuela

un examen (los exámenes)

contestar	to answer	Carmen **contesta** la pregunta del profesor.
tomar	to take (an exam)	Voy a **tomar** el examen de francés.
salir bien (en)	to pass (an exam)	¿**Sales bien** en los exámenes de inglés?
salir mal (en)	to flunk (an exam)	Sí, pero siempre **salgo mal** en los exámenes de matemáticas.

una nota	grade	
sacar	to get (a grade)	Pedro **saca** una buena nota en historia.
recibir	to receive	**Recibe** una mala nota en ciencias.

una tarea	assignment	
las tareas	homework	Tengo muchas **tareas** para mañana.
el fin	end	Espero el **fin** de la clase.

fácil ≠ **difícil**	easy ≠ difficult	La tarea de español no es **difícil**.
útil ≠ **inútil**	useful ≠ useless	¿Es **útil** estudiar francés?
feliz (felices)	happy	Carlos es un estudiante **feliz**.
enojado	upset, angry	Juan está **enojado:** acaba de sacar una «F».

SCRIPT

Act. 7

Act.
Book

ACTIVIDAD 2 ¡Qué pena! *(What a pity!)* ★ PAIRED COMMUNICATION

Carlos no tiene suerte: quiere hacer algo con Laura, y ella le dice que acaba
de hacerlo con Rafael. Haz los papeles de Carlos y Laura según el modelo.

🎵   jugar al tenis   Carlos: ¿Quieres jugar al tenis conmigo?
              Laura: ¡Qué pena! Acabo de jugar al tenis con Rafael.

1. jugar al ping pong   4. mirar la televisión   7. asistir a un concierto
2. visitar el museo   5. bailar   8. hacer las tareas
3. escuchar discos   6. tomar café   9. nadar

ACTIVIDAD 3   Creación   ★ DESCRIPTION

VARIATION: Have students
select two drawings in the
book and construct similar
sentences about them.

Vamos a ver cuántas oraciones lógicas puedes crear en cinco minutos. Usa
un elemento de las columnas A, B, C y D.

Act.
Book

SCRIPT

Act. 4, 5

Act.
Book

A	B	C	D
yo	estar { alegre(s)	porque { ir a	trabajar
Enrique	triste(s)	acabar de	jugar al fútbol
nosotros	cansado(a)(s)		hacer un viaje
mis amigos	enojado(a)(s)		perder el partido de volibol
			sacar una buena (mala) nota
			tener un accidente
			encontrar a unos amigos

🎵   Enrique está enojado porque acaba de sacar una mala nota.
   Nosotros estamos alegres porque vamos a hacer un viaje.

B. La duración de una acción: *hace* + el presente

Read carefully each of the following pairs of sentences. The first sentence in each group describes an activity or situation occurring now. The second sentence describes an activity or situation which began at some time in the past and which is still going on. Pay attention to the forms of the verbs, both in Spanish and in English.

Estudio español.
Hace seis meses que **estudio** español.

I study (am studying) Spanish.
I have been studying Spanish for six months.

Carlos **vive** en México.
Hace tres años que Carlos **vive** en México.

Carlos lives (is living) in Mexico.
Carlos has been living in Mexico for three years.

You may point out that **Hace seis meses que...** means literally "It makes six months that...."

To express the duration of an action or a situation which began in the past and is still going on, you may use the construction:

> **hace** + period of time   +   **que**   +   (subject) + verb in the present

 Note also the interrogative expression: OPTIONAL   This may be taught for recognition only.

> **¿Cuánto tiempo hace que** (+ verb in the present)?

¿Cuánto tiempo hace que estudias español?

(For) How long have you been studying Spanish?

ACTIVIDAD 4   El Instituto de Estudios Profesionales

En el Instituto de Estudios Profesionales hay muchos estudiantes. Di *(Say)* cuánto tiempo hace que estudian, y qué estudian, las siguientes personas.

⮑ Arturo: dos años / inglés   Hace dos años que Arturo estudia inglés.

1. Guillermo: tres años / la mecánica
2. Manuela: seis meses / italiano
3. Rafael: diez semanas / inglés
4. yo: un año / la fotografía
5. tú: cuatro meses / el piano
6. nosotros: un año / la decoración interior
7. Paco y Marisol: dos años / japonés
8. Uds.: seis semanas / la guitarra

ACTIVIDAD 5   Diálogo: ¿Cuánto tiempo hace que . . .?   ★ PAIRED COMMUNICATION / SELF-EXPRESSION

Pregúntales a tus compañeros si hacen las siguientes cosas. Si contestan afirmativamente, pregúntales también cuánto tiempo hace que las hacen.

> tocar la guitarra   Estudiante 1: ¿Tocas la guitarra?
> Estudiante 2: Sí, toco la guitarra. (No, no toco la guitarra.)
> Estudiante 1: ¿Cuánto tiempo hace que tocas la guitarra?
> Estudiante 2: Hace (seis meses) que toco la guitarra.

1. estudiar español
2. jugar al tenis
3. tocar el piano
4. tener un radio
5. tener una bicicleta
6. sacar buenas notas
7. hablar francés
8. asistir a esta escuela
9. estar cansado(a)
10. esperar la visita de tu novio(a)

Act.
Book

p. TG62

Pronunciación **Las vocales**

Act. 9

Model word: difícil
Practice words: comediante   pantalones   camiseta   impermeable
Practice sentences: El mecánico trabaja en la estación de servicio.
El examen de matemáticas es muy difícil.
¡Este artículo es maravilloso!

In English, the vowels in unstressed syllables are often pronounced "uh": comedian, difficult. In Spanish, the vowels in unstressed syllables are pronounced as distinctly as those in stressed syllables. Avoid the "uh" sound when pronouncing longer Spanish words.

Para la comunicación

Expresión para la composición

además   *moreover, in addition*

Mini-composición   Autobiografía

Imagina que acabas de ganar un gran premio *(prize)* deportivo en tu deporte favorito. Un periodista quiere escribir un artículo sobre *(about)* tus actividades. En un pequeño párrafo descríbele tus actividades y dile *(tell him)* cuánto tiempo hace que haces estas actividades. Puedes usar los siguientes verbos. Usa también la expresión para la composición.

vivir / estudiar / trabajar / jugar / asistir a / practicar

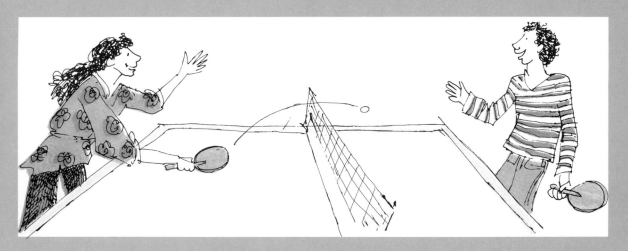

≫   Hace dos años que juego al tenis. **Además** sé *(I know how)* jugar al ping pong y al básquetbol . . .

  Act. Book   SCRIPT Act. 10   Act. Book   ¡Hola! Act. Book   TRP   QUIZ

Lección 2 Un día que no empezó bien

STRUCTURE TO OBSERVE: the **él** form of the preterite of **-ar** verbs.

Act. 1

36

Todos los días:	**Ayer:**	
Carlos Enrique se despierta a las seis y media. (Su despertador funciona bien siempre.)	Carlos Enrique se despertó a las nueve. (¡Su despertador no funcionó ayer!)	se despertó: *woke up* despertador: *alarm clock*, no funcionó: *didn't work*

6:30    9:00

Se levanta, se baña, se lava los dientes.	Se levantó, se bañó, se lavó los dientes . . . ¡con mucha prisa!	con mucha prisa: *in a hurry*

Después se desayuna.	Ayer, no se desayunó.	se desayuna: *he has breakfast*

Generalmente, ¿a qué hora se despierta Carlos Enrique? ¿A qué hora se despertó ayer? ¿Por qué? Generalmente, ¿qué hace después de lavarse? ¿Se lavó ayer?

A las siete y media, toma su bicicleta . . .
y a las ocho, llega al colegio.

No tomó su bicicleta, tomó el autobús . . .
y llegó al colegio a las diez.

Entró a la clase de francés y buscó sus tareas . . . pero no las encontró. (¡Caramba! Las olvidó en el autobús.)

olvidó: *he forgot*

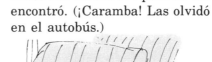

Sus profesores lo felicitan por ser siempre muy puntual y serio.

El profesor de francés no felicitó a Carlos Enrique. Lo castigó por llegar tarde y ser negligente.

felicitan: *congratulate*

castigó: *punished,*
por llegar tarde y ser negligente: *for arriving late and being careless*

Así empieza la rutina diaria de Carlos Enrique, ¡estudiante modelo!

¡Qué día! Realmente no empezó bien para el pobre Carlos Enrique . . . pero ¡así es la vida!

Así: *Thus,*
rutina: *routine,*
diaria: *daily,*
empezó: *began*
así es la vida: *that's life*

Generalmente, ¿a qué hora llega Carlos Enrique al colegio? ¿A qué hora llegó ayer? ¿Por qué felicitan sus profesores a Carlos Enrique? ¿Lo felicitó ayer su profesor de francés? ¿Por qué no?

Vamos a hablar de tus actividades de los fines de semana.

1. ¿Trabajas los fines de semana?
   Sí, trabajo. (No, no trabajo.)
2. ¿Estudias?
3. ¿Te levantas temprano *(early)?*
4. ¿Te quedas en casa?
5. ¿Visitas a tus amigos?
6. ¿Invitas a tus amigos a tu casa?

Ahora, vamos a hablar del fin de semana pasado.

7. ¿Trabaj**aste** el fin de semana pasado?
   Sí, trabajé. (No, no trabajé.)
8. ¿Estudi**aste**?
9. ¿Te levant**aste** temprano?
10. ¿Te qued**aste** en casa?
11. ¿Visit**aste** a tus amigos?
12. ¿Invit**aste** a tus amigos a tu casa?

OBSERVACIÓN Est. A

In questions 1-6, you are asked about what you *do on weekends* (any weekend). The verbs are in the *present tense.* In your answers, you also use verbs in the present tense.

In questions 7-12, you are asked about what you *did last weekend.* The verbs are in a *past tense.*

• In what four letters do the verbs in the **tú** -aste form end?

• In what letter do the verbs in the **yo** form -é   Make sure that the students note the accent mark. end?

Act. 2

p. TG62

NOTA CULTURAL

La disciplina escolar

En los países hispánicos, la disciplina escolar es generalmente más fuerte que en los Estados Unidos. Cuando un alumno llega tarde° a la escuela, cuando no hace las tareas o cuando es negligente, generalmente recibe° un castigo.° ¿En qué consiste el castigo? Pues ... depende. A veces el alumno tiene que hacer una tarea suplementaria o memorizar un poema. A veces tiene que quedarse hasta más tarde,° e incluso° pasar° el sábado en la escuela.

tarde *late*   **recibe** *receives*   **castigo** *punishment*   **hasta más tarde** *until later*   **incluso** *even*   **pasar** *spend*

¿Es fuerte la disciplina escolar en los países hispánicos? ¿Por qué recibe un castigo un alumno? ¿En qué consiste el castigo?

Estructuras

A. El pretérito: verbos que terminan en *-ar* See TPR Activity 20, page TG40.

When you want to describe an action or event which took place in the
past, you use a verb in a *past tense*. In Spanish, one such past tense is the
preterite. Compare the present tense and the preterite tense forms of
visitar in the following sentences, paying special attention to the endings.

	PRESENT	PRETERITE	PRETERITE ENDINGS
	Hoy,	Ayer,	
(yo)	**visito** un museo.	**visité** las tiendas.	**-é**
(tú)	**visitas** San Juan.	**visitaste** Mayagüez.	**-aste**
(él) (ella) (Ud.)	**visita** Valencia.	**visitó** Barcelona.	**-ó**
(nosotros)	**visitamos** El Paso.	**visitamos** San Antonio.	**-amos**
(vosotros)	**visitáis** San Francisco.	**visitasteis** Monterey.	**-asteis**
(ellos) (ellas) (Uds.)	**visitan** a sus amigos.	**visitaron** a sus primos.	**-aron**

Point out that the **nosotros** form of the present and of the preterite is the same.

> To form the preterite of regular **-ar** verbs, the **-ar** ending of the
> infinitive is replaced by the endings shown above.

> Note the English equivalents of the Spanish preterite tense:

Visité Madrid.   *I visited Madrid.*
I did visit Madrid.

No visité Madrid.   *I did not visit Madrid.*

ACTIVIDAD 1   María está enferma

Hace una semana que María está enferma. Ayer, varios amigos la
llamaron por teléfono. Di *(Say)* quién la llamó.

VARIATION: They visited her.
Felipe la visitó.

> Felipe   Felipe la llamó por teléfono.

1. Carlos
2. mis hermanos
3. mi primo
4. Ud.
5. yo

6. tú
7. nosotros
8. Ramón y su hermana
9. Dolores y Elena
10. Uds.

VOCABULARIO PRÁCTICO Verbos y expresiones

cambiar	to change	El tiempo **cambió** en la primavera.
dejar	to leave (something behind)	**Dejé** mi bicicleta en el garaje.
equivocarse	to make a mistake	Ana acaba de **equivocarse.**
olvidarse (de)	to forget	**Me olvidé** de la fecha del examen.
pasar	to spend (time)	**Pasé** el fin de semana en San Juan.
	to pass (by)	**Pasé** por Nueva York.
	to happen	¿Qué **pasó** en la fiesta?
anoche	last night	**Anoche,** miré un partido de béisbol.
ayer	yesterday	**Ayer,** me levanté a las siete.
a tiempo	on time	No llegó **a tiempo** a la escuela.
tarde	late	Llegó **tarde.**
temprano	early	Mis amigos llegaron **temprano.**
hasta	until	Esperé en casa **hasta** las tres.
durante	during	¿Qué pasó **durante** la semana?

REFRÁN

De rico a pobre pasé, y sin amigos me quedé.

I went from rich to poor, and was left without friends.

ACTIVIDAD 2   El apagón *(The blackout)*

Las siguientes personas miran la televisión todas las noches. Anoche no la miraron a causa de *(because of)* un apagón. Expresa esta situación según el modelo.

⊃ el Sr. Montoya   El Sr. Montoya mira la televisión todas las noches. Anoche no la miró.

1. yo
2. tú
3. nosotros
4. Ingrid
5. la profesora

6. mis abuelos
7. la Sra. Montoya
8. Diego y Alberto
9. Manuel y sus hermanas
10. Roberto

VARIATION: Yesterday they did not listen to the radio. **El Sr. Montoya escucha la radio. Ayer no la escuchó.**

ACTIVIDAD 3   En la playa

Un grupo de amigos pasó el sábado en la playa. Di *(Say)* qué hizo *(did)* cada uno.

🐍 María: nadar   María nadó.

1. Manuela: tomar el sol *(to sunbathe)*
2. tú: nadar
3. Isabel y Luis: nadar
4. mis amigos: mirar a las chicas

5. Carmen: mirar a los chicos
6. nosotros: mirar a Carmen
7. Rafael: escuchar su radio transistor
8. el grupo: jugar al volibol

ACTIVIDAD 4   Diálogo: El sábado de tus compañeros   ★ PAIRED COMMUNICATION / SELF-EXPRESSION

Pregúntales a tus compañeros si hicieron *(did)* estas cosas el sábado pasado.

VARIATION: Use the plural.
—¿Estudiaron Uds. ...?
—¡Sí, estudiamos...!

🐍 estudiar   Estudiante 1: ¿Estudiaste el sábado pasado?
    Estudiante 2: ¡Sí, estudié! Siempre estudio los sábados.
        (¡No, no estudié! Nunca estudio los sábados.)

1. trabajar
2. ayudar a tu mamá
3. ayudar a tu papá
4. comprar discos
5. gastar dinero
6. tomar el autobús de la escuela
7. mirar la televisión
8. nadar
9. esquiar
10. levantarse temprano

B. El pretérito: verbos que terminan en *–car, –gar* y *–zar*

Compare the **tú** and **yo** forms of the preterite in the following questions and answers.

tocar *(to play)*   —¿**Tocaste** la guitarra ayer?
    —Sí, **toqué** la guitarra.

llegar *(to arrive)*   —¿A qué hora **llegaste** a la escuela?
    —**Llegué** a las ocho.

empezar *(to begin)* —¿**Empezaste** el libro?
    —Sí, lo **empecé.**

🐍 In the preterite, verbs ending in **–car, –gar** and **–zar** have a spelling change which occurs only in the **yo** form.

-car	c → **qu**	Bus**qué** un libro.
-gar	g → **gu**	Pa**gué** dos dólares por el libro.
-zar	z → **c**	Empe**cé** este libro.

ACTIVIDAD 5   **Preguntas personales**   ★ SELF-EXPRESSION

Act. 6

1. ¿Empezaste bien el día hoy?
2. ¿Llegaste a la escuela a tiempo?
3. ¿Jugaste al tenis el fin de semana pasado? ¿Con quién jugaste?
4. ¿Jugaste al volibol? ¿Jugaste bien o mal?
5. ¿Sacaste fotos? ¿de qué? ¿de quién?
6. ¿Tienes un radio? ¿Cuánto pagaste por tu radio?
7. ¿Tienes una bicicleta? ¿Cuánto pagaste por tu bicicleta?
8. ¿Tienes una cámara? ¿Cuánto pagaste por tu cámara?
9. ¿Tocas la guitarra? ¿La tocaste ayer?

ACTIVIDAD 6   **Problemas**   ★ SELF-EXPRESSION

¿Cómo fue *(was)* el día de ayer para ti? ¿Bueno o malo? Di *(Say)* si tuviste *(you had)* los siguientes problemas.

   🔊   levantarte tarde   Sí, me levanté tarde ayer.
                                (No, no me levanté tarde ayer.)

Act.
Book

1. llegar tarde a la escuela
2. llegar tarde a una cita
3. dejar tus libros en el autobús
4. dejar tu almuerzo *(lunch)* en casa
5. dejar tus tareas en casa
6. olvidarte de una cita importante
7. sacar una mala nota
8. equivocarte en las tareas
9. pasar un día malo
10. hablar con alguien antipático

Pronunciación   **Los sonidos /k/ y /g/**

Act. 9

This section focuses on how the phonemes /k/ and /g/ are spelled. Remind the students that the /g/ between vowels is more relaxed than the initial /g/.

Practice syllables: <u>ca</u> <u>co</u> <u>cu</u> <u>que</u> <u>qui</u>
                        <u>ga</u> <u>go</u> <u>gu</u> <u>gue</u> <u>gui</u>
Model words: to<u>c</u>ó to<u>qu</u>é pa<u>g</u>ó pa<u>gu</u>é
Practice words: sa<u>c</u>ar <u>c</u>ontestar <u>c</u>uerpo bus<u>qu</u>é a<u>qu</u>í
                       lle<u>g</u>ar al<u>g</u>o nin<u>g</u>uno ju<u>gu</u>é <u>gu</u>itarra
Practice sentences: ¿Por <u>qu</u>é no to<u>c</u>a la <u>gu</u>itarra <u>C</u>arlos?
                         <u>C</u>armen se equivo<u>c</u>ó en el <u>c</u>ál<u>c</u>ulo.
                         Los ju<u>g</u>adores del equipo <u>g</u>anaron el <u>c</u>ampeonato.

The consonants **c** and **g** before **a, o,** and **u** are pronounced like the hard English **c** in "case" and the hard English **g** in "girl." To keep the "hard" sound before **e** and **i**, the spellings **qu** and **gu** are used.

Occasionally the **u** after a **g** is to be pronounced as a vowel sound; it is then marked with a dieresis (¨): **"pingüino," "bilingüe."**

Para la comunicación

Mini-composición   Mi diario

Escribe un párrafo en tu diario. Puedes hablar de lo que hiciste *(what you did)* realmente, o puedes imaginar que eras *(you were)* otra persona y describir sus actividades. Puedes usar los siguientes verbos:

> levantarse / quedarse / tomar / mirar / visitar /
> llegar / invitar / escuchar / llamar por téfono /
> buscar / comprar / gastar / trabajar / ayudar

Usa también la expresión para la composición.

El domingo me levanté muy temprano. Llamé por teléfono a mi amigo y **entonces** lo invité a jugar al tenis. . . .

 Act. Book   SCRIPT Act. 8, 10   Act. Book   Act. Book   TRP   QUIZ

Lección 3 ¡Qué suerte!

STRUCTURE TO OBSERVE: the **yo** form
of the preterite of **-er** and **-ir** verbs.

Act. 1

Las personas que tienen suerte, ¿son siempre las mismas? ¡Claro que
no! A veces, todos tenemos suerte; otras veces, no. La suerte cambia.
Varios jóvenes nos cuentan aquí un suceso (afortunado o
desafortunado) que les ocurrió el mes pasado.

suceso: event

Buena suerte

Elena: Recibí tres mil pesetas de mis padrinos por cumplir
quince años.

Pedro: Recibí una buena nota en el examen de inglés.

Isabel: Vendí mi bicicleta vieja a un precio muy bueno.

Doris: Le escribí una carta al famoso cantante Julio Iglesias,
y me contestó con su foto y su autógrafo.

Esteban: Perdí mi cartera (con dos mil pesos y la foto de mi
novia), pero la encontré dos días después.

Inés: Decidí participar en un concurso fotográfico y gané el
primer premio: ¡un viaje a Roma!

*Recibí: I received,
padrinos:
godparents,
por cumplir quince
años: for my
fifteenth birthday*
precio: price

cartera: wallet

*Decidí: I decided,
concurso: contest*
premio: prize

Mala suerte

Benjamín: Recibí una nota muy mala en el examen de
matemáticas.

Patricia: Le escribí una carta al famoso actor norteamericano
Robert Redford, pero no me contestó.

Marisela: Perdí mi bolso (con veinte dólares y el permiso de
conducir) y no lo encontré.

Diego: Conocí a una chica muy simpática, pero perdí su
número de teléfono.

Felipe: Rompí una ventana jugando al béisbol.

Miguel: Me rompí la pierna jugando al fútbol y mi equipo
perdió el campeonato.

*permiso de conducir:
driver's license*

Conocí: I met

Me rompí: I broke
*campeonato:
championship*

• The **él** form may be introduced with the following questions: **¿Cuánto dinero recibió
Elena? ¿Qué vendió Isabel? ¿A quién le escribió Doris? ¿Qué perdió Esteban?
¿A quién le escribió Patricia? ¿Qué rompió Felipe?**
• SUGGESTED REALIA: a record by Iglesias or by some other popular Hispanic singer.

Vamos a hablar más del fin de semana pasado.

1. ¿Com**iste** en un restaurante español?
   Sí, comí en . . . (No, no comí en . . .)
2. ¿Com**iste** en casa de un amigo?
3. ¿V**iste** una película?
4. ¿V**iste** a tus primos?

5. ¿Asist**iste** a un concierto?
   Sí, asistí a . . . (No, no asistí a . . .)
6. ¿Escrib**iste** cartas?
7. ¿Recib**iste** una carta de una persona famosa?
8. ¿Sal**iste** el sábado por la noche?

OBSERVACIÓN   Est. A

The above questions and answers have to do with events that may have taken place last weekend.

• Are the verbs in the *present* or the *preterite* tense?   preterite

The verbs in questions 1-4 have infinitives which end in **–er**.
The verbs in questions 5-8 have infinitives which end in **–ir**.

• Do all the verbs have the same endings in the **tú** form? What is the ending?   yes / **-iste**
• Do all the verbs have the same endings in the **yo** form? What is the ending?   yes / **-í**
• Are these **tú** and **yo** endings the same as those of **–ar** verbs? How are they different?   no / **-aste** and **é** vs. **-iste** and **-í**

NOTA CULTURAL

La quinceañera

Para una chica hispánica el cumpleaños más importante es el de los quince años. Es como el de los diez y seis años de una norteamericana. Sus padrinos° le dan regalos especiales. A menudo recibe joyas:° un collar° de perlas o un anillo° de oro.°

Sus padres organizan una gran fiesta, generalmente con música y baile.° La fiesta es en la casa de la *quinceañera*° o en un club social. En algunos países, la ocasión se anuncia° en el periódico. Todos los amigos y parientes se reúnen° para celebrar esta ocasión alegre y se divierten hasta las altas horas de la madrugada.°

padrinos *godparents*   **joyas** *jewelry*   **collar** *necklace*
anillo *ring*   **oro** *gold*   **baile** *dance*   **quinceañera** *girl who is 15*
se anuncia *is announced*   **se reúnen** *gather*
altas horas de la madrugada *early morning hours*

SUGGESTED REALIA: Hispanic birthday cards.

p. TG62

Estructuras

See TPR Activity 22, page TG41.

A. El pretérito: verbos que terminan en –*er* y en –*ir*

- Locate these cities on a world map.
- Use other cities to practice sentences similar to those in the chart. Example: **yo (Akron); Aprendí inglés. Viví en Akron.**

In the preterite, regular – **er** and – **ir** verbs have the same endings:

Act. 3

INFINITIVE:	**aprender**	**vivir**	PRETERITE ENDINGS:
PRETERITE:			
(yo)	**Aprendí** español.	**Viví** en Sevilla.	**-í**
(tú)	**Aprendiste** francés.	**Viviste** en París.	**-iste**
(él) (ella) (Ud.)	**Aprendió** portugués.	**Vivió** en Río de Janeiro.	**-ió**
(nosotros)	**Aprendimos** japonés.	**Vivimos** en Tokio.	**-imos**
(vosotros)	**Aprendisteis** inglés.	**Vivisteis** en Boston.	**-isteis**
(ellos) (ellas) (Uds.)	**Aprendieron** italiano.	**Vivieron** en Roma.	**-ieron**

Point out that the **nosotros** form of the present and of the preterite is the same for **-ir** verbs, but not for **-er** verbs.

☞ The preterite of most **–er** and **–ir** verbs is formed by replacing the infinitive endings (**–er, –ir**) by the endings shown above.

Act. 4

VOCABULARIO PRÁCTICO   Otros verbos que terminan en –*er* y en –*ir*

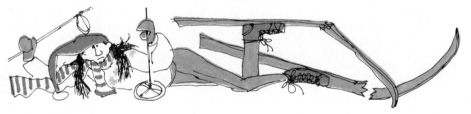

verbos que terminan en –er

deber + infinitive	should, ought to	¡**Debo** estudiar más!
romper	to break	María **rompió** sus esquís.
romperse + part of the body	to break one's (arm, etc.)	También **se rompió** la pierna.

verbos que terminan en –ir

descubrir	to discover	¿**Descubrió** América Cristóbal Colón?
recibir	to get, to receive	Por cumplir quince años, **recibí** un reloj.

Review parts of the body on page 82.

Unidad ocho

134

ACTIVIDAD 1   Otros problemas   ★ SELF-EXPRESSION

Di *(Say)* si tuviste *(you had)* los siguientes problemas el año pasado.

VARIATION: Use plural forms.
—¿Recibieron Uds. malas noticias?
—Sí, (No, no) recibimos malas noticias.

✍ recibir malas noticias *(news)*   Recibí malas noticias.
(No recibí malas noticias.)

1. recibir regalos inútiles
2. recibir malas notas *(grades)*
3. romperte el brazo
4. romperte la pierna
5. perder tu cartera *(wallet)*
6. descubrir algo desagradable

ACTIVIDAD 2   ¿Eres aficionado(a) a la historia?

Escoge *(Choose)* a una de estas personas famosas y escribe un párrafo de seis oraciones diciendo si hizo *(did)* las cosas siguientes:

Cristóbal Colón / Jorge Washington / William Shakespeare / Abraham Lincoln / los hermanos Wright

Columbus: 1451–1506
Washington: 1732–1799
Shakespeare: 1564–1616
Lincoln: 1809–1865
Wilbur Wright: 1867–1912
Orville Wright: 1871–1948

1. vivir en los Estados Unidos
2. vivir en el siglo *(century)* veinte
3. escribir mucho
4. descubrir algo importante
5. transformar la sociedad
6. cambiar el curso de la historia

✍ Cristóbal Colón: No vivió en los Estados Unidos. No vivió en el siglo veinte . . .

ACTIVIDAD 3   Creación   ★ DESCRIPTION

Vamos a ver cuántas oraciones lógicas puedes crear en cinco minutos. Usa un elemento de las columnas A, B y C. Empieza cada oración con **Ayer** y usa el pretérito.

A	B		C	
yo	aprender	asistir	una carta	un espejo *(mirror)*
Carlos	comer	escribir	la pierna	un regalo estupendo
nosotros	beber	recibir	una guitarra	en un restaurante
mis amigos	perder	salir	una Coca-Cola	con unos amigos
	romper(se)		algo bueno	un partido de tenis
	vender		una mala nota en un examen	

✍ Ayer mis amigos recibieron una carta.

B. El pretérito: *dar* y *ver*

Note the preterite forms of the verbs **dar** *(to give)* and **ver** *(to see)*.

(yo)	**di**	**vi**	(nosotros)	**dimos**	**vimos**
(tú)	**diste**	**viste**	(vosotros)	**disteis**	**visteis**
(él, ella, Ud.)	**dio**	**vio**	(ellos, ellas, Uds.)	**dieron**	**vieron**

✍ In the preterite, **dar** and **ver** take the endings of the **–er** and **–ir** verbs, except that the accent mark is not used on the **yo** and **él** forms.

ACTIVIDAD 4   Los regalos de Navidad *(Christmas presents)*

Unos amigos comparan los regalos que recibieron y que dieron para
Navidad. Di qué recibió y qué dio cada uno.

   María: una bicicleta / discos   María recibió una bicicleta. Dio discos.

1. mi primo: un abrigo / libros
2. tú: un tocadiscos / una caja *(box)* de
   chocolates
3. yo: una cámara / dulces *(candy)*
4. nosotros: dinero / camisas

5. Elena: una raqueta de tenis / sandalias
6. Carmen y Emilia: vestidos / discos
7. Enriqueta: un bolso / su foto
8. mis amigos: ropa / corbatas

ACTIVIDAD 5   Diálogo: El fin de semana   ★ PAIRED COMMUNICATION / SELF-EXPRESSION

VARIATION: Use plural forms.
—¿Vieron Uds. ...?
—No, no vimos ...

Pregúntales a tus compañeros si hicieron *(did)* las siguientes cosas el fin
de semana pasado.

ver una película mexicana   Estudiante 1: ¿Viste una película mexicana el fin de
                                            semana pasado?
                              Estudiante 2: Sí, vi una película mexicana.
                                            (No, no vi una película mexicana.)
                                            (No, no vi ninguna película.)

SCRIPT
Act. 7

Act.
Book

1. ver a una actriz de televisión en la calle
2. recibir una carta de un artista de cine
3. recibir un regalo fabuloso
4. comer en un restaurante muy elegante

5. salir con un amigo hispánico
6. aprender muchos verbos irregulares
7. asistir a un concierto de rock
8. dar una fiesta en tu casa

C. El pretérito: *caer, creer, leer* y *oír*

Note the preterite forms of the verbs **caer** (to fall), **creer** *(to believe),* **leer**
(to read) and **oír** *(to hear).*

Act. 8

INFINITIVE:	**caer**	**creer**	**leer**	**oír**
PRETERITE:				
(yo)	caí	creí	leí	oí
(tú)	caíste	creíste	leíste	oíste
(él, ella, Ud.)	cayó	creyó	leyó	oyó
(nosotros)	caímos	creímos	leímos	oímos
(vosotros)	caísteis	creísteis	leísteis	oísteis
(ellos, ellas, Uds.)	cayeron	creyeron	leyeron	oyeron

The verb **caer** is new to the students. You may point out that in the present it is irregular in the **yo** form: **caigo.**

The **í** of the endings always has an accent mark.
In the **él** and **ellos** forms, the **i → y.**

ACTIVIDAD 6   Las noticias

Los chicos leyeron las noticias en el periódico. Las oyeron también en la radio. Expresa esto *(this)* según el modelo.

⟩⟩   Carmen   Carmen leyó las noticias en el periódico.
                     Las oyó también en la radio.

1. tú   4. Paco y Luis   7. nosotros
2. Clara   5. yo   8. Ud.
3. Uds.   6. Isabel

Pronunciación   Las vocales: *io, ío, ió*

Model words: d<u>io</u>   t<u>ío</u>   com<u>ió</u>
Practice words: v<u>io</u>   prec<u>io</u>   camb<u>io</u>   prec<u>io</u>so   romp<u>ió</u>   recib<u>ió</u>
                   m<u>ío</u>   fr<u>ío</u>   t<u>ío</u>
Practice sentences: ¡D<u>io</u>s m<u>ío</u>! ¡Hace mucho fr<u>ío</u>!
                     El secretar<u>io</u> le escrib<u>ió</u> a mi t<u>ío</u>.
                     Estud<u>ió</u> en el coleg<u>io</u> San Gregor<u>io</u>.
                     Mi t<u>ío</u> viv<u>ió</u> en el barr<u>io</u>.

The letters **io** represent a diphthong: the **i** is pronounced very much like the **y** in "yoyo." When the diphthong **io** comes at the end of a word and is to be stressed, an accent mark is placed over the **o**: **vivió.**
If the **i** and the **o** do not form a diphthong, that is, if they are pronounced separately, an accent mark is placed on the **i**: **un tío.**

ALTERNATE: Write a similar composition about a character in one of the drawings in this book.

Para la comunicación

> **Expresión para la composición**
> **al mismo tiempo**   *at the same time*

Mini-composición   La suerte cambia

Describe cinco sucesos *(events)* afortunados y cinco sucesos desafortunados que te ocurrieron a ti o a tus parientes el año pasado. Si quieres, puedes usar los siguientes verbos:

  ganar / asistir / salir / escribir / recibir / descubrir / ver /
  romper / romperse / olvidarse / equivocarse / dejar / caer / caerse

Usa también la expresión para la composición.

⟩⟩ Mi hermano se cayó de mi bicicleta y la rompió. **Al mismo tiempo** se
     rompió la pierna.

Act.
Book

SCRIPT
Act. 10, 12

Act.
Book

Act.
Book

TRP

QUIZ

137

Noticias de todos los días: nuestros periodistas escriben

STRUCTURES TO OBSERVE: review of regular preterite; preterite of stem-changing verbs.

Act. 1

¡Un millonario de doce años!
—DE LA PROVINCIA DE MURCIA

La semana pasada, el joven Roberto Ruiz descubrió un tesoro en una casa abandonada. Este tesoro consiste en dos mil monedas de oro antiguas . . .

Muerte de un anciano simpático.
—DE LA PROVINCIA DE BARCELONA

Ayer Ángel Molina, un anciano de ciento siete años de edad, murió en un accidente de bicicleta. Su hijo (de ochenta y cinco años de edad) nos contó que el Sr. Molina nunca se sintió enfermo ni cansado en toda su vida . . .

¡Un nuevo récord!
—DE LA PROVINCIA DE VALENCIA

La Sra. Muñoz descubrió un tomate de más de cuatro kilos en su huerta. Un nuevo récord mundial . . . ¡para un tomate!

Un mono secretario
—DE LA PROVINCIA DE SEGOVIA

Ayer por la tarde, un mono se escapó del circo AMAR. Unas horas más tarde, la policía encontró el mono en la oficina del alcalde, escribiendo a máquina y usando el teléfono.

Un profesor cansado
—DE LA PROVINCIA DE LEÓN

Un profesor de la universidad de Salamanca se durmió durante un examen. La universidad nos pidió no revelar el nombre de este profesor cansado.

descubrió: *found,*
   tesoro: *treasure*

monedas: *coins*
oro: *gold,*
   antiguas: *ancient,*
   alcalde: *mayor,*
   escribiendo a
   máquina: *typing*
Muerte: *Death,*
   anciano: *old man*

edad: *age,*
   murió: *died,*
nombre: *name*

se sintió: *felt*
vida: *life*

descubrió: *found*

huerta: *vegetable*
   garden
mundial: *world's*

¿Qué descubrió Roberto Ruiz? ¿Cómo murió Ángel Molina? ¿Qué descubrió la Sra. Muñoz? ¿Dónde encontró el mono la policía? ¿Cuándo se durmió el profesor?

CONVERSACIÓN   OPTIONAL

Vamos a hablar del día de ayer. Esta vez *(this time)* imagina que un periodista te hace las preguntas. (Él usa **usted** contigo.)

1. ¿Jugó Ud. al volibol?
   Sí, jugué . . . (No, no jugué . . .)
2. ¿Jugó Ud. al básquetbol?
3. ¿Volvió Ud. a casa después de *(after)* la clase? Sí, volví . . . (No, no volví . . .)
4. ¿Volvió Ud. a casa con unos amigos?

5. ¿Se divirtió Ud. en clase?
   Sí, me divertí . . . (No, no me divertí . . .)
6. ¿Se divirtió Ud. después de la clase?
7. ¿Durmió Ud. bien anoche?
   Sí, dormí . . . (No, no dormí . . .)
8. ¿Durmió Ud. por la tarde?

OBSERVACIÓN   Est. A, B

In the above questions, the verbs **jugar** *(to play)*, **volver** *(to return)*, **divertirse** *(to have fun)* and **dormir** *(to sleep)* are used in the preterite.

- Do these verbs have a stem change in the present?   yes

Look carefully at the verbs in questions 1-4.
- What are the infinitives of these two verbs?
- In which letters do the infinitive forms end?
- Do these verbs have a stem change in the **yo** form of the preterite? in the **Ud.** form?

- jugar, volver • -ar, -er • no / no

Now look carefully at the verbs used in questions 5-8.
- What are the infinitives of these two verbs?
- In which letters do the infinitive forms end?
- Do these verbs have a stem change in the **yo** form of the preterite? in the **Ud.** form? What is this change?

- divertirse, dormir
- -ir
- no / yes / e → i, o → u

NOTA CULTURAL

Algunas autonomías de España

PAÍS VASCO
GALICIA
CASTILLA-LEÓN
CATALUÑA
COMUNIDAD DE MADRID
CASTILLA-LA MANCHA
ANDALUCÍA

realia
pp. TG62–TG63

Las provincias y las autonomías° de España

¿Eres norteamericano? ¡Por supuesto! Pero también estás orgulloso° de ser de California, de la Florida, de Texas o de Nuevo México, ¿verdad?

Hoy España es un país de cuarenta millones de habitantes, dividido en cincuenta y dos provincias y en diez y siete autonomías. Cada autonomía mantiene su originalidad, sus tradiciones . . . ¡y a veces su propio idioma!° Claro, son todos españoles, pero son también catalanes, vascos, andaluces . . .

autonomías *autonomies (self-governing states)* **orgulluso** *proud* **propio idioma** *own language*

You may refer the students to the more detailed map of Spain on page xv.

SUGGESTED REALIA: map of Spain showing geography and provinces; posters, slides, postcards, stamps, travel brochures, etc.

Estructuras

A. Repaso: el pretérito de los verbos que terminan en −ar, −er, −ir

The preterite forms of verbs in **−ar, −er** and **−ir** are summarized below:

INFINITIVE:	hablar	comer	escribir
PRETERITE:			
(yo)	hablé	comí	escribí
(tú)	hablaste	comiste	escribiste
(él, ella, Ud.)	habló	comió	escribió
(nosotros)	hablamos	comimos	escribimos
(vosotros)	hablasteis	comisteis	escribisteis
(ellos, ellas, Uds.)	hablaron	comieron	escribieron

SCRIPT
Act. 3

Act.
Book

 The **−ar** and **−er** verbs which have a stem change in the present tense do not have this change in the preterite.

Act. 5

	hoy (presente)	ayer (pretérito)
pensar (e → ie)	Elena piensa ir a la playa.	Elena pensó ir al cine.
encontrar (o → ue)	Encuentro a Paco.	Encontré a Luis.
perder (e → ie)	Carlos nunca pierde nada.	Perdió su libro.
volver (o → ue)	Casi siempre vuelvo a casa a las tres.	Volví a las cuatro.

ACTIVIDAD 1   El viaje de Angélica del Río

Imagina que eres un(a) periodista *(journalist)* que trabaja para una revista argentina. Tienes que describir el viaje a Madrid de Angélica del Río, una famosa actriz de la televisión argentina. Éstas son tus notas del viaje. Están en el presente. Prepara tu artículo, cambiando tus notas al pretérito.

VARIATIONS with other subjects: **yo** (Angélica narrates her trip); **nosotros** (Angélica and a friend narrate their trip).

 El lunes llega a Madrid.   El lunes llegó a Madrid.

1. Busca un buen hotel.
2. Por la tarde sale con una amiga.
3. El martes visita el Museo del Prado.
4. El miércoles come en el restaurante «Jockey».
5. Después asiste a un concierto flamenco.
6. El jueves da una fiesta.
7. El viernes recibe la visita de un periodista italiano.
8. Habla con él de su carrera en Buenos Aires.
9. El sábado se queda en el hotel.
10. Recibe un telegrama de su agente.
11. Llama por teléfono a la Argentina.
12. El domingo vuelve a Buenos Aires.

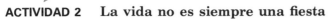

ACTIVIDAD 2   La vida no es siempre una fiesta

Los siguientes problemas están ocurriendo ahora. Descríbelos dos horas después.

✍ Elena se despierta tarde.   Elena se despertó tarde.

1. Miguel se despierta de mal humor.
2. Rafael pierde sus libros.
3. El profesor pierde la paciencia.
4. Carlos encuentra a su peor enemigo *(enemy).*
5. Susana encuentra a su peor enemiga.

6. Felipe vuelve a casa muy tarde.
7. Isabel no juega con sus amigas.
8. Luisa no empieza a estudiar inglés.
9. Carmen no entiende al profesor.
10. Miguel no recuerda la hora de su cita con María.

B. El pretérito: verbos con cambios que terminan en *–ir*

The **–ir** verbs which have a stem change in the present (and only these verbs) also have a stem change in the preterite. Note the change that takes place in the preterite forms of **sentirse** and **dormir.**

INFINITIVE:	**sentirse**	**dormir**
PRETERITE:		
(yo)	Me sentí bien.	Dormí bien.
(tú)	Te sentiste cansado.	Dormiste poco.
(él, ella, Ud.)	Se sintió en buena forma.	Durmió mucho.
(nosotros)	Nos sentimos cansados.	No dormimos bastante.
(vosotros)	Os sentisteis contentos.	Dormisteis bien.
(ellos, ellas, Uds.)	Se sintieron nerviosos.	No durmieron bastante.

✍ The **–ir** verbs which have a stem change in the present have the following stem change in the **él** and **ellos** forms of the preterite.

Note: The students have seen this same stem change in the present participle of these verbs.

e → i	pedir	Manuel me pidió mi bicicleta.
o → u	dormir	Isabel no durmió bien anoche.

ACTIVIDAD 3   La fiesta de Margarita

Margarita invitó a muchos amigos a una fiesta, pero no todos se divirtieron. Di *(Say)* quién se divirtió y quién no.

VARIATION: The same people attended a boring lecture. Say who fell asleep and who did not. **Tú: No te dormiste.**

✍ tú: no   No te divertiste.

1. Pablo: sí
2. Rebeca: no
3. yo: sí
4. nosotros: sí

5. mis amigos: no
6. los amigos de Carmen: sí
7. Lucía: sí
8. el novio de Lucía: no

See TPR Activities 21 and 22, pages TG40–TG41.

VOCABULARIO PRÁCTICO En el café

las bebidas (drinks)

el agua **el café** **el té** **la leche** **el jugo de frutas** **el vino** **la cerveza** **la gaseosa**

las comidas (food)

un sándwich **una hamburguesa** **una ensalada** **un helado** **un pastel**

servir (e → i) to serve Mis amigos **sirvieron** una gran comida.

tener sueño	to be sleepy
tener sed	to be thirsty
tener calor	to be hot
tener frío	to be cold
tener hambre	to be hungry

NOTA: In Spanish, expressions of how one feels physically usually use **tener.**
Tengo hambre means *I am hungry* (or literally, *I have hunger*).

• **El agua** is feminine. **El** and **un** are used before a feminine noun beginning with a stressed **a.**
• EXTRA VOCABULARY: **las papas fritas** (french fries), **las rositas de maíz** (popcorn), **el yogur** (yogurt).

The students should be reminded that alcohol can be a dangerous substance and should not be consumed until the legal age, and always with extreme moderation.

ACTIVIDAD 4 En la cafetería

Las siguientes personas están en la cafetería. Di qué pidieron estas personas.

  tú: un helado   Pediste un helado.

VARIATION: The same people helped serve food and drink at a party. **Serviste un helado.**

1. Paco: jugo de frutas
2. María: una hamburguesa
3. nosotros: cervezas
4. Guillermo: una ensalada
5. yo: un pastel
6. mi hermano: un sándwich
7. Uds.: gaseosas
8. las amigas de Juan: café
9. mi mamá: té
10. mi hermana menor: leche

ACTIVIDAD 5 Para cada ocasión   ★ SELF-EXPRESSION

Completa las siguientes oraciones con el verbo **beber** o **comer** y la bebida o la comida apropriada.

1. Cuando tengo sed . . .
2. Cuando tengo hambre . . .
3. Cuando tengo frío . . .
4. Cuando tengo calor . . .
5. Cuando tengo sueño . . .
6. Cuando mis padres van al restaurante . . .
7. Los ingleses . . .
8. Los norteamericanos . . .
9. Los alemanes . . .
10. Los franceses . . .

JUGOS · FRUTAS · JUGOS

Trópico jugoso

JUGOS REFRESCANTES
- NARANJA .... Bs. 2.00
- PIÑA .... Bs. 2.00
- TORONJA .... Bs. 2.00
- TOMATE .... Bs. 2.00
- GUANABANA .... Bs. 2.00

realia
p. TG63

ACTIVIDAD 6   La indigestión

Carlos celebró su cumpleaños en un restaurante, pero comió demasiado. Cuenta qué le pasó a Carlos.

 Carlos decide ir a un restaurante.
Carlos decidió ir a un restaurante.

VARIATIONS with other subjects: Carlos y Pablo decidieron ir..., Tú decidiste..., Tú y yo decidimos...

1. Pide una hamburguesa.
2. Pide dos ensaladas.
3. Pide un helado.
4. Pide otro helado.
5. Come demasiado.
6. Bebe vino.
7. Bebe demasiado.
8. Se siente mal.
9. Vuelve a su casa.
10. Se siente muy enfermo.
11. Se acuesta.
12. Se duerme.
13. Duerme doce horas.
14. Se siente mejor cuando se levanta.

ACTIVIDAD 7   Conversación con el Dr. Ruiz

Carlos llamó al Dr. Ruiz por teléfono para contarle lo que le pasó. Haz el papel de Carlos usando las oraciones de la actividad anterior.

 Carlos decide ir a un restaurante.   Decidí ir a un restaurante.

ACTIVIDAD 8   ¡Así es la vida!   ★ DESCRIPTION

Vamos a ver cuántos incidentes (afortunados o desafortunados) de la vida puedes describir en cinco minutos. Usa los elementos de las columnas A, B y C para crear oraciones afirmativas o negativas. Usa el pretérito.

A	B		C	
yo	encontrar	romper	diez dólares	de mal humor
Juan	ganar	romperse	el televisor	en la calle
nosotros	jugar	divertirse	dinero	en casa
Elena y Carmen	caerse	sentirse	la pierna	enfermo(a)(s)
	(to fall down)	salir	en la fiesta	malas notas
	perder	recibir	con unos amigos	en la clase

 Elena y Carmen se divirtieron en la fiesta.

Pronunciación Las sílabas con acento

Model words: h<u>a</u>blo   habl<u>ó</u>

Practice words: c<u>o</u>me   dej<u>é</u>;   cont<u>e</u>sto   contest<u>ó</u>;   s<u>a</u>lgo   sali<u>ó</u>

Practice sentences: Hoy, c<u>o</u>mpro el periódico. Ayer, mi papá lo compr<u>ó</u>.

Hoy, h<u>a</u>blo con Carlos. Ayer, mi amigo habl<u>ó</u> con él.

Hoy, le cont<u>e</u>sto al profesor. Ayer, mi hermano le contest<u>ó</u>.

In the **yo** and **él** forms of the preterite, the accent falls on the last
syllable. Be careful to stress the last syllable as you pronounce these
verbs.

ALTERNATE: Write an original news item similar to those at the beginning of the lesson.

Para la comunicación

> **Expresión para la composición**
>
> luego   *then*

Mini-composición   La excusa

Imagina que un robo *(robbery)* ocurrió anoche en el barrio donde vives.
La policía está interrogando a los vecinos *(neighbors)*. En un párrafo de
diez oraciones describe tus actividades de ayer, entre las cinco y las once
de la noche. Si quieres, puedes usar los siguientes verbos.

visitar / invitar / llamar por teléfono / mirar /
escuchar / quedarse / estudiar / encontrar / jugar /
comer / leer / asistir / escribir / pedir / salir /
oír / volver / sentirse / acostarse / dormirse

Usa la expresión para la composición.

A las cinco, visité a un amigo. Volví a casa a las cinco y media y **luego** . . .

 Act. Book

 SCRIPT Act. 11

 ¡Hola! Act. Book

 TRP

 Act. Book

 QUIZ

 Act. Book Test/Repaso

 TESTS Unit Proficiency

145

¡Vamos a leer!   ¿Qué hicieron?

hicieron: *did they do*

Cada cual a su manera,° las siguientes personas influyeron en el mundo en que vivieron. ¿Puedes identificarlas?

Lee atentamente° cómo cada uno describe lo que° hizo.° Decide a qué retrato° corresponde cada descripción.

Cristóbal Colón
(1451-1506)

Roberto Clemente
(1934-1972)

Gabriela Mistral
(1889-1957)

Isabel la Católica
(1451-1504)

Pablo Picasso
(1881-1973)

Juan de la Cierva
(1896-1936)

Cada cual a su manera: *Each in his (her) own way*
atentamente: *carefully,*
lo que: *what,*
hizo: *did*
retrato: *portrait*

(1) No, yo no soy español . . . Nací° en Italia. Pero hice muchas cosas por España, mi país adoptivo. Descubrí un continente nuevo, por ejemplo. (Claro, muchas personas envidiosas° dicen que yo no fui° el primer hombre blanco allí . . . pero, ¿dicen la verdad?) Lo cierto° es que hice° cuatro viajes al nuevo continente . . . y que millones de europeos vinieron después que yo.   Colón

Nací: *I was born*

envidiosas: *envious,*
fui: *I was*
Lo cierto: *What is certain*
hice: *I made*

(2) Yo soy español, ciento por ciento. Sin embargo, viví gran parte de mi vida fuera° de España. Nací en el siglo° XIX (diez y nueve) y fui° a Francia a la edad° de diez y nueve años. Allí me dediqué totalmente a mi arte y llegué a ser° el pintor más famoso de mi época. ¡Fui el artista que creó° el arte moderno!   Picasso

fuera: *outside,*
siglo: *century,*
fui: *I went*
edad: *age*
llegué a ser: *I became*
creó: *created*

(3) No soy español . . . sino° española. Fui una reina° . . . es decir° la mujer más importante de mi época. Pero no es por eso que la gente de hoy se acuerda de mí.° Es porque di mi ayuda° al hombre que descubrió América.   Isabel la Católica

sino: *but,*
reina: *queen,*
es decir: *that is to say*
se acuerda de mi: *remember me,*
ayuda: *help*

(4) Yo también soy una mujer hispánica, pero no soy española. Nací en Chile. Fui maestra ... fui directora de escuela ... fui embajadora° ... fui escritora. Escribí muchos libros de poemas. Gané el premio° Nobel de literatura en 1945 (mil novecientos cuarenta y cinco). ¡Fui la primera persona de origen latinoamericano que recibió este famoso premio! Mistral

embajadora: *ambassador*
premio: *prize*

(5) No fui ni° explorador ni° poeta ni artista. ... Fui deportista. Empecé a jugar al béisbol en Puerto Rico a la edad de seis años. Más tarde,° llegué a ser uno de los más famosos jugadores profesionales. Un año recibí el honor más grande de mi carrera: el título del jugador más valioso° ... Pero el béisbol no fue el único° interés en mi vida.° Para mí, lo° más importante siempre fue ayudar a otros. En 1972 (mil novecientos setenta y dos) hubo° un terremoto° terrible que devastó Nicaragua ... Tomé un avión para ayudar a las víctimas, pero el avión tuvo° un accidente y ... Clemente

ni ... ni: *neither...nor*
más tarde: *later*

valioso: *valuable,*
único: *only*
vida: *life,*
lo: *the thing*
hubo: *there was*
terremoto: *earthquake*
tuvo: *had*

(6) Hoy no hay mucha gente que se acuerda de mí. Sin embargo, Uds. pueden ver el resultado de mi invención en casi todos los aeropuertos del mundo. En los Estados Unidos, la policía lo usa para vigilar° el tráfico y salvar° a la gente en peligro.° Fui el ingeniero que inventó el autogiro, base° de los helicópteros modernos. de la Cierva

vigilar: *watch over*
salvar: *save,*
peligro: *danger*
base: *basis*

> ◗ POSTREADING ACTIVITY Have the students in small groups pick one of the six portraits and find additional information about that person.

El arte de la lectura

Enriching your vocabulary: cognate patterns es → s

Many Spanish words which begin with **es-** correspond to English words beginning with **s-**.

España	*Spain*
español	*Spanish*
Estados Unidos	*United States*
escuela	*school*

Ejercicio

Determine the meanings of the following Spanish words and then use each one in an original sentence.

ADJECTIVES:	NOUNS:	VERBS:
estupendo	el (la) estudiante	estudiar
espléndido	la escultura	esquiar
estricto	la estatua	
especial	la estación	
estudioso	la escena	

¿Y ustedes? All answers will vary.

Guided self-expression

Building reading comprehension

Complete the following sentences with an expression that best reflects your personal situation or preferences. Then compare your answers with those of your classmates. You may want to establish a class survey.

Por la noche, cuando no tengo sueño, prefiero . . .

1 Cuando tengo sed, prefiero beber . . .
- una gaseosa
- leche
- té helado°
- agua
- ¿?

2 Cuando tengo hambre, prefiero comer . . .
- un sándwich
- una hamburguesa
- un pastel
- un helado
- ¿?

3 Por la noche, cuando no tengo sueño, prefiero . . .
- leer un buen libro
- mirar la televisión
- llamar por teléfono a mis amigos
- hacer las tareas
- ¿?

4 Al regresar a casa ayer . . .
- llamé a un(a) amigo(a)
- miré la televisión
- leí el periódico
- jugué con mis hermanos
- ¿?

5 Anoche, inmediatamente después de la cena° . . .
- salí de casa
- ayudé a mi mamá
- hice° las tareas
- me acosté
- ¿?

6 El sábado por la noche . . .
- salí con mis amigos
- me quedé en casa
- cené° en casa de mis primos
- visité a mis abuelos
- ¿?

148   **té helado** *iced tea*   **cena** *dinner*   **hice** *I did*   **cené** *I had dinner*

7 En el último examen de español . . .

- salí muy mal
- saqué una buena nota
- recibí una C
- no me equivoqué
- ¿?

8 Para mí, lo más importante en la clase de español es . . .

- aprender algo útil
- conocer a otros chicos
- divertirme
- sacar buenas notas
- ¿?

Conversaciones

This activity consists of several conversations between two speakers, A and B. Put these conversations together by matching each of A's questions or comments with an appropriate response from the box. You may act out each conversation with a classmate.

1 **Saturday morning**

A: ¿Saliste anoche?
B: —
A: ¿Qué viste?
B: —
A: ¿Te gustó?
B: —

2 Una comedia norteamericana con Eddie Murphy.

3 Sí, me divertí mucho.

1 No, me quedé en casa y miré la televisión.

2 **Saturday afternoon**

A: ¿Quieres ir al cine conmigo?
B: —
A: ¿Por qué?
B: —
A: ¿Ganaste el partido?
B: —
A: ¡Ay, qué lástima!

3 ¡No! ¡Perdí!

1 No puedo. Estoy muy cansado.

2 Acabo de jugar al tenis.

149

3 Telephone call

A: Hola, Carlos. ¿Qué tal?

B: —

A: ¿Puedo hablar con tu hermana?

B: —

A: ¿Cuándo salió?

B: —

A: ¿Puedes decirle que voy a llamarla esta noche?

B: —

> 2 No está en casa. Acaba de salir.
>
> 3 Hace unos veinte minutos.
>
> 1 Muy bien, gracias.
>
> 4 ¡Por supuesto!

4 At the cafeteria during lunch

A: ¿Por qué estás tan triste?

B: —

A: ¿Qué nota sacaste?

B: —

A: Pero, no es una mala nota.

B: —

A: ¡Pobre Enrique! ¡Siempre te preocupas!°

> 2 Una B.
>
> 3 Es verdad, pero yo esperaba° una A.
>
> 1 Es que salí mal en el examen de francés.

5 Between classes

A: ¿Vas a invitar a tu novio a la fiesta?

B: —

A: ¡Dios mío! ¿Qué le pasó?

B: —

A: ¿Y cómo se siente ahora?

B: —

> 3 Mucho mejor.
>
> 2 Se cayó de la bicicleta y se rompió la pierna.
>
> 1 No es posible. El pobre está en el hospital.

6 Before school

A: ¿Sabes quien ganó el partido de fútbol ayer?

B: —

A: ¿Viste el partido en la tele?

B: —

A: Entonces, ¿cómo sabes quién ganó?

B: —

> 2 No, anoche salí con mis amigos.
>
> 1 ¡Claro! El Real Madrid, 3 a 1.
>
> 3 Es que leí el periódico esta mañana.

150   **esperaba** *I was hoping for*   **te preocupas** *you worry*

Situaciones

Model questions only. All questions and answers will vary.

Imagine you are in the following situations. Choose a partner. Your partner
will play the role of the other person in the situation and answer your
questions.

1   **It is Saturday, about one in
the afternoon, and you are
downtown with your partner.**

Ask your partner . . .

- if he/she is hungry
  ¿Tienes hambre?
- if he/she is thirsty
  ¿Tienes sed?
- what he/she wants to eat
  ¿Qué quieres comer?
- what he/she wants to drink
  ¿Qué quieres para beber?

2   **Your partner is yawning.**

Ask your partner . . .

- if he/she feels sleepy
  ¿Tienes sueño?
- at what time he/she got up
  this morning
  ¿A qué hora te levantaste?
- at what time he/she went to
  bed last night
  ¿A qué hora te acostaste anoche?

3   **This morning your partner
looks very happy and you want
to find out why.**

Ask your partner . . .

- if he/she went out last night
  ¿Saliste anoche?
- if he/she got some good news
  (noticias)
  ¿Tuviste noticias buenas?
- if he/she passed the Spanish
  test
  ¿Saliste bien en el examen de español?

4   **It is Monday morning and you
want to know what your
partner did over the weekend.**

Ask your partner . . .

- if he/she went out (and if so,
  with whom)
  ¿Saliste este fin de semana? ¿Con quién?
- if he/she saw a movie (and if
  so, which movie)
  ¿Viste una película? ¿Cuál?
- if he/she bought cassettes
  (and if so, which cassettes)
  ¿Compraste cassettes? ¿Cuáles?

5   **Your partner went to a great
party last weekend and you are
curious.**

Ask your partner . . .

- who gave the party
  ¿Quién dio la fiesta?
- with whom he/she danced
  ¿Con quién bailaste?
- what he/she ate (or drank)
  ¿Qué comiste? ¿Qué bebiste?
- at what time he/she got home
  ¿A qué hora llegaste a casa?
- if he/she had fun
  ¿Te divertiste?

Intercambios

Interpersonal communication

Building oral proficiency

Small group activity

1 Imagine it is lunchtime and you are in town with four of your class-mates. You are getting hungry and decide to go to a fast-food place. Decide on what you are going to have yourself. Then ask your friends what they each want to eat or drink. Complete a take-out slip similar to the one below. List all the items that your group is ordering. Then add up all the different foods and drinks you will need to order.

MODELO — Dolores, ¿qué vas a comer?
— Voy a comer un sándwich.
— Y, ¿qué vas a beber?
— ...

	para comer	para beber
1. *yo*	*una hamburguesa*	*leche*
2. *Dolores*	*un sándwich*	
3.		

3 hamburguesas
2 sándwiches

2 Compare what you and your classmates did last night. Draw a chart similar to the one below. First write what you did. (For example: How long did you study? What programs did you watch on TV? At what time did you go to bed?) Then ask 3 classmates for the same information. Did any of your classmates do exactly the same things you did?

MODELO — Jaime, ¿por cuánto tiempo estudiaste ayer?
— Estudié 30 minutos.
— ¿Qué programa viste en la televisión?
— Vi Jeopardy.
— ¿Y a qué hora te acostaste?
— ...

yo	mis compañeros			
	1 *Jaime*	2	3	4
Anoche estudié por 2 horas. En la televisión, vi Nova. Me acosté a las diez y media.	*30 minutos Jeopardy*			

3 You are working as a waiter/waitress in a Spanish cafeteria. Three of your classmates are sitting at a table. Take their orders by asking each one:

- *what he/she wants to eat*
- *what he/she wants to drink*

Total up their orders on a chart similar to the one at the right.

MODELO
—¡Buenas tardes! Señorita, ¿qué quiere comer Ud.?
—Un pastel, por favor.
—Y, ¿qué quiere beber?
—Un té, por favor.
—Un pastel y un té. Muy bien. ¿Y Ud., señor, …?

2 hamburguesas
1 sándwich
2 helados
1 pastel
1 gaseosa
1 té
1 leche fría

4 Your class is doing a survey to find out what young people do at home in the evenings. Work with a partner and prepare an information card similar to the one below, listing various activities. Take turns asking one another about your evening activities and mark the information in the appropriate spaces.

MODELO
—¿Estudiaste anoche?
—Sí, estudié.
—¿Por cuánto tiempo?
—Por una hora y media.
—¿Ayudaste a tu mamá?
—Anoche, no.

actividades	Elena	Pedro
estudiar	90 min.	
ayudar		
mirar la televisión		
leer		
jugar a juegos electrónicos		
hablar por teléfono		

La vida práctica

Building reading comprehension

Tell students that they can refer to the **La vida práctica** glossary on pages 325-326 for unknown vocabulary in the realia documents.

1 **The report card**

Just like their American counterparts, students in Hispanic countries get report cards which they must bring home to their parents. Look at the report card on the right and on the next page.

- What is the student's name?
  Raúl Aranda Suárez

- What is the name of his school ?
  Anglo Colombian School

- What grade is he in?
  Second year of high school

- How many grading periods does the report card cover?
  4

- In which subject did the student get the best grade on the midterm exam? On the final exam?
  English; biology

- In which subject did he get the worst grade on the midterm exam? On the final exam?
  mathematics; history

- In which subject did he improve the most?
  biology

- In general, how is his performance evaluated by his teacher? By the vice principal of the school?
  They are satisfied with his work.

- Has there been a change in evaluation between the four grading periods?
  yes

- Who must sign the report card?
  A parent

Look at the report card again.
Answers will vary.

- Which of the subjects listed in the report card do you take now?

- Of these, which one do you like the most?

- Which one do you like the least?

No. [   ]

ANGLO COLOMBIAN SCHOOL

BACHILLERATO SECTION

LIBRETA DE CALIFICACIONES

Año 1990 – 1991   Curso: 2°

Nombre ...... Raúl Aranda Suárez ......

Bachillerato *college preparatory curriculum in Hispanic secondary schools*
curso *grade level*   **2°** *second*

154

*Explain that *padre* means "parent" here.

Alumno (a) ___Raúl Aranda Suárez___

Asignaturas	CALIFICACIONES						
	Períodos		Evaluación Intermedia	Períodos		Evaluación Final	Definitiva
	1	2		3	4		
Ética y Moral							
Filosofía							
Historia	7	7	7	7	7	7	
Geografía	7	7	7	7	8	8	
Comportamiento y Salud	6	5	6	7	7	8	
Español	7	7	7	8	8	8	
Inglés	8	8	8	8	8	8	
Francés							
Química							
Biología	5	6	6	9	9	9	
Física							
Matemáticas	5	5	5	6	8	8	
Matemáticas Adicionales							
Educación Física	7	8	7	7	7	8	
Conducta	6	6		7	8		
Esfuerzo	6	6		7	9		
Detención (s)							
Ausente día (s)	3	3		1	-		
Retardos	6	5		3	2		
Cartas Nos.							

Aprobó el curso Sí ☑   No ☐

Observaciones del Colegio

Primer Período
Director del Curso *Poco interés y participación en clase. Es capaz de mucho más.*

El Vice Rector, *¡Debe estudiar más!*

Firma del Padre *Francisco Aranda Velasco*

Segundo Período
Director del Curso *Se nota una mejora en general, pero necesita estudiar en forma más organizada.*

El Vice Rector, *Recomiendo más sesiones con la orientadora para practicar técnicas de estudio.*

Firma del Padre *Francisco Aranda Velasco*

Tercer Período
Director del Curso *Demuestra interés y esfuerzo. Va mejorando notablemente*

El Vice Rector, *Estoy muy satisfecho con su trabajo. ¡Adelante!*

Firma del Padre *Francisco Aranda Velasco*

Cuarto Período
Director del Curso *¡Muy buen progreso! Tiene especial talento para las ciencias.*

El Vice Rector, *¡Felicitaciones! ¡Buena suerte el año próximo!*

Firma del Padre

Asignaturas *Courses*   **Calificaciones** *Grades*   **Período** *Grading period*   **Evaluación Intermedia** *Midterm exam*
Evaluación Final *Final exam*   **Comportamiento y Salud** *Behavior and Health*   **Esfuerzo** *Effort*   **Retardos** *Tardy arrivals*
mejora *improvement*   **satisfecho** *satisfied*

Vamos a escribir

1 Imagine you are opening an American-style café in Mexico City. On a separate piece of paper, draw up a menu in Spanish listing the various foods and drinks that you would serve.

Menú

Para Comer
(comidas)

hamburguesas
sándwiches
ensaladas

Para Beber
(bebidas)

leche
té
gaseosas

2 Do you keep track of your expenses? Think of 4 things you bought recently. On a separate sheet of paper, describe each item and how much you paid for it.

¿Qué?	¿Cuánto?
una cassette	Pagué diez dólares por ella.
un disco	Pagué quince dólares por él.
un televisor	Pagué doscientos cincuenta dólares por él.
una cámara	Pagué ciento setenta y cinco dólares por ella.

156

3 Everyone has good days and bad days. Think back over the past week and write down 3 good things that happened to you and 2 things that were not so good. If you wish you may use the following verbs:

- *jugar, ganar, recibir, encontrar, salir, ver, comprar, sacar, invitar*
- *perder, romper, romperse ..., equivocarse, olvidarse, caer*

- *Saqué una A en historia.*
- Recibí un regalo de mis padres.
- Jugué en el partido de fútbol más importante del año.

- *Salí mal en el examen de español.*
- Me rompí la pierna.
-

4 Think back to the last time you went to a fast-food place with your friends or family. Describe what each person had to eat or drink.

Yo comí... una hamburguesa
y bebí... una gaseosa.
mi hermana Silvia
comió... un sándwich y bebió té.

Mi papá comió una ensalada y bebió una cerveza.

157

5 Write in your Spanish diary what you did yesterday. You may include some of the following information.

- *when did you get up?*

- *when did you arrive at school?*

- *what time did you get home?*

- *did you watch TV? (if so, what program)*

- *did you help your mother or father?*

- *at what time did you eat?*

- *did you study a lot?*

- *when did you go to bed?*

- *did you sleep well?*

Ayer me levanté a las siete...

y media de la mañana. Llegué a la escuela

a las ocho y media. Llegué a la casa a las

tres de la tarde. No miré la televisión. No

ayudé a mi papá. Ayudé a mi mamá.

Comimos a las seis. Estudié mucho. Me

acosté a las diez. Dormí muy bien.

6 Write a short note to María, your Mexican pen pal, telling her 5 things you did last weekend. You may want to use the following suggestions.

- *Did you stay home or go out?*

- *What did you do?*

- *Whom did you meet?*

- *What film did you see?*

- *What time did you return home?*

Students will not learn the preterite forms of *ir, hacer* and several other irregular verbs until the next unit. If they want to use these verbs in their letters, have them look up the forms in the appendix, p. 285-286.

Querida María, El fin de semana pasado, salí con Raúl. Asistimos a... un

concierto de rock. Nos encontramos con

Ricardo y Dulce. Vimos "Las Tortugas Ninja".

Volvimos a casa a las once y media.

Cordialmente,

Active Vocabulary

SCHOOL

(el) examen	(la) escuela
(el) fin	(la) nota
	(la) tarea

FOOD/DRINKS

(el) café	(el) té	(la) bebida	(la) hamburguesa
(el) helado	(el) vino	(la) cerveza	(la) leche
(el) jugo de frutas	(el) agua	(la) comida	
(el) pastel		(la) ensalada	
(el) sándwich		(la) gaseosa	

DESCRIPTIONS

difícil	fácil
enojado	feliz
inútil	útil

ACTIVITIES

acabar (de)	caer [caigo]	descubrir
cambiar	deber + *inf.*	recibir
contestar	romperse	salir bien (mal) en...
dejar	tener calor	servir [i]
equivocarse	tener frío	ir a pie (en avión, etc.)
olvidarse de	tener hambre	
pasar	tener sed	
sacar una nota	tener sueño	

TIME

anoche	a tiempo	¿Cuánto tiempo hace que...?
ayer	tarde	Hace (3 años) que...
durante	temprano	
hasta		

COMMUNICATIVE EXPRESSIONS

además	entonces
al mismo tiempo	luego

Unidad 9

Buscando trabajo

9.1 ¿Tienes las habilidades necesarias?

9.2 Aspiraciones profesionales

9.3 Un trabajo de verano

9.4 ¿Cuál es su trabajo?

¡VAMOS A LEER! ¿Qué profesión te conviene?

COMUNICANDO

OBJECTIVES

Communication

By the end of this unit, students will be able to use Spanish:

- To describe where they went last weekend
- To talk about what profession they would choose and why
- To describe their own talents
- To apply for a job and participate in a job interview

Language

This unit completes the presentation of the preterite by introducing the remaining common irregular preterite forms. (The imperfect will not be presented until Level 2 so as to minimize possible confusion of the two tenses.) This unit also presents:

- The distinction between **saber** and **conocer**
- The distinction between **por** and **para**
- The neuter pronouns **lo** and **lo que**
- The verb + infinitive and preposition + infinitive constructions

Culture

This focuses on careers, professions and the usefulness of knowing Spanish.

 Unit Nine   Module 19

TPR Actiivities 23–24, pages TG41–TG42.

161

 For background information on the photos (facing and above), see pages TG63–64.

Lección 1   ¿Tienes las habilidades necesarias?

¿Cuáles te gustan más . . . los trabajos manuales (como mecánico) o los trabajos intelectuales (como profesor)? Cada trabajo requiere aptitudes y habilidades especiales. ¿Tienes tú las habilidades necesarias para los siguientes trabajos?

habilidades: *abilities*

Para ser secretario(a) bilingüe . . .

- ¿Sabes hablar inglés?
- ¿Sabes hablar español?
- ¿Sabes hablar otros idiomas?
- ¿Sabes escribir a máquina?

Sabes: *Do you know how to*

idiomas: *languages*

escribir a máquina: *to type*

Para ser policía en una ciudad grande . . .

- ¿Sabes hablar español?
- ¿Sabes conducir un coche?
- ¿Conoces bien la ciudad?
- ¿Conoces los procedimientos de primeros auxilios en caso de accidente?

primeros auxilios: *first aid*

Para ser aeromozo(a) en una línea aérea internacional . . .
- ¿Sabes hablar español o francés?
- ¿Sabes ser diplomático(a) en toda ocasión?
- ¿Sabes cuidar a los niños?
- ¿Conoces bien las normas de cortesía?

cuidar: *take care of*

Para trabajar en una agencia de viajes . . .
- ¿Sabes hablar español?
- ¿Conoces el sistema métrico?
- ¿Conoces bien tu país?
- ¿Conoces otros países también?

INTERPRETACIÓN

Para cada trabajo . . .
- si contestaste afirmativamente tres o cuatro preguntas, eres muy buen(a) candidato(a).
- si contestaste afirmativamente una o dos preguntas, tienes habilidades para el trabajo, pero tienes muchas cosas que aprender.
- si contestaste negativamente todas las preguntas, no eres un(a) buen(a) candidato(a). No tienes las habilidades necesarias. Tienes que buscar otro trabajo.

Have the students vote on which of the suggested job qualifications is most important and least important.

Vamos a ver a quién conoces y qué sabes.

1. **¿Conoces** a los padres de tu mejor amigo?
   Sí, **conozco** a . . . (No, no **conozco** a . . .)
2. **¿Conoces** al (a la) director(a) de la escuela?
3. **¿Conoces** bien a los otros alumnos de la clase?
4. **¿Conoces** a chicos hispánicos?
5. **¿Sabes** dónde vive tu mejor amigo?
   Sí, **sé** dónde . . . (No, no **sé** dónde . . .)
6. **¿Sabes** dónde trabaja su padre o su madre?
7. **¿Sabes** dónde está la oficina del (de la) director(a)?
8. **¿Sabes** cómo se llaman los otros alumnos de la clase?

OBSERVACIÓN   Est. A

Both verbs **conocer** and **saber** mean *to know*.
- Which one means to know *people*?   conocer
- Which one means to know *certain information?*
  saber

Act. 2

NOTA CULTURAL

El español, ¡sí!

¿Sabes° que hay unos° veinte millones de personas de origen hispánico en los Estados Unidos? El español es la lengua de las comunidades hispánicas en ciudades grandes como Nueva York, Los Ángeles, Chicago, San Francisco, Miami y San Antonio.

En el mundo profesional de estas ciudades grandes, el empleo° del español se hace° más necesario. Hoy día es una gran ventaja° profesional saber hablar este idioma.° Abogados,° periodistas,° editores, administradores, profesionales de la radio y la televisión, trabajadores sociales y policías usan el español en sus trabajos.

Hay muchas oportunidades profesionales en los Estados Unidos. Un día, cuando busques° trabajo, vas a ver que un segundo idioma, como el español, abre° muchas puertas. Así que° dile° ¡Sí! al español.

p. TG64

Sabes *Do you know* **unos** *about* **empleo** *use* **se hace** *is becoming* **ventaja** *advantage* **idioma** *language* **Abogados** *Lawyers* **periodistas** *journalists* **busques** *you look for* **abre** *opens* **Así que** *Therefore* **dile** *say*

¿Cuántas personas de origen hispánico viven en los Estados Unidos? ¿Para quiénes es importante saber español? ¿Quieres ser trabajador(a) social? ¿Quieres trabajar en la radio o en la televisión?

SUGGESTED REALIA: job ads that indicate that a knowledge of Spanish is useful or required; bilingual pamphlets from local hospitals, utility companies, etc.

Estructuras

See TPR Activity 23, page TG41–TG42.

VOCABULARIO PRÁCTICO

Trabajos

un oficio	job, trade	**una fábrica**	factory
una profesión	profession	**una oficina**	office

medicina

un(a) dentista	dentist
un(a) doctor(a)	doctor
un(a) enfermero(a)	nurse
un(a) veterinario(a)	veterinarian

servicios públicos y sociales

un(a) policía	police officer
un(a) trabajador(a) social	social worker

trabajos de oficina

un(a) dibujante	draftsman; designer
un(a) secretario(a)	secretary

turismo

un(a) aeromozo(a)	flight attendant
un(a) agente de viajes	travel agent
un(a) guía	guide

atender (e → ie)	to take care of, to wait on	Un aeromozo **atiende** a las personas en el avión.
dibujar	to draw	¿Te gusta **dibujar?**
escribir a máquina	to type	**¿Escribes** tus cartas **a máquina?**

NOTA: Remember that after **ser** the indefinite article (**un, una**) is not used with names of professions, unless the profession is modified by an adjective.

¿Es **veterinario** tu padre?   Sí, es **un veterinario muy bueno.**

¿Quieres ser **doctor?**   Sí, voy a ser **un doctor famoso.**

Have the students bring to class a picture of one of these occupations and explain in three sentences whether they like it or not and why. Example: **No quiero ser aeromoza. No me gusta viajar mucho. Prefiero...**

ACTIVIDAD 1   Preguntas personales   ★ SELF-EXPRESSION

1. ¿Trabaja tu papá en una oficina? ¿en un hospital? ¿en una estación de servicio? ¿en una fábrica? ¿en casa?
2. ¿Trabaja mucho tu mamá? ¿Trabaja en casa? ¿Trabaja fuera (outside) de casa?
3. ¿Quieres ser aeromozo(a)? ¿profesor(a)? ¿doctor(a)? ¿policía? ¿trabajador(a) social? ¿enfermero(a)?
4. ¿Trabajaste en una oficina el verano pasado? ¿en una fábrica? ¿en una tienda? ¿en un restaurante?
5. ¿Dibujas bien? ¿Quieres ser dibujante?
6. ¿Escribes a máquina? ¿Escribes rápido?

ACTIVIDAD 2   ¿Cuál es su trabajo?   ★ DESCRIPTION

Describe el trabajo de cada persona en la columna A, usando un elemento de las columnas B, C y D.

A	B	C	D
un(a) aeromozo(a)	atender	a la gente	en un avión
un(a) doctor(a)	enseñar	a los alumnos	en una escuela
un(a) secretario(a)	escribir	a los enfermos	en un hospital
un(a) profesor(a)	dibujar	a los pasajeros	en una oficina
un(a) enfermero(a)	ayudar	(passengers)	en la calle
un(a) policía		a los animales	
un(a) veterinario(a)		a los turistas	
un(a) arquitecto(a)		cartas a máquina	
		planos	

Un profesor enseña a sus alumnos en una escuela.

A. Conocer y saber

In Spanish there are two verbs which mean *to know:* **conocer** (which you have already learned) and **saber.** Note the present tense forms and uses of these verbs in the following sentences.

Act. 6

INFINITIVE:	**conocer**	**saber**
PRESENT:		
(yo)	**Conozco** a Paco.	**Sé** que es de México.
(tú)	**Conoces** a Inés.	**Sabes** dónde vive.
(él, ella, Ud.)	**Conoce** al Dr. Suárez.	**Sabe** que es un buen dentista.
(nosotros)	**Conocemos** a esta chica.	**Sabemos** cómo se llama.
(vosotros)	**Conocéis** a María.	**Sabéis** de dónde es.
(ellos, ellas, Uds.)	**Conocen** a Pedro.	**Saben** que es un buen chico.
PRESENT PARTICIPLE:	**conociendo**	**sabiendo**

- Conocer and saber have irregular **yo** forms. All other present tense forms have regular **– er** endings.
- Although **conocer** and **saber** both correspond to the English verb *to know*, their meanings and uses are quite different. **Conocer** and **saber** may not be substituted for one another.

The following chart summarizes the uses of these two verbs.

conocer	+	people places things	**Conozco** a Felipe. **¿Conoces** Los Ángeles? **¿Conoce** Ud. esta novela?
saber	+	**que** **si** interrogative expressions	**Sé que** el padre de Paco es profesor. **¿Sabes si** su mamá trabaja? **¿Sabes dónde** está Luisa? No **sé cómo** se llama su hermana. No **sabemos a qué hora** empieza la película.
saber	+	fact	**¿Sabe** Ud. la **hora**?
saber	+	infinitive	**¿Sabes escribir** a máquina?

When used after **saber**, interrogative expressions keep their accent marks, as indirect questions.

- **Conocer** means *to know* in the sense of *to be acquainted* or *familiar with*. It is almost always used with nouns (or pronouns) designating *people* and *places*.
  It may sometimes be used with nouns designating *objects* or *facts*.
- **Saber** means *to know* in the sense of *to have information, to know a fact*. It is followed by nouns designating facts and by *clauses*.
  Saber may also be followed by an infinitive. It then means *to know how (to do something)*.

¿Sabes nadar? ⎰ *Do you know how to swim?*
⎱ *Can you swim?*

ACTIVIDAD 3   Diálogo: ¿Tienen talento tus compañeros?

Pregúntales a tus compañeros si saben hacer estas cosas.

꘍ nadar   Estudiante 1: ¿Sabes nadar?
               Estudiante 2: Sí, sé nadar.
                             (No, no sé nadar.)

1. bailar
2. esquiar
3. jugar al tenis
4. reparar un reloj
5. reparar un coche

6. sacar fotos
7. hablar español
8. hablar otros idiomas *(languages)*
9. escribir a máquina
10. dibujar

SCRIPT

Act. 8

ACTIVIDAD 4   Raúl

Raúl es un estudiante de intercambio *(exchange)* que acaba de llegar de
México. Algunas personas lo conocen y saben que es de México. Otras no.
Di quién lo conoce y quién no, según el modelo.

꘍ Linda: no   Linda no conoce a Raúl.
                   No sabe que es de México.

1. Luis: sí
2. yo: sí
3. nosotros: sí
4. tú: no
5. mis amigos: no
6. el profesor de francés: sí
7. mis padres: no
8. la profesora de inglés: no

ACTIVIDAD 5   Diálogo: ¿Los conocen?

Pregúntales a tus compañeros si conocen a las siguientes personas o los
siguientes lugares *(places)*.

꘍ el (la) director(a) de la escuela   Estudiante 1: ¿Conoces al (a la) director(a) de la
                                                         escuela?
                                           Estudiante 2: Sí, lo (la) conozco.
                                                         (No, no lo (la) conozco.)

1. el doctor de tu mejor amigo
2. el dentista de tus padres
3. el jefe *(boss)* de tu padre
4. tus vecinos *(neighbors)*
5. la familia de tu profesor(a)
6. la ciudad de Nueva York
7. la ciudad de Los Ángeles
8. la ciudad de San Antonio

ACTIVIDAD 6 Ana María

Ana María es una alumna nueva en tu clase. Tu compañera Julia la conoce mejor que tú. Hazle a Julia estas preguntas sobre Ana María usando **conocer** o **saber** correctamente.

VARIATION: Does she know the twins José and Josefina?

☞ ¿Ana María?   ☞ ¿Conoces a Ana María?

1. ¿dónde vive?
2. ¿su casa?
3. ¿de dónde es?
4. ¿si tiene hermanos?
5. ¿su familia?
6. ¿sus abuelos?
7. ¿cómo se llama su mamá?
8. ¿qué le gusta hacer los fines de semana?
9. ¿su mejor amiga?
10. ¿bien a su padre?
11. ¿qué hace ella?
12. ¿dónde trabaja?

p. TG64

B. El pronombre *lo*   OPTIONAL

In the following answers, note the pronoun used to replace the underlined words.

¿Sabes <u>dónde trabaja Carlos</u>?   No, no **lo** sé.   *I don't know **that**.*

<u>Luisa es la mejor alumna de la clase</u>, ¿verdad?   No **lo** creo.   *I don't believe **it**.*

☞ The neuter pronoun **lo** is used to replace a clause or part of a sentence (rather than just a noun). It is often used with verbs such as **saber, esperar, creer, decir.**

OPTIONAL

ACTIVIDAD 7   Preguntas personales   ★ SELF-EXPRESSION

Act.
Book

1. ¿Sabes si vas a sacar una «A» en español?
2. ¿Sabes si vas a visitar México este verano?
3. ¿Sabes dónde está tu primo ahora?

4. ¿Sabes dónde trabaja tu tío?
5. ¿Sabes qué profesión vas a tener en el futuro?
6. ¿Sabes si vas a ser profesor(a)?

Pronunciación   Las terminaciones –ción, –sión

Act. 10

Model words: conversac<u>ión</u>   profes<u>ión</u>
Practice words: estac<u>ión</u>   televis<u>ión</u>   observac<u>ión</u>   posic<u>ión</u>
Practice sentences: M<u>i</u> papá trabaja en una estac<u>ión</u> de televis<u>ión</u>.
¿Cuál es la conclus<u>ión</u> de esta observac<u>ión</u>?
Tomó la decis<u>ión</u> de cambiar de profes<u>ión</u>.

When saying **-ción** and **-sión,** be sure you use an / s / sound for **c** and **s** and not the / sh / sound of the English "conversation" or "profession."

Para la comunicación

Expresión para la composición

sin duda   *doubtless*

Mini-composición   Entrevistas *(Interviews)*

Imagina que trabajas para una agencia de empleos *(employment agency)*. Tu trabajo consiste en preparar las entrevistas para uno de los siguientes trabajos:

- secretario(a) bilingüe
- vendedor(a) viajero(a) *(traveling salesperson)*

- enfermero(a)
- policía

Las preguntas para las entrevistas son similares a las preguntas de la sección «Información Profesional» del formulario *(form)* a la derecha *(right)*. Prepara cinco preguntas, usando la expresión para la composición.

Ud. desea trabajar como secretaria bilingüe.
¿Sabe Ud. hablar inglés?
¿Sin duda sabe escribir a máquina? . . .

Act.
Book

SCRIPT
Act. 11

Act.
Book

¡Hola!
Act.
Book

TRP

QUIZ

LÍNEAS AÉREAS PANAMERICANAS «LAPA»

Solicitud de trabajo

*Nombre y apellidos*_____
*Nacionalidad*_____
*Lugar de nacimiento*_____*Fecha de nacimiento* _____
Dirección _____*Teléfono* _____

EDUCACIÓN	sí	no
Escuela primaria completa	____	____
Escuela secundaria completa	____	____
Estudios universitarios	____	____

INFORMACIÓN PROFESIONAL

	sí	no
¿Sabe hablar inglés?	____	____
¿Sabe hablar francés?	____	____
¿Sabe hablar alemán?	____	____
¿Sabe atender al público?	____	____
¿Conoce otros países?	____	____

¿Qué países?_____

	sí	no
¿Sabe escribir a máquina?	____	____
¿Sabe conducir un coche?	____	____

Trabajo que solicita_____

EXPERIENCIA PROFESIONAL ANTERIOR

Nombre de la empresa	Puesto	Fechas
_____	_____	_____
_____	_____	_____
_____	_____	_____

REFERENCIAS (Nombre y dirección)

Personales_____
_____

Profesionales_____
_____

Firma del solicitante_____Fecha _____

Lección 2 Aspiraciones profesionales

STRUCTURES TO OBSERVE: verb (+ preposition) + infinitive; preposition (**para, en vez de**) + infinitive; **para** + noun.

Act. 1

Cuatro jóvenes hispánicos, dos muchachos y dos muchachas, hablan de sus aspiraciones. Escúchalos y escucha los consejos que reciben.

38

Pablo Hurtado, diez y seis años, de Ponce, Puerto Rico

Quiero ser taxista. Por el momento no tengo coche. Por eso, tengo que aprender a conducir con el coche de mi hermano mayor. Me gusta conducir a gran velocidad.

taxista: *cab driver*

a gran velocidad: *very fast*

Un taxista tiene que ser cortés y prudente. En vez de conducir rápidamente, necesitas aprender a conducir prudentemente. Es necesario para ser buen taxista.

cortés: *courteous*
En vez de: *Instead of*

María Ortega, diez y seis años, de Burgos, España

Me gusta viajar. Tengo ganas de ser aeromoza de Iberia. Desafortunadamente, no tengo mucha facilidad para los idiomas extranjeros.

Iberia is the name of the Spanish national airline.

idiomas extranjeros: *foreign languages*

Para ser aeromoza en una línea aérea internacional es indispensable hablar bien uno o dos idiomas extranjeros. ¿Por qué no tratas de pasar las próximas vacaciones en Francia o en Inglaterra para mejorar tu pronunciación?

tratas de: *try to*

mejorar: *improve*

¿Qué quiere ser Pablo? ¿Tiene coche Pablo? ¿Qué coche usa? ¿Cuáles son las cualidades de un buen taxista? ¿Qué quiere ser María? ¿Cuál es el problema?

Esteban Menéndez, quince años, de Valparaíso, Chile

La mecánica me gusta mucho. Pero no quiero ser mecánico como mi padre. Creo que tengo talento artístico. Me gusta dibujar. Mi padre dice que es mejor ser mecánico. Dice que es muy difícil tener éxito como artista. ¡No sé qué decidir!

éxito: *success*

Una persona con tu talento puede tener éxito en muchas profesiones. Puedes ser decorador o dibujante y trabajar para una agencia de publicidad o para una revista de modas.

modas: *fashion*

Silvia Miranda, diez y seis años, de Córdoba, Argentina

Quiero ser periodista. Los periodistas viajan y conocen a muchas personas diferentes e interesantes, cosas que me gustan mucho . . . Pero desafortunadamente, no puedo expresar mis ideas claramente. Mis profesores dicen que tengo un estilo muy malo.

estilo: *style*

Para ser periodista, una persona tiene que escribir bien y con facilidad. Si tú no puedes escribir bien, tienes que pensar en otra profesión. Tú puedes ser fotógrafa, vendedora viajera, aeromoza . . . Ellas también viajan y conocen a muchas personas diferentes.

vendedora viajera: *traveling salesperson*

¿Qué hace el papá de Esteban? ¿Quiere ser mecánico Esteban? ¿Qué quiere hacer él? ¿Qué quiere ser Silvia? ¿Por qué? ¿Cuál es el problema? ¿Cuáles son los requisitos para ser periodista?

CONVERSACIÓN

Vamos a hablar de tus aspiraciones profesionales.

1. ¿Quieres **ser** mecánico?
   Sí, quiero . . . (No, no quiero . . .)
2. ¿Quieres **ser** doctor(a)?
3. ¿Quieres **trabajar** en una estación de televisión?

Ahora vamos a hablar de las cosas que aprendes a hacer.

4. ¿Aprendes **a conducir?**
   Sí, aprendo **a** . . . (No, no aprendo **a** . . .)
5. ¿Aprendes **a tocar** el piano?
6. ¿Aprendes **a jugar** al tenis?

Finalmente, vamos a hablar de las cosas que tratas de *(you try to)* hacer en la escuela.

7. ¿Tratas **de hablar** español siempre?
   Sí, trato **de** . . . (No, no siempre trato **de** . . .)
8. ¿Tratas **de ser** un(a) alumno(a) modelo(a)?
9. ¿Tratas **de sacar** buenas notas?

OBSERVACIÓN   Est. A

In the above questions, the verbs which come after **quieres, aprendes** and **tratas** are in the infinitive form.

- Is **quieres** immediately followed by the infinitive?   yes
- Is **aprendes** immediately followed by the infinitive? Which word comes between **aprendes** and the infinitive?   no / a

- Is **tratas** immediately followed by the infinitive? Which word comes between **tratas** and the infinitive?   no / de

---

Act. 2

NOTA CULTURAL

La mujer profesional

Silvia Miranda quiere ser periodista. Hace° unos años, esto no hubiera sido° posible para ella. ¿Por qué? Porque tradicionalmente, en los países hispánicos, la mujer no trabajaba. Su único° trabajo era cuidar° a los hijos y al esposo.

En esta última década, la vida de la mujer hispánica ha cambiado° mucho. Ahora es posible para ella entrar en las profesiones que se consideraban° «masculinas».

Así que° Silvia no sólo puede ser periodista, sino° doctora, abogada,° científica,° ingeniera,° programadora de computadoras, política, o quizás,° hasta° ¡presidenta de la república!

p. TG64

Hace . . . . . . *ago* **no hubiera sido** *would not have been* **único** *only* **cuidar** *take care of* **ha cambiado** *has changed* **se consideraban** *were considered* **Así que** *That is why* **sino** *but* **abogada** *lawyer* **científica** *scientist* **ingeniera** *engineer* **quizás** *perhaps* **hasta** *even*

Estructuras

A. Construcción: verbo + infinitivo

When a Spanish verb is followed by another verb, the second verb is usually an infinitive.

The most common pattern is: verb + infinitive.

deber	Debo **trabajar.**	*I should **work.***
desear	Deseo **trabajar.**	*I wish **to work.***
esperar	Espero **trabajar.**	*I hope **to work.***
necesitar	Necesito **trabajar.**	*I need **to work.***
pensar	Pienso **trabajar.**	*I plan **to work.***
poder	Puedo **trabajar.**	*I can **work.***
preferir	Prefiero **trabajar.**	*I prefer **to work.***
querer	Quiero **trabajar.**	*I want **to work.***
saber	Sé **trabajar.**	*I know how **to work.***

Some verbs follow the pattern: verb + preposition + infinitive.

aprender a	Aprendo **a trabajar.**	*I am learning **to work.***
empezar a	Empiezo **a trabajar.**	*I begin **to work.***
ir a	Voy **a trabajar.**	*I am going **to work.***
salir a	Salgo **a trabajar.**	*I go out **to work.***
venir a	Vengo **a trabajar.**	*I come **to work.***
acabar de	Acabo **de trabajar.**	*I have just **worked.***
dejar de	Dejo **de trabajar.**	*I stop **working.***
olvidarse de	Me olvido **de trabajar.**	*I forget **to work.***
tratar de	Trato **de trabajar.**	*I try **to work.***

To remember the above patterns, try to learn the main verb with the preposition (if any) which follows it. (For instance, try to remember **aprender a,** rather than simply **aprender.**)

In the English equivalent of the Spanish construction verb + infinitive, the second verb may have an *-ing* ending.

Prefiero **trabajar** contigo. { *I prefer **to work** with you.*
{ *I prefer **working** with you.*

Si quiere vender le compramos...

Si quiere comprar le vendemos...

MERCOVIL
LA RUTA CONFIABLE EN VEHICULOS

realia
p. TG65

ACTIVIDAD 1   Diálogo: ¿Qué aprenden tus compañeros?

★ PAIRED COMMUNICATION / SELF-EXPRESSION

Pregúntales a tus compañeros si aprenden a hacer estas cosas.

VARIATION: Do the students want to learn these things? ¿**Quieres aprender a cantar?**

↪ cantar   Estudiante 1: ¿Aprendes a cantar?
Estudiante 2: Sí, aprendo a cantar. (No, no aprendo a cantar.)

1. esquiar
2. bailar
3. jugar al tenis
4. sacar fotos
5. conducir un coche

6. cocinar *(to cook)*
7. escribir a máquina
8. dibujar
9. reparar coches
10. ser piloto de avión

ACTIVIDAD 2   ¿Tienes buena memoria?   ★ SELF-EXPRESSION

No tenemos una memoria perfecta. A veces nos olvidamos de hacer cosas importantes. Di si te olvidas de hacer las siguientes cosas. Puedes usar expresiones como **nunca, a veces, a menudo, siempre.**

VARIATION: The students repeat their classmates' replies. **Siempre [Bob] se olvida de hacer las tareas.**

↪ hacer las tareas   Siempre (a veces, a menudo, nunca) me olvido de hacer las tareas.

1. pedirles dinero a mis padres
2. decir la verdad *(truth)*
3. hacer la cama *(make my bed)*
4. ayudar a mi mamá
5. prepararme para los exámenes

6. ser cortés *(polite)*
7. lavarme las manos antes de comer
8. ir a la escuela
9. pagar en la cafetería
10. ser paciente

ACTIVIDAD 3   Aspiraciones personales   ★ SELF-EXPRESSION

Todos tenemos aspiraciones para el futuro. Describe tu actitud hacia *(toward)* las siguientes cosas. Puedes empezar tus oraciones con **(no) espero, (no) quiero, (no) voy a, (no) deseo, (no) pienso.**

1. tener un trabajo interesante
2. tener mucho dinero en el banco
3. ganar mucho dinero
4. ser famoso(a)
5. ser presidente
6. trabajar en un país hispánico

7. hacer un viaje alrededor del mundo *(around the world)*
8. hacer un viaje a la luna *(moon)*
9. tener muchos hijos
10. tener una casa muy grande
11. vivir en otro planeta
12. vivir mil años

ACTIVIDAD 4   La popularidad

Todo el mundo no quiere ser popular. Expresa la actitud de las siguientes personas completando las oraciones con: **(a, de) ser popular.**

ALTERNATIVE: Do they want to drive? **Paco no quiere conducir un coche.**

↪ Paco no quiere . . .   Paco no quiere ser popular.

1. Luisa espera . . .
2. Elena va . . .
3. Esteban no trata . . .
4. Raquel necesita . . .

5. Pedro siempre sabe . . .
6. Rafael desea . . .
7. Paco no aprende . . .
8. Guillermo no puede . . .

VOCABULARIO PRÁCTICO

Otros trabajos

comercio

un(a) empleado(a)	employee, clerk
un(a) gerente	manager
un(a) vendedor(a) [viajero(a)]	[traveling] salesperson

radio y televisión

un(a) fotógrafo(a)	photographer
un(a) locutor(a)	radio or TV announcer
un(a) periodista	journalist

justicia

un(a) abogado(a)	lawyer

ciencias y técnicas

un(a) ingeniero(a)	engineer
un(a) programador(a)	programmer
un(a) científico(a)	scientist

ENTEL s. a.

Para sus centros de trabajo de Madrid y Barcelona SOLICITA

PROGRAMADORES

realia
p. TG65

INSTITUTO TÉCNICO DE MÉXICO
Avenida Morelos 189, México 1, D.F., México

- Televisión, Radio y Electricidad
- Mecánica Diesel
- Mecánica Automotriz
- Electrónica
- Electricidad Práctica
- Inglés Práctico, con discos
- Refrigeración y Acondicionamiento de Aire

Para recibir nuestro catálogo, mándenos Ud. el siguiente cupón:

Nombre —————————————————————

Domicilio —————————————————————

Ciudad —————————————————————

País —————————————————————

realia
p. TG65

- Another term for *traveling salesperson* is **un(a) viajante comercial.**
- WORD ASSOCIATIONS: **vendedor** (*vendor*), **locutor** (*loquacious*), **abogado** (*advocate*).
- EXTRA VOCABULARY: **un(a) especialista (de electrónica), un(a) químico(a), un(a) físico(a), un(a) técnico(a).**

ACTIVIDAD 5 Consejos profesionales ★ PAIRED COMMUNICATION

Imagina que eres un(a) consejero(a) vocacional. Tus clientes te dicen qué les gusta hacer y tú les dices qué tipo de trabajos pueden considerar, usando las palabras del vocabulario de las páginas 165 y 177.

trabajar en una oficina   Cliente: Me gusta trabajar en una oficina.
Tú: Ud. puede ser secretario(a) o gerente.

1. atender al público
2. escribir
3. sacar fotos
4. hablar en público
5. viajar
6. vender
7. trabajar en una estación de televisión
8. trabajar en un hospital
9. atender a los animales
10. escribir a máquina
11. dibujar
12. hacer experimentos científicos
13. trabajar con números
14. administrar

Act.
Book

B. Construcción: preposición + infinitivo

Note the use of the infinitive in the following sentences.

Estudio español **para visitar** México.	*I study Spanish **in order to visit** Mexico.*
Quiero ir a la universidad **para aprender** una profesión.	*I want to go to the university **(in order) to learn** a profession.*
Antes de ir a la universidad, quiero viajar.	***Before going** to the university, I want to travel.*
No quiero trabajar inmediatamente **después de graduarme.**	*I don't want to work immediately **after graduating.***
En vez de estudiar francés, estudio español.	***Instead of studying** French, I am studying Spanish.*
Sin estudiar, no puedo aprender.	***Without studying,** I can't learn.*

After all prepositions, Spanish speakers use the infinitive form of the verb. After prepositions, English speakers often use a verb ending in *-ing*.

VOCABULARIO PRÁCTICO   Preposiciones

antes de	before	Me lavo las manos **antes de** comer.
después de	after	Miro la televisión **después de** estudiar.
en vez de	instead of	Escucho discos **en vez de** hacer mis tareas.
para	in order to, for	Estudio **para** recibir buenas notas.
sin	without	Pablo saca buenas notas **sin** estudiar.

REFRÁN

Sin comer, no hay placer.

Without eating, there is no pleasure.

ACTIVIDAD 6   Primero una, entonces otra

Antes de hacer algunas cosas, tenemos que hacer otras. En los siguientes casos, escoge la acción que lógicamente hay que hacer primero y expresa el orden de las acciones según el modelo (Nota: **hay que** = *one has to*).

Make sure that the students use the two cues in a logical sequence.

🔊 ir a la escuela secundaria / ir a la universidad

Antes de ir a la universidad hay que ir a la escuela secundaria.

1. hablar / pensar
2. lavarse las manos / comer
3. sacar fotos / saber usar la cámara
4. estudiar / tomar un examen
5. ir a México / obtener una tarjeta de turista
6. ser médico / obtener un diploma
7. conducir / aprender a conducir
8. tener dinero / pagar algo

ACTIVIDAD 7   Ellos no están contentos

Las siguientes personas no están contentas porque quieren hacer otras cosas. Di qué quieren hacer en vez de lo que están haciendo.

🔊 Manuel va al cine. (al teatro)   Manuel quiere ir al teatro en vez de ir al cine.

1. Yo voy a la playa. (a la piscina)
2. Carolina aprende francés. (español)
3. Mi mejor amigo trabaja en un restaurante. (en una oficina)
4. Tú aprendes a tocar el piano. (la guitarra)
5. Arturo sale con María. (con Elena)
6. Mi hermana vive en una casa grande. (en un apartamento)

Lección dos
179

ACTIVIDAD 8   Ayer   ★ SELF-EXPRESSION

Piensa en cinco cosas que hiciste *(you did)* ayer y ponlas *(put them)*
en orden cronológico según este modelo. Usa otros verbos (como **comer,
escuchar discos, mirar la televisión** . . .) ¡y tu imaginación!

This activity may be used as a chain
exercise in which each student builds
on the previous cue.

∑⊃   Después de levantarme, me lavé.
Después de lavarme, me vestí.
Después de vestirme, tomé café.
Después de tomar café, salí de casa.
Después de salir de casa, tomé el autobús de la escuela.

ACTIVIDAD 9   ¿Por qué?   ★ SELF-EXPRESSION

Imagina que quieres estas cosas. Di por qué las quieres, completando cada
oración y usando **para** + infinitivo.

Act.
Book

SCRIPT

Act. 8

∑⊃   Quiero tener un coche . . .   Quiero tener un coche para ser más independiente.

1. Quiero tener una moto . . .
2. Quiero ser rico(a) . . .
3. Quiero ir a la universidad . . .
4. Quiero ir a México . . .
5. Quiero hablar español bien . .

ADDITIONAL CUES: **Quiero ganar mucho
dinero/estudiar matemáticas/ir al Perú/trabajar
en San Francisco/ser actor (actriz).**

C. La preposición *para*

Note the use of **para** in the following sentences.

¿Estudias **para** recibir buenas notas?   *Do you study (**in order**) to get good grades?*
¿Es el telegrama **para** ti o **para** mí?   *Is the telegram **for** you or **for** me?*

∑⊃   **Para** is often used to express an objective or goal.
Note that this objective may be . . .

- *an action*   Carmen estudia **para** ser ingeniera.
- *a person*   Carlos trabaja **para** el Sr. Vargas.
- *a place*   ¿Dónde está el autobús **para** Madrid?
- *a point in time* Tienes que aprender la lección **para** mañana.

realia
p. TG65

ACTIVIDAD 10   Requisitos profesionales   ★ SELF-EXPRESSION / DESCRIPTION

¿Qué requisitos *(requirements)* son necesarios para los siguientes trabajos?
Expresa tu opinión en tres oraciones. Usa los requisitos de la columna B y
la expresión **Es necesario** o **No es necesario.**

A	B
trabajador(a) social	ir a la universidad
abogado(a)	tener ganas de viajar
electricista	tener aptitudes manuales
científico(a)	tener aptitudes intelectuales
programador(a)	ser bueno(a) en matemáticas
profesor(a)	ser paciente
empleado(a) de banco	ser amable *(friendly)*
locutor(a)	hablar bien
periodista	escribir a máquina
gerente	escribir bien
vendedor(a)	

Para ser ingeniero(a) es necesario ir a la universidad.
Para ser ingeniero(a) es necesario ser bueno(a) en matemáticas.
Para ser ingeniero(a) no es necesario tener ganas de viajar.

ARQUITECTO O INGENIERO CIVIL
residente, para obra foránea. Interesados hacer cita: 554-01-86
9-14 horas

realia
p. TG65

Pronunciación   El sonido de la consonante *r* en posición final y después de otra consonante

Model word: t<u>r</u>abaja<u>r</u>
Practice words: fáb<u>r</u>ica   sec<u>r</u>etaria   esc<u>r</u>ibi<u>r</u>   p<u>r</u>ogramado<u>r</u>
                docto<u>r</u>   sabe<u>r</u>   atende<u>r</u>   dibuja<u>r</u>   vendedo<u>r</u>
Practice sentences: Víctor va a salir con Leonor.
                La sec<u>r</u>etaria t<u>r</u>abaja en una fáb<u>r</u>ica de p<u>r</u>oductos químicos.
                Salvado<u>r</u> no quiere se<u>r</u> vendedo<u>r</u>.
                El docto<u>r</u> tiene que examina<u>r</u> al seño<u>r</u> Forne<u>r</u>.

If you have trouble pronouncing the Spanish "flap" **r** after another
consonant, try slipping an extra vowel between the consonant and the **r:**
ta-ra-ba-jo. Once you are producing a "flap" **r,** try to drop the extra vowel.
At the end of a word or a group of words, the "flap" **r** is pronounced
more softly.

Para la comunicación

Querido amigo norteamericano:

Me llamo Conchita Palomo. Vivo en Madrid y soy alumna del Colegio Monfort. Mis profesores piensan que tengo talento para expresarme y por eso quiero ser periodista.

Si quiero ser periodista no es para hablar de modas ni para describir crímenes sensacionales ni para entrevistar a artistas famosos. Quiero comprender el mundo de hoy y describirlo para la gente tal como es. Hoy, la característica más importante de este mundo es su diversidad. Por eso antes de empezar a escribir artículos para un periódico, quiero viajar por todo el mundo para conocer a la gente de otros países.

Como muchos jóvenes españoles, tengo muchas ganas de conocer los Estados Unidos. Deseo saber dónde vives, dónde estudias y qué esperas del futuro. Y si vienes a España, claro que te quiero conocer.

Cordialmente,

Conchita

- For more on pen pals, see page 223.
- **Querido** vs. **estimado:**
    Querido is used only among close friends.
    Estimado is more formal and is used in all other circumstances.
    For a use of **estimado,** see **"Estimados señores,"** page 185.

Mini-composición   Una carta a una chica española

Contéstale a Conchita. Antes de escribir tu carta, lee su carta
otra vez *(again)*. Puedes decirle . . .

- cómo te llamas
- dónde eres alumno(a)
- qué tipo de trabajo quieres hacer
- por qué quieres hacer este trabajo.

Usa las expresiones para la correspondencia.

Querida Conchita:
    Me llamo Carol . . .

Act.
Book

SCRIPT
Act. 10

Act.
Book

Act.
Book

TRP

QUIZ

Lección 3   Un trabajo de verano en España

STRUCTURES TO OBSERVE: irregular preterites: **ser, ir, traducir.**

Act. 1

El siguiente anuncio apareció ayer en el *ABC,* un periódico español.

anuncio:
advertisement,
aparecío: *appeared*

¡ATENCIÓN ESTUDIANTES!

**¿QUIEREN UDS. GANAR DINERO
DURANTE EL VERANO PRÓXIMO?
LA AGENCIA MADRILEÑA DE TURISMO**
necesita
quince estudiantes
para trabajar como guías de turismo
en julio y agosto

—trabajo interesante
—buen salario

Requisitos
• hablar inglés y francés perfectamente
• ser amable y atento
• tener buena presentación

Los estudiantes interesados pueden
escribir carta manuscrita
al APARTADO 40.169 MADRID
dando datos personales y número de teléfono

Point out that the adjective **madrileño** means *from Madrid.*

manuscrita:
handwritten

realia
pp. TG65–
TG66

¿Qué necesita la Agencia Madrileña de Turismo? ¿Cómo es el trabajo?
¿Cuáles son los requisitos? ¿Tiene Patty estos requistos?

La respuesta de Patty

Patty Scott, estudiante norteamericana, se interesó en la oferta. Después de leer el anuncio, escribió la siguiente carta:

se interesó: *was interested*, oferta: *offer*

Estimados señores:

Leí su anuncio en el ABC y estoy muy interesada en su oferta de trabajo.

Soy estudiante norteamericana. Ahora tomo cursos avanzados de español en la Escuela Central de Idiomas de Madrid. El año pasado pasé seis meses en Francia. Fui también a Alemania y aprendí un poco de alemán.

Antes de venir a Europa fui traductora en el departamento internacional de una agencia de publicidad en Nueva York. Traduje anuncios del inglés al español.

Tengo buena presentación y sé atender al público. Por eso creo que tengo las aptitudes necesarias para ser guía de turismo.

Mi número de teléfono es 674.27.15. Espero su llamada.

atentamente,
Patty Scott

avanzados: *advanced*

Idiomas: *Languages*

Fui: *I went*

Traduje: *I translated*

llamada: *call*

CONVERSACIÓN OPTIONAL

Ahora debes saber mucho de Patty Scott. ¿Puedes contestar estas preguntas?
Vamos a ver . . .

1. **¿Fue** secretaria Patty Scott?
   Sí, **fue** . . . (No, no **fue** . . .)
2. **¿Fue** estudiante de alemán?
3. **¿Fue** traductora antes de venir
   a España?
4. **¿Fue** agente de viajes?

5. **¿Fue** a Alemania?
   Sí, **fue** . . . (No, no **fue** . . .)
6. **¿Fue** a Francia?
7. **¿Fue** a los Estados Unidos el año pasado
   (last year)?
8. **¿Fue** a Inglaterra para aprender inglés?

OBSERVACIÓN Est. A

In the above questions you were asked about what Patty Scott *was* and where
she *went*.

- Is the same verb form used in all the
  questions? yes
- What does the verb in questions 1-4 mean? was she
- What does the verb in questions 5-8 mean? did she go

Act. 2

NOTA CULTURAL

El turismo en España

Cada año, millones de turistas franceses, ingleses, alemanes y norteamericanos visitan España. ¿Qué es lo que° los atrae° allí? ¡La famosa hospitalidad española! Pero, los atrae también el sol, el clima y las playas.

¿A ti te gusta lo histórico? Si quieres ver las ruinas romanas, debes visitar el acueducto romano de Segovia. Si quieres contemplar los palacios árabes, debes visitar la Alhambra de Granada. Si quieres admirar un palacio español, debes visitar el Escorial.

¿O prefieres lo moderno? Si deseas ver una iglesia extraordinaria, tienes que visitar la Sagrada° Familia en Barcelona. Si deseas ver un monumento estupendo, tienes que visitar el Valle de los Caídos.°

¡Hay mucho que hacer y ver en España!

lo que *that which* **atrae** *attracts* **Sagrada** *Holy* **Caídos**
Fallen

¿Es España un país turístico? ¿De dónde son los turistas que visitan España? ¿Qué monumentos históricos pueden admirar los turistas? ¿Qué monumentos modernos pueden visitar?

Unidad nueve
186

El Escorial

Patio de los leones,
La Alhambra

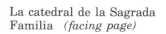

El acueducto romano,
Segovia

La catedral de la Sagrada
Familia *(facing page)*

p. TG66
(all four)

Estructuras

A. Pretéritos irregulares: *ir* y *ser* See TPR Activity 24, page TG42.

Act. 3

The verbs **ir** (*to go*) and **ser** (*to be*) have the same preterite forms:

	ser	ir
(yo)	**Fui** estudiante en España.	**Fui** a Madrid.
(tú)	**Fuiste** estudiante en el Uruguay.	**Fuiste** a Montevideo.
(él) (ella) (Ud.)	**Fue** estudiante en el Paraguay.	**Fue** a Asunción.
(nosotros)	**Fuimos** estudiantes en Chile.	**Fuimos** a Santiago.
(vosotros)	**Fuisteis** estudiantes en el Ecuador.	**Fuisteis** a Quito.
(ellos) (ellas) (Uds.)	**Fueron** estudiantes en Colombia.	**Fueron** a Bogotá.

The preterite of **ser** is used in these sentences because the people were students for a certain length of time that has now ended.

The context makes it clear whether these verbs are preterite forms of **ir** or **ser**.

Mi abuelo **fue** dentista.   *My grandfather **was** a dentist (but isn't now).*
David **fue** al dentista ayer.   *David **went** to the dentist yesterday.*

Note that the **yo** and **él** forms in the preterite of **ser** and **ir** have no accent marks. This is also true of other verbs with irregular preterites.

REFRÁN

El año pasado siempre fue mejor.

The year before was always better.

ACTIVIDAD 1   Vacaciones en el mundo hispánico

Las siguientes personas pasaron sus vacaciones en ciudades hispánicas para mejorar (*improve*) su español. Di adónde fueron.

SCRIPT
Act. 4, 5

   Linda: Lima   Linda fue a Lima.

Act. Book

1. yo: Buenos Aires
2. nosotros: Barcelona
3. tú: Bogotá
4. el amigo de Clara: México

5. mi hermano: Madrid
6. mis primos: Sevilla
7. Uds.: Santiago
8. nuestras amigas: Guatemala

VOCABULARIO PRÁCTICO

la vez (veces)	time	Va a hacerlo, la próxima vez.
una vez	once, one time	Fui a Puerto Rico una vez.
esta vez	this time	Esta vez, fui a Ponce.
otra vez	again	Voy a visitar Ponce otra vez en julio.
dos veces	twice	Fui a México dos veces.
a veces	sometimes	Voy al cine a veces solo y a veces con mis amigos.
¿cuántas veces?	how many times?	¿Cuántas veces leíste la carta?
muchas veces	many times, often	Fui a Nueva York muchas veces.
de vez en cuando	from time to time	De vez en cuando, estoy muy impaciente.

ACTIVIDAD 2   Diálogo: Diversiones   ★ PAIRED COMMUNICATION / SELF-EXPRESSION

Una agencia de publicidad te ha pedido (*has asked you*) hacer una encuesta (*survey*) de tus compañeros. Pregúntales si fueron a los siguientes lugares el mes pasado y cuántas veces. (Luego la clase puede presentar los resultados en un cuadro (*table*) estadístico.)

a un restaurante
  Estudiante 1: ¿Fuiste a un restaurante el mes pasado?
  Estudiante 2: Sí, fui. (No, no fui.)
  Estudiante 1: ¿Cuántas veces fuiste?
  Estudiante 2: Fui una vez (dos veces . . .).

1. al cine
2. al teatro
3. a un concierto
4. al campo
5. a ver un partido de fútbol
6. a la playa
7. a un museo
8. a nadar
9. a un club deportivo
10. a una heladería (*ice cream parlor*)

B. Pretéritos irregulares: *conducir, decir* y *traer*

The verbs **conducir** (*to drive*), **decir** (*to say*), and **traer** (*to bring*) have irregular preterite forms.

Act. 7

INFINITIVE:	**conducir**	**decir**	**traer**
(yo)	conduje	dije	traje
(tú)	condujiste	dijiste	trajiste
(él) (ella) (Ud.)	condujo	dijo	trajo
(nosotros)	condujimos	dijimos	trajimos
(vosotros)	condujisteis	dijisteis	trajisteis
(ellos) (ellas) (Uds.)	condujeron	dijeron	trajeron

 In the preterite, the above verbs have a stem which ends in **j**, and the same endings.

 Other verbs ending in **-ucir** take the same preterite forms as **conducir**.

Traduje un artículo del español al inglés.

ACTIVIDAD 3   El accidente

Carlos tomó el coche de su papá y salió con sus amigos. Desafortunadamente, tuvieron (*they had*) un accidente. Después, no todos los muchachos dijeron la verdad (*truth*). Di quién les dijo a sus padres la verdad y quién no.

VARIATION with **conducir:** Some of the people drove th car; others did not.

 Carlos: sí   Carlos dijo la verdad.

1. yo: sí
2. tú: no
3. Miguel: sí

4. Carmen y Luisa: sí
5. nosotros: sí
6. Ramón: no

ACTIVIDAD 4   La fiesta del Día de los Enamorados *(The Valentine's Day Party)*

Ayer fue la fiesta del Día de los Enamorados. Di qué trajeron los muchachos a la fiesta.

 Alejandro: un tocadiscos   Alejandro trajo un tocadiscos.

1. yo: unos discos de rock
2. Enrique: un pastel
3. tú: tu guitarra

4. Raquel y Emilia: unos sándwiches
5. Silvia: unos discos en español
6. nosotros: unas gaseosas

Act. Book

SCRIPT
Act. 8

Act. Book

C. La preposición *por*

Note the use of **por** in the sentences below.

Voy a trabajar como guía **por** dos meses.	*I am going to work as a guide **for** two months.*
Me gusta viajar **por** avión.	*I like to travel **by** plane.*

The preposition **por** has many different uses. It can be used to express:
- duration

Voy a trabajar en España **por** tres meses.	*I am going to work in Spain **for** three months.*

- manner or means

Carlos le habla a Clara **por** teléfono.	*Carlos talks to Clara **by** telephone.*

- movement through or along a place

Entra **por** la puerta principal.	*Enter **through** the main door.*
Me gusta conducir **por** las calles sin tráfico.	*I like to drive **along** streets without traffic.*

- exchange

Te vendo mi tocadiscos **por** veinte dólares.	*I am selling you my record player **for** twenty dollars.*
¿Cuánto pagaste **por** este libro?	*How much did you pay **for** this book?*

Stress that although **por** and **para** often correspond to the English preposition "for," they have very distinct uses and usually cannot be substituted for each other.

ACTIVIDAD 5 El Rastro de Madrid *(Madrid flea market)*

El Rastro de Madrid es un lugar donde la gente puede comprar muchas cosas diferentes. Di cuánto dinero las siguientes personas pagaron por las cosas que compraron.

𝄞 Elena: 70 pesetas / el disco   Elena pagó setenta pesetas por el disco.

1. Alberto: 100 pesetas / el libro
2. Carmen: 80 pesetas / las fotos
3. Enrique: 50 pesetas / las tarjetas
4. Luis: 250 pesetas / el pájaro
5. Isabel: 800 pesetas / el mono
6. Inés: 1.500 pesetas / la cámara

ACTIVIDAD 6 Diálogo: De venta *(For sale)* ★ PAIRED COMMUNICATION

Pregúntales a tus compañeros cuánto dinero quieren por las siguientes cosas.

𝄞 tu libro de español   Estudiante 1: ¿Cuánto dinero quieres por tu libro de español?
Estudiante 2: ¿Por mi libro de español? Quiero ___ dólares.

1. tu bicicleta
2. tu tocadiscos
3. tu radio

4. tus discos
5. tus revistas
6. tu lápiz

ADDITIONAL CUES: **tu grabadora/ tus zapatos de tenis/tu cuaderno.**

ACTIVIDAD 7   Creación   ★ DESCRIPTION

Vamos a ver cuántas oraciones lógicas puedes crear en cinco minutos,
usando los elementos de A, B, C y D. Usa el pretérito de los verbos en la
columna B.

A	B	C	D
yo	entrar	a México	por la ventana
María	ir	en México	por 20 dólares
nosotros	vender	el tocadiscos	por avión
mis amigos	viajar	en la casa	por teléfono
	quedarse	a Clara	por dos semanas
	llamar	la carta	por dos horas
	mandar		

Act.
Book

↪ María llamó a Clara por teléfono.

p. TG67

🔊 Pronunciación   El sonido /k/
Act. 9

Model word: ¿Cuánto?
Practice words: cuando   químico   contesto   cambiar   calor
Practice sentences: El periódico cuesta cinco sucres.
¿Cuánto cuesta el coche de Carmen?
No quiero comprar el periódico.
¿Quieres escuchar discos?
No conozco a Clara Camacho.

Like the Spanish consonant **p**, the Spanish sound / k / is pronounced
without a puff of air, even at the beginning of a word. Compare the
English words "Kate" and "skate": with "Kate" you produce a puff of air,
and with "skate" you do not. Try to make the Spanish / k / sound similar
to the **k** of "skate."

Para la comunicación

Mini-composición   **Una conversación por teléfono**

ATENCIÓN ESTUDIANTES

Necesitamos jóvenes para atender al público en nuestra tienda de discos.

REQUISITOS:
— excelente presentación
— ser amable y atento
— poder hablar de música popular y clásica con los clientes.

Las personas interesadas pueden llamar al 563-20-15 para hacer una cita. Deben preguntar por el Sr. Roberto Díaz.

Tú deseas el trabajo que ofrece el anuncio que acabas de leer. Llamas al Sr. Roberto Díaz para hacer una cita con él. Escribe la conversación por teléfono, usando el siguiente modelo como guía.

Sr. Díaz: ¿Aló?

    Tú: ¿Es el Sr. Díaz?

Sr. Díaz: Sí, ¿quién habla?

    Tú: Soy __. Soy __. Estudio __. Deseo __.

Sr. Díaz: ¿Ud. cree que está preparado(a) para este trabajo?

    Tú: Sí, porque yo __.

Sr. Díaz: Bueno, muy bien. ¿Cuándo puede venir a verme?

    Tú: __.

—**¿Puedo hablar con** el Sr. Díaz?
—**Un momentito,** por favor.

 Act. Book

 SCRIPT Act. 10

 Act. Book

 (¡Hola!) Act. Book

 TRP

QUIZ

193

Lección 4   ¿Cuál es su trabajo?

STRUCTURES TO OBSERVE: irregular preterites: **hacer, tener, querer, poder, venir, poner.** (As the students come across the preterite forms of these verbs, have them try to guess the corresponding infinitive.)

Act. 1

Mira a las personas que aparecen en las fotos. Tienen trabajos muy diferentes. Cada persona dice lo que hizo ayer. ¿Puedes adivinar cuál es el trabajo de estas personas?

lo que: what, hizo: *he or she did,* adivinar: *guess*

Salvador Molina (veinte y ocho años, de Mérida, México)

—Yo trabajo por todas partes . . . Por supuesto, trabajo en un estudio . . . Pero trabajo también en la calle, a veces en el campo, a veces en la playa . . . Ayer, por ejemplo, fui a la playa con todo un equipo submarino y saqué fotos para el Instituto Oceanográfico.

¿Es Salvador Molina . . .

   a) un vendedor viajero?
   b) un mecánico?
   c) un fotógrafo?
   d) un electricista?

por todas partes: *everywhere*

todo un equipo submarino: *diving equipment*

Teresa Bosque (treinta y un años, de Caracas, Venezuela)

—Yo soy . . . Bueno . . . ¡Un momento! ¡Eso tienes que adivinarlo tú! Sólo voy a decirte lo que hice ayer. Hice una entrevista con Raquel Espinosa, la famosa actriz mexicana. Me habló de la película que hizo en los Estados Unidos con Roberto Chávez. Me habló del viaje que hizo recientemente a Italia. Por la tarde quise entrevistar a Ramón Iglesias, el campeón de fútbol. Lo llamé por teléfono, pero no pude hablar con él. Está de vacaciones en Rio de Janeiro.

¿Es Teresa Bosque . . .

   a) una actriz?
   b) una periodista?
   c) una secretaria?
   d) una directora de cine?

Eso: *That*
hice: *I did,* Hice: *I had*
entrevista: *interview*

hizo: *she made*

quise: *I tried*

no pude: *I was unable,* Está de vacaciones: *He's on vacation*

¿De dónde es Salvador Molina? ¿Dónde trabaja? ¿Adónde fue ayer? ¿Qué hizo allí? ¿De dónde es Teresa Bosque? ¿Con quién hizo una entrevista?

Ramón Montero (cincuenta y tres años, de Vigo, España)

—Ayer salí de casa a las seis de la tarde con Joaquín, mi hijo mayor. Fuimos al puerto y preparamos el barco ... No hizo mucho viento y pudimos coger un mar de sardinas que pusimos en cajas ... Cuando volvimos al puerto a las cinco de la mañana, trajimos las cajas al mercado y vendimos todas las sardinas.

¿Es Ramón Montero ...
    a) un actor?
    b) un jugador de béisbol?
    c) un pescador?
    d) un vendedor de barcos?

puerto: *port*
barco: *boat*
  No hizo: *There wasn't*
pudimos: *We were able,* coger: *to catch,*
  un mar de: *a lot of*
pusimos: *we put,*
  cajas: *boxes*
mercado: *market*

pescador: *fisherman*

Dolores García (veinte y ocho años, de San Juan, Puerto Rico)

—Ayer yo no salí porque hago mi trabajo en casa. ¿Qué hice? Hice mucho. Por la mañana terminé una falda y dos vestidos. Por la tarde vino la Sra. de Gómez por uno de los vestidos. Se lo puso y se fue muy contenta. Después vinieron la Sra. de Machado y su hija a preguntarme si hago vestidos de boda...

¿Es Dolores García ...
    a) una decoradora?
    b) una modista?
    c) una profesora de matemáticas?
    d) una trabajadora social?

vino: *she came*
Se lo puso: *She tried it on*

vestidos de boda: *wedding gowns*

modista: *seamstress*

¿De dónde es Ramón Montero? ¿Cómo se llama su hijo? ¿Adónde fueron? ¿De dónde es Dolores García? ¿Dónde trabaja? ¿Qué hizo por la mañana? ¿Con quiénes habló ella por la tarde?

CONVERSACIÓN

Vamos a hablar de lo que pasó ayer.

1. ¿Hiciste tus tareas?
   Sí, hice . . . (No, no hice. . .)
2. ¿Hiciste nuevos amigos?
3. ¿Hiciste algo especial?

4. ¿Viniste a la escuela en moto?
   Sí, vine . . . (No, no vine . . .)
5. ¿Viniste en autobús?
6. ¿Viniste a pie?

7. ¿Estuviste en la escuela?
   Sí, estuve . . . (No, no estuve . . .)
8. ¿Estuviste en casa?
9. ¿Estuviste de buen humor?

10. ¿Tuviste que estudiar mucho?
    Sí, tuve . . . (No, no tuve . . .)
11. ¿Tuviste que ayudar en casa?
12. ¿Tuviste que ir al dentista?

OBSERVACIÓN   Est. A

The verbs in the above questions and answers are in the preterite.

- Are the **tú** forms of **hacer, venir, estar** and **tener** regular?   no
- What vowel is common to the preterite stems of **hacer** and **venir**?   i
- What vowel is common to the preterite stems of **estar** and **tener**?   u

---

Act. 2

NOTA CULTURAL

Orgullo° en el trabajo

¿Qué tienen en común la modista,° el carpintero, el pescador,° el abogado, el periodista y el administrador en los países hispanos? ¡Todos están orgullosos° de sus trabajos, oficios° y profesiones! Para los hispanos es importante hacer un buen trabajo, no importa° cual sea° su posición. Todas las personas se sienten muy orgullosas de su trabajo, y su mejor recompensa° es hacerlo bien. Para los trabajadores y profesionales hispanos, ¡son más importantes el esfuerzo° y el trabajo realizado° que el sueldo°!

p. TG67

Orgullo *Pride* **modista** *seamstress* **pescador** *fisherman* **orgullosos** *proud* **oficios** *trade* **no importa** *it doesn't matter* **cual sea** *what is* **recompensa** *compensation* **esfuerzo** *effort* **realizado** *accomplished* **sueldo** *salary*

¿Qué tienen en común la modista y el abogado? ¿Qué es importante para los trabajadores y profesionales hispanos?

Estructuras

A. El pretérito: otros verbos irregulares

Note the preterite forms of **hacer** *(to do)* and **estar** *(to be)*.

INFINITIVE:	**hacer**	**estar**	PRETERITE ENDINGS:
(yo)	**hic**e	**estuv**e	**-e**
(tú)	**hic**iste	**estuv**iste	**-iste**
(él) (ella) (Ud.)	**hiz**o	**estuv**o	**-o**
(nosotros)	**hic**imos	**estuv**imos	**-imos**
(vosotros)	**hic**isteis	**estuv**isteis	**-isteis**
(ellos) (ellas) (Uds.)	**hic**ieron	**estuv**ieron	**-ieron**

The **z** of **hizo** is used to preserve the sound of the stem.

Remind the students that there is no accent in the **yo** and **él** forms of the preterite of irregular verbs.

↬ **Hacer** and **estar** have the same preterite endings.

↬ The following verbs have an **i** in their preterite stem and use the endings in the chart above:

INFINITIVE:	PRETERITE STEM:	
hacer	**hic-**	¿Qué **hiciste** la semana pasada?
querer	**quis-**	**Quise** ir al campo.
venir	**vin-**	Víctor y sus amigos **vinieron** a mi casa.

↬ The following verbs have a **u** in their preterite stem and use the endings in the chart above:

INFINITIVE:	PRETERITE STEM:	
estar	**estuv-**	Ayer **estuvimos** en la playa.
poder	**pud-**	No **pude** llamarte por teléfono.
poner	**pus-**	¿Dónde **pusiste** mis discos?
saber	**sup-**	Carlos no **supo** lo que pasó.
tener	**tuv-**	**Tuvimos** que estudiar mucho para este examen.

↬ Some of these verbs have special meanings in the preterite:

supe	I found out	**quise**	I tried
tuve	I received, got	**no quise**	I refused
no pude	I could not (I tried but failed)		

This may be taught for recognition only.

ACTIVIDAD 1 Excusas

Nadie vino a ayudar a Felipe a pintar *(paint)* su cuarto. Di que sus amigos no pudieron ayudarlo y di qué excusas dieron.

> Manuel: estudiar   Manuel no pudo ayudar a Felipe.
> Tuvo que estudiar.

1. yo: trabajar
2. Ana: hacer sus tareas
3. tú: visitar a tu abuelo
4. mis primos: estudiar
5. Diego: ayudar en casa
6. Enrique: reparar su moto
7. Elena y Carlos: ir de compras
8. nosotros: organizar una fiesta

ADDITIONAL CUES: **Ud.: preparar una entrevista/
Uds.: escribir cartas/tú y yo: traducir un artículo.**

ACTIVIDAD 2 Unos alumnos perezosos *(Lazy students)*

Los siguientes alumnos tuvieron un examen hoy. Anoche no quisieron estudiar porque siempre tienen buena suerte. Esta vez no fue así. Di lo que les pasó.

> Isabel   Isabel no quiso estudiar anoche.
> Hoy tuvo un examen.
> No supo contestar las preguntas.

1. Mario
2. nosotros
3. Rosita y Arturo
4. yo

5. mis amigos
6. tú
7. Uds.
8. el novio de Lucía

ACTIVIDAD 3 Diálogo: Confesiones ★ PAIRED COMMUNICATION / SELF-EXPRESSION

Act.
Book

SCRIPT
Act. 4, 5, 6

Act.
Book

A veces todos somos víctimas de nuestras pequeñas debilidades *(weaknesses)*. Pregúntales a tus compañeros si hicieron las cosas siguientes el mes pasado.

> estar de mal humor   Estudiante 1: ¿Estuviste de mal humor?
> Estudiante 2: Sí, estuve de mal humor.
> (No, no estuve de mal humor.)

VARIATION: ask about student responses in the third person **¿Estuvieron de mal humor [Paul y Martha]? ¿Estuvo impaciente [Karen]?**

1. estar impaciente
2. estar antipático(a)
3. hacer cosas tontas
4. hacer el payaso *(to clown around)* en clase
5. hacer algo malo
6. tener una discusión *(argument)* con tus amigos
7. tener una discusión con tus padres

No todo lo que brilla es oro.

All that glitters is not gold.

B. *Lo que*   OPTIONAL

Note the use of the expression **lo que** in the following sentences.

No creo **lo que** dices.	*I do not believe **what (the things that)** you are saying.*
No sé **lo que** Carlos hizo ayer.	*I do not know **what (the things that)** Carlos did yesterday.*
¿Comprendes **lo que** dice Juan?	*Do you understand **what (the things that)** Juan is saying?*

Lo que corresponds to the English *what* when it means *the things that.*

OPTIONAL
ACTIVIDAD 4   El mundo ideal   ★ SELF-EXPRESSION

En el mundo ideal, cada uno puede hacer lo que quiere. Describe este mundo ideal según el modelo.

Hacemos . . .   Hacemos lo que queremos.

1. Hago . . .
2. Dices . . .
3. Carlos estudia . . .
4. Elena compra . . .
5. Mis amigos hacen . . .
6. Ud. come . . .
7. Uds. dicen . . .
8. Carmen hace . . .

ADDITIONAL CUES: **Digo... / Sara y yo bebemos ... / Ud. lee ... / Escribes ... .**

OPTIONAL
ACTIVIDAD 5   Creación   ★ DESCRIPTION

Vamos a ver cuántas oraciones lógicas puedes escribir en cinco minutos, con los elementos de A, B, C, D y E. Usa el pretérito de los verbos en las columnas B y D.

A	B	C	D	E
yo	comprender		hacer	Elena
tú	decir	lo que	tener	Uds.
Carlos	hacer		decir	
mis amigos	saber			

Yo no comprendí lo que hizo Elena.

See TPR Activity 23, pages TG41–TG42.

Act. 7

39

VOCABULARIO PRÁCTICO Oficios

Un **carpintero** hace muebles *(furniture)*.

Una **modista** hace vestidos.

Un **mecánico** repara coches.

Un **electricista** repara aparatos eléctricos.

Un **pescador** pesca *(fishes)*.

ACTIVIDAD 6   ¿Adónde vas?

Di adónde vas en las siguientes situaciones.

➢ Necesito una falda.   Voy a ver a la modista.

1. Deseo comprar pescado *(fish)*.
2. Mi coche no funciona bien.
3. Necesito muebles *(furniture)*.
4. Tengo un aparato eléctrico que no funciona.
5. Deseo un vestido nuevo.

EN CASO DE URGENCIA

números de teléfono

DOCTOR_____

FARMACÉUTICO_____

DENTISTA_____

POLICÍA_____

BOMBEROS_____

TAXI_____

AMBULANCIA_____

ELECTRICISTA_____

CARPINTERO_____

PLOMERO_____

¿Cuál es el número del doctor (dentista, etc.)?

Pronunciación   **Las consonantes c, z**

Practice syllables: za zo zu   ce ci
Model words: hizo hice   empezar empecé
Practice words: zapato cerveza hiciste aeromozo
Practice sentences: Alicia no conoce a Vicente.

In Castilian Spanish, this consonant sound is pronounced like the **th** of the English "thin."

El aeromozo trae la cerveza francesa.
El diez de marzo, Cecilia va a Zaragoza.

The consonant **c** is "soft"; that is, it is pronounced / s /, before the vowels **e** and **i**.
To keep the "soft" sound before **a, o** and **u,** the letter **z** is used.

ALTERNATE: Have the students choose a picture of a person and have them write a similar
paragraph about his or her activities. They may use either the **yo** or the **él/ella** form.

Para la comunicación

Expresiones para la composición

primero *first*
después *later, after that*

Mini-composición   Mi trabajo

Imagina que eres una de las siguientes personas:

- un(a) astronauta
- un(a) taxista
- un(a) pescador(a)
- un(a) piloto
- un(a) periodista
- un(a) policía

Escribe un pequeño párrafo describiendo tus actividades de ayer. Si quieres, puedes usar el pretérito de los siguientes verbos en oraciones afirmativas o negativas.

- ir (¿adónde? ¿con quién? ¿cuándo?)
- estar (¿nervioso(a)? ¿de buen humor? ¿de mal humor? ¿cansado(a)?)
- tener (¿un accidente? ¿buena suerte? ¿mala suerte?)
- tener que (¿hacer algo especial? ¿qué?)
- poder (¿ver algo espectacular? ¿qué? ¿ver a personas interesantes? ¿quiénes?)
- ponerse (¿un uniforme? ¿qué tipo de ropa?)
- querer (¿hacer algo especial? ¿qué?)

Soy pescador. Ayer hice muchas cosas. **Primero** fui a pescar. **Después** fui al mercado para vender los pescados *(fish)*.

Act. Book

SCRIPT
Act. 9

Act. Book

(¡Hola!)
Act. Book

TRP

Act. Book

QUIZ

Act. Book
Test / Repaso

TESTS | Unit / Proficiency

Lección cuatro
201

¡Vamos a leer! ¿Qué profesión te conviene?

Antes de escoger° una profesión, una persona tiene que conocerse° bien. Así° va a saber si su personalidad es compatible con la profesión que piensa empezar. Por ejemplo, si a ti no te gusta viajar, no te conviene° ser un(a) vendedor(a) viajero(a). O si no te gusta hablar en público, no te conviene ser político(a), abogado(a) o profesor(a).

Para saber qué profesión te conviene, analiza tu personalidad.

> escoger: *choosing,*
> conocerse: *know himself/herself*
> Así: *In that way*
> no te conviene: *it is not appropriate for you*

1. ¿Qué películas te gustan más?
   A. las películas de acción y aventura
   B. las películas románticas
   C. los dramas psicológicos
   D. los documentales científicos

2. ¿Qué deporte te gusta mirar (o practicar) más?
   A. el fútbol
   B. la equitación°
   C. el tenis
   D. el juego de bolos°

   > equitación: *horseback riding*
   > juego de bolos: *bowling*

3. ¿Qué pasatiempo te gusta más?
   A. organizar fiestas
   B. sacar fotos
   C. cuidar° animales
   D. coleccionar sellos°

   > cuidar: *to take care of*
   > sellos: *stamps*

4. ¿Deseas visitar otros países? ¿Por qué?
   A. para hacer cosas nuevas
   B. para visitar los museos
   C. para conocer a gente nueva y diferente
   D. para aprender otro idioma°

   > idioma: *language*

5. Cuando sacas fotos, ¿qué prefieres?
   A. escenas de acción
   B. paisajes°
   C. gente
   D. monumentos

   > paisajes: *landscapes*

6. Si tu escuela va a presentar una comedia musical,
¿qué prefieres ser?

A. el actor o la actriz principal
B. el (la) escenógrafo(a)°
C. un actor o una actriz secundaria
D. el (la) encargado(a)° de la iluminación

escenógrafo(a): *set designer*

encargado(a): *person in charge*

7. Si estás haciendo un viaje muy largo en autobús,
¿cómo pasas el tiempo?

A. conociendo a los otros pasajeros°
B. mirando el paisaje
C. conversando con el pasajero a tu lado°
D. leyendo una novela

pasajeros: *passengers*

a tu lado: *next to you*

8. Si estás en casa y quieres ayudar, ¿qué haces?

A. limpias° todo el garaje
B. decoras tu cuarto
C. ayudas a tus hermanos menores a hacer sus tareas
D. ayudas a tu padre a arreglar° el coche

limpias: *you clean*

arreglar: *to fix*

INTERPRETACIÓN

Cuenta tus respuestas A, B, C y D.

Si tienes cinco respuestas A o más,
eres muy dinámico(a) y ambicioso(a). Quieres estar donde hay
acción y te gusta la gente. Algunas profesiones que te convienen
son: vendedor(a), piloto de avión, director(a) de relaciones
públicas.

Si tienes cinco respuestas B o más,
eres sensitivo(a) y romántico(a). Tienes buen talento artístico y te
interesa el arte y la perfección. Algunas profesiones que te
convienen son: actor o actriz, diseñador(a)° de modas,° decorador(a)
de interiores.

diseñador(a): *designer*, modas: *fashion*

Si tienes cinco respuestas C o más,
eres muy sociable y generoso(a). Te gusta conocer a la gente y
ayudarla. Algunas profesiones que te convienen son: doctor(a),
enfermero(a), psiquiatra, trabajador(a) social, abogado(a).

Si tienes cinco respuestas D o más,
eres el tipo de persona que quiere comprender el «porqué» de las
cosas. Si tienes una orientación intelectual, puedes escoger una
profesión científica. Puedes ser ingeniero(a), químico(a) o
programador(a) de computadoras. También puedes ser buen
arquitecto(a). Si tienes una orientación manual, puedes ser un(a)
excelente mecánico(a) o electricista.

Si tienes menos de cinco respuestas A, B, C o D,
son muchas las cosas que te interesan. No te conviene escoger una
profesión muy especializada. Algunas profesiones que te convienen
son: periodista, fotógrafo(a), escritor(a), ejecutivo(a) en una compañía
industrial o comercial.

El arte de la lectura

Enriching your vocabulary: Word families

You may have noticed that in Spanish, as in English, certain words are
related to others: they belong to the same family. For instance,

>**dibujante** *(draftsman, designer)*   is related to **dibujar** *(to draw),*
>**trabajador** *(worker)*   is related to **trabajar** *(to work),*
>**vendedor** *(salesperson)*   is related to **vender** *(to sell).*

Often you will discover the meaning of a word you have not seen before if
you can relate it to a word which you already know.

Ejercicio: Las profesiones

Can you determine the meaning of the profession in italics from the
meaning of the words in heavy print? When you know what the new word
means, say whether you would like that profession yourself.

>**escribir** → *escritor(a)*   (No) Quiero ser escritor(a).

1. **explorar** → *explorador(a)*
2. **inventar** → *inventor(a)*
3. **comprar** → *comprador(a)*
4. **traducir** → *traductor(a)*
5. **pintar** → *pintor(a)*
6. **bailar** → *bailarín(a)*
7. **investigar** → *investigador(a)*
8. **peinarse** → *peinador(a)*
9. **cantar** → *cantante*
10. **conducir** → *conductor(a)*

¿Y ustedes? All answers will vary.

Guided self-expression

Building reading comprehension

Complete the following sentences with an expression that best reflects your personal situation or preferences. Then compare your answers with those of your classmates. You may want to establish a class survey.

De las siguientes profesiones, la que más me interesa es la de . . .

1 Para ganar dinero este verano, me gustaría° trabajar en . . .
- un restaurante
- un supermercado
- una tienda de ropa
- una tienda de discos
- ¿?

2 Después de graduarme, espero trabajar en . . .
- una fábrica
- una oficina
- un hospital
- un almacén
- una estación de televisión
- ¿?

3 Me siento más calificado° para ser . . .
- periodista
- fotógrafo(a)
- científico(a)
- dibujante
- ¿?

4 De las siguientes profesiones, la que más me interesa es la de . . .
- abogado(a)
- doctor(a)
- locutor(a)
- veterinario(a)
- ¿?

5 Para mí, es más importante saber . . .
- dibujar
- hablar español
- usar computadoras
- cómo comunicarme bien con la gente
- ¿?

6 Para mí, el aspecto más importante de un trabajo es . . .
- hacer algo interesante
- tener responsabilidades
- conocer a otras personas
- ganar un buen sueldo°

me gustaría *I would like*   **calificado** *qualified*   **sueldo** *salary*

7 Para tener éxito° en la vida profesional, lo más importante es . . .

- trabajar mucho
- hablar varios idiomas
- saber organizar bien el tiempo
- conocer a personas importantes
- ser cortés° con todos
- ¿?

8 Lo que más me gustaría es aprender a . . .

- esquiar
- esquiar en el agua°
- montar a caballo°
- pilotear un avión
- conducir un coche de carrera°
- ¿?

Conversaciones

Developing critical thinking skills

Reading comprehension and speaking practice

Pair activity

This activity consists of several conversations between two speakers, A and B. Put these conversations together by matching each of A's questions or comments with an appropriate response from the box. You may act out each conversation with a classmate.

1 **Waiting for the school bus**

A: ¿Vas a viajar este verano?
B: —
A: ¿Dónde vas a trabajar?
B: —
A: ¿Cuánto dinero vas a ganar?
B: —
A: ¡Qué bien!

2 En el hospital Santa Verónica.

3 Nada. Voy a trabajar como voluntario.

1 ¡No! Tengo un trabajo.

2 **At a café**

A: ¿Qué hace tu mamá?
B: —
A: ¿Es secretaria?
B: —
A: ¿En qué se especializa?
B: —

2 No, es abogada.

1 Trabaja en una oficina.

3 Es especialista en los problemas de inmigración.

206

éxito *success*   cortés *polite*   esquiar en el agua *waterski*
montar a caballo *ride a horse*   coche de carrera *racing car*

3 | **At home**

A: Hola, Olga. ¿Dónde está tu hermano?

B: —

A: ¿Qué está haciendo?

B: —

A: ¿Es mecánico?

B: —

> 3 No, pero tomó cursos de mecánica en una escuela técnica.
>
> 1 Está en el garaje.
>
> 2 Está tratando de arreglar° el coche de mi papá.

4 | **At the cafeteria during lunch**

A: ¿Qué hiciste anoche?

B: —

A: ¿De veras? ¿Te gusta tanto la biología?

B: —

A: ¡Qué aburrido! Yo voy a ser aeromozo.

B: —

> 3 ¿Tú? Siempre tienes miedo° cuando viajas en avión.
>
> 2 ¡Claro! Quiero ser doctora.
>
> 1 Estudié para el examen de biología.

5 | **After school**

A: ¿Qué hiciste el domingo pasado?

B: —

A: ¿Fuiste a su casa?

B: —

A: ¡Dios mío! ¿Tuvo un accidente?

B: —

A: No, pero ahora lo sé.

> 2 No, la visité en el hospital San Marcos.
>
> 1 Vi a mi prima Ángela.
>
> 3 ¿Ella? No… ¿Por qué?… Ah, ¿no sabes que Ángela es enfermera?

6 | **Talking with friends**

A: ¿Qué piensas hacer después de graduarte?

B: —

A: ¿Como periodista?

B: —

A: ¿Sabes programar?

B: —

> 2 No, como programadora.
>
> 3 ¡Claro! Tomé cursos el año pasado.
>
> 1 Espero trabajar para una revista técnica.

arreglar *to fix*   **tienes miedo** *you are afraid*

Situaciones

Imagine you are in the following situations. Choose a partner. Your partner will play the role of the other person in the situation and answer your questions.

Asking and answering questions

Building oral proficiency

Pair activity

1 **You are editor-in-chief of *La revista estudiantil*. You are interviewing candidates for various positions on the magazine staff.**

Ask your partner . . .

- if he/she knows how to write well
  ¿Sabes escribir bien?
- if he/she knows how to type
  ¿Sabes escribir a máquina?
- if he/she knows how to use **(usar)** a computer
  ¿Sabes usar una computadora?

2 **As a Spanish journalist, you are interested in what American teenagers do on weekends.**

Ask your partner . . .

- what he/she did last weekend
  ¿Qué hiciste el fin de semana pasado?
- how many times he/she went to the movies last month
  ¿Cuántas veces fuiste al cine el mes pasado?
- how many times he/she went to a restaurant last month
  ¿Cuántas veces fuiste a un restaurante el mes pasado?

3 **You just learned that your partner had a party last weekend.**

Ask your partner . . .

- how many people **(personas)** came
  ¿Cuántas personas vinieron?
- what they brought
  ¿Qué trajeron?
- what type **(clase)** of music he/she played **(poner)**
  ¿Qué clase de música pusiste?

4 **You were sick yesterday and missed your Spanish class. Now you are phoning to find out what happened.**

Ask your partner . . .

- if he/she went to class yesterday
  ¿Fuiste a clase ayer?
- if he/she was able to take notes **(tomar apuntes)**
  ¿Pudiste tomar apuntes?
- if the teacher gave an exam
  ¿Dio un examen el(la) profesor(a)?

5 **You are working in a career counseling office.**

Ask your partner . . .

- if he/she has a job (if so, where)
  ¿Tiene Ud. trabajo? ¿Dónde?
- if he/she worked last summer (if so, where; if not, what did he/she do)
  ¿Trabajó Ud. el verano pasado? ¿Dónde? ¿Qué hizo
- what he/she wants to be
  ¿Qué quiere ser Ud.?

6 **Your partner went to a Spanish-speaking country last summer.**

Ask your partner . . .

- where he/she went
  ¿Adónde fuiste el verano pasado?
- what he/she did
  ¿Qué hiciste?
- if he/she was able to meet many young people
  ¿Conociste a muchos jóvenes?

#5 Tell students that although this situation would most likely call for the *Ud.* form of address, they may use either the *tú* or *Ud.* form.

Intercambios <small>All answers will vary.</small>

Interpersonal communication

Building oral proficiency

Small group activity

1 Look at the list of professions on pages 165 and 177 in your text and pick the 3 that interest you the most. Then ask several classmates what their favorite professions are. Record the results on a chart similar to the one below. Did anyone pick the same professions that you picked?

MODELO — ¿Qué quieres ser?
— Quiero ser abogado o periodista.
  Tal vez quiero ser locutor.
  ¿Y tú? ¿Qué quieres ser?
— Quiero ser dibujante o fotógrafa o modista.

		mis compañeros			
yo	*Guillermo*	*Elena*	*Ramón*		
dibujante	*abogado*				
fotógrafa	*periodista*				
modista	*locutor*				

2 Imagine you are a detective investigating a robbery that occurred yesterday afternoon. Interview a classmate to find out when he/she came home yesterday and what he/she did. Try to find out as much as you can and record your information on a separate sheet of paper.

MODELO — ¿A qué hora volvió Ud. a casa?
— Volví a las cuatro.
— Y después, ¿qué hizo?
— Miré la televisión.
— ¿Y después?
— Ayudé a mi hermano con sus tareas.
— ...

Isabel volvió a casa a las cuatro.
Después, miró la televisión...

3 What are your classmates' professional plans? Do they have the necessary skills for the profession of their choice?

As a class project, make a list of skills that are important in today's working world. As a starting point, draw a chart similar to the one below, then add other skills.

Divide the class into pairs. Ask your partner what profession he/she would like to pursue. Read over the list of skills and circle the 3 that you think are essential for that profession. Ask your partner if he/she has these skills and decide whether you think he/she is qualified for the job.

MODELO

— Hola, Alicia. ¿Puedes decirme lo que quieres ser?
— Quiero ser guía.
— A ver. ¿Sabes hablar español?
— Sí, sé hablar español bastante bien.
— ¿Te gusta hablar en público?
— No, ...

nombre	*Alicia*
profesión	*guía*
habilidades	
conducir	
escribir bien	
escribir a máquina	
(hablar español)	*sí*
hablar francés	
(hablar en público)	*no*
sacar fotos	
(atender a la gente)	
usar computadoras	
vender	

4 How many of your classmates did what you did last weekend? First list 3 things that you did. Then ask your friends if they did the same things. Record your results on a chart similar to the one below.

MODELO

— Hola, Anita. ¿Puedes decirme lo que hiciste el fin de semana pasado?
— ¡Por supuesto!
— ¿Compraste ropa?
— Sí, compré ropa.
— Y, ¿comiste en un restaurante chino?
— ...

	Anita	
Compré ropa.	*sí*	
Comí en un restaurante chino.	*no*	
Fui al cine.		

La vida práctica

Building reading comprehension

Tell students that they can refer to the **La vida práctica** glossary on pages 325-326 for unknown vocabulary in the realia documents.

Looking for a job

One way of looking for a job is to read the Help Wanted section in your local newspaper. The following job ads have appeared in newspapers published in different Spanish-speaking countries. Although you may not understand every word, you should be able to discover the basic information contained in each ad.

 Work right away

> ## JÓVENES DINÁMICOS
>
> ### Para trabajo inmediato con o sin experiencia para realizar labor de publicidad en la ciudad de Caracas
>
> **Requisitos:**
> — De 18 a 25 años
> — Disponibilidad total de tiempo
> — Excelente presentación
> — Don de gentes
> — Amplia cultura general
> — Bachiller
>
> **Se Ofrece:**
> — Bs. 300,00 diarios
> — Proyección gerencial dentro de la compañía
> — Viajes al interior y al exterior
>
> **NOTA: No se aceptan vendedores**
> Presentarse lunes y martes, de 9 am a 12 m y de 2:00 a 5:00 pm en la siguiente dirección: Avenida Urdaneta, esquina Urapal, edificio Valores, mezzanina (al lado de la plaza Candelaria).
>
> **Solicitar a los licenciados Amparo Gómez y Rolando Lau**

- To what type of person is the ad addressed?
  dynamic, young
- What type of job is it?
  advertising work
- In what city is the job located? (In what country?)
  Caracas, Venezuela
- Is experience necessary?
  No
- When does the job start?
  Immediately
- What is the age requirement?
  18-25

- What are the educational requirements?
  high school degree
- What other qualifications should a person have?
  good appearance, interpersonal skills, broad cultural knowledge
- What is the daily salary in *bolívares*?
  300,000
- Where should an interested candidate apply?   Urdaneta Avenue, intersection with Urapal, Valores Building, mezzanine
- When?
  9:00 a.m.-12:00 noon, 2:00-5:00 p.m.

publicidad *advertising*   **Don de gentes** *interpersonal skills*   **Bs.** *bolívares*   m. *mediodia*

211

2 Airline positions

- What is the name of the company that placed the ad? What type of company is it? *Iberia; airline*

- Would you be interested in working in that type of industry? Why or why not? *Answers will vary.*

Three job openings are described in the ad. Choose the one that interests you the most. *Answers will vary.*

- What type of job is it?

- What languages should the candidate be able to speak?

- What diploma is required?

- What experience is required?

- What are the other requirements, if any, for the job?

- What should a person who is interested in the job do to apply for it?

IBERIA
LÍNEAS AÉREAS DE ESPAÑA

Solicita
Secretaria Ejecutiva

Requisitos:
— Nivel educativo: bachiller con curso de secretariado de reconocida academia
— Excelente mecanografía, taquigrafía y ortografía
— Capacidad de Redacción y Organización
— Habilidad para tratar con el público
— Excelente presencia
— Edad comprendida entre 25 y 35 años
— Experiencia mínima de 3 años en cargos similares
— Bilingüe (español-inglés)
— Conocimientos de computación

Representante de Ventas

Requisitos:
— Nivel educativo: bachiller
— Bilingüe (español-inglés)
— Vehículo propio en buen estado
— Experiencia en Ventas

Agentes de Billetes

Requisitos:
— Nivel educativo: Bachiller
— Bilingüe (español-inglés)
— Recomendable tener experiencia en el ramo

Beneficios:
* Remuneración acorde con capacidad y experiencia
* Amplios beneficios contractuales
* Estabilidad laboral

Interesados favor enviar currículum vitae con foto reciente a la siguiente dirección: Avenida Urdaneta, esquina de Animas, Edificio Iberia. Atn: Departamento de Selección de Personal
Se garantiza absoluta reserva

reconocida academia *accredited school*
mecanografía *typing*
taquigrafía *shorthand*
ortografía *spelling*
Habilidad *Skill*
en cargos similares *in similar positions*
Conocimientos de computación *computer literate*
ramo *field*
reserva *confidentiality*

Getting the necessary skills

Many jobs and professions require skills that are taught in specialized schools. Read the following ads carefully.

3 ## Study for a career

- Who placed the ad?
  East Coast Training
- What type of school is it?
  Business/Technical School
- Where is it located?
  New York City
- Of the various types of courses, which three would interest you the most?
  Answers will vary.
- Which three would interest you the least?
  Answers will vary.

¡Seleccione una Carrera…! ¡Para Su Éxito!

Llame a East Coast Training, la Mayor Red de Escuelas Comerciales y Técnicas del Área de New York.

¡ Descubra la Carrera Que Más Le Conviene! Seleccione entre Más de 50 Profesiones en los Siguientes Campos:

Computadoras	Paralegal
Trabajos de Oficina	Secretariado
Procesamiento de Palabras	Dibujo Mecánico
Electrónica	Hotel/Viajes
Construcción	Moda
Inglés Como Segundo Idioma	Cajero de Banco

LLAME AHORA MISMO
Para Su Consulta
Profesional Personal
(212)
268-1001

11 Convenientes Localizaciones en el
Área Metropolitana de N.Y.

EAST COAST TRAINING

Red *Network*

4 ## Video and television courses

- What is the name of the school that placed the ad?
  Centro de Estudios del Video y la Imagen
- Where is it located?
  Madrid
- Of the various courses offered, which three interest you the most? Why?
  Answers will vary.

MATRÍCULA ABIERTA

Cursos de **VIDEO/TV**
FOTOGRAFÍA
SONIDO **ANIMACIÓN 3D**
(Con equipo MATISSE)

- REALIZACIÓN
- REPORTERO TV (ENG)
- MONTAJE "BROADCAST"
- POSTPRODUCCIÓN
- PRODUCCIÓN

- REPORTERO GRÁFICO
- FOTOGRAFÍA PUBLICITARIA
- TÉCNICO DE LABORATORIO
- FOTOGRAFÍA DE MODA
- FOTOGRAFÍA CREATIVA

- TÉCNICO EN RADIO
- GRABACIÓN EN ESTUDIO
- SISTEMA "MIDI"

Para información
o reservas de plaza:

**Centro de Estudios
del Video y la Imagen**
Regueros.3 Tlf. 308 17 38.
28004 Madrid

Matrícula *registration*   **reservas de plaza** *to reserve a place*
grabación *recording*   **Tlf** *teléfono*

213

Vamos a escribir

Model answers only. All answers will vary.

1 You are applying for a job with a Mexican company. On your application, descibe 4 things you know how to do.

Calificaciones

- sé hablar español
- Sé escribir a máquina.
- Sé dibujar.
- Sé conducir un coche.

2 List 5 jobs that appeal to you, ranking them in order of preference. For each job, write a sentence explaining why you like it.

1. electricista — Me gusta reparar televisores.
2. carpintero — Me gusta hacer muebles.
3. mecánico — Me gusta reparar coches.
4. modista — Me gusta hacer vestidos.
5. secretaria — Me gusta usar las computadoras.

3 Write a short letter to your Spanish pen pal Jaime in which you talk about the kind of job or profession you would one day be interested in. Include the following information:

- *what kind of job or profession you would like to have*

- *what your qualifications are*

- *why you like this job or profession*

> Jaime,
>
> Me gustaría ser aeromozo. Sé hablar español
>
> y francés. Me gusta mucho viajar en avión.
>
> Y tú, ¿qué esperas hacer?
>
> Cordialmente,

4 Your friend Margarita invited you to a picnic last Saturday, but you were unable to go. Write her a short note of apology in which you tell her the following:

- *that you are very sorry*

- *that you could not come to the picnic* (**la merienda**)

- *what you had to do*

- *what other things you did on Saturday*

- *your signature*

> Querida Margarita,
> Lo siento mucho, pero... no pude venir a la
>
> merienda porque tuve que estudiar para un
>
> examen. Después, tuve que ayudar a mi mamá.
>
> Tu amiga,
>
> (student's name)

Active Vocabulary

Profesiones

		Oficios
(el) abogado	(la) abogada	(el) carpintero
(el) aeromozo	(la) aeromoza	(el) electricista
(el) agente de viajes	(la) agente de viajes	(el) mecánico
(el) científico	(la) científica	(el) pescador
(el) dentista	(la) dentista	(la) modista
(el) dibujante	(la) dibujante	
(el) doctor	(la) doctora	(la) fábrica
(el) empleado	(la) empleada	(la) oficina
(el) enfermero	(la) enfermera	
(el) fotógrafo	(la) fotógrafa	(el) oficio
(el) guía	(la) guía	(la) profesión
(el) ingeniero	(la) ingeniera	
(el) locutor	(la) locutora	
(el) periodista	(la) periodista	
(el) policía	(la) mujer policía	
(el) programador	(la) programadora	
(el) secretario	(la) secretaria	
(el) taxista	(la) taxista	
(el) trabajador social	(la) trabajadora social	
(el) vendedor viajero	(la) vendedora viajera	
(el) veterinario	(la) veterinaria	

TIME

¿cuántas veces?	en vez de	antes de
una vez	esta vez	después de
dos veces	otra vez	
muchas veces		

ACTIVITIES

dejar (de)	tratar de	escribir a máquina
dibujar	atender	saber

USEFUL EXPRESSIONS

lo	por	en vez de
lo que	para	sin duda

TELEPHONE AND CORRESPONDENCE EXPRESSIONS

¡Aló!	Querido(a) amigo(a)
¿Puedo hablar con...?	Cordialmente
un momentito	Sinceramente

VISTA

El mundo íntimo y social

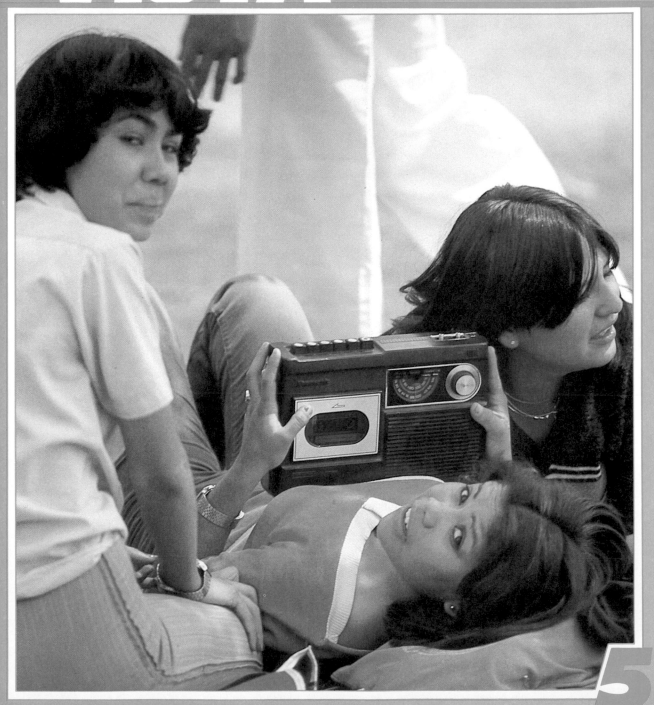

5

Preguntas y Respuestas

PROBLEMAS JUVENILES

P Estimada Doctora: Necesito su ayuda.° Mi madre y yo siempre peleamos.° Yo hago lo que ella dice, pero ella cambia de opinión° cada cinco minutos. Ella está siempre de mal humor. Si las cosas continúan así,° no sé qué puedo hacer. Yo quiero a mi mamá, pero es muy difícil vivir con ella. ¿Qué hago?

VÍCTIMA INOCENTE
El Salvador

R *Querida Víctima Inocente: El problema es la comunicación. ¿Hablas tú con tu madre sin pelear° con ella? Tal vez tu madre está un poco sola y triste. Habla con ella. Ella necesita sentirse importante en tu vida.*

P Estimada Doctora: Mi problema es mi primo. Con él jugamos al tenis y hablamos de chicas. ¡Pero cada vez que él viene a mi casa, deja mi cuarto en un desorden° terrible! Los zapatos, los calcetines, la raqueta, las pelotas, todo fuera de su lugar.° ¿Qué hago?

FRUSTRADO
Panamá

R *Querido Frustrado: Dile a tu primo que a ti te gusta tu cuarto en orden y que el desorden te enoja° mucho. Si tu primo continúa con el desorden, busca a otro amigo.*

P Estimada Doctora: Me gusta mucho un chico de mi barrio, pero a mis padres no les gusta. Ellos se enojan° conmigo cuando nos vemos. Pero nosotros nos vemos secretamente en el parque. Yo lloro° todos los días porque no sé qué hacer. Ayúdeme por favor.

MISERABLE
Argentina

R *Querida Miserable: Es importante preguntarles a tus padres por qué no les gusta el chico. ¡Tal vez ellos tienen razón!° ¿Por qué vas sola al parque? Así° tus padres pierden la confianza en ti. En vez de llorar todo el día, ¡abre° los ojos y mira a otros chicos!*

P Estimada Doctora: Mis hermanos menores tienen la mala costumbre de leer mi diario y de comentarlo a la hora de comida, en público. ¿Qué hago?

SIN SECRETOS
Florida

R *Querida Sin Secretos: ¿Dónde está tu diario? ¿Pueden los chicos encontrarlo y leerlo fácilmente? Si continúan leyéndolo, habla con ellos y diles° que todo el mundo° tiene secretos y que es importante respetarlos.*

Act. Book

---

ayuda *help*   **peleamos** *we fight*   **cambia de opinión** *changes her mind*   **así** *like this*
sin pelear *without fighting*   **desorden** *mess*   **fuera de su lugar** *out of place*   **te enoja** *annoys you*
se enojan *they become angry*   **lloro** *cry*   **tienen razón** *they're right*   **Así** *In that way*   **abre** *open*
diles *tell them*   **todo el mundo** *everyone*

EL LENGUAJE DE LOS COLORES

Amarillo: Fuerza° física y moral, Actividad

Azul: Honestidad, Romanticismo

Blanco: Sinceridad, Pureza°

Negro: Misterio, Romanticismo

Morado: Melancolía, Sufrimiento°

Rojo: Amor, Pasión

Verde: Esperanza,° Suerte

¿Cuál es tu color preferido? ¿El rojo? ¿El azul? ¿El negro? Los colores, como tu ropa, como las palabras con que hablas, como tus gestos,° dicen algo de ti, de tu grupo de amigos, de la región donde vives.

En diferentes países, los colores significan cosas diferentes y corresponden a una disposición particular.

Piensa en estos colores. ¿Estás de acuerdo?°

Act. Book

YO ME SONROJO° . . .

- *Cuando digo mentiras.°*

- *Cuando me caigo y alguien se ríe.°*

- *Cuando cierto chico me mira a los ojos por largo tiempo.*

- *Cuando el profesor me hace una pregunta y me equivoco.*

- *Cuando un chico guapo me dice un piropo° en la calle.*

En los países hispánicos, los chicos les dicen «piropos» a las chicas cuando pasan por la calle:

«¡Qué ojos tan lindos tienes!» «¡Qué bonita estás hoy!»

También las chicas pueden responder con una sonrisa° o con una respuesta desdeñosa:° «¡Qué tonto!»

Fuerza *Strength*   **Pureza** *Purity*   **Sufrimiento** *Suffering*   **Esperanza** *Hope*   **gestos** *gestures*
¿Estás de acuerdo? *Do you agree?*   **me sonrojo** *I blush*   **mentiras** *lies*   **se ríe** *laughs*
piropo *compliment*   **sonrisa** *smile*   **desdeñosa** *scornful*

Act. Book

Un día en la vida de ANITA GÓMEZ

Anita Gómez vive en México, en Guadalajara; Anita tiene quince años y va a la escuela Benito Juárez. Éste es un día típico en la vida de muchas jóvenes hispánicas.

—¡Adiós! ¡Que tengan° un buen día! ¡Nos vemos en el almuerzo!°

—Todas las mañanas camino° al colegio con Constanza Galindo, mi mejor amiga.

—Biología, química, diez minutos para tomar un poco de leche y comer un plátano;° matemáticas, castellano . . . ¡y tareas para mañana!

—Mamá, ¿qué hay para comer?
—Chile con carne, arroz,° tortillas, plátanos fritos° y un aguacate.°

Que tengan *Have* **almuerzo** *lunch* **camino** *I walk* **plátano** *banana* **arroz** *rice* **fritos** *fried* **aguacate** *avocado*

—Hoy ganamos el juego de volibol contra° las chicas mayores del cuarto año. ¡El partido fue sensacional!

—Para mañana todas las chicas deben tener sus cuadernos en orden y todas deben traer una composición de dos páginas sobre° «El viejo y el mar» de Hemingway.

—Vamos a tomar un helado con Mona, Inés, Teresa y un chica nueva.

—Nos vemos en la heladería cerca del colegio, y planeamos la excursión del sábado.

—Esta noche tomamos café con leche y unos sándwiches.

—¡Caramba! Esta tarea de inglés es muy larga,° yo tengo mucho sueño, y no puedo ver mi programa favorito de televisión . . .

contra *against*   **sobre** *about*   **larga** *long*

Y TÚ
¿Qué piensas del amor?

José Martínez:
A mí me gustan las chicas que tienen un buen sentido° del humor y que son alegres.

Marcos Castellanos:
Yo creo en el amor a primera vista.°

Margarita González:
Es mejor pensar mucho las cosas antes de enamorarse.°

María Consuelo Rojas:
Lo más importante es ser sincero.

Eugenia Trujillo:
Es necesario hablar mucho y conocerse antes de enamorarse.

Pablo J. Gómez:
¡Por amor yo hago cualquier° cosa y voy a cualquier lugar!

¿Me quiere?
¿Mucho...?
¿Poquito...?
¿Nada...?
¿Mucho...?

222   sentido *sense*   vista *sight*   enamorarse *falling in love*   cualquier *any*

Act. Book

6 de enero de 1991

Soy estudiante del segundo año de bachillerato. Deseo iniciar una red° de amistad° con chicos y chicas norteamericanos. Me interesa intercambiar estampillas° y tarjetas postales.

María Ferreira
Colegio Juan Ramón Jiménez
Bogotá, Colombia S.A.

4 de febrero de 1991

Tengo 16 años y me gustan mucho los paisajes° de otros países. Deseo intercambiar ideas, estampillas y calendarios.

John D. Hooper
2242 24th St.
San Francisco, CA 94107 U.S.A.

Una red de amistad

INTERCAMBIO

10 de mayo de 1991

Querida María:
Aquí estamos muy felices por nuestra próxima° visita a Colombia. ¡Qué bueno conocerte en persona, después de todas las cartas y tarjetas postales! El 15 de junio llegamos a Bogotá. ¿Qué regalo quieres de los Estados Unidos?
Nos vemos pronto,°
Johnny

María Ferreira
Colegio Juan Ramón Jiménez
Bogotá, Colombia
S.A.

24 de mayo de 1991

Querido Johnny:
Mi familia está encantada° de tu visita con tus padres y hermanita. Tenemos planes para visitar con Uds. la costa del Caribe y las montañas cerca de Bogotá. Por favor, ¡deseo una camiseta de alguna universidad norteamericana!
Hasta pronto,
María

John D. Hooper
2242 24th St.
San Francisco, CA 94107
U.S.A.

red *network*   **amistad** *friendship*   **estampillas** *stamps*   **paisajes** *landscapes*   **próxima** *upcoming*
pronto *soon*   **encantada** *delighted*

LA CALLE

La calle en los países hispánicos es algo muy especial. Es un lugar lleno de vida.° Es lugar de citas, es lugar de compras, es lugar donde la gente pasa las horas sin sentirlas y es un lugar donde tú vas a encontrar a tus amigos y mirar a otros. Vamos a mirar algunas escenas en la calle.

De 7 a.m. a 10 a.m.
Tilín-Tilín, Tilín-Tilín, Tilín-Tilín
¡Aaaaaarrrrrregloooooo
zapatooooos! ¡Zapatooooos viejooooos!
¡Diario° de la mañanaaaaaa! ¡Diario
de la mañanaaaaaa!
¡Buenos días, Señora Gómez!
¡Buenos días, Señora García!
Mmmm, ¡Qué olor° a pan caliente!°
¿Compra fruta, señora? ¡Fruta fresca!
¡Diario de la mañanaaaaaa! Tilín-
Tilín
¡Aaaaarrrreglooo zapatooooos!

De 10 a.m. a 1 p.m.
Pasa un chico. Corre° a tomar el
autobús. Va un poco tarde a clase
. . . La señora Gómez y la señora
García van a comprar pan.
Hablan del pan, hablan de la leche,
hablan de sus hijos, hablan de la
vecina,° hablan y hablan y luego,
¡hablan más con el panadero!°
La calle se llena° de ruidos° de autos.
La calle se llena de ruidos de gente.

De 1 p.m. a 3 p.m.
Cierran° las tiendas. La calle está
vacía.°
¿Dónde está la gente? ¿Dónde están
los autos? ¿Dónde está el ruido? . . .
Todos almuerzan° y toman un
descanso° o una siesta . . .

De 3 p.m.
Un grupo de chicos viene calle
arriba.°
Un grupo de chicas viene calle
abajo.°
Ellos ríen y comentan en voz alta.°
Ellas están todas muy bonitas y
comentan en voz baja. ¡Ellas van° a
la última° moda!°
Los chicos pasan calle arriba.
Las chicas pasan calle abajo.
Ellos les dicen cosas bonitas, ellas
se ríen un poco y aunque° no los
miran, saben que hay uno alto, otro
bajo, uno moreno y otro rubio . . .
Una moto pasa y se oyen° un ¡Hola!,
dos ¡Holas!, tres ¡Holas!
¿Vamos a tomar Coca-Cola?
Sí, vamos . . . ¡Qué bueno!

Por la noche . . .
Después del trabajo o del estudio° la
gente no va a casa directamente.
Los señores hablan en los cafés de
las noticias° del día, de la política,
de los negocios° y miran pasar a la
gente. Si tú estás en la calle a las
ocho o nueve de la noche, siempre
oyes una guitarra, un tocadiscos, un
radio o simplemente a la gente que
habla hasta tarde, muy tarde . . .

Act.
Book

---

lleno de vida *filled with life*   **Diario** *Daily paper*   **olor** *aroma*   **pan caliente** *hot bread*   **Corre** *He runs*   **vecina** *neighbor*   **panadero** *baker*   **se llena** *is filled*   **ruidos** *noises*   **Cierran** *Close*   **vacía** *empty*   **almuerzan** *are eating lunch*   **descanso** *rest*   **arriba** *up*   **abajo** *down*   **voz alta** *loud voices*   **van** *are dressed*   **última** *latest*   **moda** *fashion*   **aunque** *although*   **se oyen** *one hears*   **estudio** *studies*   **noticias** *news*   **negocios** *business*

225

los animales y sus cualidades

La gente dice que los animales tienen cualidades. También a la gente le gusta comparar a otra gente con esos animales. Por ejemplo en español decimos:

Es alto como una jirafa

Es astuto° como un zorro

Está loco° como una cabra

Es rápido como un ciervo

Es engañoso° como una culebra

Es feo como un sapo

Es manso° como un cordero

Es fuerte como un toro

Es alegre como un pájaro

Es lento° como una tortuga

astuto *clever*   **loco** *crazy*   **engañoso** *tricky*   **manso** *gentle*   **lento** *slow*

¿Qué dices?

Imagínate° que estás en España. Te encuentras en las siguientes° situaciones. ¿Qué vas a decir?

1. Un amigo te llama por teléfono. Contestas el teléfono, pero no puedes entender bien. Dices:
   - A. ¿De veras?
   - B. ¿Cómo?
   - C. Adiós.

2. Estás en el autobús. Le pisas° el pie a alguien. Dices:
   - A. De nada.
   - B. ¡Qué suerte!
   - C. Perdón.

3. Estás en una fiesta. Alguien te ofrece un cigarrillo, pero no fumas. Dices:
   - A. Con mucho gusto.
   - B. Por favor.
   - C. No, gracias.

4. Estás en la playa. Un amigo te presenta° a otra persona. Dices:
   - A. Encantado(a).°
   - B. Lo siento.°
   - C. Gracias.

5. Un amigo acaba de sacar una mala nota en un examen. Dices:
   - A. ¡Idiota!
   - B. ¡Qué lástima!
   - C. ¡Felicidades!°

Act. Book

RESPUESTAS: 1-B; 2-C; 3-C; 4-A 5-B

Actividades culturales

Actividades para cada estudiante

1. *Look through some Hispanic magazines (¡Hola!, Buenhogar, Semana, for example) and prepare a report about Hispanic teenagers. List the differences you notice between Hispanic and U.S. teenagers: ways of dressing, gestures, general expressions, attitudes, activities.*

2. *Keep a diary of your activities for two weeks.*

Actividades para la clase

1. *Using pictures from Hispanic magazines (Buenhogar, Fascinación, Temas, for example), prepare a bulletin board exhibit that shows Hispanic people at work and at play. Write a short caption in Spanish for each picture.*

2. *Prepare a bulletin board exhibit of the zodiac signs. Indicate which of your classmates fall under each sign.*

Imagínate *Imagine*　**siguientes** *following*　**pisas** *you step on*　**presenta** *introduces*
Encantado(a) *Delighted*　**Lo siento** *I'm sorry*　**Felicidades** *Congratulations*

227

10
Unidad

Día a día

10.1 Una receta del Caribe: refresco de plátanos

10.2 El A-B-C de la salud

10.3 ¡Bravo, Sra. Ortiz!

10.4 Una conspiración

¡VAMOS A LEER! El lenguaje de las manos

COMUNICANDO
OBJECTIVES
Communication
By the end of this unit, the students will be able to use familiar commands in Spanish:
- To make suggestions and give warnings
- To explain simple recipes
- To ask for assistance
- To make requests

Language
This unit presents the students formally to familiar affirmative and negative commands. (They have already heard these commands in class and read them in the direction lines for the exercises.) The unit also reviews and expands on object pronouns:
- Position of pronouns with commands
- Two-pronoun sequencing
- The indirect object pronoun **se**

Culture
The focus of this unit is on daily life, with special emphasis on food and meals.

 Unit Ten   Module 20

TPR Activities 25–28, pages TG42–TG44.

229

 For background information on the photos (facing and above), see pages TG68–TG69.

Una receta del Caribe: refresco de plátanos

STRUCTURES TO OBSERVE: affirmative commands; position of pronouns with affirmative commands.

Act. 1

¿Quieres preparar un refresco delicioso para tus amigos? Sírveles un refresco de plátanos. Ésta es la receta.

refresco: *cold drink*
receta: *recipe*

Los ingredientes

3	plátanos	
1	taza de leche	una
1/4	taza de azúcar	un cuarto de
1/4	taza de jugo de limón	
1/2	cucharadita de vainilla	media
8	cubitos de hielo	

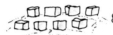

Un aparato

una licuadora

azúcar: *sugar*

hielo: *ice*

La preparación

1. Pela los plátanos y córtalos en cubitos.
2. Pon los plátanos, la leche, el azúcar, el jugo de limón y la vainilla en la licuadora. Mézclalos.
3. Añade los cubos de hielo y mézclalos con los otros ingredientes.
4. Vierte la mezcla en cuatro vasos.
5. Sírveles el refresco a tus amigos.

Pela: *Peel*, córtalos: *cut them*
Pon: *Put*
Mézclalos: *Mix them*
Añade: *Add*
Vierte: *Pour*, mezcla: *mixture*, vasos: *glasses*

You may want to act out each step of the recipe.

CONVERSACIÓN

Vamos a hablar de los consejos que te dan tus padres. ¿Te dicen ellos las siguientes cosas?

1. **¡Estudia** mucho!
   Sí, me lo dicen. (No, no me lo dicen.)
2. **¡Trabaja** mucho!
3. **¡Respeta** a tus profesores!
4. **¡Ayuda** a tus hermanos menores!
5. **¡Gasta** tu dinero en cosas útiles!
6. **¡Escucha** nuestros consejos!

OBSERVACIÓN

Commands are used to give orders and advice, to make suggestions and more generally to tell people what to do *(affirmative commands)* and what not to do *(negative commands)*. In sentences 1-6, your parents are giving you advice. They are using the familiar **(tú)** form of the affirmative command.

• Is this form the same as the **tú** form of the present tense?   no

• Is this form the same as the **él** form of the present tense?   yes

NOTA CULTURAL

El plátano, base de la cocina° del Caribe

¿Qué es el plátano? ¿Una fruta tropical originaria del Caribe? ¡No! El plátano es originario de la India, pero hoy crece° en abundancia en muchos países de Hispanoamérica.

Hay mil variedades de plátanos: amarillos, verdes, rojos ... Hay también mil maneras de cocinar° plátanos ... En los países hispanoamericanos, la gente los come principalmente fritos° y los sirve con arroz° o con carne,° con pollo° o con jamón,° con salsas picantes° o con azúcar,° con frijoles° o con ensalada ... ¡De veras, el plátano es una de las bases de la cocina del Caribe!

cocina *cooking*   **crece** *grows*   **cocinar** *to cook*   **fritos** *fried*
arroz *rice*   **carne** *meat*   **pollo** *chicken*   **jamón** *ham*
salsas picantes *hot sauces*   **azúcar** *sugar*   **frijoles** *beans*

¿Es el plátano una fruta tropical? ¿Cuál es su origen? ¿Son amarillos todos los plátanos? ¿Cómo come los plátanos la gente en los países hispanoamericanos? ¿Con qué los sirve?

In some Caribbean countries, **el plátano** designates the cooking banana, while **la banana** refers to an eating banana.

p. TG69

Estructuras

A. Repaso: los pronombres directos e indirectos

As you read the following sentences, compare the form and position of the direct and indirect object pronouns which replace the nouns in parentheses.

	DIRECT	INDIRECT
(Carlos)	¿**Lo** invitas? *Do you invite **him?***	¿**Le** escribes? *Do you write (to) **him?***
(tus amigos)	¿**Los** invitas? *Do you invite **them?***	¿**Les** escribes? *Do you write (to) **them?***

The following chart summarizes the direct and indirect object pronouns corresponding to the subject pronouns.

SUBJECT PRONOUNS	DIRECT OBJECT PRONOUNS		INDIRECT OBJECT PRONOUNS	
yo	**me**	*me*	**me**	*(to* or *for) me*
tú	**te**	*you*	**te**	*(to* or *for) you*
él, Ud.	**lo**	*him, it, you* ⎫	**le**	*(to* or *for) him, her, it, you*
ella, Ud.	**la**	*her, it, you* ⎭		
nosotros(as)	**nos**	*us*	**nos**	*(to* or *for) us*
vosotros(as)	**os**	*you*	**os**	*(to* or *for) you*
ellos, Uds.	**los**	*them, you* ⎫	**les**	*(to* or *for) them, you*
ellas, Uds.	**las**	*them, you* ⎭		

⟐ In general, object pronouns come before the verb.

⟐ Spanish speakers use an indirect object pronoun in a sentence that also contains an indirect object noun.

Le hablo **a Carlos.**	*I am speaking **to Carlos.***
Les escribo **a mis amigos.**	*I am writing **to my friends.***
Le compro un regalo **a Ana.**	*I am buying a gift **for Ana.***

ACTIVIDAD 1 Diálogo: ¿Eres generoso(a)? ★ PAIRED COMMUNICATION / SELF-EXPRESSION

Pregúntales a tus compañeros si prestan las siguientes cosas.

⟐ tu tocadiscos   Estudiante 1: ¿Prestas tu tocadiscos?
                    Estudiante 2: Sí, lo presto.
                                  (No, no lo presto.)

1. tus libros
2. tus discos
3. tu dinero
4. tus revistas
5. tu reloj
6. tu bicicleta
7. tu cuaderno de español
8. tu chaqueta

ADDITIONAL CUES: **tu lápiz / tus cintas / tu abrigo / tus anteojos**

ACTIVIDAD 2   Los contactos

¿Te mantienes *(Do you keep)* en contacto con las siguientes personas durante las vacaciones? Di si lo (la) llamas por teléfono y si le escribes a cada persona.

 tu mejor amigo   (No) Lo llamo por teléfono.
                                           (No) Le escribo.

1. tu mejor amiga
2. tus compañeros de clase
3. tus compañeras
4. tus profesores
5. tu profesor(a) de español
6. tu profesor(a) de matemáticas
7. tus amigos
8. tus amigas

realia
p. TG69

B. Mandatos afirmativos: la forma *tú*

In Spanish, commands may be familiar or formal. *Familiar commands* are for people one normally addresses in the **tú** form.

Look carefully at the sentences below. The sentences on the left describe *what* Isabel *is doing:* the verb is in the **él** form of the *present tense*. In the sentences on the right, Carlos is telling Isabel *what to do:* the verb expresses a *command* in the familiar affirmative form. Compare the verbs in each group of sentences.

Isabel:

Invita a sus amigos.
  (She invites her friends.)

Saca una foto.
  (She takes a picture.)

Lee una revista deportiva.
  (She reads a sports magazine.)

Pide una gaseosa.
  (She asks for a soft drink.)

Carlos a Isabel:

—¡**Invita** al profesor!
  (Invite the professor!)

—¡**Saca** una foto del museo!
  (Take a picture of the museum!)

—¡**Lee** el libro de español!
  (Read the Spanish book!)

—¡**Pide** una gaseosa para mí también!
  (Ask for a soft drink for me, too!)

For most verbs (regular and irregular), the affirmative form of the familiar **tú** command is the same as the **él** form of the present tense.

Familiar command endings are:

You should point out that this pattern also applies to stem-changing verbs:

cerrar: ¡Cierra la puerta!
jugar: ¡Juega conmigo!

-a	for –ar verbs
-e	for –er and –ir verbs

REFRÁN

Si quieres tener enemigos, presta dinero a tus amigos.

If you want enemies, lend money to your friends.

ACTIVIDAD 3 Un chico tímido

Roberto es un poco tímido y por eso hay muchas cosas que no hace. Pero Manuela le dice que tiene que hacer estas cosas. Haz el papel de Manuela según el modelo.

> Roberto no habla con el profesor.   ¡Habla con el profesor!

1. Él no habla con Elena.
2. Él no invita a María.
3. Él no llama a Ricardo por teléfono.
4. Él no canta.
5. Él no cuenta chistes *(jokes)*.
6. Él no juega al tenis.
7. Él no saca fotos.
8. Él no lee revistas deportivas.
9. Él no escribe cartas.
10. Él no aprende a bailar.

SCRIPT
Act. 6

Act. Book

ACTIVIDAD 4 Querer es poder *(Where there's a will there's a way)* ★ PAIRED COMMUNICATION

Carlos le dice a Luisa que él quiere hacer ciertas cosas. Luisa le dice que las haga *(to do them)*. Haz cada papel según el modelo.

> viajar   Carlos: Quiero viajar a México.
>   Luisa: Entonces, ¡viaja a México!

1. trabajar durante las vacaciones
2. comprar una moto
3. vender mi bicicleta
4. aprender francés
5. aprender a bailar
6. vivir en el Perú
7. escribir una novela
8. jugar al tenis Cues 8, 11 and 12 involve stem-changing verbs.
9. beber café
10. comer un helado
11. pedir un jugo de frutas
12. dormir

Act. Book

SCRIPT
Act. 7

Viva México

Lo mejor de nuestra Tradición
Mariachi y trío todas las noches
Auténtica cocina mexicana

ABIERTO 5:00 P.M. • 2:00 A.M.
LOMAS DEL MAR 4 · A

realia
p. TG69

C. La posición de los pronombres con los mandatos afirmativos

Note the position of object and reflexive pronouns with affirmative commands.

Isabel:	Amalia:
¿Invito a María?	¡Sí, invítala!
¿Le escribo a Juan?	¡Sí, escríbele!
¿Te invito a mi fiesta?	¡Sí, invítame!
¿Me quedo en casa?	¡Sí, quédate en casa!

In affirmative commands, object and reflexive pronouns always come *after* the verb and *are attached to it*.

When the object pronoun is attached to the command form, an accent mark is used to retain the original stress pattern of the verb:

invítame   mándale   The accent mark is not needed if the command has only 2 syllables:
¡Dame el libro! ¡Dile la verdad!

ACTIVIDAD 5   Invitaciones   ★ PAIRED COMMUNICATION

Lolita está organizando una fiesta. Ella ya *(already)* tiene una lista de algunas personas, pero quiere confirmarla con Manuel. Haz los papeles.

VARIATIONS: With direct objects (**llamar por teléfono**) and with indirect objects (**escribir, hablar**).

Luisa   Lolita: ¿Invito a Luisa?
           Manuel: ¡Sí, invítala!

1. Rebeca
2. Ricardo
3. Benjamín
4. Paco y Enrique
5. tus primos
6. María y Pilar
7. Diego, Lucía y Maribel
8. las amigas de Carlos
9. la profesora de español
10. el profesor de francés

ACTIVIDAD 6   Diálogo: ¿Tienes buenos compañeros?   ★ PAIRED COMMUNICATION / SELF-EXPRESSION

Pídeles a tus compañeros que te hagan *(they do)* los siguientes favores.
Ellos van a contestar.

invitar al café   Estudiante 1: ¡Invítame al café!
                     Estudiante 2: Por supuesto, voy a invitarte al café.
                                   (No, no voy a invitarte al café.)

1. llamar por teléfono
2. ayudar
3. escribir
4. visitar
5. prestar tus discos
6. dar tu foto
7. mandar regalos
8. comprar un helado
9. vender tu bicicleta
10. prestar tus revistas

Act. Book

CRIPT

ct. 8

VOCABULARIO PRÁCTICO   **Como se pone la mesa** *(How to set the table)*

un vaso

una taza

una cucharita

un plato

un platillo

un tenedor

una cuchara

un cuchillo

Also: **una cucharilla** *(teaspoon)*

ACTIVIDAD 7   En el restaurante

Imagina que trabajas en un restaurante. Un camarero *(waiter)* nuevo te
dice lo que piden los clientes. Dile qué necesita traerles para poner
la mesa.

Un cliente pidió café.   Tráele una taza, un platillo y una cucharita.

1. Un cliente pidió té.
2. Una cliente pidió una gaseosa.
3. Un cliente pidió un bistec *(steak)*.
4. Una cliente pidió una ensalada.
5. Un cliente pidió una hamburguesa.

Pronunciación   **Las sílabas con acento**

Model sentences: ¡Escucha el disco! ¡Escúchalo!
Practice sentences: ¡Invita a María! ¡Invítala!
¡Escribe la carta! ¡Escríbela!
¡Presta tus discos! ¡Préstalos!
¡Manda las cartas! ¡Mándalas!

Normally, the stress in Spanish falls on the next-to-last syllable in words
which end on a vowel, an **n** or an **s.** When a pronoun is added to the
command form of a verb, an accent mark is used to show that the stress
falls on the originally stressed syllable.

When one pronoun is added to an infinitive, the accent mark is not needed
because the stress naturally falls on the next-to-last syllable:

Voy a escuchar el disco.   Voy a escucharlo.

Para la comunicación

Mini-composición   De vacaciones

Imagina que tu mejor amigo y tu mejor amiga fueron a países
extranjeros *(foreign)* durante las vacaciones. Tu mejor amigo fue a
España (donde vive tu primo). Tu mejor amiga fue a México (donde vive
tu prima). Mándales dos tarjetas postales y pídele a cada uno tres
favores. Puedes usar los siguientes verbos.

     escribir / mandar / comprar / llamar por teléfono /
     invitar / visitar / sacar fotos / hablar / buscar

Usa dos de las expresiones para la composición.

Querido Eduardo:
     Mándame un disco de música popular, **por favor.** Si puedes,
     hazme el favor de llamar por teléfono a mi primo Miguel . . .**¡Mil gracias!**

Act. Book   TRP   QUIZ

Lección 2 El A-B-C de la salud

salud: *health*

STRUCTURES TO OBSERVE: negative commands; position of pronouns in negative commands.

Act. 1

¿Estás en buena forma física y psicológica? ¿Sí? ... ¡Qué bueno! Y quieres estar sano siempre, ¿verdad? Entonces observa algunas normas elementales:

sano: *healthy*
normas: *rules*

¡Come moderadamente!
¡Come muchas frutas y vegetales!
¡Bebe agua o jugo de frutas!
¡Usa la bicicleta a menudo!
¡Levántate temprano!
¡Acuéstate temprano!
¡Todas las noches, organiza tus actividades del siguiente día!

¡No comas demasiado!
¡No comas entre comidas!
¡No bebas gaseosas!
¡No te levantes después de las nueve! (aun los domingos)
¡No te acuestes después de las once!
¡No duermas durante el día (especialmente en la clase de español)!
¡No mires la televisión más de una hora al día!
¡No te enojes inútilmente!
¡En realidad, no te enojes nunca!

entre: *between,*
comidas: *meals*

aun: *even*

te enojes: *get upset*

¿Cuáles son los consejos más importantes? ¿Cuáles son menos importantes?
EXTRA VOCABULARY: **cuchichear** (to whisper), **roncar** (to snore).

NOTA CULTURAL

Las comidas° en los países hispánicos

El hispanohablante generalmente se desayuna° entre las siete y las ocho de la mañana. El desayuno incluye sólo dos cosas: café con leche y diferentes tipos de pan,° a veces con jalea° y mantequilla.°

La comida del mediodía° se llama *almuerzo* en Hispanoamérica y *comida* en España. El hispanohablante generalmente almuerza° (o come) a la una o más tarde, y es cuando más come: sopa, carne,° vegetales, ensalada, postre.°

La comida de la tarde es la *merienda.* El hispanohablante merienda típicamente en el café a las cinco o seis de la tarde. A esta hora come un sándwich o un pastel y bebe un refresco° o un café.

La comida de la noche es la *cena.* En Hispanoamérica mucha gente cena a las ocho, pero en España nadie cena antes de las nueve. A

p. TG69

esta hora la gente también come una comida completa, pero la cena es una comida menos fuerte° que el almuerzo.

comidas *meals*   **se desayuna** *has breakfast*   **pan** *bread*
jalea *jelly*   **mantequilla** *butter*   **mediodía** *noon*   **almuerza**
lunches   **carne** *meat*   **postre** *dessert*   **refresco** *cold drink*
fuerte *heavy*

For more on meals, see the day of Anita Gómez, pages 220–221.

Estructuras

See TPR Activities 26 and 27, page TG43.

Act. 3

41

VOCABULARIO PRÁCTICO La comida

los alimentos (foods)

la carne (meat)

el pollo (chicken)   **un bistec** (steak)

el jamón (ham)

las frutas y los vegetales

el arroz (rice)

los frijoles (beans)

el maíz (corn)   **las papas** (potatoes)   **los tomates** (tomatoes)

los plátanos (bananas)

las naranjas (oranges)

las peras (pears)

las manzanas (apples)

las comidas	meals	
el desayuno	breakfast	
desayunarse	to have breakfast	**Me desayuno** a las siete y media.
el almuerzo	lunch	
almorzar (o → ue)	to have lunch	**Almuerzo** a las doce.
la merienda	late afternoon snack	
merendar (e → ie)	to have a snack	**Meriendo** después de las clases.
la cena	dinner	
cenar	to have dinner	**Ceno** a las siete.

Act. Book

• There are several spellings for "steak": **bistec, biftec, bisté,** and even **bife.**
• In Spain, **la patata** is used for *potato*.

los postres (dessert)

un pastel
(pastry)

un helado
(ice cream)

una torta (cake)

otros alimentos

el pan
(bread)

la mantequilla
(butter)

un huevo (egg)

la sal (salt)

el queso (cheese)

la pimienta
(pepper)

el aceite (oil)

el vinagre (vinegar)

el azúcar (sugar)

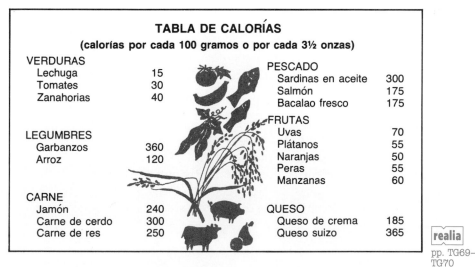

TABLA DE CALORÍAS

(calorías por cada 100 gramos o por cada 3½ onzas)

VERDURAS		PESCADO	
Lechuga	15	Sardinas en aceite	300
Tomates	30	Salmón	175
Zanahorias	40	Bacalao fresco	175
		FRUTAS	
		Uvas	70
LEGUMBRES		Plátanos	55
Garbanzos	360	Naranjas	50
Arroz	120	Peras	55
		Manzanas	60
CARNE			
Jamón	240	QUESO	
Carne de cerdo	300	Queso de crema	185
Carne de res	250	Queso suizo	365

realia
pp. TG69–
TG70

EXTRA VOCABULARY: **la lechuga** (lettuce), **la zanahoria** (carrot), **la carne de res** (beef), **la carne de cerdo**
(pork), **la chuleta de cerdo** (pork chop), **el bacalao** (cod), **los garbanzos** (chickpeas), **el queso suizo**
(Swiss cheese), **las uvas** (grapes), **la piña** (pineapple), **el pomelo** (grapefruit).

Lección dos
241

ACTIVIDAD 1   Preguntas personales   ★ SELF-EXPRESSION

1. ¿A qué hora te desayunaste hoy?
2. ¿A qué hora te desayunas los domingos?
3. ¿A qué hora almuerzas?
4. ¿Almuerzas en la cafetería de la escuela?
5. ¿A qué hora cenas?
6. ¿Meriendas cuando vuelves a casa?
7. ¿Te gusta la comida italiana? ¿francesa? ¿mexicana?
8. ¿Te gusta la comida picante (hot)?

VARIATION: Ask about student responses in the third person. ¿A qué hora se desayunó [Steve]?

★ PAIRED COMMUNICATION / SELF-EXPRESSION

ACTIVIDAD 2   Diálogo: A cada uno, su gusto (Each to his own taste)

Pregúntales a tus compañeros qué prefieren.

VARIATION: Have the students make up their own questions on the same model, using foods from the **Vocabulario práctico**.

⤷ ¿pollo o bistec?   Estudiante 1: ¿Prefieres pollo o bistec?
Estudiante 2: Prefiero pollo (bistec).

1. ¿frutas o vegetales?   4. ¿queso o huevos?
2. ¿jamón o bistec?   5. ¿peras o manzanas?
3. ¿plátanos o naranjas?   6. ¿frijoles o papas?

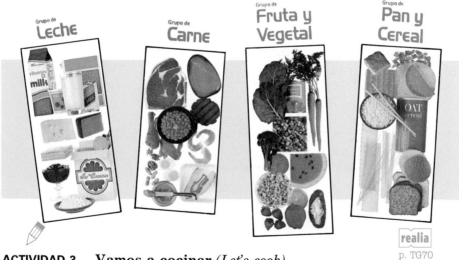

realia
p. TG70

ACTIVIDAD 3   Vamos a cocinar (Let's cook)

Imagina que quieres preparar los siguientes platos. Un amigo va a comprar los ingredientes necesarios. Dile qué ingredientes tiene que comprar.

⤷ para una ensalada de tomates   Compra tomates, vinagre y aceite.

1. para una ensalada de frutas
2. para una tortilla de huevos (omelet)
3. para un «banana split»
4. para un sándwich

A. Mandatos negativos: la forma *tú*

Look carefully at the sentences below. In the sentences on the left, Felipe says what he's doing. He uses the **yo** form of the present tense. In the sentences on the right, Anita tells him not to do these things. She uses the negative form of the familiar **tú** command. Compare the verbs in each group of sentences.

	Felipe:	Anita a Felipe:
(**–ar** verbs)	**Compro** una revista.	**¡No compres** esa revista!
	Pienso en Luisa.	**¡No pienses** en esa chica!
(**–er** verbs)	**Bebo** té.	**¡No bebas** té!
	Pongo un disco de jazz.	**¡No pongas** ese disco tan aburrido!
(**–ir** verbs)	**Escribo** una carta.	**¡No escribas** esa carta!
	Salgo con Isabel.	**¡No salgas** con ella!

For most verbs (regular and irregular), the negative form of the familiar **tú** command is derived as follows:

> stem of the **yo** form of the present
> (**yo** form minus **-o**) + { **-es** (for **–ar** verbs)
> { **-as** (for **–er, –ir** verbs)

This applies to stem-changing verbs as well.
cerrar: ¡No cierres la puerta!
dormir: ¡No duermas en la clase!

Note the spelling changes in the following groups of verbs.

      c → qu
-car   **tocar**   ¡No **toques** el piano!

      g → gu
-gar   **jugar**   ¡No **juegues** al béisbol!

      z → c
-zar   **empezar**   ¡No **empieces** esta novela!

These changes are made to keep the sound of the stem.

The affirmative commands of most verbs with **yo** forms ending in **-go (salir, poner, tener, venir, hacer, decir)** are irregular. They are presented in the next lesson. Make sure that here the students use these verbs only in the *negative* command form.

REFRÁN

De lo que no sabes, no hables.

Don't speak of what you don't know.

ACTIVIDAD 4 ¡Ahora no! ★ PAIRED COMMUNICATION

Pepe tiene que hacer sus tareas pero está pensando en otras cosas. Su mamá le dice que ahora no puede hacer esas cosas. Haz los dos papeles según el modelo.

 invito a Pedro a casa   Pepe: Invito a Pedro a casa.
Su mamá: ¡No, no invites a Pedro ahora!

1. invito a Carmen a casa
2. llamo a Inés por teléfono
3. miro la televisión
4. escucho música
5. juego al básquetbol
6. reparo mi bicicleta

7. visito a un amigo
8. leo una novela
9. salgo con Isabel
10. pongo discos
11. ceno
12. duermo

ACTIVIDAD 5 La dieta

Un amigo está a dieta *(on a diet)*. Dile que puede (o no puede) comer las siguientes cosas.

 mantequilla   ¡No comas mantequilla!
frutas   ¡Come frutas!

SUGGESTED REALIA: Spanish menus. Have the students tell one another what they should eat.

1. azúcar
2. papas fritas *(French fries)*
3. tomates
4. pan
5. maíz
6. jamón
7. pollo
8. ensaladas

9. pasteles
10. helado
11. manzanas
12. naranjas
13. peras
14. queso
15. tortas
16. yogur

p. TG70

ACTIVIDAD 6 El ángel y el diablo *(The angel and the devil)*

Pedro está indeciso *(undecided)*. El ángel le da buenos consejos. El diablo le da malos consejos. Haz los papeles del ángel y del diablo según el modelo. (El ángel tiene que expresar mandatos afirmativos con las frases 1-7 y negativos con las frases 8-12. El diablo hace lo contrario.)

> trabajar   Ángel: ¡Trabaja!
>   Diablo: ¡No trabajes!

1. ayudar a tus amigos
2. escuchar los consejos de tus padres
3. estudiar tus lecciones
4. visitar a tus abuelos
5. respetar a las personas mayores
6. contestar bien en clase
7. aprender español
8. comer demasiado
9. fumar *(smoke)* en el baño
10. gastar el dinero en chocolates
11. beber cerveza
12. perder el tiempo

B. La posición de los pronombres con los mandatos negativos

Compare the position of object and reflexive pronouns in the affirmative and negative commands below.

Lupe:	Carlos:	Manuel:
¿Invito a **Luis?**	Sí, invít**alo**.	No, no **lo** invites.
¿Escribo a **Carmen?**	Sí, escríb**ele**.	No, no **le** escribas.
¿**Me** quedo en casa?	Sí, quéda**te**.	No, no **te** quedes.

> In affirmative commands, object and reflexive pronouns come *after* the verb and are attached to it.

> In negative commands, they come *before* the verb.

REFRÁN

No te dejes dar gato por liebre.

Don't let yourself be given a cat for a hare.

ACTIVIDAD 7 Las maletas de Ricardo

Ricardo va a pasar el verano en España. En sus maletas, puede llevar sólo veinte kilos. Dile las cosas que puede y las que no puede llevar.

SCRIPT
Act. 9

Act. Book

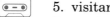 la guitarra ¡Llévala!
(¡No la lleves!)

1. el tocadiscos
2. el radio
3. el televisor
4. las camisas
5. el traje de baño

6. los pantalones
7. los suéteres
8. la raqueta de tenis
9. la grabadora
10. los libros de matemáticas

ADDITIONAL CUES: **los anteojos de sol / la cámara / los esquís / el abrigo / el diccionario español-inglés / los blue-jeans.**

ACTIVIDAD 8 ¡Sí y no! ★ PAIRED COMMUNICATION

Irene les cuenta a sus amigos qué va a hacer. Roberto está de acuerdo *(agrees)* pero Tomás, no. Haz los tres papeles según el modelo.

Act. Book

SCRIPT
Act. 10

Act. Book

 llamar a Laura

Irene: Voy a llamar a Laura.
Roberto: ¡Excelente idea! ¡Llámala!
Tomás: ¿Llamar a Laura? ¡No, no la llames!

1. comprar una bicicleta
2. escribirle a Camila
3. hablarle al profesor
4. vender mi tocadiscos
5. visitar a Conchita
6. ayudar a Víctor y a su novia
7. traer los discos
8. ayudar a Jaime
9. quedarme en casa
10. sentarme en el sofá

Act. 11

Pronunciación El sonido de la consonante *t*

Model word: torta
Practice words: taza tenedor tomate tarde temprano
Practice sentences: Tomás no tiene tocadiscos.
El tío de Teresa es agente de arte.
¿Cuánto cuesta tu televisor?

Like the Spanish consonant **p,** the consonant **t** is also pronounced without a puff of air. Compare the English words "till" and "still": with "till" you produce a puff of air, and with "still" you do not. Try to make the Spanish **t** sound similar to the **t** of "still." Your tongue should touch the back of your upper front teeth.

Para la comunicación

> **Expresión para la composición**
>
> **a propósito**   *by the way*

Mini-composición   Consejos

Imagina que tu mejor amigo(a) está en una de las siguientes situaciones. Escríbele una tarjeta y dale seis consejos, tres afirmativos y tres negativos. Si quieres, puedes usar los verbos entre paréntesis. Usa la expresión para la composición.

- Tu mejor amigo(a) está en casa con gripe *(flu)*.
  (beber, comer, quedarse, levantarse, acostarse, dormir, estudiar, leer)
- Tu mejor amigo(a) ha invitado *(has invited)* a un amigo vegetariano a comer.
  (comprar, preparar, olvidar, llevar, empezar, servir)
- Tu mejor amigo(a) quiere preparar una comida típicamente norteamericana para amigos hispanos.
  (comprar, preparar, olvidar, llevar, empezar, servir)

Querido Juan:
   Estás enfermo. ¡Qué lástima! **A propósito,** tengo unos consejos para ti: bebe mucho té . . .

Remember that the students should avoid affirmative commands using **salir, poner, tener, venir, hacer** and **decir.**

Act. Book   SCRIPT Act. 12   Act. Book   ¡Hola! Act. Book   TRP   QUIZ

Lección 3 ¡Bravo, Sra. Ortiz!

STRUCTURE TO OBSERVE: two-pronoun sequence in affirmative commands.

En su casa, al Sr. Ortiz le gusta dar órdenes . . . Pero un día . . .

órdenes: *orders*

Sr. Ortiz: ¡Pásame la sal!

Sra. Ortiz: Momento . . . te la paso en seguida.

en seguida: *right away*

Sr. Ortiz: ¡Dame el vino!

Sra. Ortiz: Espérate . . . te lo doy en seguida.

Sr. Ortiz: ¡Tráeme el pan!

Sra. Ortiz: Sí, sí . . . te lo traigo en seguida.

Sr. Ortiz: ¡Tráeme la ensalada!

Sra. Ortiz: Bueno . . . te la traigo en seguida.

Sr. Ortiz: ¡Tráeme los espaguetis!

Sra. Ortiz: Los espaguetis . . . No puedo traértelos.

Sra. Ortiz: ¡Estoy cansada! ¡Sírvete tú los espaguetis!

Have the students narrate the events (1) in the present and (2) in the preterite.

Act. 2

NOTA CULTURAL

El apellido de la mujer casada°

Tradicionalmente cuando una mujer hispánica se casa,° puede conservar° su apellido° paterno.° Por ejemplo, si Isabel Montero se casa con Miguel Ortiz, su nombre° va a ser Isabel Montero de Ortiz. Los hijos se van a llamar° Pablo y Ana Ortiz Montero.

Pero ahora esta tradición va cambiando° rápidamente. Hoy día,° hay muchas mujeres hispánicas que prefieren no usar el «de» antes del apellido del esposo.

casada *married* **se casa** *gets married* **conservar** *keep*
apellido *surname* **paterno** *paternal* **nombre** *name* **se van**
a llamar *are going to be called* **va cambiando** *is changing*
Hoy día *Today*   p. TG70

Unidad diez
250

Estructuras

A. Mandatos irregulares (I)

Some verbs have irregular command forms in the affirmative but regular command forms in the negative.

	AFFIRMATIVE (IRREGULAR)	NEGATIVE (REGULAR)	
decir	**di**	**no digas**	¡**Di** la verdad, Antonio! ¡No me **digas** tonterías!
hacer	**haz**	**no hagas**	¡**Haz** la tarea, Miguel! ¡No **hagas** las tareas difíciles!
poner	**pon**	**no pongas**	¡**Pon** los discos aquí, por favor! ¡No **pongas** los pies allí!
salir	**sal**	**no salgas**	¡**Sal** con tus amigos esta noche! ¡No **salgas** mal en el examen!
tener	**ten**	**no tengas**	¡**Ten** paciencia, Jaime! ¡No **tengas** miedo *(fear)*, chico!
venir	**ven**	**no vengas**	¡**Ven** aquí inmediatamente! ¡No **vengas** a esta fiesta!

➢ Note that these are the verbs which have the **-go** ending in the **yo** form of the present tense.

➢ Remember that in affirmative commands, pronouns follow the verb, but in negative commands they precede it!

Pon los discos aquí.	Pon**los** aquí.
No hagas las tareas.	No **las** hagas.

REFRÁN

Haz lo que digo...

...no hagas lo que hago.

Do what I say, not what I do.

ACTIVIDAD 1   ¡El pobre Arturo!   ★ PAIRED COMMUNICATION

Como Arturo es el menor de la familia, sus dos hermanas siempre le dan órdenes.
Y estas órdenes casi siempre son contrarias. Haz los papeles de las dos hermanas.

> sal con Miguel (Antonio)   Hermana 1: Sal con Miguel.
> Hermana 2: No salgas con Miguel. Sal con Antonio.

1. haz la tarea de español (de inglés)
2. pon los libros aquí (allí)
3. di cosas divertidas (cosas serias)
4. ven a la cocina (al comedor)

5. ten cuidado *(be careful)* .con los
   vasos de plástico (de cristal)
6. sal a las dos (a las tres)

ACTIVIDAD 2   El hermano mayor

Fernando siempre le dice a su hermanito qué cosas debe hacer. Haz el
papel de Fernando.

> decir la verdad   Fernando: ¡Di la verdad, Carlitos!

Act.
Book

1. hacer las tareas
2. poner la mesa
3. tener cuidado
4. venir aquí

5. decir adónde vas
6. salir con tu hermana
7. tener paciencia
8. salir bien en tus exámenes

B. Mandatos irregulares (II)

Two verbs have irregular negative command forms, but regular affirmative
forms.

	AFFIRMATIVE (REGULAR)	NEGATIVE (IRREGULAR)	
dar	**da**	**no des**	¡**Da**me tu reloj! ¡**No** me **des** tu libro!
estar	**está**	**no estés**	**Está** aquí a las siete. ¡**No estés** tan nerviosa, Luisa!

Two verbs have both irregular affirmative and irregular negative command
forms.

	AFFIRMATIVE (IRREGULAR)	NEGATIVE (IRREGULAR)	
ir	**ve**	**no vayas**	¡**Ve** al cine con nosotros! ¡**No vayas** a la playa conmigo!
ser	**sé**	**no seas**	¡**Sé** un buen estudiante! **No seas** siempre malo con ellos.

Act. 3

The command forms of **saber (sabe, no sepas)** will be introduced in Level 2.

ACTIVIDAD 3   Tus consejos

Tú das consejos a tu amiga Estela sobre las siguientes cosas. Dile que sí o que no, según el modelo.

⋙   darles dinero a todos: no   No les des dinero a todos.

1. darles un regalo a tus amigos: sí
2. dar consejos: no
3. ir al parque: sí
4. ir a casa: no

5. ser buena: sí
6. ser mala: no
7. estar nerviosa: no
8. estar en casa temprano: sí

ACTIVIDAD 4   El ángel y el diablo

Otra vez, Pedro está indeciso. El ángel le da buenos consejos. El diablo le da malos consejos. Haz los papeles del ángel y del diablo, según el modelo.

⋙   decir la verdad   Ángel: ¡Di la verdad!
                       Diablo: ¡No digas la verdad!

1. hacer las tareas
2. hacer una pregunta tonta
3. darle un regalo a tu mamá
4. darle postre al gato
5. ser tolerante
6. ser cruel
7. tener paciencia
8. venir a casa temprano

9. decir cosas buenas
10. decir cosas ofensivas
11. ponerte de mal humor
12. poner sal en el café
13. estar aquí a tiempo
14. estar aquí tarde
15. ir a clase tarde
16. ir a la iglesia

C. La posición de los pronombres directos e indirectos

Note the position of the direct (2) and indirect (1) objects in the following questions and answers.

1	2		1 2
¿**Me** prestas **tu cámara?**			Sí, **te la** presto.
¿**Me** das **tus revistas?**			No, no **te las** doy.
¿**Me** vendes **tu reloj?**			Sí, **te lo** vendo.

⋙   When two object pronouns appear in the same sentence, the indirect object pronoun comes *before* the direct object pronoun.

⋙   In affirmative commands, these pronouns come *after* the verb and are attached to it. They may also come *after* the infinitive and be attached to it. An accent mark is used to retain the original stress pattern of the verb.

¡Tengo nuevos discos!   { ¡Préstame**los**!
                          ¿Quieres vendérme**los?**
                          (¿**Me los** quieres vender?) }

ACTIVIDAD 5   Diálogo: ¿Me prestas...?

Pídeles a tus compañeros los siguientes objetos.

    tu libro de español   Estudiante 1: ¿Me prestas tu libro de español?
                                          Estudiante 2: Sí, te lo presto.
                                          (No, no te lo presto.)

1. tu reloj   4. dos dólares
2. tu radio   5. tus cintas
3. un dólar   6. tu lápiz

ACTIVIDAD 6   Carlos, el comprador

A Carlos le gustan las cosas de sus amigos y siempre quiere comprarlas.
Los amigos aceptan sus ofertas *(offers)* ... por cierto precio *(price)*. Haz los
dos papeles según el modelo.

    tu bicicleta / 50 dólares   Carlos: Véndeme tu bicicleta.
                                          Su amigo: Te la vendo por cincuenta dólares.

1. tu reloj / 10 dólares   6. tu cámara / 30 dólares
2. tus discos / 5 dólares   7. tus libros / 5 dólares
3. tu guitarra / 15 dólares   8. tu radio / 10 dólares
4. tu abrigo / 20 dólares   9. tu raqueta de tenis / 25 dólares
5. tu tocadiscos / 50 dólares   10. tus anteojos de sol / 5 dólares

ACTIVIDAD 7   Preparando la fiesta

Estás preparando una fiesta con un amigo. Él te pregunta si quieres ciertas
cosas. Contéstale afirmativamente según el modelo.

    ¿Quieres los pasteles?   Sí, pásamelos, por favor.

Act. Book

SCRIPT

Act. 7, 8

1. ¿Quieres el té?
2. ¿Quieres el jugo de frutas?
3. ¿Quieres la leche?
4. ¿Quieres las gaseosas?
5. ¿Quieres el helado?
6. ¿Quieres los plátanos?

ADDITIONAL CUES: **los sándwiches / las frutas / las rositas de maíz** (popcorn).

realia

pp. TG70–TG71

Pronunciación Las sílabas con acento

Model sentences: ¡Pr<u>é</u>stame el libro! ¡Pr<u>é</u>stamelo!
Voy a prest<u>a</u>rte el libro. Voy a prest<u>á</u>rtelo.
Practice sentences: No quiero prest<u>a</u>rte mis discos. No quiero prest<u>á</u>rtelos.
Voy a mand<u>a</u>rte la carta. Voy a mand<u>á</u>rtela.
¿Vas a compr<u>a</u>rme un helado? ¿Vas a compr<u>á</u>rmelo?

When two pronouns are added to a command form of the verb or to an infinitive, an accent mark is used to show that the originally stressed syllable is still stressed.

An accent mark is used also with the progressive forms of the verb. **Estoy leyendo el libro.**
Estoy leyéndolo. Mi mamá está leyéndomelo.

Para la comunicación

> **Expresión para la composición**
>
> **de todas maneras**   *in any case*

Mini-composición Citas

Imagina que una amiga española tiene una cita con una de las siguientes personas:

- un chico norteamericano que va a invitarla a un restaurante muy elegante
- un chico muy aburrido
- un periodista que quiere hablar con ella
- un empleado del departamento de inmigración

Dale a esa chica algunos buenos consejos. Si quieres, puedes usar las siguientes expresiones en oraciones afirmativas o negativas.

- ponerse: ¿qué ropa?
- dar: ¿qué información?
- decir: ¿qué cosas? ¿la verdad?
- estar: ¿cómo?
- ir: ¿adónde?

Usa la expresión para la composición.

✍ ¿Tienes una cita con un chico muy aburrido? ¡No estés triste!
De todas maneras, ...

Una conspiración:
un mini-drama en cuatro actos

STRUCTURE TO OBSERVE: the pronoun **se** replacing **le** and **les**.

Rafael tiene un mal hábito. Nunca devuelve las cosas que pide prestadas. Por eso sus amigos no están dispuestos a prestarle nada.

Act. 1

devuelve: *returns*
pide prestadas: *borrows,*
dispuestos: *inclined*

Acto 1. Rafael, Juan Pablo

Rafael: Oye, Juan Pablo, tienes un tocadiscos nuevo, ¿verdad?

Juan Pablo: Sí, ¿por qué?

Rafael: Préstamelo . . . ¡por favor!

Juan Pablo: Lo siento, pero no puedo prestártelo.

Rafael: ¿Por qué no?

Juan Pablo: ¡Porque se lo presté a Antonio!

Rafael: ¿Puedo pedírselo?

Juan Pablo: ¡Sí, si quieres!

Acto 2. Rafael, Antonio

Rafael: Oye, Antonio, ¿puedes prestarme el tocadiscos de Juan Pablo? Él dice que tú lo tienes.

Antonio: Ya no lo tengo.

Rafael: ¿Ya no lo tienes? ¿Se lo devolviste a Juan Pablo?

Antonio: ¡No! María me lo pidió y se lo di a ella.

Ya: *Anymore*

Acto 3. Rafael, María

Rafael: ¡Oye, María! Antonio te prestó el tocadiscos de
Juan Pablo, ¿verdad?

María: Sí, me lo prestó.

Rafael: ¿Lo necesitas?

María: ¡No!

Rafael: Entonces, ¿puedes prestármelo?

María: ¡Qué lástima!, pero se lo presté a Margarita.

Acto 4. Rafael, Margarita

Rafael: ¡Oye, Margarita! ¿Tienes el tocadiscos de Juan Pablo?

Margarita: No . . . ya no lo tengo.

Rafael: ¿A quién se lo diste?

Margarita: Se lo devolví a Juan Pablo.

Rafael: ¿A Juan Pablo? . . . ¿Cuándo te lo pidió?

Margarita: Me lo pidió la semana pasada.

Rafael: ¡No me digas! ¡Creo que es una conspiración!

You may have student volunteers mime the skit while you play the tape, or have
them retell the story in the third person.

CONVERSACIÓN OPTIONAL

Y tú . . . ¿eres una persona generosa?
¿Prestas tus cosas a tus amigos? Vamos a ver.

1. ¿Le prestas tu bicicleta **a tu mejor amigo?**
   Sí, **se** la presto (No, no **se** la presto.)
2. ¿Le prestas tu grabadora a tu mejor amigo?
3. ¿Le prestas tu reloj a tu mejor amigo?
4. ¿Le prestas tus discos a tu mejor amigo?
5. ¿Le prestas tus revistas a tu mejor amigo?

OBSERVACIÓN Est. A

Reread the model answer to question one.

- What is the direct object pronoun used to
  replace **tu bicicleta?** la
- What is the indirect object pronoun used to
  replace **a tu mejor amigo?** se

NOTA CULTURAL

Posesiones

Un joven hispánico generalmente no es dueño°
de muchas cosas. Raras veces° tiene tantas° cosas
como un joven norteamericano. El joven hispánico
tiene menos ropa. Tal vez tiene un radio o un tocadiscos o una bicicleta. Pero, ¿una moto o un
coche? . . . ¡Sólo si es de familia muy rica!

La mayoría de las personas trabajan mucho y
ganan poco. Ganan bastante menos que una persona con un trabajo similar en los Estados Unidos.
Así que° una familia hispánica no siempre puede
comprarles a sus hijos muchas cosas. Y cosas
como una motocicleta o un coche son verdaderamente artículos de lujo° para muchos jóvenes.

Para ellos, las posesiones son importantes, pero
no tanto como° las relaciones con sus amigos. Para
tener amigos no necesitan tener cosas o dinero.
Por eso la amistad° en la vida de los jóvenes hispánicos tiene más valor° que cualquier° artículo de
lujo.

p. TG71

dueño *owner* **Raras veces** *Rarely* **tantas** *as many* **Así
que** *That is why* **lujo** *luxury* **no tanto como** *not as much as*
amistad *friendship* **valor** *value* **cualquier** *any*

¿Es más o menos rico el joven hispánico que el joven
norteamericano? ¿Tiene más o menos cosas? ¿Trabaja
mucho la gente en los países hispánicos? ¿Gana mucho?
¿Tienen motocicleta o coche todos los jóvenes
hispánicos? ¿Por qué no?

Estructuras

A. El pronombre *se*

Note the form of the indirect object pronoun used in the answers below to
replace the nouns in heavy print.

¿Le prestas tu guitarra **a Carlos?**	Sí, **se** la presto.
¿Le das tu reloj **a María?**	Sí, **se** lo doy.
¿Les enseñas tus fotos **a tus amigos?**	No, no **se** las enseño.
¿Les dices la verdad **a tus amigas?**	Sí, **se** la digo.

↪ **Se** replaces **le** and **les** before the other pronouns which begin with **l**.
As an indirect object pronoun, it always comes *first*.

↪ Remember that with affirmative commands, object pronouns always
come *after* the verb. They may also come *after* an infinitive.

¿Le doy mi cuaderno **a Luis?**	¡Sí, dá**se**lo!
¿Vas a prestarle tus discos a Carmen?	Sí, voy a prestár**se**los. (Sí, **se** los voy a prestar.)

ACTIVIDAD 1   ¡Lo siento! *(Sorry!)*   ★ PAIRED COMMUNICATION

Manuel le pide ciertas cosas a Isabel. Ella le dice que no las tiene porque
se las prestó a sus amigos. Haz los dos papeles según el modelo.

⟫ el tocadiscos / Rafael   Manuel: Por favor, Isabel, préstame tu tocadiscos.
                             Isabel: Lo siento, pero no lo tengo. Se lo presté a Rafael.

1. la guitarra / Teresa
2. la raqueta de tenis / Luis
3. el radio / Ramón y Clara
4. el reloj / Elena
5. los anteojos de sol / Susana
6. los discos / mis amigas
7. el televisor / mis primos
8. el coche / Carmen y Luisa

ACTIVIDAD 2   El ángel y el diablo   ★ PAIRED COMMUNICATION

Pablo encontró varias cosas que son de sus amigos. ¿Va a devolverlas
(give them back) o va a quedarse con ellas? El ángel le da buenos consejos
y el diablo le da malos consejos. Haz los tres papeles según el modelo.

⟫ la guitarra de María   Pablo: Encontré la guitarra de María.
                           Ángel: ¡Devuélvesela!
                           Diablo: ¡No se la devuelvas!

1. el tocadiscos de Manuela
2. los discos de Carlos
3. la bicicleta de Luis
4. las revistas de Carmen
5. la cámara de mis primos
6. el reloj del profesor
7. el radio de mis amigas
8. el televisor de Paco

VARIATION using **tener
que** + infinitive:
**Ángel: Tienes que
devolvérsela.
Diablo: No tienes que
devolvérsela.**

realia
p. TG71

ACTIVIDAD 3   Tú, el generoso

Imagina que eres muy rico(a). ¿A cuál de estos chicos vas a dar las
siguientes cosas?

• A Carlos le gusta la música.   • A Felipe y a Luis les gusta leer.
• A María le gustan los deportes.   • A Rita y a Silvia les gusta la ropa.

⟫ el tocadiscos   Se lo doy a Carlos.

VARIATION using **ir a** +
infinitive:
Voy a dárselo a Carlos.

1. el libro
2. los discos
3. las camisas
4. las novelas

5. los esquís
6. la revista
7. los vestidos
8. la raqueta de tenis

9. la guitarra
10. los zapatos
11. la pelota *(ball)*
12. los blue-jeans

B. Expresiones de lugar

To indicate the physical position of people or things in relation to other people or things, we use prepositions of place. In Spanish, prepositions of place may consist of one or several words. Note the prepositions in the vocabulary below.

See TPR Activity 28, page TG44.

See TPR Activity 28, page TG44.

VOCABULARIO PRÁCTICO   Preposiciones de lugar

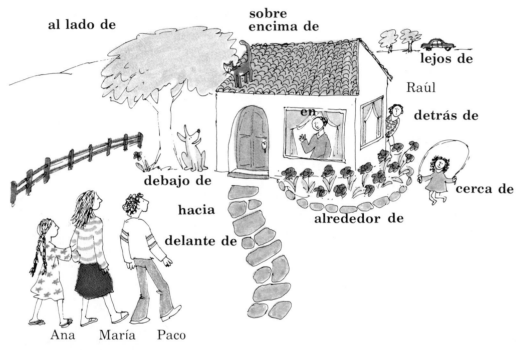

al lado de

sobre
encima de

lejos de

Raúl

detrás de

en

cerca de

detrás de

debajo de

hacia

alrededor de

delante de

Ana   María   Paco

a la izquierda de   a la derecha de

Paco está **a la derecha de** María.
Ana está **a la izquierda de** María.
Los chicos están **delante de** la casa.
Los chicos van **hacia** la casa.
El árbol está **al lado de** la casa.
El perro está **debajo de**l árbol.
El gato está **sobre (encima de)** la casa.

La mamá está **en** la casa.
Hay un jardín **alrededor de** la casa.
Raúl está **detrás de** la casa.
Laura está **cerca de** la casa.
El coche está **lejos de** la casa.

NOTA: The expressions with **de** are used before nouns. When they are used alone (without a noun), the **de** is dropped.

La escuela está **cerca de** mi casa.   *The school is **near** my house.*
La escuela está **cerca**.   *The school is **near** (nearby).*

Act.
Book

Refer to classroom objects and to the students to teach these prepositions. [**Paul**] **está lejos de** [**Susan**].

ACTIVIDAD 4 Preguntas personales ★ SELF-EXPRESSION

1. En clase, ¿quién se sienta a tu izquierda? ¿a tu derecha? ¿delante de ti? ¿detrás de ti?
2. ¿Quiénes viven a la izquierda de tu casa? ¿a la derecha de tu casa?
3. ¿Vives cerca de la escuela? ¿lejos?
4. ¿Trabaja tu padre lejos de casa? ¿cerca? ¿Y tu mamá?

ACTIVIDAD 5 El edificio de apartamentos

Imagina que eres el portero *(doorman)* de este edificio. Explícales a los visitantes dónde viven las personas que buscan.

     el Sr. Pérez   El Sr. Pérez vive al lado del apartamento de la Sra. García. (El Sr. Pérez vive a la izquierda del apartamento de la Sra. García.) (El Sr. Pérez vive debajo del apartamento de la Srta. Ochoa.)

1. la Srta. Ochoa
2. el Sr. Pacheco
3. el Sr. Domínguez
4. la Sra. García
5. la Srta. Amaya
6. las Srtas. Gómez
7. la Srta. Aparicio
8. los hermanos Méndez

la Srta. Ochoa	el Sr. Pacheco	el Sr. Domínguez
el Sr. Pérez	la Sra. García	la Srta. Amaya
la Srta. Aparicio	las Srtas. Gómez	Méndez

Act. 8

VOCABULARIO PRÁCTICO   Los muebles *(Furniture)*

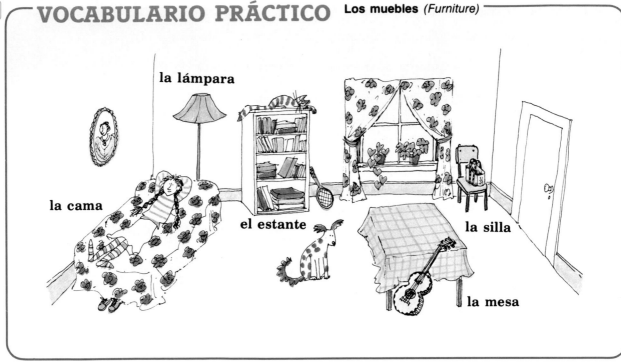

la lámpara

la cama

el estante

la silla

la mesa

ACTIVIDAD 6   El cuarto de Carmen

SCRIPT
Act. 9

Act.
Book

Describe la posición de todos:

  el gato   El gato está sobre el estante.

1. el perro
2. la guitarra
3. la lámpara
4. Carmen

5. la raqueta
6. los libros
7. los zapatos
8. el bolso

Act. 10

Pronunciación **El sonido de la consonante *rr***

Model words: <u>R</u>afael   pe<u>rr</u>o
Practice words: <u>r</u>eloj <u>r</u>omper <u>r</u>ecibir <u>r</u>ojo <u>r</u>ico <u>r</u>ecordar
              guita<u>rr</u>a ciga<u>rr</u>o ciga<u>rr</u>illo
Practice sentences: <u>R</u>oberto <u>r</u>ompió la guita<u>rr</u>a de <u>R</u>icardo.
                   <u>R</u>aúl vive en el ba<u>rr</u>io puerto<u>rr</u>iqueño.
                   El <u>r</u>eloj es de <u>R</u>osa.

In the middle of a word, the "trilled" **r** or **"erre"** is written **rr**. At the beginning of a word, it is written **r**.

Para la comunicación

Mini-composición

Imagina que un chico de quien no te fías *(you have no confidence)* te pide dos de los siguientes objetos.

- tu cuaderno de español
- tu bicicleta
- tus discos
- tu tocadiscos
- tu cámara
- tu reloj

Escríbele una nota diciéndole que no. Por cada cosa, dale una excusa. Si quieres, puedes usar los siguientes verbos:

dar / vender / prestar / mandar / devolver *(return)*

Usa las expresiones para la composición.

¿Deseas usar mi guitarra? Lo siento. No la tengo. Se la presté a Antonio y **desafortunadamente** no me la devolvió.

ALTERNATE: Let groups of students act out skits about a given object, using the text at the beginning of this lesson as a model.

  Act. Book

TRP

 Act. Book

QUIZ

 Act. Book

Test/Repaso

 TESTS | Unit | Proficiency

ACHIEVEMENT TEST 2

¡Vamos a leer!   El lenguaje de las manos

¿Necesitamos siempre palabras para comunicarnos con otros? ¡Claro que no! Por ejemplo, cuando queremos decir que sí o que no, podemos mover la cabeza verticalmente u horizontalmente. Nos expresamos usando la cabeza o la boca, o los ojos, o las manos . . .

Los hispanohablantes también usan las manos para expresarse, y las usan más que nosotros: hablan con las manos.

Mira las ilustraciones. En cada ilustración, la persona expresa algo diferente con las manos. ¿Cuál es el significado de este mensaje?° ¿Es A? B? o C?

mensaje: *message*

A. ¿Quieres comer algo? ★
B. ¡Háblame de tu problema!
C. ¡Lávate los dientes!

1. los dedos juntos° delante de la boca

juntos: *together*

A. ¡Lávate las manos!
B. ¡Dame el dinero! ★
C. ¡Ven aquí!

2. el pulgar° y los dedos juntos

pulgar: *thumb*

A. ¡No te quedes en casa!
B. ¡No salgas ahora!
C. ¡Espera un momento! ★

3. la mano abierta° y los dedos juntos

abierta: *open*

Unidad diez   Read the starred responses aloud and have the students act out the corresponding gestures.

264

A. ¡Mírame!
B. ¡No hagas eso! ★
C. ¡Dime tu nombre!°

nombre: *name*

4. el índice° levantado°

índice: *index finger*,
levantado: *raised*

A. ¡No digas mentiras!°
B. ¡Cuidado!° ¡Ojo! ★
C. ¡Pásame mis anteojos!

mentiras: *lies*
Cuidado: *Careful*

5. el índice debajo del ojo

A. ¡No estés tan nervioso(a)!
B. ¡Piensa! ★
C. ¡No digas nada a tus amigos!

6. el índice en la frente

Y ahora las respuestas correctas: 1–A, 2–B, 3–C, 4–B, 5–B, 6–B

El arte de la lectura

♦ POSTREADING ACTIVITY   Have the students determine which of the six Spanish gestures are identical to American gestures, and which are different.

Enriching your vocabulary: cognate patterns *ar* → *ate*

Many English verbs in *–ate* correspond to Spanish verbs in **–ar**.

*communic**ate***	comunic**ar**
*cre**ate***	cre**ar**

Ejercicio

Use the following verbs in original sentences. If you wish, you may use the suggestions given.

celebrar: ¿el cumpleaños de quién? ¿cuándo?   imitar: ¿a quién? ¿cómo?
ilustrar: ¿un libro? ¿cómo?   participar: ¿en un partido? ¿con quién?
decorar: ¿tu cuarto? ¿cómo?

Unidad 10

Comunicando

¿Y ustedes? All answers will vary.

Guided self-expression

Building reading comprehension

Complete the following sentences with an expression that best reflects your personal situation or preferences. Then compare your answers with those of your classmates. You may want to establish a class survey.

1 Mi comida favorita es . . .
- el desayuno
- el almuerzo
- la merienda
- la cena
- ¿?

2 Ayer, almorcé . . .
- en casa
- en casa de un amigo
- en la cafetería del colegio
- en un restaurante
- ¿?

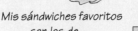

Mis sándwiches favoritos son los de . . .

3 El próximo sábado, voy a cenar . . .
- en casa
- en casa de mis abuelos
- en un restaurante italiano
- en casa de mis primos
- ¿?

4 Para el desayuno, prefiero comer . . .
- pan con mantequilla
- huevos fritos°
- cereales con leche
- frutas
- ¿?

5 Mis sándwiches favoritos son los de . . .
- queso
- jamón
- salchicha°
- atún°
- ¿?

6 De los vegetales siguientes, los que más me gustan son . . .
- los tomates
- las papas
- los frijoles
- ¿?

266   **fritos** *fried*   **salchicha** *sausage*   **atún** *tuna fish*

7 De las siguientes cosas, la que menos° me gusta es . . .

- el bróculi
- las espinacas°
- la coliflor
- el pescado

8 De postre, me gusta más . . .

- el helado de vainilla
- la torta de chocolate
- la tarta° de manzana
- el pastel de coco°
- ¿?

Conversaciones

Developing critical
thinking skills

Reading comprehension
and speaking practice

Pair activity

This activity consists of several conversations between two speakers, A and B. Put these conversations together by matching each of A's questions or comments with an appropriate response from the box. You may act out each conversation with a classmate.

1 **At a restaurant**

A: ¡Hola, camarero! ¿Puede traerme el menú?

B: —

A: ¿Qué recomienda Ud.?

B: —

A: ¿Y de postre?

B: —

A: Muchas gracias.

B: —

3 El pastel de chocolate es muy sabroso.°

2 El pollo frito. Es la especialidad de la casa.

1 Aquí está, señorita.

4 A su servicio, señorita.

2 **At Felipe's house**

A: Hola, Felipe. ¿Puedes prestarme tu cámara?

B: —

A: ¿A quién se la prestaste?

B: —

A: ¿Y cuándo va a devolvértela?

B: —

2 A mi primo.

3 Mañana por la tarde.

1 Lo siento, pero no la tengo.

menos *least* **espinacas** *spinach* **tarta** *pie* **coco** *coconut* **sabroso** *tasty*

3 | At a cafeteria

A: ¿Quieres almorzar conmigo?

B: —

A: ¿No quieres tomar algo?

B: —

A: ¿Qué puedo ofrecerte?

B: —

A: Aquí está.

B: —

> 2 Sí, dame algo de beber.
>
> 3 Un vaso de jugo de naranja, por favor.
>
> 1 No, gracias, no tengo hambre.
>
> 4 Muchas gracias.

4 | Downtown around lunchtime

A: ¿Tienes hambre, Rafael?

B: —

A: ¿Adónde vas a almorzar?

B: —

A: ¿Sabes lo que vas a pedir?

B: —

A: ¡Buen provecho!

> 2 En un restaurante puertorriqueño.
>
> 3 Sí, arroz con pollo y plátanos fritos.
>
> 1 Claro, no me desayuné esta mañana.

5 | In the kitchen

A: ¿Qué haces, mamá?

B: —

A: ¿Puedo ayudarte?

B: —

A: Aquí está. ¿Necesitas algo más?

B: —

> 3 No, gracias. Ahora tengo todo lo necesario.
>
> 2 Cómo no. Tráeme el azúcar por favor.
>
> 1 Un pastel para la cena.

6 | Conversation during supper

A: Papá, ¿puedo usar el coche esta noche?

B: —

A: Voy a casa de mi amigo Enrique. Vamos a estudiar para el examen de inglés.

B: —

A: ¿Dónde están las llaves?°

B: —

A: Muchas gracias, papá.

> 3 En la mesita a la derecha del estante.
>
> 1 Depende. ¿Qué vas a hacer?
>
> 2 En ese caso, de acuerdo. Te lo presto.

7 **Sunday afternoon at home**

A: ¿Adónde vas, Cristina?

B: —

A: Bueno . . . Vuelve a casa antes de las ocho.

B: —

A: Y no te vayas sin ponerte el impermeable.

B: —

> 3 Pero, mamá, ¡no llueve!
>
> 1 Al cine con mi amiga Teresa.
>
> 2 Sí, mamá. Sabes que siempre soy puntual para la cena.

8 **At the school cafeteria**

A: ¿Sabes quién es ese chico guapo?

B: —

A: ¿Tiene novia?

B: —

A: Enséñamela, por favor.

B: —

> 2 Sí. Se llama Susana.
>
> 3 Es la chica rubia, a la izquierda de la puerta.
>
> 1 Es Miguel, el primo de mi novio.

9 **Between classes**

A: ¡Ven acá, Teresa!

B: —

A: Tengo que decirte algo muy importante.

B: —

A: No salgas con Roberto. Es mi novio.

B: —

> 2 ¡Habla, chica!
>
> 1 Un momento. ¿Qué quieres?
>
> 3 Mil disculpas…no lo sabía.°

10 **At home**

A: Isabel, ¿adónde vas?

B: —

A: ¿Puedes pasar por el supermercado?

B: —

A: Compra queso, jamón y vegetales para el almuerzo.

B: —

A: No necesito nada. Vamos a salir a comer al restaurante.

> 1 Voy al centro.
>
> 3 ¿Y para la cena?
>
> 2 Claro. ¿Qué necesitas?

no lo sabía / *I didn't know*

Situaciones

Asking and
answering questions

Building oral
proficiency

Pair activity

Imagine you are in the following situations. Choose a partner. Your partner will play the role of the other person in the situation and answer your questions.

1 You are spending the weekend in the home of a Spanish friend. There are some things you have forgotten to bring along. Ask your friend (your partner) to lend you 3 of the following things. Your friend may accept or refuse.

- his/her bicycle
- his/her radio
- his/her sunglasses

- his/her camera
- his/her tennis racket
- his/her sweater

MODELO — Por favor, préstame tu bicicleta.
— Por supuesto, voy a prestártela.
(Lo siento, pero no puedo prestártela.)

2 You are helping your friend Elena move into her new house. Choose 3 objects from the list and ask Elena (your partner) where to put each one.

- TV set
- chair
- records
- plates

- lamp
- glasses
- tape recorder
- bookcase

MODELO — ¿Dónde pongo el televisor?
— Ponlo en la sala (en mi cuarto...).

3 You are spending spring vacation at the home of Spanish family and want to be helpful around the house. Ask if you can do 3 of the following things. The Spanish host/hostess (your partner) will accept your offer.

- wash the dishes
- wash the glasses
- wash the car
- buy the newspaper

- set the table
- bring the glasses to the kitchen
- make the bed
- go shopping

MODELO — ¿Lavo los platos?
— Sí, lávalos, por favor.

4 You are having dinner in a Mexican restaurant and need to ask your server to do 3 things from the list.

Ask the server (your partner) . . .

- to show you the menu (**el menú**)
- to tell you the specialties (**las especialidades**)
- to bring you a glass
- to bring you some bread
- to bring you some water
- to give you a fork
- to bring you the bill (**la cuenta**)

MODELO — **Por favor, señor (señorita), enséñeme el menú.**
— **Aquí está, señorita (señor).**
— **Muchas gracias.**

5 You are feeling very bossy today. Tell your Spanish friend to do 3 of the following things. He/she will refuse, inventing an excuse.

Tell your friend (your partner) to . . .

- do the homework
- do the exercises (**los ejercicios**)
- go home
- set the table
- put on a sweater
- go out with you on Saturday
- be punctual (**puntual**)

MODELO — **Haz las tareas.**
— **No puedo hacerlas porque no tengo mi libro.**

6 At a recent party you met Luisa, an interesting young Mexican student. You would like to see her again, and are not sure what to do.

Ask your partner . . .

- if you should call Luisa
  ¿Debo llamar a Luisa?
- if you should write her a letter
  ¿Debo escribirle una carta?
- if you should invite her to go out, and if so, where
  ¿Debo invitarla a salir? ¿Adónde?

Intercambios

1 You are taking a survey about teenage breakfast habits. Select 5 classmates and ask them if they ate breakfast today. If they did, ask them at what time, and what they had to eat and drink. Enter your findings on a chart similar to the one below.

	Olga		Pablo	Clara		
¿Te desayunaste hoy?	sí			no		
¿A qué hora?	a las siete y media					
¿Qué comiste?	pan y mantequilla					
¿Qué bebiste?	café con leche					

If many in the class do not eat breakfast, you may ask those students to "invent" a breakfast.

Supplementary vocabulary: **avena** (oatmeal), **huevos rancheros** (Mexican-style eggs), **huevos revueltos** (scrambled eggs), **tortilla de huevo** (omelet), **pan tostado** (toast), **tocino** (bacon)

2 You are inviting 5 friends to dinner. To make sure that they all will enjoy the meal, ask each guest:

- **¿Qué te gusta comer?**
- **¿Qué no te gusta comer?**
- **¿Qué te gusta beber?**
- **¿Qué no te gusta beber?**

Report your findings on an card similar to the one below. Use this information to prepare a menu for your dinner.

	para comer		para beber	
	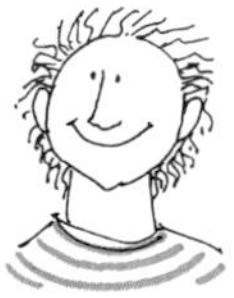	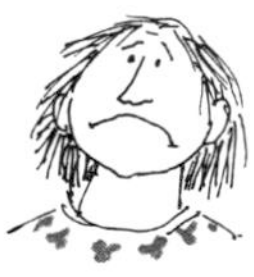	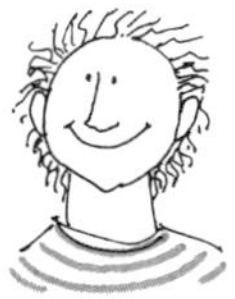	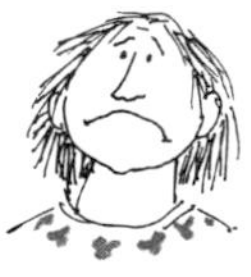
Teresa	pollo queso torta	pescado	gaseosa	café
Esteban				

Menú

272

3 You and your partner are planning a picnic for the Spanish Club. Make a list of not more than 10 items that you will need, including various utensils, foods and beverages. Then ask each other whether you need to buy these items or not.

MODELO
— ¿Compro platos de cartón?
— Sí, cómpralos.
(No, no los compres. Tengo unos en casa)

	sí	no
platos de cartón		
tenedores de plástico		

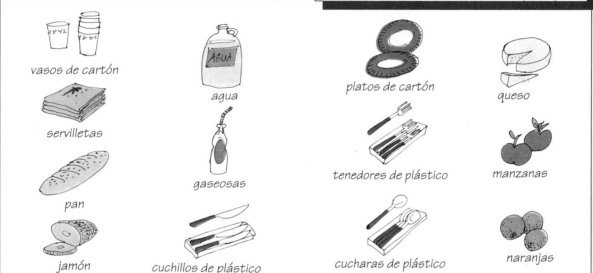

vasos de cartón

agua

platos de cartón

queso

servilletas

gaseosas

tenedores de plástico

manzanas

pan

jamón

cuchillos de plástico

cucharas de plástico

naranjas

4 Your partner is going to give a party next Saturday and you have offered your assistance. Make a list of 5 things you could do to help, then ask your partner if you should do these things.

MODELO
— ¿Mando las invitaciones?
— Sí, mándalas. (No, no las mandes. Las mandé ayer.)

mandar las invitaciones
comprar las gaseosas
traer una grabadora

1 ## Good eating habits

The following chart and text explain what a balanced diet should be. Read it to find out all about good eating habits.

GUÍA HACIA LA BUENA ALIMENTACIÓN

Todos los días coma una gran variedad de alimentos de los Cuatro Grupos Alimenticios con moderación.

 Grupo de **Leche**

Provee muchos nutrientes que incluyen:
- calcio
- riboflavina
- proteína

2 porciones para adultos
3 porciones para niños
4 porciones para adolescentes

 Grupo de **Carne**

Provee muchos nutrientes que incluyen:
- proteína
- niacina
- hierro
- tiamina

2 porciones para todas las edades

 Grupo de **Fruta y Vegetal**

Provee muchos nutrientes que incluyen:
- vitamina A
- vitamina C

4 porciones para todas las edades

 Grupo de **Pan y Cereal**

Provee muchos nutrientes que incluyen:
- carbohidratos
- tiamina
- hierro
- niacina

4 porciones para todas las edades

Tamaño por porción

1 taza	Leche
1 taza	Yogur
1 onza	Queso
1/2 taza	Requesón
1/2 taza	Helado, leche congelada, yogur congelado

2-3 onzas	Carne magra (sin grasa o gordo), pescado, aves cocidas
1	Huevo
1/2 taza	Guisantes o frijoles (habichuelas) secos cocidos
2 cda	Mantequilla de maní (cacahuate)
1/4 taza	Nueces, semillas

Tamaño por porción

1/2 taza	Jugo
1/2 taza	Vegetal, fruta
1 mediana/o	Manzana, banana (guineo), naranja (china)
1/2	Toronja
1/4	Meloncillo (cantaloupe)
1/4 taza	Fruta seca

1 rebanada	Pan
1/2	Panecillo al estilo inglés, pan para hamburguesa
1 onza	Cereal ya preparado
1/2 taza	Pasta (fideos), arroz, grits, cereal cocido
1	Tortilla, panecillo, bollo

- What are the 4 different food groups which everyone should have daily?
  milk, meat, fruit and vegetable, bread and cereal

- Which groups contain protein?
  milk, meat

- Which group contains vitamins?
  fruit and vegetable

- How many portions of the 4 different groups should you eat?
  milk, 4; meat, 2; fruit and vegetable, 4; bread and cereal, 4

- What is your favorite food (or drink) in the dairy product group? How much of it should you have per day?
  Answers will vary.

- What is your favorite food (or drink) in the fruit and vegetable category? How much of it should you have per day?
  Answers will vary.

- What products do you like in the meat category? What products do you dislike?
  Answers will vary.

274

tiamina *thiamine*   **hierro** *iron*   **requesón** *cottage cheese*   **aves** *poultry*
habichuelas *kidney beans*   **cacahuate** *peanut*   **nueces** *nuts*   **fideos** *noodles*

2 | Going out for a snack

Imagine that you are living in Madrid, Spain. One day, you would like to treat your Spanish friends to American-style food. Look at the following ad.

Burger King® propone y tú dispones...
¡Que aproveche!

HAMBURGUESA
Carne de primera cien por cien, pepinillos, mostaza y ketchup, entre dos rodajas de pan especial. Un clásico de Burger King.

BEBIDAS
Coca-Cola.
Fanta de Naranja o de Limón.
Café. Leche.

CHEESEBURGER
Hamburguesa con queso. Y, naturalmente, con carne de primera cien por cien. Buenísimo.

PATATAS FRITAS
Las mejores patatas recién fritas. Calientes, crujientes, sabrosas.

BATIDOS
De vainilla, chocolate o fresa.

Y llévate también Burger King a casa.

La Nueva Mesa.

Lagasca, 48 (esquina a Goya)
Princesa, 3 (Plaza de España)
Orense, 4
Conde de Peñalver, 96 (Diego de Léon)
Arenal, 4 (Puerta del Sol)
San Bernardo, 123 (Quevedo)

- In how many locations in Madrid can you find this kind of restaurant? Give one address.
  6; answers will vary.
- What kind of drinks are sold here? Which one would you choose?
  soft drinks, coffee, milk; answers will vary
- Which Spanish words would you use to order French fries?
  patatas fritas
- Which Spanish word would you use to order a milk shake? What kind of flavors do they have? Which is your favorite?
  batido; vanilla, chocolate, strawberry; answers will vary

pepinillos *pickles*   **crujientes** *crunchy*

Vamos a escribir

Model answers only. All answers will vary.

Written self-expression
Building writing proficiency

1 You are planning a picnic for some Venezuelan friends. Write a shopping list of 8 to 10 things you need to buy at the supermarket.

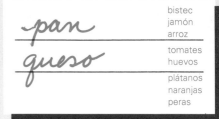

pan

queso

bistec
jamón
arroz

tomates
huevos

plátanos
naranjas
peras

2 Make a list of your 3 favorite foods, in order of preference. Then list 3 foods that you do not like.

Lo que me gusta:

1. *las peras*

el arroz
los huevos

Lo que no me gusta:

1. *los frijoles*

el queso
las naranjas

3 Your pen pal Ricardo from Ecuador is going to spend a few weeks at your home this summer. Write him a short letter telling about what you generally have for meals.

BREAKFAST
When do you generally have breakfast?
- *in which room?*
- *what do you eat? what do you drink?*

LUNCH
What time do you generally have lunch?
- *in which room?*
- *what do you eat? what do you drink?*

DINNER
What time do you generally have dinner?
- *in which room?*
- *what do you eat? what do you drink?*

- *sign your letter*

...a las siete de la mañana.
Siempre me desayuno en
　la cocina.
Generalmente como pan
　tostado y huevos revueltos.
　Tomo leche con mi desayuno.

Por lo general, almuerzo a la una.
Siempre almuerzo en el comedor.
Generalmente como un sándwich
　para el almuerzo. Y me gusta
　tomar gaseosa con mi almuerzo.

Por lo general, cenamos a las
　seis de la tarde.
Siempre cenamos en el comedor.
Comemos pollo o bistec con arroz
　para la cena. Tomamos agua
　con la cena.
(student's name)

Querido Ricardo,

*Por lo general,
me desayuno...*

Cordialmente,

276

4 Select 5 students in your Spanish class and write a note explaining where each one is seated in relation to you.

> *Gloria está detrás de mí.*
> *Julio está a mi derecha.*
> Elena está a la izquierda de Miguel.
> Roberto está al lado de Sergio.
> Juan está detrás de Gloria.

5 Write 5 sentences describe the furniture in your room. Give the position of each item.

> Mi cuarto
> *La cama está a la izquierda de la puerta.*
> *Hay un estante al lado de la cama.*
> La lámpara está encima de la mesa.
> La mesa está cerca de la puerta.
> Hay una silla al lado de la cama.

6 Your Mexican friend Anita wants to organize a party and has asked you for advice. Write her a note listing 5 or 6 suggestions for how to have a successful party. You may include the following information or give other suggestions of your choice.

- *what food to buy?*
  Compra pan, jamón y queso.
- *what drinks to serve?*
  Sirve gaseosas y agua.
- *what records to play* **(poner)**?
  Pon los discos de Michael Bolton.
- *whom to invite?*
  Invita a Paul, Irma y Diego.
- *any other advice you might have*
  ¡Invita a muchas personas!
- *sign your name*

> *Querida Anita,*
> *Aquí tienes unas sugerencias para tu fiesta:*
> *atentamente,*

7 A friend wants to be in good physical shape before summer vacation begins. He has asked for your advice. Make a list of 6 to 8 suggestions about what he should do.

- *go to the gym* (**el gimnasio**) *2 or 3 times a week*
  Ve al gimnasio dos o tres veces por semana.
- *exercise* (**hacer ejercicio**) *every day*
  Haz ejercicio todos los días.
- *eat (what foods?)*
  Come muchos vegetales y frutas.
- *do not eat (what foods?)*
  No comas pasteles y helados.
- *drink (what beverages?)*
  Bebe solamente agua y jugos de fruta.
- *don't drink (what beverages?)*
  No bebas cerveza.
- *any other suggestions you might have*
  También debes correr dos veces por semana.
- *sign your name*
  (student's name)

> Me preguntaste lo que debes hacer para mantenerte en buena condición física. Aquí tienes algunas sugerencias:
>
> Atentamente,

8 A friend of yours is hosting a young Spanish student this summer. Your friend wants some advice on how to entertain her guest. Write her a note with 5 to 7 suggestions. You may include the following information or give other suggestions of your choice.

- *where to invite him?*
  Invítalo al cine.
- *what to take him?*
  Llévalo al museo.
- *what to show him?*
  Enséñale tu escuela.
- *what to give him?*
  Dale un regalo.
- *what to lend him?*
  Préstale tu bicicleta.
- *other suggestions you might have*
  Llévalo a la playa.
- *sign your name*
  (student's name)

> Aquí tienes algunas sugerencias para tu amigo español.
>
> Atentamente,

Active Vocabulary

THE TABLE SETTING

(el) cuchillo
(el) platillo
(el) plato
(el) tenedor
(el) vaso

(la) cuchara
(la) cucharita
(la) mesa
(la) taza

FOOD AND MEALS

(el) aceite
(el) alimento
(el) arroz
(el) azúcar
(el) bistec
(los) frijoles
(el) huevo
(el) jamón
(el) maíz
(el) pan

(el) plátano
(el) pollo
(el) postre
(el) queso
(el) tomate
(el) vegetal
(el) vinagre

(la) carne
(la) fruta
(la) mantequilla
(la) manzana
(la) naranja
(las) papas
(la) pera
(la) pimienta
(la) sal
(la) torta

(el) desayuno
(el) almuerzo
(la) comida
(la) merienda
(la) cena

FURNITURE

(los) muebles
(el) estante

(la) cama
(la) lámpara

(la) silla

ACTIVITIES

desayunarse
almorzar [ue]

merendar [ie]
cenar

POSITION

a la derecha (de)
a la izquierda (de)
al lado (de)
alrededor (de)

debajo (de)
delante (de)
detrás (de)
encima (de)

hacia
sobre

COMMUNICATIVE EXPRESSIONS

a propósito
hazme el favor de . . .
de todas maneras

¡mil gracias!
¡un millón de gracias!

por desgracia
desafortunadamente

APPENDICES

- **Appendix 1   Numbers**
- **Appendix 2   Verbs**

APPENDIX 1   Numbers

A. Cardinal numbers

0	cero	16	diez y seis (dieciséis)	90	noventa
1	uno (un)	17	diez y siete (diecisiete)	100	cien (ciento)
2	dos	18	diez y ocho (dieciocho)	101	ciento uno(a)
3	tres	19	diez y nueve (diecinueve)	102	ciento dos
4	cuatro	20	veinte	200	doscientos
5	cinco	21	veinte y uno (veintiuno)	201	doscientos uno
6	seis	22	veinte y dos (veintidós)	300	trescientos
7	siete	23	veinte y tres (veintitrés)	400	cuatrocientos
8	ocho	30	treinta	500	quinientos
9	nueve	31	treinta y uno	600	seiscientos
10	diez	40	cuarenta	700	setecientos
11	once	41	cuarenta y uno	800	ochocientos
12	doce	50	cincuenta	900	novecientos
13	trece	60	sesenta	1.000	mil
14	catorce	70	setenta	2.000	dos mil
15	quince	80	ochenta	1.000.000	un millón (de)

NOTE: 1. **Uno** becomes **un** before a masculine noun: **treinta y un** chicos
           una before a feminine noun: **treinta y una** chicas
       2. **Cien** is used alone, before nouns, and before **mil**:   **cien** dólares, **cien** mil dólares
       3. **Ciento** is used before numbers under 100:   **ciento** veinte
       4. The hundreds from two to nine hundred agree
           with the nouns they introduce: **doscientas** pesetas

B. Ordinal numbers

1°	primero(a)	4°	cuarto(a)	7°	séptimo(a)	10°	décimo(a)
2°	segundo(a)	5°	quinto(a)	8°	octavo(a)		
3°	tercero(a)	6°	sexto(a)	9°	noveno(a)		

NOTE: 1. **Primero** becomes **primer** before a masculine singular noun: **el primer** libro
       2. **Tercero** becomes **tercer** before a masculine singular noun: **el tercer** papel

APPENDIX 2   Verbs

A. Regular verbs

	PRESENT		PRETERITE	
hablar	hablo	hablamos	hablé	hablamos
(to talk, to speak)	hablas	habláis	hablaste	hablasteis
	habla	hablan	habló	hablaron
comer	como	comemos	comí	comimos
(to eat)	comes	coméis	comiste	comisteis
	come	comen	comió	comieron
vivir	vivo	vivimos	viví	vivimos
(to live)	vives	vivís	viviste	vivisteis
	vive	viven	vivió	vivieron

PRESENT PARTICIPLE OF REGULAR VERBS	FAMILIAR COMMAND FORMS OF REGULAR VERBS
hablar: hablando	hablar: habla, no hables
comer: comiendo	comer: come, no comas
vivir: viviendo	vivir: vive, no vivas

B. Stem-changing verbs

The endings of stem-changing verbs are regular.

Present

The stem change affects the **yo, tú, él** and **ellos** forms of the present.

e → ie			verbs conjugated like **pensar:**
pensar	pienso	pensamos	atender *(to take care of, to wait on)*
(to think)	piensas	pensáis	divertirse *(to enjoy oneself, to have fun)*
	piensa	piensan	empezar *(to start, to begin)*
			entender *(to understand)*
			merendar *(to snack)*
			perder *(to lose)*
			preferir *(to prefer)*
			sentarse *(to sit, to sit down)*
			sentir(se) *(to feel)*

o → ue			verbs conjugated like **contar:**
contar	cuento	contamos	acostarse *(to go to bed)*
(to count, to	cuentas	contáis	costar *(to cost)*
tell, to relate)	cuenta	cuentan	dormir *(to sleep)*
			encontrar *(to meet)*
			recordar *(to remember)*
			volver *(to come back)*

u → ue			
jugar	juego	jugamos	
(to play)	juegas	jugáis	
	juega	juegan	

e → i			verbs conjugated like **pedir:**
pedir	pido	pedimos	servir *(to serve)*
(to ask for,	pides	pedís	vestirse *(to dress oneself,*
to request)	pide	piden	*to get dressed)*

Preterite

Verbs in –ar and –er which have a stem change in the present do not have a stem change in the preterite.

pensar →	pensé, pensaste, pensó, pensamos, pensasteis, pensaron
perder →	perdí, perdiste, perdió, perdimos, perdisteis, perdieron
contar →	conté, contaste, contó, contamos, contasteis, contaron
volver →	volví, volviste, volvió, volvimos, volvisteis, volvieron

Verbs in –ir which have a stem change in the present also have a stem change in the él and ellos forms of the preterite.

e → i
sentir → sentí, sentiste, sintió, sentimos, sentisteis, sintieron
o → u
dormir → dormí, dormiste, durmió, dormimos, dormisteis, durmieron

C. Irregular forms

Certain verbs have one or several irregular forms.

	PRESENT		PRETERITE	
caer	**caigo**	caemos	caí	caímos
(to fall)	caes	caéis	**caíste**	caísteis
	cae	caen	**cayó**	cayeron
conducir	**conduzco**	conducimos	**conduje**	**condujimos**
(to drive)	conduces	conducís	**condujiste**	**condujisteis**
	conduce	conducen	**condujo**	**condujeron**
like **conducir**: **traducir** *(to translate)*				
conocer	**conozco**	conocemos	conocí	conocimos
(to know)	conoces	conocéis	conociste	conocisteis
	conoce	conocen	conoció	conocieron
like **conocer**: **obedecer** *(to obey)*, **ofrecer**: *(to offer)*				
dar	**doy**	damos	**di**	**dimos**
(to give)	das	dais	**diste**	**disteis**
	da	dan	**dio**	**dieron**
decir	**digo**	decimos	**dije**	**dijimos**
(to say, to tell)	**dices**	decís	**dijiste**	**dijisteis**
	dice	dicen	**dijo**	**dijeron**
estar	**estoy**	estamos	**estuve**	**estuvimos**
(to be)	**estás**	estáis	**estuviste**	**estuvisteis**
	está	**están**	**estuvo**	**estuvieron**
hacer	**hago**	hacemos	**hice**	**hicimos**
(to do, to make)	haces	hacéis	**hiciste**	**hicisteis**
	hace	hacen	**hizo**	**hicieron**

ir *(to go)*	**voy** **vas** **va**	**vamos** **vais** **van**	**fui** **fuiste** **fue**	**fuimos** **fuisteis** **fueron**
oír *(to hear)*	**oigo** **oyes** **oye**	**oímos** **oís** **oyen**	**oí** **oíste** **oyó**	**oímos** **oísteis** **oyeron**
poder *(to be able)*	**puedo** **puedes** **puede**	podemos podéis **pueden**	**pude** **pudiste** **pudo**	**pudimos** **pudisteis** **pudieron**
poner *(to place, to put)*	**pongo** pones pone	ponemos ponéis ponen	**puse** **pusiste** **puso**	**pusimos** **pusisteis** **pusieron**
querer *(to want, to like)*	**quiero** **quieres** **quiere**	queremos queréis **quieren**	**quise** **quisiste** **quiso**	**quisimos** **quisisteis** **quisieron**
saber *(to know)*	**sé** sabes sabe	sabemos sabéis saben	**supe** **supiste** **supo**	**supimos** **supisteis** **supieron**
salir *(to leave,* *to go out)*	**salgo** sales sale	salimos salís salen	salí saliste salió	salimos salisteis salieron
ser *(to be)*	**soy** **eres** **es**	**somos** **sois** **son**	**fui** **fuiste** **fue**	**fuimos** **fuisteis** **fueron**
tener *(to have)*	**tengo** **tienes** **tiene**	tenemos tenéis **tienen**	**tuve** **tuviste** **tuvo**	**tuvimos** **tuvisteis** **tuvieron**
traer *(to bring)*	**traigo** traes trae	traemos traéis traen	**traje** **trajiste** **trajo**	**trajimos** **trajisteis** **trajeron**
venir *(to come)*	**vengo** **vienes** **viene**	venimos venís **vienen**	**vine** **viniste** **vino**	**vinimos** **vinisteis** **vinieron**
ver *(to see)*	**veo** ves ve	vemos veis ven	**vi** viste **vio**	vimos visteis vieron

VOCABULARIES

- **Spanish-English Vocabulary**

- ***Comunicando: La vida práctica***
  Spanish-English Vocabulary

- **English-Spanish Vocabulary**

SPANISH-ENGLISH VOCABULARY

The Spanish-English Vocabulary lists the words and expressions in DÍA A DÍA. This includes words and expressions in the lessons, in the *¡Vamos a leer!* sections, and in the *Vistas* (except for specialized vocabulary glossed where it occurs). Only perfect cognates have been omitted. For student reference, the Vocabulary also includes both the active and passive words and expressions from BIENVENIDOS. Active vocabulary—that is, the words and expressions that students are expected to know—is followed by a number. The number (2.1), for example, indicates that the item is active in Unit 2, Lesson 1. Nouns referring to persons are given in the masculine and feminine forms if the English word is the same for both (**un compañero, una compañera,** companion). If the English word is different (**un tío,** uncle; **una tía,** aunt), the words are listed separately. Adjectives are listed in the masculine singular form. Irregular feminine or plural forms are noted in parentheses. Verbs are listed in the infinitive form. Some irregular or unfamiliar verb forms are listed separately. An asterisk (*) in front of a verb means that the verb has irregular forms. See Appendix 2. Asterisks also precede irregular compound verbs. For conjugation of these verbs, refer to their root forms in Appendix 2.

The following abbreviations are used:

adj.	adjective	*f.*	feminine	*obj.*	object	*pres.*	present
adv.	adverb	*fam.*	familiar	*part.*	participle	*pron.*	pronoun
conj.	conjunction	*inf.*	infinitive	*pl.*	plural	*rel.*	relative
dir.	direct	*m.*	masculine	*prep.*	preposition	*sing.*	singular

a

a at **(1.4)**; to **(2.1)**; *not translated when used before a personal dir. obj.* **(4.1)**
  a cada uno su gusto each to his or her own taste
  a casa home **(4.2)**
  a causa de because of
  a fin de cuentas all in all **(6.3)**
  a gran velocidad very fast
  a la casa de ... to ...'s (house) **(4.2)**
  a (la) clase to class
  a la derecha (de) on (to) the right (of) **(10.4)**
  a la edad de at the age of, at ... years of age
  a la escuela to school
  a la hora de comida at mealtime
  a la izquierda (de) on (to) the left (of) **(10.4)**
  a la moda de after the fashion of, in the style of

  a la una at one o'clock **(1.4)**
  a las (dos) at (two) o'clock **(1.4)**
  a menudo often **(5.1)**
  a (mi) lado next to (me)
  a pie on foot **(4.4)**
  a propósito by the way **(10.2)**
  ¿a qué hora? (at) what time? **(1.4)**
  ¿a quién(es)? whom? **(4.1)**; to whom? **(5.1)**
  a tiempo on time **(8.2)**
  a veces sometimes **(5.1)**
  a ver let's see **(5.1)**
abajo below
  calle abajo down the street
abandonado abandoned
abierto open
la **abnegación** self-sacrifice
un **abogado, una abogada** lawyer **(9.2)**
un **abrazo** hug
  abre open *(command)*
un **abrigo** overcoat **(7.2)**
  abril April **(1.5)**

  abrir: en abrir in opening
  absolutamente absolutely
una **abuela** grandmother **(5.2)**
un **abuelo** grandfather **(5.2)**
  los abuelos grandparents
  aburrido boring **(3.2)**
  acabar to finish, end **(8.1)**
  acabar de (+ *inf.*) to have just (done something) **(8.1)**
un **accidente** accident
el **aceite** oil **(10.2)**
un **acento** accent, accent mark
la **acentuación** stress(ing), accentuation
el **acero** steel
el **acondicionamiento de aire** air conditioning
  acordarse (o→ue) de to remember
un **acordeón** *(pl.* **acordeones)** accordion
  acostarse (o→ue) to go to bed **(7.4)**
una **actitud** attitude
una **actividad** activity
  activo active
un **acto** act

289

un **actor** actor **(6.3)**
    un **actor de cine** movie
      actor
    un **actor principal**
      starring actor, leading
      man
    un **actor secundario**
      supporting actor
una **actriz** actress **(6.3)**
    una **actriz de cine y**
      teatro actress of the
      stage and screen
    una **actriz principal**
      starring actress, leading
      lady
    una **actriz secundaria**
      supporting actress
un **acueducto** aqueduct
acuerdo: estar de acuerdo
    to agree
acústico acoustic
adecuado appropriate
    la **ropa adecuada** the
      right clothes
adelantado early, ahead
adelante forward, onward
    ¡**adelante con el español!**
      (let's get) on with
      Spanish!
además moreover, in addition
    (8.1)
¡**adiós!** goodby! so long!
    (1.2)
adivinar to guess
un **adjetivo** adjective
    los **adjetivos numerales**
      ordinales ordinal
      number adjectives
adjuntar to enclose *(in a*
    letter)
administrar to administer
    (be an administrator)
admirar to admire
admirarse to admire oneself
¿**adónde?** where (to where?)
    (4.2)
adoptivo adopted
un **aduanero, una aduanera**
    customs officer
un **adulto, una adulta** adult
aéreo air
    una **línea aérea** airline
un **aeromozo, una aeromoza**
    flight attendant **(9.1)**
un **aeropuerto** airport
    afeitarse to shave (oneself)

aficionado a fond of
un **aficionado, una aficionada**
    fan *(enthusiast)* **(6.2)**
un(a) aficionado(a) al
    (fútbol) (soccer) fan
afirmativamente
    affirmatively, saying "yes"
afirmativo affirmative
afortunadamente
    fortunately
afortunado lucky, fortunate
África Africa
africano African *(also noun)*
una **agencia** agency
    una **agencia de empleos**
      (publicidad, turismo,
      viajes) employment
      (advertising, tourist,
      travel) agency
un **agente, una agente** agent
    un(a) agente de arte art
      dealer
    un(a) agente de viajes
      travel agent **(9.1)**
la **agilidad** agility
agosto August **(1.5)**
agresivo aggressive
el **agua** *(f.)* water **(8.4)**
ahora now **(2.1)**
    ahora no not now
ahorrar to save *(money)*
    (6.1)
el **aire** air
    el **aire puro** clean air,
      fresh air
el **ajedrez** chess
    jugar al ajedrez to play
      chess
al (a + el) to the, at the, the
    (with personal dir. obj.
    noun) **(4.1)**
    al centro downtown, into
      town
    al día a (per) day
    al lado on (at, to) the side
      (10.4)
    al lado de next to, beside,
      on (at, to) the side of
      (10.4)
    al mismo tiempo at the
      same time
    del (inglés) al (español)
      from (English) into
      (Spanish)
ala: el medio ala halfback
    (soccer)

un **alcalde, una alcaldesa**
    mayor
alegre happy **(4.3)**; merry,
    joyous, cheerful, lively
alegremente happily,
    cheerfully
alemán *(f. alemana)* German
    (also noun)
el **alemán** German *(language)*
Alemania Germany
un **alfabeto** alphabet
algo something, anything
    (6.1)
    algo de comer (beber)
      something to eat (drink)
alguien someone, anyone
    (6.1)
algún some, any *(used for*
    alguno *before m. sing.*
    noun) **(6.1)**
    algún día someday
alguno some, any **(6.1)**
la **Alhambra** *palace of the*
    Moorish Kings near
    Granada, Spain
los **alimentos** foods **(10.2)**
el **alma** *(f.)* soul
un **almacén** *(pl.* **almacenes)**
    department store
almorzar (o→ue) to have
    (eat) lunch **(10.2)**
el **almuerzo** lunch **(10.2)**
    ¡**aló!** hello! *(answering the*
      phone) **(9.3)**
una **alpaca** alpaca *(South*
    American animal related to
    the llama)
los **Alpes** the Alps
    alrededor (de) around
      (10.4)
alto tall **(3.2)**; loud *(voice)*
el **altruismo** altruism,
    unselfishness
altura: (catorce) metros de
    altura (fourteen) meters
    high
un **alumno, una alumna**
    student, pupil **(3.1)**
allí there **(4.2)**
amable friendly
    ser amable con to be
      kind to
amarillo yellow **(7.2)**
una **ambición** *(pl.* **ambiciones)**
    ambition
ambicioso ambitious

el **ambiente** atmosphere

una **ambulancia** ambulance

América America *(North or South America)*

la **América Latina** Latin America

americano American *(from North or South America; also noun)*

el **fútbol americano** football *(sport)* **(6.2)**

un **amigo,** una **amiga** (close) friend **(3.1)**

la **amistad** friendship

el **amor** love

analizar to analyze

la **anarquía** anarchy, disorder(liness)

un **anciano** old man

ancho wide **(7.1)**

(dos) metros de ancho (two) meters wide

andaluz *(f.* **andaluza;** *pl.* **andaluces)** Andalusian *(from Andalusia, in southern Spain; also noun)*

los **Andes** Andes *(mountain system extending for 4000 miles along western coast of South America)*

un **anillo** ring

anoche last night **(8:2)**

unos **anteojos** eyeglasses **(7.2)**

unos **anteojos de sol** sunglasses **(7.2)**

anterior previous

antes before *(time)* **(5.1)**

antes de before *(time)* **(9.2)**

anticuado old-fashioned

antiguo old, ancient

antipático unpleasant **(3.2)**

la **antropología** anthropology

anuncia: se anuncia (it) is announced

un **anuncio** advertisement, announcement

añadir to add

un **año** year **(1.5)**

(ciento siete) años de edad (one hundred and seven) years old

¿cuántos años tiene? how old is he (she)?

el **año pasado** last year

los **(quince) años** (fifteenth) birthday

tener *(number)* **años** to be *(number)* years old **(3.4)**

(una muchacha) de (diez y seis) años (sixteen)-year-old (girl)

un **apagón** *(pl.* **apagones)** blackout

un **aparato (eléctrico)** (electrical) appliance

aparecer (c→zc) to appear

la **apariencia** appearance

un **apartado** post office (P.O.) box

un **apartamento** apartment **(5.3)**

un **edificio de apartamentos** apartment building

viviendo en apartamentos apartment living

apasionante thrilling

un **apellido** last name, maiden name

nombre y apellidos full name *(first name and last name)*

aplaudir to applaud

apreciar to appreciate

aprender to learn **(5.1)**

aprender a + *inf.* to learn (how) to **(9.2)**

el **aprendizaje** apprenticeship

apropiado appropriate

aproximado approximate

aproximado a close to

aproximadamente *adv.* approximately

aquel, aquella; aquellos, aquellas that; those *(over there)* **(7.2)**

aquí here **(1.1)**

árabe Arab, Arabic, Moorish *(architecture) (also noun)*

un **árbol** tree **(5.3)**

el **área** *(f).* area

el **área de puerta** goal area *(soccer)*

argentino Argentinean *(also noun)*

árido arid, dry

un **armadillo** armadillo *(South American animal with an armorlike covering)*

un **arpa** *(f.)* harp

un **arquitecto,** una **arquitecta** architect

arreglar to fix, repair

arreglo: el arreglo personal personal care

arriba: calle arriba up the street

el **arroz** rice **(10.2)**

el **arte** art

un **artículo** article

un **artista,** una **artista** artist

un(a) artista de cine movie star

artístico artistic

así so, thus, like this (that), in this (that) way

así, así so-so **(1.2)**

así es la vida that's life

así es que so (it is that), this (that) is why, consequently

asiático Asian

un **asiento** seat

una **asignatura** subject, course *(in school)*

asistir a to attend, go to **(5.1)**

un **aspecto** appearance, aspect

el **aspecto exterior** outward appearance

una **aspiración** *(pl.* **aspiraciones)** aspiration, ambition

un **astronauta,** una **astronauta** astronaut

astuto clever, sly

un **asunto** topic, subject, matter

atender (e→ie) to take care of, wait on **(9.1)**

atender al público to wait on (take care of) people

atentamente carefully, attentively; sincerely, yours truly *(closing a formal letter)*

atento polite, considerate

atento con attentive to, considerate towards

Atlántico: el Océano Atlántico Atlantic Ocean

un **atleta,** una **atleta** athlete **(6.2)**

el **atletismo** athletics

atrae (it) attracts

atraen: se atraen (they) attract

atrasado late, behind

aumentar to increase, augment

aun even

aunque although

el **austral** austral *(monetary unit of Argentina)*

australiano Australian *(also noun)*

un **auto** automobile, car

una **autobiografía** autobiography

un **autobús** *(pl.* **autobuses)** bus **(4.4)**

un **autógrafo** autograph

automotriz: la mecánica automotriz automotive mechanics

el **autoritarismo** authoritarianism

auxilios: los primeros auxilios first aid

avanzado advanced

una **avenida** avenue

aventuras: una película de aventuras adventure movie **(6.3)**

un **avión** *(pl.* **aviones)** airplane **(4.4)**

por avión by plane

¡ay! oh, no!

ayer yesterday **(8.2)**

ayer por la tarde yesterday afternoon

de ayer yesterday's

el día de ayer yesterday

la **ayuda** help, aid

ayudar to help *(something or someone)* **(5.4)**; to help out

ayudar a *(+inf.)* to help (someone) to

ayúdeme help me

azteca Aztec *(of the Aztec Indians of Mexico)*

el **azúcar** sugar **(10.2)**

azul blue **(7.1)**

azul marino navy blue

b

el **bacalao** codfish

un **bachiller** high school graduate *(college bound)*

el **bachillerato** *college preparatory curriculum in Hispanic secondary schools*

bailar to dance **(2.2)**

un **bailarín, una bailarina** (ballet) dancer

un **baile** dance, dancing

bajo short **(3.2)**; low *(voice)*

la planta baja ground floor, first floor *(USA)*

bajo *(prep.)* below **(1.6)**

un **balón** *(pl.* **balones)** ball

un **banco** bank

bañarse to take a bath **(7.3)**

un **baño** bathroom **(5.3)**

un traje de baño bathing suit **(7.2)**

barato inexpensive **(3.3)**

una **barba** beard

la **barbarie** savagery

un **barco** boat, ship **(4.4)**

un **barril** barrel

un **barrio** neighborhood **(4.2)**

una **base** basis; base *(baseball)*

el **básquetbol** basketball *(sport)* **(6.2)**

bastante rather, quite *(+ adj. or adv.)*, enough *(+ noun)* **(3.2)**; considerably

beber to drink **(5.1)**

algo de beber something to drink

las **bebidas** drinks **(8.4)**

el **béisbol** baseball *(sport)* **(6.2)**

un partido de béisbol baseball game

belga *(m. and f.)* Belgian *(also noun)*

la **belleza** beauty

un salón de belleza beauty salon

biblioteca: un ratón de biblioteca bookworm

una **bicicleta** bicycle **(3.3)**

en bicicleta by (on a) bicycle

bien well, fine **(2.1)**

salir bien en (un examen) to pass (an exam) **(8.1)**

¡bienvenido! welcome!

bilingüe bilingual

la **biología** biology

un **bistec** steak **(10.2)**

blanco white **(7.2)**

unos **blue-jeans** jeans **(7.2)**

una **blusa** blouse **(7.2)**

una **boa** boa constrictor *(large South American snake)*

una **boca** mouth **(7.1)**

una **boda** wedding

un vestido de boda wedding gown

bogotano of (from) Bogotá

una **bola** ball

un **bolígrafo** (ball-point) pen **(3.3)**

el **bolívar** the bolivar *(monetary unit of Venezuela)*

boliviano Bolivian *(also noun)*

bolos: el juego de bolos (candlepin) bowling

un **bolso** bag **(3.3)**

los **bomberos** fire department

la **bondad** goodness

bonito nice-looking, pretty **(3.2)**; pretty, nice *(object or place)*

estar bonita to be (look) pretty

un **boxeador** boxer

el **boxeo** boxing

el **Brasil** Brazil

brasileño Brazilian *(also noun)*

un **brazo** arm **(7.4)**

brillante brilliant, bright

brillar to shine, glitter

bruto brute

buen good *(used for* **bueno** *before m. sing. noun)* **(3.2)**

bueno good **(3.2)**

buenas noches good evening, good night **(1.2)**

buenas tardes good afternoon **(1.2)**

bueno . . . well . . . **(3.1)**

¡bueno! all right! **(3.1)**

buenos días good morning **(1.2)**

¡qué bueno! great! **(1.6)**

¡qué bueno . . .! how great (it will be) . . .!

un **bus** bus *(Colombia)*

busca look for *(command)*

buscar to look for **(4.1)**

c

un **caballo** horse

las carreras de caballos horse racing

una **cabeza** head **(7.4)**
    un **dolor de cabeza**
      headache
    un **juego de cabeza**
      header *(soccer)*
una **cabra** goat
    cada each, every **(4.4)**
    a cada uno su gusto each
      to his or her own taste
    cada cual a su manera
      each in his or her own
      way
    cada uno, cada una each
      one, every one
 * **caer** to fall **(8.3)**
    dejar caer to drop
 * **caerse (de)** to fall down
    (from), fall off (of)
    café brown *(eyes)* **(7.1)**
el **café** coffee **(8.4)**
    el **café con leche** café au
      lait *(coffee with an equal*
      part of hot milk)
    de color café brown **(7.1)**
un **café** cafe **(4.2)**
una **cafetería** cafeteria
los **Caídos** the Fallen *see* **Valle**
    caigo: me caigo (I) fall down
una **caja** box
unos **calcetines** socks **(7.2)**
una **calculadora** calculator
el **cálculo** calculation, calculus
    caliente hot, warm
    calmar to calm, soothe
    calor: hace (mucho) calor
      it's (very) warm (hot)
      (weather) **(1.6)**
    tener calor to be (feel)
      hot **(8.4)**
una **caloría** calorie
una **calle** street **(4.2)**
    calle arriba (abajo) up
      (down) the street
una **cama** bed **(10.4)**
    hacer la cama to make
      the (one's) bed
    quedarse en la cama to
      stay in bed
una **cámara** camera **(3.3)**
    una **cámara de cine**
      movie camera
una **camarera** waitress
un **camarero** waiter
    cambia change, conjugate
    (command)
    cambiar to change **(8.2)**

    cambiar de + *noun* to
      change (something)
    cambiarse: cambiarse de
      ropa to change one's
      clothes
un **cambio** change
    los **verbos con cambios**
      stem-changing verbs,
      spelling-changing verbs
    caminar to walk
un **camión** *(pl.* **camiones)** bus
    (Mexico)
una **camisa** shirt **(7.2)**
una **camiseta** T-shirt **(7.2)**
una **campana** bell
un **campeón** *(pl.* **campeones),**
    una **campeona** champion
un **campeonato** championship
el **campo** country(side) **(4.2);**
    field
    un **campo de fútbol**
      soccer field
el **Canadá** Canada
    canadiense Canadian *(also*
    noun)
un **canario** canary
una **canción** *(pl.* **canciones)** song
una **cancha** court *(sports)*
una **«cancha de esquí»** ski resort
    cansado tired **(4.3)**
un **cantante,** una **cantante**
    singer **(6.3)**
    cantar to sing **(2.1)**
una **capacidad** capacity
una **capital** capital
el **capricho** unreliability,
    unpredictability
una **cara** face **(7.1)**
el **carácter** character *(personal*
    attributes)
una **característica** characteristic
    ¡caramba! wow! hey! what!
    (5.3)
una **carga** charge *(soccer)*
    caribe Caribbean
el **Caribe** the Caribbean
el **carnaval** carnival *(period of*
    feasting and merrymaking
    before Lent)
la **carne** meat **(1.2)**
    la **carne de cerdo** pork
    la **carne de res** beef
    caro expensive **(3.3)**
un **carpintero,** una **carpintera**
    carpenter **(9.4)**
una **carrera** career; race

    las **carreras de autos**
      auto racing
    las **carreras de caballos**
      horse racing
    una **carrera de bicicletas**
      bicycle race
    una **carrera de ciclismo**
      bicycle race
un **carro** car, railroad car
una **carta** letter **(5.1)**
una **cartera** wallet
una **casa** house, home **(4.2)**
    a casa home **(4.2)**
    a la casa de … to …'s
      (house) **(4.2)**
    en casa at home **(4.2)**
    en casa de … at …'s
      (house) **(4.2)**
    mi casa es su casa make
      yourself at home
    salir de casa to leave the
      house
    una **casa de campo**
      country house
    una **casa individual**
      private (single-family)
      home
    volver a casa to return
      (go, get) home
    casado married
    casarse (con) to get married,
      marry (someone)
un **casco** helmet
    casi almost **(4.4)**
un **caso** case
una **cassette** cassette **(3.3)**
    castaño brown *(hair)* **(7.1)**
unas **castañuelas** castanets
el **castellano** Castilian, Spanish
    (language)
    castigar to punish
un **castigo** punishment
    Castilla Castile
    catalán *(f.* **catalana)**
      Catalan, Catalonian *(from*
      Catalonia, in northeastern
      Spain; also noun)
un **catálogo** catalog
una **catedral** cathedral
una **categoría** category
    católico Catholic
    causa: a causa de because of
    celebran: se celebran (they)
      are held; are celebrated
    celebrar to celebrate
los **celos** jealousy

celoso jealous

    estar celoso to be jealous
    (feel jealous)

    ser celoso to be jealous
    (a jealous person)

el cemento cement, concrete

la cena dinner **(10.2)**

cenar to have (eat) dinner
(10.2)

un centavo cent

centígrado centigrade

un centímetro centimeter *(1/100
of a meter)*

el centro downtown **(4.2)**;
center *(soccer)*

    el delantero centro
    center forward *(soccer)*

    el medio centro center
    halfback *(soccer)*

    ir al centro to go
    downtown, into town

cerca (de) near, close (to)
(4.2); nearby **(10.4)**

cerdo: la carne de cerdo
pork

cerrar (e→ie) to close

la cerveza beer **(8.4)**

el ciclismo bicycling

un ciclista, una ciclista cyclist

cien (ciento) a (one) hundred
(1.3)

    ciento uno (dos) one
    hundred and one (two)
    (7.2)

    (ciento) por ciento (one
    hundred) percent

una ciencia science

    la ciencia-ficción science
    fiction

    las ciencias science

    las ciencias físico-
    químicas physics and
    chemistry

    un cuento de ciencia-
    ficción science-fiction
    story

científico scientific

un científico, una científica
scientist **(9.2)**

ciento *see* cien

¿cierto? really? are you sure?
(4.3)

    cierto certain, a certain

    es cierto que it's true
    that

    lo cierto what is certain

un ciervo deer

un cigarrillo cigarette

un cigarro cigar

un cine movie theater **(4.2)**

el cine movies **(6.3)**

    ir al cine to go to the
    movies

    un actor de cine movie
    actor

    un artista de cine movie
    star

    un(a) director(a) de cine
    movie director

    una cámara de cine
    movie camera

    una entrada de cine
    movie ticket

una cinta cassette (tape)
(recording) **(3.3)**

un circo circus

una cita date **(1.4)**; appointment

una ciudad city **(4.2)**

    la ciudad de México
    Mexico City

    la ciudad natal hometown

una civilización *(pl.* civilizaciones*)*
civilization

claramente clearly

la claridad clarity

    con (mucha) claridad
    (very) clearly

claro clear

claro clearly, of course

    ¡claro! of course! **(2.2)**

    claro que . . . of course . . .

    ¡claro que no! of course
    not! **(2.2)**

una clase class, classroom

    a (la) clase to class

    después de la clase after
    class

    en clase in class

    en la clase in the
    classroom

    en la clase de (español)
    in (Spanish) class

    un(a) compañero(a) de
    clase classmate

    un día de clases day in
    school

    una clase de (español)
    (Spanish) class

clásico classical

    un bachillerato clásico
    high school *(college
    preparatory)* diploma

un cliente, una cliente
customer, client

el clima climate, weather

la cocina kitchen **(5.3)**;
cooking

    cocinar to cook

un cocodrilo crocodile

un coche car **(3.3)**

    en coche by (in a) car

    coger to catch

una colección *(pl.* colecciones*)*
collection

coleccionar to collect

un colega, una colega colleague

un colegio school, secondary
school (high school, junior
high school, middle school)

colombiano Colombian *(also
noun)*

una colonia cologne

color: ¿de qué color . . .?
what color . . .? **(7.2)**

    un pez de color goldfish

un collar necklace

una comedia comedy

    una comedia musical
    musical comedy **(6.3)**

un comediante, una comediante
comedian **(6.3)**

un comedor dining room **(5.3)**

comentar to discuss,
comment, make comments
(about)

comenzar (e→ie) to begin
(6.3); start

comer to eat **(5.1)**; to have
(eat) lunch *(Spain)*

    algo de comer something
    to eat

comercial commercial

    una escuela comercial
    business school

el comercio commerce, business

cómicas: las historietas
cómicas comics, comic
strips

la comida meal, food, lunch
(Spain)

    a la hora de comida at
    mealtime

    la comida del mediodía
    (de la tarde, de la
    noche) midday
    (afternoon, evening)
    meal

    las comidas food **(8.4)**

como   like, as   **(2.1);** such as
   como (mecánico)   as a
      (mechanic)
   tal como   as, just as
   tan . . . como   as . . . as
      (7.1)
   tanto *(noun)* **como**   as
      much *(pl.* many) . . . as
como *(conj.)*   as, since
¿cómo?   how?   **(2.3)** what?
   (4.1)
   ¿cómo es (son) . . .?   what
      is (are) . . . like?   **(3.2)**
   ¿cómo está usted?   how
      are you *(formal)?*   **(1.2)**
   ¿cómo estás?   how are
      you *(fam.)?*   **(1.2)**
   ¿cómo se llama?   what's
      his (her) name? what is
      he (she) called?   **(3.1);**
      what is it called?
   ¿cómo se llaman?   what
      are their names? what
      are they called?   **(3.1)**
   ¿cómo se llama(n) . . .?
      what is (are) the
      name(s) of . . .? what is
      (are) . . . called?
   ¿cómo te llamas?   what's
      your name?   **(1.1)**
   ¡cómo no!   of course!   **(2.2)**
un **compañero, una compañera**
   companion, pal, classmate
   un(a) compañero(a) de
      clase   classmate
una **compañía**   company
compara   compare *(command)*
comparar   to compare
comparativo   comparative
un **competidor, una**
      competidora   competitor
compiten   (they) compete
compites   (you) compete
completa   complete
   (command)
completamente   completely
completar   to complete, finish
completo   complete, finished,
   full *(meal)*
una **composición**
   (pl. **composiciones)**
   composition
una **compra**   purchase
   (pl. purchases, shopping)
   ir de compras   to go
      shopping

un **comprador, una compradora**
   buyer
comprar   to buy   **(4.1)**
comprarse   to buy
   (something) for oneself, buy
   oneself (something)   **(7.3)**
comprender   to understand
   (5.1)
la **comprensión**   understanding,
   comprehension
computadoras: un(a)
   programador(a) de
   computadoras   computer
   programmer
común *(pl.* **comunes)**
   common, widespread
comunicar   to communicate
   (something)
comunicarse   to communicate
   (between persons)
una **comunidad**   community
con   with   **(2.1)**
   con acento   accented,
      stressed
   con cambios   stem-
      changing, spelling-
      changing
   con facilidad   with ease
   con impaciencia
      impatiently
   con (mucha) elegancia
      (very) elegantly
   con (mucha) prisa
      hurriedly, in a (great)
      hurry
   con mucho gusto   with
      pleasure   **(1.3)**
   con uniforme   in a
      uniform
   conmigo   with me   **(2.4)**
   contigo   with you *(fam.)*
      (2.4)
concentra: se concentra
   (they) are concentrated
un **concierto**   concert
un **concurso**   contest
   un concurso fotográfico
      photograpy contest
un **cóndor**   condor *(very large*
      bird of the Andes)
* **conducir (c→zc)**   to drive
   (6.4)
   un permiso de conducir
      driver's license
un **conductor, una conductora**
   driver, conductor

la **confianza**   confidence, trust
   perder la confianza en
      to lose one's confidence
      (trust) in, stop trusting
      (someone)
confirmar   to confirm
confortable   comfortable
una **conga**   conga *(tall, narrow*
   bass drum beaten with the
   hands)
conmigo   with me   **(2.4)**
* **conocer (c→zc)**   to know *(be*
   acquainted or familiar with)
   (6.4); to meet, get to know
* **conocerse (c→zc)**   to know
   oneself, to (get to) know
   each other (one another)
conocí   (I) met
un **consejero, una consejera**
   advisor, counselor
   un consejero (una
      consejera) vocacional
      vocational counselor
un **consejo**   (piece of) advice
   (6.1)
   los consejos   advice   **(6.1)**
conservar   to keep, retain
considerar   to consider
consistir en   to consist of, in
una **consonante**   consonant
una **conspiración**
   (pl. **conspiraciones)**
   conspiracy, plot
constantemente   constantly
un **consultor, una consultora**
   consultant
el **contacto**   contact
   mantenerse en contacto
      to keep in contact
      (touch)
   contar (o→ue)   to count, to
      tell, relate   **(6.3)**
   contemplar   to look (gaze) at,
      contemplate
el **contenido**   contents
contento   happy, content
   (4.3)
contesta   answer *(command)*
una **contestación** *(pl.* **contestaciones)**
   answer
contestar   to answer   **(8.1)**
contigo   with you *(fam.)*
   (2.4)
   contigo mismo   with
      yourself *(fam.)*
un **continente**   continent

continuar (u→ú) to continue
contra against
una contracción
    (pl. contracciones)
    contraction
contrario contrary, opposite
    lo contrario the opposite
una convención (pl. convenciones)
    convention
convenir to suit, be
    appropriate
una conversación
    (pl. conversaciones)
    conversation
conversar to converse, chat,
    talk
una copa cup (trophy)
    la Copa Mundial World
    Cup
el coraje courage
un corazón (pl. corazones)
    heart
    el Sagrado Corazón
    Sacred Heart
una corbata necktie (7.2)
un cordero lamb
cordialmente cordially
    (closing an informal letter)
    (9.2)
un corral corral, pen (for
    animals)
correctamente correctly
correcto correct, right
el correo mail
    el correo del corazón
    advice to the lovelorn
    (newspaper column)
correr to run
    correr a + inf. to run to
    correr en zigzag to run
    zigzag
    correr las olas to surf
    el correr running
la correspondencia
    correspondence (exchange of
    letters), letters, mail
    tener una
    correspondencia to
    carry on a correspondence
corresponder (a) to
    correspond (to)
una corrida (de toros) (bull)fight
cortar to cut
cortarse to cut (one's hair, etc.)
cortés courteous, polite
la cortesía courtesy

corto short (hair, etc.) (7.1)
una cosa thing (3.3)
    cualquier cosa anything
coser to sew
una costa coast
costar (o→ue) to cost (6.3)
costarricense Costa Rican
    (also noun)
el costo cost
    el costo de la vida cost
    of living
una costumbre habit, custom
    tener la costumbre de +
    inf. to have the habit
    of . . . ing
crear to create
crecer (c→zc) to grow
creer to believe, think (5.1)
    creo que . . . I think that . . .
    (4.4)
    ver para creer seeing is
    believing
un crimen (pl. crímenes) crime
Cristóbal Colón Christopher
    Columbus
la crítica criticism, faultfinding
criticado criticized
criticar to criticize
cronológico chronological
un crucigrama crossword puzzle
una cruz (pl. cruces) cross
cruzar to cross
un cuaderno notebook (3.3)
cuadrado square
un cuadro table (chart)
¿cuál(es)? what? which? (6.3)
    ¿cuál es la fecha de hoy
    (mañana)? what is
    today's (tomorrow's) date?
    (1.5)
una cualidad quality
cualquier(a) any
    cualquier cosa (cualquier
    lugar) anything
    (anywhere)
cuando when (2.3)
    de vez en cuando once in
    a while (5.1); from time
    to time (9.3)
¿cuándo? when? (2.3)
¿cuánto(s)? how much?
    (pl. how many?) (3.3)
    ¿cuánto es? how much is
    it (that)? (1.3)
    ¿cuántas veces? how
    many times? (9.3)

¿cuánto cuesta . . .? how
    much does . . . cost?
¿cuánto tiempo hace que
    + (verb in the present)?
    (for) how long . . .? (8.1)
¿cuántos años tiene?
    how old is he (she)?
un cuarto quarter (1.4);
    bedroom (5.3); room
    (son las dos) menos
    cuarto (it's) quarter to
    (two) (1.4)
    (son las dos) y cuarto
    (it's) quarter after (two)
    (1.4)
cuatrocientos four hundred
    (7.2)
cubierto covered
    cubierto de covered with
un cubito (small) cube
    un cubito de hielo ice
    cube
un cubo cube
una cuchara spoon (soupspoon,
    tablespoon) (10.1)
una cucharada spoonful
una cucharadita teaspoonful
una cucharita teaspoon (10.1)
un cuchillo knife (10.1)
cuenta tell, relate, count
    (command)
cuentas: a fin de cuentas all
    in all (6.3)
un cuento story (5.1)
    un cuento policíaco
    detective story
una cuerda string
un cuerpo body (7.4)
    el Cuerpo de Paz Peace
    Corps
cuesta: ¿cuánto cuesta . . .?
    how much does . . . cost?
una cuestión (pl. cuestiones) matter
cuidado: ¡cuidado! be
    careful! watch out!
    tener cuidado to be
    careful
cuidar to take care of
una culebra snake
un cultivador, una cultivadora
    cultivator, grower
una cultura culture
un cumpleaños birthday (1.5)
cumplir: por cumplir
    (quince) años for my
    (fifteenth) birthday

la **curiosidad** curiosity
curioso curious
un **curso** course
una **curva** curve
el **Cuzco** Cuzco *(former imperial capital of the Incas, in Peru)*

ch

una **chacra** farm *(Argentina)*
una **chaqueta** jacket **(7.2)**
    una **chaqueta de esquí** ski jacket
charlar to chat
una **chica** girl **(3.1)**
    ¡chica! hey! wow!
un **chico** boy **(3.1)**
    ¡chico! my boy!
un **chile** chili pepper *(red pepper used as a very hot seasoning)*
    el **chile con carne** *highly spiced Mexican dish*
    un **chile relleno** stuffed chili pepper *(Mexican dish)*
chileno Chilean *(also noun)*
una **china** pebble
una **chinchilla** chinchilla *(small South American animal valued for its fur)*
chino Chinese *(also noun)*
un **chiste** joke
el **chocolate** hot chocolate
un **chuteo** shot *(at goal, in soccer)*

d

da give *(command)*
dar to give **(5.4)**
    dar permiso para to give (someone) permission to, permit (someone) to
los **datos** information, facts, data
    los **datos personales** personal particulars, details about oneself
de of, from **(2.1)**; about **(4.2)**; in **(7.1)**; than, with

de acuerdo in agreement
de compras shopping
de (diez) años (ten)-year-old
¿de dónde? from where? (where . . . from?) **(3.4)**
¿de dónde eres? where are you from?
de él (ella, Ud., ellos, etc.) his (her, your [*formal*], their, etc.)
de habla española Spanish-speaking
de la mañana in the morning, a.m. **(1.4)**
de la noche in the evening, at night, p.m. **(1.4)**
de la tarde in the afternoon, p.m. **(1.4)**
de mal humor in a bad mood
de nada you're welcome **(1.3)**
de noche at night
de (Olivia) (Olivia)'s
de paseo walking down the street
¿de qué color . . .? what color . . .? **(7.2)**
¿de quién es? whose is it?
¿de quién(es)? whose? **(5.1)**
de repente suddenly
de todas maneras in any case **(10.3)**
de todos los días everyday
de una manera (diferente) in a (different) way
de vacaciones on vacation
de venta for sale
¿de veras? really? **(1.5)**
¡de veras! really! truly!
de vez en cuando once in a while **(5.1)**; from time to time **(9.3)**
de viaje on a trip
de vuelta going back
debajo (de) under, underneath, beneath, below **(10.4)**
debemos (we) must, should
deber (+ *inf.*) should, ought to **(8.3)**

debes (you) should, ought to
débil weak **(7.1)**
una **debilidad** weakness
debo (I) must, should
decidir to decide
un **decímetro** decimeter *(1/10 of a meter)*
decir to say, to tell **(5.3)**
    decir que sí (no) to say yes (no) **(5.3)**
    decir un piropo to pay a compliment, make a flattering remark
    es decir that is to say
    querer decir to mean **(6.3)**
decoración: la decoración interior interior decorating
un **decorador, una decoradora** decorator
    un(a) decorador(a) de interiores interior decorator
decorar to decorate
dedicado a devoted to
dedicar to devote, dedicate
dedicarse (a) to devote oneself (to), dedicate oneself (to)
los **dedos** fingers **(7.4)**
un **defecto** fault, defect
el **defensa** fullback *(soccer)*
definido definite
dejar to leave (something behind) **(8.2)**
    dejar caer to drop
    dejar de (+ *inf.*) to stop **(9.2)**
dejarse to let (allow) oneself
del (de + el) of the, from the, about the *(sometimes translated as* of, from, about*)* **(4.1)**
    del que about which
delante (de) in front (of) **(10.4)**
el **delantero centro** center
delgado thin **(3.2)**
delicado delicate
delicioso delicious
demasiado too much *(pl.* too many*)* **(6.1)**
demasiado *(adv.)* too (+ *adj.*) **(3.2)**; too much
demostrativo demonstrative

un **dentista, una dentista**
dentist **(9.1)**
un **departamento** department
depender to depend
depende (de) it (that)
depends (on)
un **deporte** sport **(6.2)**
la página de los deportes
sports page
un deporte de equipo
team sport
deportista athletic, active in
sports **(6.2)**
un **deportista, una deportista**
athletic person, person
active in sports
deportivo (concerning) sports
(6.2)
la **derecha** right, right side
a la derecha (de) on (to)
the right (of) **(10.4)**
derecho right **(7.4)**
desafortunadamente
unfortunately **(10.4)**
desafortunado unlucky,
unfortunate
desagradable unpleasant,
disagreeable
desayunarse to have (eat)
breakfast **(10.2)**
el **desayuno** breakfast **(10.2)**
descansado rested
un **descanso** rest
describir to describe
una **descripción** (pl. **descripciones**)
description
descubierto discovered
descubrir to discover **(8.3)**;
to find
desde from
desdeñoso scornful,
disdainful
desear to want, wish, desire
(2.3)
un **deseo** wish, desire
desesperado desperate
desgracia: por desgracia
unfortunately **(10.4)**
un **desierto** desert
el **desorden** mess, disorder
un **despertador** alarm clock
despertarse (e→ie) to wake
(oneself) up
después later **(5.1)**; after
that **(9.4)**; then,
afterward(s)

después de (prep.) after
(9.2)
después que (conj.) after
determinado determined
detrás (de) behind, in back
(of) **(10.4)**
devastar to devastate,
destroy
devolver (o→ue) to return,
give back
D.F. abbreviation of **Distrito
Federal,** Federal District
see **México**
di (I) gave (see **dar**)
di say, tell (command; see
decir)
un **día** day **(1.5)**
al día a (per) day
algún día someday
buenos días good
morning **(1.2)**
el día de ayer yesterday
el Día de la Madre
Mother's Day
el Día de los Enamorados
Valentine's Day
el día del santo saint's
day, name day
el día de mi santo my
saint's day
el Día de San Fermín
Saint Fermín's Day
(July 7)
el Día de San Juan Saint
John the Baptist's Day
(June 24)
todos los días every day
(6.4)
un día one day, someday
un día de clases day in
school
un día de fiesta holiday
un **diablo** devil
un **diagrama** chart, diagram
un **diálogo** dialog
diario daily
un **diario** diary, daily newspaper
el diario de la mañana
morning newspaper
un **dibujante, una dibujante**
draftsman, designer **(9.1)**
dibujar to draw **(9.1)**
el **dibujo** drawing (art)
un **diccionario** dictionary
¿dices . . .? do you say . . .?
diciembre December **(1.5)**

los **dientes** teeth **(7.1)**
lavarse los dientes to
brush one's teeth
dieta: a dieta on a diet
una **diferencia** difference
diferente different
difícil difficult **(8.1)**
digas: no digas don't say
(command)
¡no me digas! you don't
say! **(4.3)**
la **diligencia** diligence
dinámico dynamic, energetic
el **dinero** money **(6.1)**
¡Dios mío! gosh! **(5.3)**
una **dirección** (pl. **direcciones**)
address
directamente directly, straight
directo direct
un **director, una directora**
principal (school), director
la **disciplina** discipline
disciplinado disciplined
un **disco** record **(2.1)**
una **discoteca** discotheque
discreto discreet
una **discusión** (pl. **discusiones**)
argument, discussion
un **diseñador, una diseñadora**
designer
**un(a) diseñador(a) de
modas** fashion designer
**disfraces: una fiesta de
disfraces** costume party
disgusta: me disgusta I
(really) dislike
una **disposición**
(pl. **disposiciones**)
disposition, temperament
dispuesto a inclined to
la **distancia** distance
la **diversidad** diversity
una **diversión** pastime, leisure
activity, hobby
las diversiones pastimes
(6.3)
divertido amusing, fun
(3.2); entertaining
divertirse (e→ie) to enjoy
oneself, have fun **(7.4)**
dividido divided
doblado dubbed (film)
**dobles: un torneo de dobles
femenino** women's
doubles tournament (tennis)
un **doctor, una doctora** doctor **(9.1)**

un **documental** documentary

el **dólar** dollar *(monetary unit)*

un **dólar** dollar *(coin or bill)*

dolor: un dolor de cabeza
headache

**Dolores: Nuestra Señora de
los Dolores** Our Lady of
the Sorrows

**doméstico: un animal
doméstico** pet

un **domicilio** residence

la **dominación** domination, rule

dominar to dominate

domingo Sunday **(1.5)**

el domingo (on) Sunday **(6.4)**

los domingos (on)
Sundays **(6.4)**

dominicano Dominican *(from
the Dominican Republic;
also noun)*

donde where **(2.3);** in which

¿dónde? where? **(2.3)**

¿adónde? where? (to
where?) **(4.2)**

¿de dónde? from where?
(where . . . from?) **(3.4)**

¿de dónde eres? where
are you from?

dormir (o→ue) to sleep **(6.3)**

dormirse (o→ue) to fall
asleep **(7.4)**

dos two **(1.3)**

dos mil two thousand **(7.2)**

dos veces twice **(9.3)**

doscientos two hundred **(7.2)**

Dr., Dra. *abbreviation of*
doctor, doctora

un **drama** play, drama

el **driblar** dribbling *(soccer)*

duda: sin duda doubtless **(9.1)**

un **dueño, una dueña** owner

dulce sweet

los **dulces** candy

la **duración** duration

durante during **(8.2)**

durar to last

duro: un huevo duro hard-
boiled egg

---

e

e and *(used for* **y** *before
words beginning with* **i** *or* **hi)**

---

la **economía** economics

económico economic

ecuatoriano Ecuadorian *(also
noun)*

la **edad** age

**a la edad de (diez y
nueve) años** at the
age of (nineteen), at
(nineteen) years of age

un **edificio** building

**un edificio de
apartamentos**
apartment building

la **educación** education

egipcio Egyptian *(also noun)*

egoísta selfish

¡eh! hey!

un **ejecutivo, una ejecutiva**
executive

ejemplo: por ejemplo for
instance, for example **(7.4)**

un **ejercicio** exercise

hacer ejercicio to
exercise

ejercitar to exercise

el *(pl.* **los)** the *(m.)* **(3.1)**

el de that of

el (dos) de (mayo) the
(second) of (May) **(1.5)**

el (lunes) on (Monday)
(6.4)

el (rojo) the (red) one *(m.)*

**el (sábado) por la mañana
(tarde, noche)** (on)
(Saturday) morning
(afternoon, night *or*
evening) **(6.4)**

el (15) de (junio) on
(June) (15)

él he **(2.2);** him *(after prep.)*
(2.4)

la **electricidad** electricity

un **electricista, una electricista**
electrician **(9.4)**

eléctrico electric

un aparato eléctrico
(electrical) appliance

la **electrónica** electronics

electrónico electronic

la **elegancia** elegance

con (mucha) elegancia
(very) elegantly

elegante elegant

elemental elementary

un **elemento** element

---

eliminar to eliminate, get rid
of

ella she **(2.2);** her *(after
prep.)* **(2.4)**

ellas they *(f.)* **(2.2);** them
(f.; after prep.) **(2.4)**

ellos they *(m.)* **(2.2);** them
(m.; after prep.) **(2.4)**

la **emancipación** emancipation

un **embajador, una embajadora**
ambassador

embargo: sin embargo
however, nevertheless **(7.1)**

emocionante exciting

emparentado related

empezar (e→ie) to begin
(6.3)

empezar a + *inf.* to begin
to **(6.3)**

empieza start, begin
(command)

un **empleado, una empleada**
employee, clerk **(9.2);**
salesperson

**empleos: una agencia de
empleos** employment
agency

una **empresa** firm, company

en in **(2.1);** at **(4.2);** on, of,
about, into

**en avión (barco, tren,
autobús, auto o coche,
bicicleta)** by plane
(boat, train, bus, car,
bicycle) **(4.4)**

en buena forma fit, in
good shape

en casa at home **(4.2)**

en casa de . . . at . . .'s
(house) **(4.2)**

en clase in class

en general generally
(6.4)

en grupo in a group

en la clase in the
classroom

en la escuela in (at)
school

en mi opinión in my
opinion **(6.2)**

en moto by (on a)
motorcycle

en orden in order, tidy

en seguida right away,
immediately

en toda ocasión on all occasions, at all times

en todas partes everywhere

en todo throughout

en total in all, altogether

en vez de instead of **(9.2)**

en voz alta (baja) in a loud (low) voice

enamorado in love

el Día de los Enamorados Valentine's Day

estar enamorado de to be in love with

enamorarse to fall in love

encantado (de) delighted *(by, with)*

encantan: me encanta(n) I love

un **encargado, una encargada** person in charge

enciendes (you) turn on *(the radio)*

un **encierro** penning *(driving bulls into pen before bullfight)*

encima (de) on top (of), above, over **(10.4)**

encontrar (o→ue) to find *(something lost),* to meet *(by chance),* run into **(6.3);** to find *(consider),* think

me encuentra simpático (she) thinks I'm nice

una **encuesta** survey, poll

un **enemigo, una enemiga** enemy

la **energía** energy, vigor

enérgico energetic

enero January **(1.5)**

el **énfasis** emphasis

un **enfermero, una enfermera** nurse **(9.1)**

enfermo sick **(4.3)**

un **enfermo, una enferma** sick person, patient

engañoso tricky, slippery *(deceitful)*

enojado upset, angry **(8.1)**

enojar to upset, annoy, make (someone) mad

enojarse (con) to get angry (with), get mad (at)

enorme enormous, huge

una **ensalada** salad **(8.4)**

enseñar to teach **(4.1);** to show, point out **(4.1)**

entender (e→ie) to understand **(6.3)**

enterrado buried

entero whole, entire

del mundo entero from all over the world

un **entierro** burial

entonces then **(8.2)**

entonces . . . well, then . . . **(3.4)**

entra enter *(command)*

una **entrada de cine** movie ticket

entrar (a, en) to enter, go into (something)

entre between, among

entre paréntesis in parentheses

una **entrevista** interview

entrevistar to interview

envidioso envious

una **época** time *(period of time)*

equilibrado well-balanced

el **equilibrio** balance, equilibrium

un **equipo** team **(6.2);** equipment

un deporte de equipo team sport

un equipo de (fútbol) (soccer) team

todo un equipo submarino diving equipment, complete diving outfit

la **equitación** horseback riding

equivocarse to make a mistake **(8.2)**

eras (you) were

es (he, she, it) is, (you, *formal)* are **(3.1)**

es . . . this is . . . *(on the phone)* **(9.3)**

es de (Rosa) it belongs to (Rosa), it's (Rosa)'s

es decir that is to say

es el (doce) de (octubre) it's the (twelfth) of (October), it's (October) (12) **(1.5)**

es importante (imposible, mejor, necesario, posible, útil, etc.) it is important (impossible,

better, necessary, possible, useful, etc.)

esa that *(f.)* **(7.2)**

esas those *(f.)* **(7.2)**

escaparse to escape, run away

una **escena** scene

un **escenógrafo, una escenógrafa** set designer

escoge choose *(command)*

escoger to choose, pick (out)

escolar school *(adj.)*

un año escolar school year

el **Escorial** *former royal residence near Madrid, Spain*

escribe write *(command)*

escríbenos write (to) us

escribir to write **(5.1)**

escribir a máquina to type **(9.1)**

un **escritor, una escritora** writer

escúchalos listen to them

escuchar to listen (to) **(2.1)**

¡escucha! listen!

una **escuela** school **(4.2)**

a la escuela to (at) school

en la escuela in (at) school

irse a la escuela to leave for school

la cafetería de la escuela the school cafeteria

una escuela comercial business school

una escuela primaria (secundaria) elementary (secondary) school

una escuela técnica technical school

una **escultura** sculpture

ese that *(m.)* **(7.2)**

ése that (one) *(m.)*

eso that *(neuter)*

por eso therefore, that's why **(2.4);** because of that

esos those *(m.)* **(7.2)**

un **espacio** space

los **espaguetis** spaghetti

una **espalda** back **(7.4)**

España Spain **(3.4)**

español *(f.* **española)**
Spanish *(also noun)* **(3.4)**
el **español** Spanish *(language)*
(una clase) de español
Spanish (class)
especial special
especializado specialized
especialmente especially
un **espejo** mirror
la **esperanza** hope
esperar to hope **(2.3);** to
wait for **(4.1)**
espérate hold on, hold your
horses
espiritual spiritual
espléndido splendid
una **esposa** wife **(5.2)**
un **esposo** husband **(5.2)**
el **esquí** skiing **(6.2)**
una «cancha de esquí»
ski resort
un **esquí** *(pl.* **esquís)** ski
un **esquiador, una esquiadora**
skier
esquiar (i→í) to ski
una **esquina** corner
esta this *(f.)* **(7.2)**
esta noche tonight
esta vez this time **(9.3)**
ésta this (one) *(f.)*
está: está nublado it's
cloudy **(1.6)**
estable stable, firm
una **estación** *(pl.* **estaciones)**
season **(1.6);** station
una estación de servicio
service station, gas station
un **estadio** stadium
estadístico statistical
un **estado** state
los Estados Unidos
United States **(3.4)**
una **estampilla** stamp
un **estante** bookcase **(10.4)**
* **estar** to be, be located **(4.2)**
estar a dieta to be on a
diet
estar de moda to be in
fashion, be in style
estar bonita to be (look)
pretty
estar celoso to be jealous
estar de acuerdo to agree
estar de vacaciones to
be on vacation

estar dispuesto a + *inf.*
to be inclined to
estar en buena forma to
be in good shape,
be fit
estar enamorado de to
be in love with
estar *(pres. tense)* + *pres.*
part. to be . . .ing
estas these *(f.)* **(7.2)**
éstas *(pron.)* these *(f.)*
una **estatua** statue
este this *(m.)* **(7.2)**
éste this (one) *(m.)*
el **este** east
un **estilo** style
estimado dear *(opening a*
formal letter)
esto this *(neuter)*
estos these *(m.)* **(7.2)**
éstos *(pron.)* these *(m.)*
estrecho narrow **(7.1)**
una **estrella** star
estrellar to smash, crash
estricto strict
una **estructura** structure
un **estudiante, una estudiante**
student **(3.1)**
estudiar to study **(2.1)**
estudiar mucho to study
hard
un **estudio** study, studio
los estudios studies
un estudio de televisión
television (TV) studio
un período de estudio
study period
estupendamente
stupendously, terrifically
estupendo stupendous,
terrific **(5.4)**
¡qué (chico) tan
estupendo! what a
terrific (boy)! **(5.4)**
estúpidamente stupidly
europeo European *(also*
noun)
un **evento** event
exactamente exactly
la **exactitud** exactitude,
punctuality
exacto exact, right
exagerado exaggerated
un **examen** *(pl.* **exámenes)** test,
exam **(8.1)**

un examen de (inglés)
(English) test
examinar to examine
excedió (he) surpassed
excelente excellent
excéntrico eccentric
excepcional exceptional
excepto except
exclusivamente exclusively
una **excursión** *(pl.* **excursiones)**
outing, trip, excursion
el **éxito** success
tener éxito to succeed
explica explain *(command)*
una **explicación**
(pl. **explicaciones)**
explanation
explicar to explain
un **explorador, una exploradora**
explorer
explorar to explore
la **exportación** exporting,
exportation
expresa express *(command)*
expresar to express
expresarse to express oneself
una **expresión** *(pl.* **expresiones)**
expression
extenso extensive
exterior: el aspecto exterior
outward appearance
extranjero foreign
un **extranjero, una extranjera**
foreigner
extraordinario extraordinary
el **extremo** wing *(soccer)*
un **extremo** end, side

f

una **fábrica** factory **(9.1)**
fabuloso fabulous **(5.4)**
¡qué (chica) tan fabulosa!
what a fabulous girl! **(5.4)**
fácil easy **(8.1)**
la **facilidad** facility, ability
con facilidad with ease
la facilidad para los
idiomas facility
(ability) in languages

301

fácilmente easily

una **falda** skirt **(7.2)**

falso false

una **familia** family **(5.2)**

familiar family *(adj.)*

famoso famous

fantástico fantastic, terrific

¡fantástico! great! **(2.1)**

¡qué (profesor) tan fantástico! what a fantastic (teacher)! **(5.4)**

un **farmacéutico,** una **farmacéutica** pharmacist, druggist

un **favor** favor

hazme el favor de + *inf.* please . . . **(10.1)**

por favor please **(1.3)**

favorito favorite

la **fe** faith

febrero February **(1.5)**

la **fecha** date *(on calendar)* **(1.5)**

¿cuál es la fecha de hoy (mañana?) what is today's (tomorrow's) date? **(1.5)**

felicitar to congratulate

feliz *(pl.* **felices)** happy **(8.1)**

Feliz Navidad Merry Christmas

femenino feminine, women's

fenomenal terrific, phenomenal

feo ugly, plain **(3.2)**

un **ferrocarril** railroad

la línea del ferrocarril railroad tracks

fiarse (i→í) de to trust

la **ficción** fiction

la ciencia-ficción science fiction

una **fiesta** party, festival

un día de fiesta holiday

una fiesta de disfraces costume party

la **filosofía** philosophy

el **fin** end **(8.1)**

a fin de cuentas all in all **(6.3)**

los fines de semana on (the) weekends

un fin de semana weekend **(1.5)**

un **finalista,** una **finalista** finalist *(sports)*

finalmente finally

una **finca** farm

una **firma** signature

la **física** physics

físico physical

el **flamenco** *vigorous, rhythmic dance style of the gypsies of southern Spain*

una **flauta** flute

flojo poor *(quality)*

una **flor** flower

Florida: la Pascua Florida Easter

folklórico folk

la **forma** form, shape, (physical) fitness

(estar) en buena forma (to be) in good shape, (be) fit

mantenerse en forma to keep (oneself) in shape, keep (oneself) fit

la **formalidad** formality

formar: formar parte de to be (a) part of

formidable terrific

un **formulario** form *(document)*

una **fortaleza** fortress

una **foto** photo, picture **(3.3)**

sacar fotos to take pictures **(4.1)**

la **fotografía** photography

fotográfico: un concurso fotográfico photography contest

un **fotógrafo,** una **fotógrafa** photographer **(9.2)**

francamente frankly

francés *(f.* **francesa)** French *(also noun)* **(3.4)**

el **francés** French *(language)*

(un profesor) de francés French (teacher)

Francia France

franco frank

una **frase** sentence

la **frecuencia** frequency

con (mucha) frecuencia (very) frequently, (very) often

frecuente frequent

frecuentemente frequently

una **frente** forehead **(7.1)**

fresco fresh

los **frijoles** beans **(10.2)**

el **frío** cold

hace frío it's cold *(weather)* **(1.6)**

tener frío to be cold **(8.4)**

frito fried

las papas fritas French fries

una **frontera** border *(between countries)*

frustrado frustrated

las **frutas** fruit(s) **(10.2)**

el jugo de frutas fruit juice **(8.4)**

fue (he, she, it) was

fue: se fue (she) left, went away

fuera de outside (of)

fuera de casa outside the home

fuera de lugar out of place

fueron (they) were

fuerte strong **(7.1)**; bright *(color)*, bad *(headache)*, heavy *(meal)*

la **fuerza** force, strength

fui (I) was, went

fumar to smoke

una **función** *(pl.* **funciones)** function, event

funcionar to work *(function)*

el **fútbol** soccer **(6.2)**

el fútbol americano football *(sport)* **(6.2)**

el **futuro** future

el futuro próximo near future

futuro future

g

una **galería** gallery

una **gallina** hen

un **gallo** rooster

ganador *(f.* **ganadora)** winning

el país ganador winning country

un **ganador,** una **ganadora** winner

ganar to earn *(money)* **(2.2)**; to gain, to win
(el) ganar winning
ganas: tener ganas de + *inf.* to feel like . . . ing **(3.4)**; to want to
un **garaje** garage **(5.3)**
la venta en el garaje (de Luisa) (Luisa's) garage sale
los **garbanzos** chickpeas
una **gaseosa** carbonated beverage, soft drink **(8.4)**
una **gasolinera** gas station (Mexico)
gastar to spend *(money)* **(6.1)**
un **gasto** expense **(6.1)**
un **gato** cat **(5.2)**
un **gemelo, una gemela** twin
general general
en general generally **(6.4)**
por lo general generally **(6.4)**
generalmente generally **(6.4)**
la **generosidad** generosity
generoso generous
la **gente** people **(3.1)**
la gente de hoy people today
la **geografía** geography
un **gerente, una gerente** manager **(9.2)**
un **gesto** gesture
la **gimnasia** gymnastics **(6.2)**
un **gimnasio** gym(nasium)
un **gobierno** government
un **gol** goal *(sports)*
gordo fat, chubby **(3.2)**
una **grabadora** cassette (tape) recorder **(3.3)**
la **gracia** grace
gracias thank you, thanks **(1.3)**
¡mil gracias! a thousand thanks! **(10.1)**
¡un millón de gracias! a million thanks! **(10.1)**
un **grado** degree **(1.6)**
graduarse (u→ú) to graduate
un **gramo** gram *(1/1000 of a kilogram, or about 1/28 of an ounce)*

gran great *(used for* **grande** *before sing. noun)* **(3.3)**; large, big
grande big, large **(3.3)**; great
(la ciudad) más grande biggest (city)
uno de los grandes one of the greats
grandísimo very big (large)
una **granja** farm *(Spain)*
gratis free *(of charge)*
gregario sociable, gregarious
griego Greek *(also noun)*
la **gripe** flu
gris gray **(7.2)**
un **grupo** group
en grupo in a group
una **guagua** bus *(Puerto Rico, Cuba)*
guapo handsome *(m.)*, goodlooking *(m. and f.)* **(3.2)**
guatemalteco Guatemalan *(also noun)*
¡guau! bowwow!
una **guerra** war
un **guía, una guía** guide *(leader)* **(9.1)**
un(a) guía de turismo tour guide
una **guía** guide *(model)*
una **guitarra** guitar
la guitarra flamenca *guitar used to accompany flamenco dancing*
la música de guitarra guitar music
un **guitarrista, una guitarrista** guitarist
gustar to please, be pleasing **(6.2)**
¿le gusta(n)? do you *(formal)* like?
¿les gusta(n)? do you *(pl.)* like?
me gusta(n) más I like better, I prefer **(6.2)**
¿me gustan las matemáticas? do I like math?
(no) me gusta(n) I (don't) like **(2.4) (6.2)**
(no) te gusta you (don't) like

¿(no) te gusta(n)? do you (don't you) like? **(2.4) (6.2)**
nos gusta we like
¿qué deporte te gusta más? what sport do you like best (prefer)?
¿te gusta(n) más? do you like better? do you prefer?
el **gusto** taste
a cada uno su gusto each to his or her own taste
con mucho gusto with pleasure **(1.3)**

h

ha: ha invitado (he, she) has invited
ha pedido has asked
Habana: La Habana Havana *(capital of Cuba)*
la Pequeña Habana Little Havana
una **habilidad** ability
un **habitante, una habitante** inhabitant
un **hábito** habit *(monk's robe)*
habitualmente habitually
habla: de habla española Spanish-speaking
hablar to speak **(2.1)**; to talk
hablar con to speak with, talk to
hablar de to talk about
hablar (español) bien, hablar bien el (español) to speak (Spanish) well
* **hacer** to do, to make **(5.2)**
¿cuánto tiempo hace que + *(verb in the present)?* (for) how long . . .? **(8.1)**
hace buen (mal) tiempo the weather's nice (bad) **(1.6)**
hace (calor, mucho calor, frío, sol, viento) it's (warm [hot], very warm [very hot], cold, sunny, windy) *(weather)* **(1.6)**

hace *(period of time)* **que** *(verb in the present)* I have *(etc.)* been ... ing for ...
hacer ejercicio to exercise
hacer el payaso to clown around
hacer entrar to make *(something)* enter
hacer la cama to make the (one's) bed
hacer la maleta to pack a suitcase **(5.2)**
hacer la tarea to do the assignment **(5.2)**
hacer las tareas to do homework **(5.2)**
hacer un viaje to go on a trip **(5.2)**; to make a voyage
hacer una entrevista to have an interview
hacer una pregunta to ask a question
¿qué tiempo hace? what's the weather like? **(1.6)**
tener (mucho) que hacer to have (a lot) to do
hacia toward(s) **(10.4)**
hambre: tener hambre to be hungry **(8.4)**
una **hamburguesa** hamburger **(8.4)**
un **hámster** hamster
hasta until **(8.2)**
hasta la vista so long **(1.2)**
hasta luego see you later **(1.2)**
hasta pronto see you soon
hasta tarde until! late (at night)
quedarse hasta más tarde to stay after *(school)*
Hawai Hawaii
hay there is, there are **(3.1)**
(hay) mucho que (hacer) (there is) a lot (to do)
hay que one has to
no hay there is (are) no **(3.3)**
no hay de qué you're welcome **(1.3)**
haz: haz el papel (los papeles) de ... play the part (parts) of ...

hazle una pregunta ask him (her) a question
hazme el favor de + inf. please ... **(10.1)**
hecho taken
una **heladería** ice cream parlor
un **helado** ice cream **(8.4)**
la **herencia** heritage
una **hermana** sister **(5.2)**
una **hermanita** little sister
un **hermanito** little brother
un **hermano** brother **(5.2)**
los **hermanos** brothers, brother(s) and sister(s)
hice (I) did, made
hicieron (they) did
¿qué hicieron? what did they do?
hiciste (you) did
el **hielo** ice
una **hija** daughter **(5.2)**
un **hijo** son **(5.2)**
los **hijos** children, son(s) and daughter(s)
un **hipódromo** racetrack *(horses)*
hispánico Hispanic
hispano Hispanic *(also noun)*
los **hispanos** Hispanic people
Hispanoamérica Spanish America
hispanoamericano Spanish-American *(also noun)*
hispanohablante Spanish-speaking *(also noun)*
la **historia** history, story
histórico historical
lo histórico historical things, what is historical
las **historietas (cómicas)** comics, comic strips
hizo (he, she) did, made, took *or* went on *(trip)*
¡hola! hi! hello! **(1.2)**
un **hombre** man **(3.1)**
hondureño Honduran *(also noun)*
la **honestidad** honesty
una **hora** hour, time **(1.4)**
a la hora de comida at mealtime
¿a qué hora? (at) what time? **(1.4)**
las altas horas de la madrugada early morning hours

media hora a half hour, half an hour
por hora per hour
un **horario** schedule
un horario de clases class schedule
horizontalmente horizontally, from side to side
el **horóscopo** horoscope
horror: ¡qué horror! how horrible! how awful!
un **hospicio** orphanage
un **hospital** hospital
la **hospitalidad** hospitality
hoy today **(1.5)**
hoy día today, nowadays
hoy no not today
la gente de hoy people today
una **huerta** vegetable garden
un **huevo** egg **(10.2)**
un huevo duro hard-boiled egg
el **humo** smoke
el **humor** mood, humor
(estar) de buen (mal) humor (to be) in a good (bad) mood
el buen humor good mood, high spirits
el mal humor bad mood, ill humor
un sentido del humor sense of humor
húngaro Hungarian *(also noun)*

i

ibérico Iberian
la **Península Ibérica** the Iberian Peninsula (Spain and Portugal)
idealista idealistic
idéntico identical
identificar to identify
un **idioma** language
una **iglesia** church **(4.2)**
ir a la iglesia to go to church
ignorar to ignore
una **iguana** iguana *(large South American lizard)*

la **iluminación** lighting
    el (la) encarcado(a) de la
      iluminación lighting
      director *(theater)*
ilustrar to illustrate
imagina imagine *(command)*
la **imaginación** imagination
imaginar to imagine
imitar to imitate
impaciencia: con
    impaciencia impatiently
impecable impeccable
un **impermeable** raincoat
    (7.2)
importa: no importa it
    doesn't matter
la **importación** importing,
    importation
    los negocios de
      importación importing
      business
la **importancia** importance
importante important
imposible impossible
    lo imposible the
      impossible
la **impulsividad** impulsiveness
inaceptable unacceptable
un **inca, una inca** Inca *(an*
    Indian of the group of
    peoples that ruled Peru
    before the Spanish
    conquest)
incluso even, including
incluye (it) includes
incluyen (they) include
increíble incredible
indeciso undecided
indefinido indefinite
la **independencia** independence
independiente independent
indicar to indicate
un **índice** index finger
indiferente indifferent
indio Indian *(also noun)*
indirecto indirect
individual individual
    una casa individual
      private (single-family)
      home
la **individualidad** individuality
individualista individualistic
un **infinitivo** infinitive
una **influencia** influence
influyeron en (they)
    influenced

la **información** information
informal informal **(7.1)**
la **informalidad** informality
un **ingeniero, una ingeniera**
    engineer **(9.2)**
Inglaterra England
inglés *(f.* **inglesa)** English
    (also noun) **(3.4)**
el **inglés** English *(language)*
    (una clase) de inglés
      English (class)
inicial initial (at the
    beginning of a word)
iniciar to initiate, start
inmediatamente immediately
inmediato immediate
la **inmigración** immigration
insistir en + *inf.* to insist on
    . . . ing
una **institución** *(pl.* **instituciones)**
    institution
un **instituto** secondary school
    (high school, junior high
    school, middle school)
un **instrumento** instrument
    un instrumento de
      música musical
      instrument
intelectual intellectual
inteligentemente
    intelligently
intercambiar to exchange
un **intercambio** exchange
    un(a) estudiante de
      intercambio exchange
      student
    un programa de
      intercambio (de
      estudiantes) (student)
      exchange program
un **interés** *(pl.* **intereses)** interest
interesado interested
interesante interesting **(3.2)**
interesar to interest, be of
    interest to, appeal to
interesarse (en) to be
    interested (in)
interescolar interscholastic
el **interior** inside *(soccer)*
interiores: un(a)
    decorador(a) de interiores
    interior decorator
internacional international
una **interpretación**
    (pl. **interpretaciones)**
    interpretation

un **intérprete, una intérprete**
    interpreter
interrogar to interrogate,
    question
interrogativo interrogative
    (asking a question)
íntimo intimate, private
introdujeron (they)
    introduced
inútil useless **(8.1)**
inútilmente needlessly, for
    no (good) reason
inventar to invent
investigar to investigate
el **invierno** winter **(1.6)**
    las Olimpíadas de
      Invierno Winter
      Olympics
una **invitación** *(pl.* **invitaciones)**
    invitation
invitado: ha invitado (he,
    she) has invited
invitar to invite **(4.1)**
    invitar a + *inf.* to invite
      (someone) to (do
      something)
* **ir** to go **(4.2)**; to match
    (colors)
    ir a + *inf.* to be going to
      (4.2); to go to
    ir a la escuela to go to
      school
    ir a la iglesia to go to
      church
    ir a pie to go on foot,
      walk **(4.4)**
    ir al centro to go
      downtown, into town
    ir al cine to go to the
      movies
    ir de compras to go
      shopping
    ir en avión (barco, tren,
      autobús, auto o coche,
      bicicleta) to go by
      plane (boat, train, bus,
      car, bicycle) **(4.4)**
Irlanda Ireland
irlandés *(f.* **irlandesa)** Irish
    (also noun)
* **irse** to go away, leave **(7.4)**
    irse de to leave *(go out of*
      something)
    irse a la escuela (al
      trabajo) to leave for
      school (work)

una **isla** island
  la «**Isla Encantada**»
    Enchanted Isle *(= Puerto Rico)*
  Italia Italy
  italiano Italian
el **italiano** Italian *(language)*
la **izquierda** left, left side
  a la izquierda (de) on (to) the left (of) **(10.4)**
  izquierdo left **(7.4)**

j

un **jaguar** jaguar *(large South American cat similar to a leopard)*
el **jai alai** jai alai *(extremely fast court game originating among the Basques of Spain)*
la **jalea** jelly
el **jamón** ham **(10.2)**
el **Japón** Japan
el **japonés** Japanese *(language)*
un **jardín** *(pl.* **jardines)** garden **(5.3)**
un **jefe, una jefa** boss
un **jinete** jockey
una **jirafa** giraffe
  joven *(pl.* **jóvenes)** young **(7.1)**
un **joven** young man **(3.1)**
  los jóvenes young people
una **joven** young woman **(3.1)**
una **joya** jewel
  unas joyas jewelry
  juegan (they) play
  juegas (you) play
un **juego** game
  el juego de bolos (candlepin) bowling
  los Juegos Olímpicos Olympic Games
  los Juegos Panamericanos Pan-American Games
  un juego de cabeza header *(soccer)*
  jueves Thursday **(1.5)**
  el jueves (on) Thursday **(6.4)**
  los jueves (on) Thursdays **(6.4)**

un **jugador, una jugadora** player **(6.2)**
  el jugador más valioso most valuable player
  un(a) jugador(a) de (tenis) (tennis) player
  jugar (u→ue) to play **(6.2)**
  jugar a to play *(sport)* **(6.2)**
  jugar al ajedrez to play chess
un **jugo** juice
  el jugo de frutas fruit juice **(8.4)**
  el jugo de naranja (limón) orange (lemon) juice
  julio July **(1.5)**
  junio June **(1.5)**
  juntos together
la **justicia** justice, law *(profession)*
  justo fair, just
  juveniles: los problemas juveniles young people's problems
la **juventud** youth *(young people)*

k

un **kilo (gramo)** kilo, kilogram *(1000 grams, or 2.2 pounds)*
un **kilómetro** kilometer *(1000 meters)*

l

la *(pl.* **las)** the *(f.)* **(3.1)**
  la (roja) the (red) one *(f.)*
la *(obj. pron.)* her, it *(f.)* **(4.4)**; you *(f. formal)* **(6.1)**
un **laboratorio** laboratory
  un laboratorio de lenguas language laboratory
Láctea: la Vía Láctea Milky Way *(galaxy containing the solar system)*
lado: a (mi) lado next to (me)
  al lado on (at, to) the side **(10.4)**
  al lado de next to, beside, on (at, to) the side of **(10.4)**

una **lámpara** lamp **(10.4)**
un **lápiz** *(pl.* **lápices)** pencil **(3.3)**
  largo long **(7.1)**
  (doscientos) metros de largo (two hundred) meters long
las the *(f. pl.)* **(3.3)**
  las que those *(f.)* which
  las (rojas) the (red) ones *(f.)*
las *(obj. pron.)* them *(f.)* **(4.4)**; you *(f. pl.)* **(6.1)**
lástima: ¡qué lástima! too bad! **(2.1)**
latino Latin American *(also noun)*
  la América Latina Latin America
Latinoamérica Latin America
latinoamericano Latin American *(also noun)*
lavar to wash
lavarse to wash (oneself) **(7.3)**
  lavarse el pelo (las manos) to wash one's hair (hands)
le to (for) him, to (for) her **(5.4)**; to (for) you *(formal)* **(6.1)**; to (for) it
  ¿le gusta(n)? do you *(formal)* like?
una **lección** *(pl.* **lecciones)** lesson
la **lectura** reading **(5.1)**
  un ejercicio de lectura reading exercise
la **leche** milk **(8.4)**
la **lechuga** lettuce
lee read *(command)*
leer to read **(5.1)**
legendario legendary
las **legumbres** vegetables
lejos (de) far (from) **(4.2)**
una **lengua** language
  un laboratorio de lenguas language laboratory
un **lenguaje** language
lento slow
un **léon** *(pl.* **leones)** lion
les to (for) them **(5.4)**; to (for) you *(pl.)* **(6.1)**
  ¿les gusta(n)? do you *(pl.)* like?
levanta: se levanta (he) gets up

levantado raised
levantarse to get up **(7.4)**
la **libertad** liberty, freedom
un **libertador, una libertadora**
    liberator
Libra Libra *(zodiac sign)*
libre free
una **librería** bookstore
un **libro** book **(3.3)**
    un libro de (castellano)
      (Spanish) book
un **liceo** secondary school (high
    school, junior high school,
    middle school)
una **licuadora** blender
un **líder, una líder** leader
una **liebre** hare
una **liga** league
    las grandes ligas major
      leagues *(baseball)*
    ligero: el peso ligero
      lightweight *(boxing)*
un **limón** *(pl.* **limones)** lemon
una **limonada** lemonade
limpiar to clean, clean up
    (out)
limpio clean, neat
lindo pretty **(7.1)**
una **línea** line
    una línea aérea airline
    la línea de puerta goal
      line *(soccer)*
    la línea del ferrocarril
      railroad tracks
Lisboa Lisbon *(capital of*
    Portugal)
liso straight *(hair)* **(7.1)**
la **literatura** literature
lo *(neuter pron.)* the, that, it
    lo cierto what is certain
    lo contrario the opposite
    lo histórico (moderno)
      historical (modern)
      things, what is historical
      (modern)
    lo imposible the
      impossible
    lo más importante the
      most important thing
    lo mismo the same
      (thing)
    lo moderno modern
      things, what is modern
    lo que what *(the things*
      that) **(9.4)**; that which

lo siento (I'm) sorry
(no) lo creo I (don't)
    believe it (that)
(no) lo sé I (don't) know
    (that)
por lo general generally
    (6.4)
lo *(obj. pron.)* him, it *(m.)*
    (4.4); you *(m. formal)* **(6.1)**
locamente madly
loco crazy, mad
la **locuacidad** talkativeness
un **locutor, una locutora** radio
    or TV announcer **(9.2)**
lógicamente logically
lógico logical
Londres London
la **longitud** length
los the *(m. pl.)* **(3.3)**
    los (domingos) on
      (Sundays) **(6.4)**
    los (rojos) the (red) ones
      (m.)
los *(obj. pron.)* them **(4.4)**;
    you *(pl.)* **(6.1)**
luego then **(8.4)**
    hasta luego see you later
      (1.2)
un **lugar** place **(4.2)**
    cualquier lugar
      anywhere, anyplace
un **lujo** luxury
    un artículo de lujo
      luxury
la **luna** moon
lunes Monday **(1.5)**
    el lunes (on) Monday
      (6.4)
    los lunes (on) Mondays
      (6.4)

ll

una **llama** llama *(South American*
    animal related to the camel)
una **llamada** (telephone) call
llamar to call **(5.4)**
    llamar a la puerta to
      knock at the door
    llamar por teléfono to
      call on the phone **(5.4)**
    llamarse to be called, be
      named, call oneself

¿cómo se llama? what's
    his (her) name? what is
    he (she) called? **(3.1)**;
    what is it called?
¿cómo se llaman? what
    are their names? what
    are they called? **(3.1)**
¿cómo te llamas? what's
    your name? **(1.1)**
me llamo my name is
    (1.1)
se llama his (her) name
    is, (it) is called
si te llamas if your name
    is
un **llano** plain
una **llegada** arrival
llegar to arrive **(4.1)**
    llegar a + *noun or pron.*
      to reach, get to
    llegar a ser to become
llenar to fill
    llenarse de to fill (be filled)
      with
lleno (de) full (of), filled
    (with)
llevar to take (someone or
    something), carry
    (something) **(4.1)**; to wear
    (7.2)
llorar to cry, weep
llueve it's raining **(1.6)**; it
    rains

m

la **madera** wood
una **madre** mother **(5.2)**
    el Día de la Madre
      Mother's Day
    madrileño of (from)
      Madrid
la **madrugada** early morning
    las altas horas de la
      madrugada early
      morning hours
un **maestro, una maestra**
    teacher **(3.1)**
    la práctica hace al
      maestro practice
      makes perfect
magnífico terrific, great,
    magnificent **(5.4)**

¡qué (regalo) tan
magnífico! what a
great (gift)! **(5.4)**
el **maíz** corn **(10.2)**
mal bad *(used for* **malo**
before m. sing. noun) **(3.2)**
mal *(adv.)* bad **(1.2)**; badly,
poorly **(2.1)**
mal visto looked on with
disapproval
muy mal very bad,
terrible **(1.2)**
salir mal en (un examen)
to flunk (an exam) **(8.1)**
sentirse mal to feel bad
(sick)
una **maleta** suitcase
hacer la maleta to pack a
suitcase **(5.2)**
malo bad **(3.2)**
¡**qué malo!** that's bad! **(1.6)**
ser malo to be bad
(naughty), misbehave
la **mamá** mother **(5.2)**
manda send *(command)*
mandar to send **(5.4)**
**mandar a hacer su ropa a
la modista** to have
one's clothes made by a
seamstress
un **mandato** command
mándenos (Ud). send (to) us
una **manera** manner, way
cada cual a su manera
each in his or her own
way
de todas maneras in any
case **(10.3)**
de una manera (diferente)
in a (different) way
un **maní** *(pl.* **maníes** *or* **manises)**
peanut
una **mano** hand **(7.4)**
con las manos with his
(their) hands
lavarse las manos to
wash one's hands
manso gentle
* **mantener (e→ie)** to
maintain, keep
mantener contacto to
maintain contact, keep
in touch
* **mantenerse (e→ie)** to keep
(maintain) oneself

mantenerse en contacto
to keep in contact
(touch)
mantenerse en forma to
keep (oneself) in shape,
keep (oneself) fit
la **mantequilla** butter **(10.2)**
manuscrito handwritten
las **manzanas** apples **(10.2)**
mañana tomorrow **(1.5)**
una **mañana** morning
de la mañana in the
morning, a.m. **(1.4)**
el (jueves) por la mañana
(on) (Thursday) morning
(6.4)
por la mañana in the
morning
un **mapa** map
una **máquina** machine; car
(Puerto Rico)
escribir a máquina to
type **(9.1)**
una máquina de coser
sewing machine
el **mar** sea **(4.2)**
un mar de a lot of, loads
of
una **maraca** *gourdlike instrument
usually played in pairs*
maravilloso marvelous
marcar to score *(sports)*
una **marimba** *kind of xylophone*
marrón brown *(clothing)*
(7.2)
martes Tuesday **(1.5)**
el martes (on) Tuesday
(6.4)
los martes (on) Tuesdays
(6.4)
marzo March **(1.5)**
más more, most **(4.4)**; and,
plus *(addition)*
el (la, los, las) + *noun* +
más + *adj.* the most
(adj.) (noun), the -est
(noun)
**(los deportes) más
peligrosos y rápidos**
fastest and most
dangerous *(sports)*
más de *(number)* more
than
más (estrictos) more
(strict), (strict)er

más grande larger, bigger
(7.1)
más pequeño smaller
(7.1)
más ... que more ...
than, -er than **(7.1)**
más tarde later
me gusta(n) más I like
better, I prefer **(6.2)**
¿te gusta(n) más? do you
like better? do you
prefer?
masculino masculine, men's
un **match** match *(sports)*
las **matemáticas** math
**(una clase) de
matemáticas** math
(class)
el **matrimonio** marriage
máximo maximum
mayo May **(1.5)**
el cinco de mayo the
Fifth of May *(Mexican
national holiday)*
mayor older **(5.2)** oldest
(7.1); elderly, largest
**el (la) mayor, los (las)
mayores** the oldest
las personas mayores
grown-ups, adults
mayor que older than
una hermana mayor
older sister, big sister
la **mayoría** majority
me to (for) me **(6.1)**; myself,
to (for) myself **(7.3)**
me caigo (I) fall down
me disgusta I (really)
dislike
me encanta(n) I love
me gusta(n) más I like
better, I prefer **(6.2)**
me levanto (I) get up
me llamo my name is
(1.1)
me quedo I stay
(no) me gusta(n) I
(don't) like **(2.4) (6.2)**
la **mecánica** mechanics
mecánico mechanical
un **mecánico, una mecánica**
mechanic **(9.4)**
una **medalla** medal
la medalla de oro gold
medal

media: (es la una) y media
(it's one) thirty, (it's) half
past (one) **(1.4)**

medial medial (in the middle
of a word, between vowels)

la **medicina** medicine
(profession)

un **médico, una médica** doctor,
physician

una **medida** measure,
measurement

medio half (a), middle

medio: el medio ala
halfback *(soccer)*

el medio centro center
halfback *(soccer)*

el peso medio
middleweight *(boxing)*

un **medio** means

un medio de transporte
means of transportation

el **mediodía** noon, midday

mejor better, best **(7.1)**

**el (la) mejor, los (las)
mejores** the best

mejor que better than

mejorar to improve
(something)

la **melancolía** melancholy

un **melón** *(pl.* **melones***)* melon

una **memoria** memory

memorizar to memorize

menor younger **(5.2)**
youngest **(7.1)**

**el (la) menor, los (las)
menores** the youngest

menor que younger than

un(a) hermano(a) menor
younger brother (sister),
little brother (sister)

menos to *or* of *(telling time)*
(1.4); less

el (la, los, las) + *noun* **+
menos +** *adj.* the least
(adj.) (noun)

menos de *(number)* less
than

menos, no no less

menos .. que less . . .
than **(7.1)**

**(son las dos) menos
(cinco)** (it's) (five) to
(two) **(1.4)**

un **mensaje** message

una **mentira** lie

menudo: a menudo often **(5.1)**

un **mercado** market

merendar (e→ie) to have a
(late afternoon) snack
(10.2)

la **merienda** late afternoon
snack **(10.2)**

un **mes** month **(1.5)**

una **mesa** table **(10.4)**

poner la mesa to set the
table **(10.1)**

métrico metric

el sistema métrico metric
system

un **metro** meter *(unit of
measurement)*

mexicano Mexican *(also
noun)* **(3.4)**

mexicano-americano
Mexican-American *(also
noun)*

México Mexico **(3.4)**

la ciudad de México
Mexico City

**México, D.F. = México,
Distrito Federal**
Mexico, Federal District

una **mezcla** mixture

mezclar to mix, blend

mi, mis my **(5.2)**

mí me *(after prep.)* **(2.4)**

miedo: tener miedo to be
afraid

un **miembro** member

miércoles Wednesday **(1.5)**

el miércoles (on)
Wednesday **(6.4.)**

los miércoles (on)
Wednesdays **(6.4)**

mil a (one) thousand **(7.2)**

dos mil two thousand
(7.2)

¡mil gracias! a thousand
thanks! **(10.1)**

mil novecientos (ochenta)
19(80) *(date)*

mil quinientos fifteen
hundred **(7.2)**

un **milímetro** millimeter
(1/1000 of a meter)

una **milla** mile

un **millón** *(pl.* **millones***)* million
(7.2)

**(treinta y cinco) millones
de (habitantes)** (thirty
five) million
(inhabitants)

¡un millón de gracias! a
million thanks! **(10.1)**

un millón (millones) de +
noun a million
(millions of)

un **millonario, una millonaria**
millionaire

un **mini-diálogo** mini-dialog

mínimo minimum

un **minuto** minute

¡un minuto! just a
minute!

mío: ¡Dios mío! gosh! **(5.3)**

mirar to watch, look (at)
(2.2)

¡mira! look! **(3.3)**; look
at *(something)*!

¡mira a *(person)***!** look
at . . .!

mirar a los ojos to look
into (someone's) eyes

mirar pasar a la gente
to watch the people go
by

mirarse to look at oneself
(7.3)

mismo same **(4.4)**

al mismo tiempo at the
same time **(8.3)**

contigo mismo with
yourself *(fam.)*

lo mismo the same
(thing)

el **misterio** mystery

misterioso mysterious

mixto mixed

la **moda** fashion

a la moda de after the
fashion of, in the style of

estar de moda to be in
fashion, be in style

ir a la moda to dress
fashionably

ir a la última moda to
follow the latest fashion,
to be (dressed) in the
latest fashions

**un(a) diseñador(a) de
modas** fashion
designer

una revista de modas
fashion magazine

un **modelo, una modelo** model

moderadamente moderately

una **modista** dressmaker,
seamstress **(9.4)**

309

un **modo** way, means
    un **modo de vivir**
      lifestyle, way of life
un **momentito** just a minute *(on the phone)* **(9.3)**; moment
¡un **momento!** just a minute!
una **mona** monkey, ape *(f.)*
la **moneda** currency, money, coin
    una **moneda de oro** gold coin
    una **unidad de monetaria** monetary unit
un **monja** nun
un **monje** monk
un **mono** monkey **(5.2)**
una **montaña** mountain
un **monumento** monument
    morado: un ojo morado black eye
    moreno dark-haired, brunet(te) **(3.2)**
    morir (o→ue) to die
    Moscú Moscow
una **moto** motorcycle **(3.3)**
    en moto by (on a) motorcycle
    mover (o→ue) to move (something), to shake *(one's head)*
una **muchacha** girl **(3.1)**
un **muchacho** boy **(3.1)**
    muchísimos a great many
    mucho much *(pl.* many), a lot of **(3.3)**; very *(with* **calor, frío,** *etc.)*
    muchas gracias thank you **(1.3)**
    muchas veces many times, often **(9.3)**
    muchos many (others)
    mucho *(adv.)* a lot **(2.1)**; much
    estudiar (trabajar) mucho to study (work) hard
los **muebles** furniture **(10.4)**
la **muerte** death
una **mujer** woman **(3.1)**
    mundial world *(adj.)*
    la Copa Mundial World Cup
el **mundo** world
    del mundo entero from all over the world
    por todo el mundo all over the world

    todo el mundo everyone, everybody
un **muñeco** dummy
un **mural** mural
un **músculo** muscle
un **museo** museum **(4.2)**
    el Museo del Prado the Prado *(museum in Madrid)*
la **música** music
    musical musical
    un programa de variedades musicales musical variety show
    una comedia musical musical comedy **(6.3)**
muy very **(2.1)**
    muy mal very bad, terrible **(1.2)**

n

nací (I) was born
el **nacimiento** birth
    el lugar de nacimiento birthplace
una **nación** *(pl.* **naciones)** nation
    las Naciones Unidas United Nations
    nacional national
la **nacionalidad** nationality
    nada nothing, not anything **(6.1)**; not at all
    de nada you're welcome **(1.3)**
    nadar to swim **(2.2)**
    nadie no one, not anyone **(6.1)**
las **naranjas** oranges **(10.2)**
una **nariz** *(pl.* **narices)** nose **(7.1)**
la **natación** swimming **(6.2)**
    natal: la ciudad natal hometown
la **naturaleza** nature
una **nave** ship
la **Navidad** Christmas
    Feliz Navidad Merry Christmas
    necesariamente necessarily
    necesario necessary
    necesitar to need **(2.3)**; to require
la **negación** negation
    negativo negative

la **negligencia** carelessness
    negligente careless, negligent
los **negocios** business
    los negocios de importación y exportación importing and exporting business
    negro black **(7.1)**
    neozelandés *(f.* **neozelandesa)** from New Zealand *(also noun)*
    nervioso nervous
    nevado snow-covered, snow-capped *(mountain)*
    ni nor, (not) . . . or
    ni . . . ni neither . . . nor, (not) either . . . or
    nicaragüense Nicaraguan *(also noun)*
los **nietos** grandchildren
    nieva it's snowing **(1.6)**; it snows
la **nieve** snow
    ningún no, not any *(used for* **ninguno** *before m. sing. noun)* **(6.1)**
    ninguno no, not any **(6.1)**
los **niños** children
    no no **(1.1)**; not **(2.1)**
    ahora no not now
    ¡claro que no! of course not! **(2.2)**
    ¡cómo no! of course! **(2.2)**
    decir que no to say no **(5.3)**
    hoy no not today
    ¿no? no? right? isn't it? etc.
    no hay there is (are) no **(3.3)**
    no hay de qué you're welcome **(1.3)**
    no importa it doesn't matter
    no lo creo I don't believe it (that)
    no lo sé I don't know (that)
    ¡no me digas! you don't say! **(4.3)**
    no . . . nada nothing, not anything **(6.1)**
    no . . . nadie no one, not anyone **(6.1)**
    no . . . ni . . . ni not either . . . or, neither . . . nor

no ... ninguno (ningún) no, not any **(6.1)**

no ... nunca never, not ever **(6.1)**

no puedo I can't **(2.3)**

no sólo ... sino (también) not only ... but (also)

no tienes que you mustn't (shouldn't)

no todos tenemos we all do not have, not all of us have

¿por qué no? why not?

ya no no longer, not ... anymore

yo no not I (me)

una **noche** night, evening

buenas noches good evening, good night **(1.2)**

de la noche in the evening, at night, p.m. **(1.4)**

de noche at night

el (sábado) por la noche (on) (Saturday) night, evening **(6.4)**

esta noche tonight

la noche del sábado Saturday night

los (sábados) por la noche (on) (Saturday) nights **(6.4)**

por la noche at night

la **Nochebuena** Christmas Eve

Noel: Papá Noel Santa Claus

un **nombre** name

nombre y apellidos full name *(first name and last name)*

un nombre de familia family name

una **norma** rule

normal: una escuela normal teachers' school

el **norte** north

Norteamérica North America

norteamericano (North) American *(from the USA; also noun)* **(3.4)**

nos us, to (for) us **(6.1)**; ourselves, to (for) ourselves **(7.3)**; each other, one another

nos gusta we like

nos vemos (pronto) see you (soon)

nosotros(as) we **(2.4)**; us *(after prep.)* **(6.1)**

una **nota** grade *(mark in school)* **(8.1)**; note

sacar una buena (mala) nota to get a good (bad) grade

notar to note, notice

las **noticias** news **(6.3)**

novecientos nine hundred **(7.2)**

una **novela** novel **(5.1)**

una **novia** girlfriend **(3.1)**

noviembre November **(1.5)**

un **novio** boyfriend **(3.1)**

los novios boyfriend(s) and girlfriend(s)

nublado: está nublado it's cloudy **(1.6)**

nuestro our **(5.3)**

nuevo new **(3.3)**

Nueva York New York

Nuevo México New Mexico

numerado numbered

un **número** number **(1.3)**

un número de teléfono telephone number

nunca never, not ever **(6.1)**

O

o or **(2.1)**

* **obedecer (c→zc)** to obey **(6.4)**

un **objetivo** purpose, aim, objective

un **objeto** object **(3.3)**

una **obligación** *(pl.* **obligaciones)** obligation

obligatorio required, obligatory

una **obra** work, play *(drama)*

una obra de teatro play **(6.3)**

una **observación** *(pl.* **observaciones)** observation

observar to observe

la **obstinación** stubbornness

* **obtener (e→ie)** to obtain, get

obvio obvious

una **ocasión** *(pl.* **ocasiones)** occasion, event, affair

en toda ocasión on all occasions, at all times

un **océano** ocean

el Océano Atlántico Atlantic Ocean

el Océano Pacífico Pacific Ocean

oceanográfico oceanographic

octubre October **(1.5)**

ocupado busy, occupied

ocurrir to happen, occur

ochocientos eight hundred **(7.2)**

odiar to hate

el **oeste** west

una película del oeste western (movie) **(6.3)**

ofensivo offensive. rude

una **oferta** offer

una **oficina** office **(9.1)**

una oficina de turismo tourist office

un **oficio** job, trade **(9.1)**

* **ofrecer (c→zc)** to offer **(6.4)**

* **oír** to hear **(6.4)**

un **ojo** eye

los ojos eyes **(7.1)**

mirar a los ojos to look into (someone's) eyes

¡ojo! be careful! watch out!

tener los ojos (azules) to have (blue) eyes **(7.1)**

un ojo morado black eye

una **ola** wave

correr las olas to surf

las **Olimpíadas** the Olympics

las Olimpíadas de Invierno Winter Olympics

olímpico Olympic

los Juegos Olímpicos Olympic Games

un **olor** smell, odor

olvidar to forget (something)

olvidarse (de) + *inf.* to forget (to do something) **(9.2)**

un **ómnibus** *(pl.* **ómnibus)** bus *(Argentina)*

una **onza** ounce

una **opinión** *(pl.* **opiniones)** opinion

    cambiar de opinión to change one's mind

    en mi opinión in my opinion **(6.2)**

oponen: se oponen (they) are opposed

una **oportunidad** opportunity

un **optometrista, una optometrista** optometrist

el **opuesto** opposite

una **oración** *(pl.* **oraciones)** sentence

el **orden** order

    en orden in order, tidy

una **orden** *(pl.* **órdenes)** order *(command)*

las **orejas** ears **(7.1)**

un **organizador, una organizadora** organizer

organizar to organize, arrange

el **orgullo** pride

orgulloso proud

    estar orgulloso de (ser) to be proud of (being), proud to (be)

el **Oriente** Orient, East

un **origen** *(pl.* **orígenes)** origin

original original

la **originalidad** originality

originalmente originally

    originario de originating from, native to

el **oro** gold

    la medalla de oro gold medal

una **orquesta** orchestra, band

os yourselves, to (for) yourselves *(fam. pl.),* you, to (for) you

oscuro dark

el **otoño** autumn, fall **(1.6)**

otro another, other **(3.3)**

    (los) otros others, other people

    otra vez again **(9.3)**

    otro (bajo) another that is (short)

ovalado oval

una **oveja** sheep

¡oye! listen! **(3.3)**

oyen: se oyen one hears

oyes you (can) hear

p

la **paciencia** patience

    con (mucha) paciencia (very) patiently

    perder la paciencia to lose one's patience

    tener paciencia to be patient

paciente patient

un **paciente, una paciente** patient

un **padre** father **(5.2)**

    los padres parents **(5.2)**

los **padrinos** godparents

pagar to pay, pay for **(6.1)**

    pagar por to pay for

una **página** page

    la página deportiva sports page

un **país** country **(3.4)**

un **paisaje** landscape

un **pájaro** bird **(5.2)**

una **palabra** word **(2.1)**

    tú tienes la palabra it's your turn to speak

un **palacio** palace

una **palma** palm tree

el **pan** bread **(10.2)**

un **panadero, una panadera** baker

Panamá Panama

panameño Panamanian *(also noun)*

panamericano Pan-American *(involving North America, South America, and Central America)*

    los Juegos Panamericanos Pan-American Games

una **pandereta** tambourine

una **pandilla** group of friends *(Spain)*

unos **pantalones** pants **(7.2)**

    unos pantalones cortos shorts **(7.2)**

una **papa** potato

el **papá** father **(5.2)**

    Papá Noel Santa Claus

un **papagayo** parrot **(5.2)**

las **papas** potatoes **(10.2)**

    las papas fritas French fries

el **papel** paper

un **papel** role, part

para for **(2.4)**; (in order) to **(9.2)**; by

    dar permiso para to give (someone) permission to, permit (someone) to

    ¿para qué? why? what for?

    tener permiso (tiempo) para to have permission (time) to

parada: las paradas de portero saves *(soccer)*

    una parada de pecho chest trap *(soccer)*

paraguayo Paraguayan *(also noun)*

parar to stop, save *(soccer)*

una **pared** wall

paréntesis: entre paréntesis in parentheses

un **pariente, una parienta** relative

    los parientes relatives **(5.2)**

un **parque** park

un **párrafo** paragraph

una **parte** part

    a (en, por) todas partes everywhere

    formar parte de to be (a) part of

participar to participate, take part

un **participio** participle

un **partido** game, match **(6.2)**

    un partido de (fútbol) (soccer) game

pasable passable, fair

pasado last *(previous)*

    el año pasado last year

    el (miércoles) pasado last (Wednesday) **(6.4)**

el **pasado** past

un **pasajero, una pasajera** passenger

un **pasaporte** passport

pasar to spend *(time),* to pass (by), to happen **(8.2)**; to pass (something to someone) to go (by)

    mirar pasar a la gente to watch the people go by

    pasar el tiempo to pass (while away) the time

pasar por to pass by (through)

pasar por la calle to walk down (along) the street

¿qué pasa? what's wrong? what's the matter? **(1.4)**

un **pasatiempo** pastime, hobby

la **Pascua Florida** Easter

un **pase** pass (soccer)

los pases plays (soccer)

un **paseo** walk, stroll, boulevard, avenue

de paseo walking down the street

un **pastel** pastry, pie **(8.4)**

un **patio** patio, courtyard

el Patio de los leones Court of the Lions (courtyard in the Alhambra Palace near Granada, Spain)

un **pato** duck

patrón: un santo patrón patron saint (guardian saint of a nation, city, etc.)

payaso: hacer el payaso to clown around

la **paz** peace

el Cuerpo de Paz Peace Corps

pecho: una parada de pecho chest trap (soccer)

un **pediatra, una pediatra** pediatrician

pedido: ha pedido has asked

pedir (e→i) to ask, ask for, request, to order (something) **(6.1)**

pedir prestado to borrow

pegar a to hit, kick

un **peinador, una peinadora** hairdresser

peinar to comb

peinarse to comb one's hair **(7.3)**

pelar to peel

pelear to fight

una **película** film, movie **(6.3)**

una película de aventuras adventure movie **(6.3)**

una película del oeste western **(6.3)**

una película policíaca police or detective movie **(6.3)**

una película romántica love movie **(6.3)**

el **peligro** danger

peligroso dangerous

el **pelo** hair **(7.1)**

lavarse el pelo to wash one's hair

tener el pelo (rubio) to have (blond) hair

una **pelota** ball

pena: ¡qué pena! what a pity!

una **península** peninsula

pensar (e→ie) to think **(6.3)**

pensar + inf. to plan to **(6.3)**

pensar de to think of, think about (have an opinion about) **(6.3)**

pensar en to think about (give thought to) **(6.3)**

pensar que to think that **(6.3)**

peor worse, worst **(7.1)**

el (la) peor, los (las) peores the worst

peor que worse than

la **pequeñez** pettiness

pequeño small, little (size) **(3.3)**

la Pequeña Habana Little Havana

las **peras** pears **(10.2)**

perder (e→ie) to lose **(6.3)**

perder el tiempo to waste time **(6.3)**

perder la confianza en to lose one's confidence (trust) in, stop trusting (someone)

perder la paciencia to lose one's patience (temper)

¡perdón! excuse me! pardon me! **(5.2)**

perezoso lazy

un **perezoso** sloth (slow, tree-dwelling animal of South America)

perfeccionista perfectionist(ic)

perfectamente perfectly

perfecto perfect

un **periódico** newspaper **(3.3)**

un puesto de periódicos newsstand

un **periodista, una periodista** journalist **(9.2)**

un **período** period

un período de estudio study period

una **perla** pearl

permanecer to stay, remain

permisivo lenient, permissive

el **permiso** permission

dar permiso para to give (someone) permission to

tener permiso para to have permission to

un permiso de conducir driver's license

permitir to permit, allow

pero but **(2.1)**

perplejo perplexed

un **perro** dog **(5.2)**

la **perseverancia** perseverance

perseverante persevering, persistent

una **persona** person

las personas persons, people

las personas mayores grown-ups, adults

un **personaje** character (comic strip, film, play, etc.), personage

una **personalidad** personality

el **Perú** Peru

peruano Peruvian (also noun)

pesado: el peso pesado heavyweight (boxing)

pesar to weigh

un **pescador, una pescadora** fisher **(9.4)**

un **pescado** fish (caught)

pescar to fish

la **peseta** the peseta (monetary unit of Spain)

el **peso** the peso (Hispanic monetary unit)

un **peso** peso, weight

perder peso to lose weight

el peso pesado (medio, welter, ligero, pluma) heavyweight (middleweight, welterweight, lightweight, featherweight) (boxing)

un **pez** (pl. peces) fish (live) **(5.2)**

un pez de color goldfish

picante highly spiced, hot

pide ask for *(command)*

un **pie** foot **(7.4)**

    a pie on foot **(4.4)**

    ir a pie to go on foot, walk **(4.4)**

    piensa (en) think (about) *(command)*

una **pierna** leg **(7.4)**

un **piloto** driver *(auto race)*

la **pimienta** pepper **(10.2)**

el **ping pong** Ping-Pong

un **pingüino** penguin

    pintar to paint

un **pintor, una pintora** painter

    pintoresco picturesque

una **piña** pineapple

una **piraña** piranha *(South American carnivorous fish)*

los **Pirineos** Pyrenees *(mountain range between France and Spain)*

un **piropo** compliment

    decir un piropo to pay a compliment, make a flattering remark

una **piscina** swimming pool **(4.2)**

un **piso** floor *(of a building)* **(5.3)**

una **pista** track *(racing)*

el **placer** pleasure

un **plan** plan

    planear to plan

un **planeta** planet

    plano flat

un **plano** plan *(architects's drawing)*

una **planta** floor *(of a building)*

    la planta baja ground floor, first floor *(USA)*

los **plátanos** bananas *(for cooking; also called* plantains*)* **(10.2)**

    un refresco de plátanos banana shake

un **platillo** saucer

un **plato** plate, dish **(10.1)**

una **playa** beach **(4.2)**

una **plaza** plaza, (public) square **(4.2)**

    una plaza de toros bullring

un **plomero** plumber

    pluma: el peso pluma featherweight *(boxing)*

el **plural** plural

la **población** population

    pobre poor **(6.1)**; unlucky

    ser pobre to be poor **(6.1)**

    poco little

un **poco** a little **(2.1)**

    un poco de + *noun* a little

* **poder (o→ue)** can, to be able (to), may **(6.3)**

    puede ser it may be

    ¿puedo hablar con ...? may I talk to ...? *(on the phone)* **(9.3)**

un **poema** poem

la **poesía** poetry

un **poeta** poet

la **policía** police

un **policía, una policía** police officer

    policíaco detective

    un cuento policíaco detective story

    una película policíaca police *or* detective movie **(6.3)**

la **política** politics

un **político, una política** politician

un **pollito** chick

el **pollo** chicken **(10.2)**

    pon put *(command)*

un **poncho** poncho

* **poner** to put, put on **(6.4)**

    poner la mesa to set the table **(10.1)**

* **ponerse** to put (something) on (oneself) **(7.3)**; to try (something) on

la **popularidad** popularity

    poquito very little

    por for, by, along, through **(9.3)**; throughout, because of

    los (sábados) por la noche (on) (Saturday) nights **(6.4)**

    por avión by plane

    por ciento percent

    por desgracia unfortunately **(10.4)**

    por ejemplo for instance, for example **(7.4)**

    por eso therefore, that's why **(2.4)**; because of that

    por favor please **(1.3)**

    por hora per hour

    por la calle down (along) the street

    por la mañana in the morning

    por la noche at night

    por la tarde in the afternoon

    por lo general generally **(6.4)**

    ¿por qué? why? **(2.3)**

    ¿por qué no? why not?

    por suerte luckily

    ¡por supuesto! of course! **(2.2)**

    por teléfono on the (by) phone

    por todas partes everywhere

    por todo el mundo all over the world

    porque because **(2.3)**

un **porqué** reason, cause

la **portería** goal *(soccer)*

el **portero** goalie *(soccer)*

    las paradas de portero saves *(soccer)*

un **portero** doorman

el **portugués** Portuguese *(language)*

la **posesión** possession, ownership

las **posesiones** possessions, belongings

    posesivo possessive

una **posibilidad** possibility

    posible possible

una **posición** *(pl.* **posiciones)** position

una **postal** postcard

el **postre** dessert

    los postres dessert(s) **(10.2)**

    practica: se practica (it) is engaged in

la **práctica** practice

    la práctica hace al maestro practice makes perfect

    practicar to practice, to take part in, play *(sports)*

    práctico practical

un **precio** price

    precioso precious

la **precisión** precision

preciso precise

una **preferencia** preference

preferido favorite, preferred

preferir (e→ie) to prefer **(6.3)**

pregunta ask *(command)*

una **pregunta** question

    hacer una pregunta to ask a question

preguntar to ask, to inquire **(6.1)**

un **premio** prize

preocupado worried

prepara prepare *(command)*

preparado prepared

preparar to prepare, get ready

prepararse to prepare (oneself)

una **preposición** *(pl. **preposiciones**)* preposition

una **presentación** *(pl. **presentaciones**)* personal appearance

presentar to present, to perform, put on *(play, etc.)*

presente present

el **presente** present *(tense)*

un **presidente, una presidenta** president

un **preso, una presa** prisoner

prestado: pedir prestado to borrow

prestar to lend **(5.4)**

un **presupuesto** budget

el **pretérito** preterite *(tense)*

un **pretexto** excuse

una **prima** cousin *(f.)* **(5.2)**

primario primary

    una escuela primaria elementary school

la **primavera** spring **(1.6)**

primero first **(1.5)**

    el primero de (agosto) the first of (August), (August) 1 **(1.5)**

    los primeros auxilios first aid

    primero *(adv.)* first **(9.4)**

un **primo** cousin *(m.)* **(5.2)**

principal main, principal

    un actor (una actriz) principal starring actor (actress), leading man (lady)

principalmente principally, mainly

prisa: con (mucha) prisa hurriedly, in a (great) hurry

probablemente probably

un **problema** problem

    un problema sentimental problem of the heart, love problem

un **procedimiento** procedure

    un procedimiento de primeros auxilios first-aid procedure

un **proceso** process

proclamado proclaimed

producir (c→zc) to produce

un **producto** product

    un producto químico chemical

un **productor, una productora** producer

una **profesión** *(pl. **profesiones**)* profession **(9.1)**

profesional professional

un **profesor, una profesora** teacher, professor **(3.1)**

un(a) **profesor(a) de (inglés)** (English) teacher

un **programa** program **(6.3)**

    un programa de intercambio (de estudiantes) (student) exchange program

    un programa de televisión television program, TV show

    un programa de variedades variety show **(6.3)**

un **programador, una programadora** (computer) programmer **(9.2)**

un **pronombre** pronoun

pronto soon

    hasta pronto see you soon

la **pronunciación** pronunciation

pronunciar to pronounce

propio own

propósito: a propósito by the way **(10.2)**

provee (he) provides

una **provincia** province

próximo next **(5.3)**; coming, approaching

el **próximo (martes)** next (Tuesday) **(6.4)**

el verano próximo next summer

un **proyecto** project, plan

    en proyectos económicos in economic planning

prudente careful, cautious, prudent

prudentemente carefully, cautiously

la **psicología** psychology

psicológico psychological

un **psiquiatra, una psiquiatra** psychiatrist

publicidad: una agencia de publicidad advertising agency

público public

el **público** public

    atender al público to wait on (take care of) people

pude: no pude (I) could not **(9.4)**

un **pueblo** town, village **(4.2)**; people *(national group)*

    otros pueblos other peoples

puede: puede ser it may be

puedo: ¿puedo hablar con ...? may I talk to ...? *(on the phone)* **(9.3)**

una **puerta** door **(5.3)**; goal *(soccer)*

    el área de puerta goal area *(soccer)*

    llamar a la puerta to knock at the door

un **puerto** port, harbor

puertorriqueño Puerto Rican *(also noun)* **(3.4)**

pues ... well ...

un **puesto** position *(job)*, stand

un **puesto de periódicos** newsstand

pulcro neat, perfectly dressed

un **pulgar** thumb

un **pulmón** *(pl. **pulmones**)* lung

un **puma** puma *(large cat of the Andes)*

punto: un punto de vista point of view

puntual punctual

la **pureza** purity

puro: el aire puro clean air, fresh air

q

que *(rel. pron.)* that, which, who, whom **(3.4)**
  del (en, con) que about (in, with) which
  lo que what
que *(conj.)* that, than
  más (menos) ... que more (less) ... than, -er than **(7.1)**
  ¡que tenga(n) un buen día! have a good day!
¿qué? what? **(2.3)**
  ¿a qué hora? (at) what time? **(1.4)**
  ¿por qué? why? **(2.3)**
  ¿qué es lo que ...? what (is it that) ...?
  ¿qué hago? what shall (should) I do? what can I do?
  ¿qué hicieron? what did they do?
  ¿qué hora es? what time is it? **(1.4)**
  ¿qué pasa? what's wrong? what's the matter? **(1.4)**
  ¿qué sabes tú? what do you know?
  ¿qué tal? how are you? how's it going? how are things? **(1.2)**
  ¿qué tiempo hace? what's the weather like? **(1.6)**
¡qué! how! what!
  no hay de qué you're welcome **(1.3)**
  ¡qué + *adj.*! how ... ! **(3.2)**
  ¡qué bueno! great! **(1.6)**
  ¡qué bueno ...! how great (it will be) ... !
  ¡qué horror! how horrible! how awful!
  ¡qué lástima! too bad! **(2.1)**
  ¡qué malo! that's bad! **(1.6)**

¡qué *(noun,* or *adj.* + *noun)*! what (a, an) ... !
¡qué *(noun)* tan *(adj.)*! what (a, an) ... ! **(5.4)**
¡qué pena! what a pity!
¡qué suerte! what luck! how lucky! **(5.1)**
¡qué suerte tienes! how lucky you are! **(5.1)**
¡qué terrible! how terrible! how awful!
quedarse to stay, remain **(7.4)**
  quedarse con to keep
  quedarse en casa to stay home
  quedarse en la cama to stay in bed
  quedarse hasta más tarde to stay after *(school)*
* **querer (e→ie)** to want **(6.3)**
  querer + *inf.* to want to **(6.3)**
  querer a *(person)* to like, to love **(6.3)**
  querer decir to mean **(6.3)**
querido dear *(opening an informal letter)* **(9.2)**
el queso cheese **(10.2)**
  el queso de crema cream cheese
el quetzal the quetzal *(monetary unit of Guatemala)*
un quetzal quetzal *(Central American bird with brilliant plumage)*
¿quién(es)? who? whom? *(after prep.)* **(2.3)**
  ¿a quién(es)? whom? *(personal dir. obj.)* **(4.1)**
  ¿de quién(es)? whose? **(5.1)**
  ¿de quién es? whose is it?
  ¿quién eres? who are you?
  ¿quién es? who is that?
quien *(rel. pron.)* who
la química chemistry
un químico, una química chemist
químico chemical
  un producto químico chemical

quinientos five hundred **(7.2)**
  mil quinientos fifteen hundred **(7.2)**
quiquiriquí cock-a-doodle-doo
quitarse to take (something) off (oneself) **(7.3)**
quise (I) tried **(9.4)**
  no quise (I) refused **(9.4)**
quiso (she) wanted, tried

r

la radio radio *(broadcasting)*
  escuchar la radio to listen to the radio
un radio radio *(set)* **(3.3)**
una rana frog
un rancho ranch
rápidamente rapidly, quickly, fast
rápido rapid, fast, swift
rápido *(adv.)* rapidly, fast
una raqueta racket
  una raqueta de tenis tennis racket
raras veces rarely, seldom **(6.1)**
el Rastro *flea market in Madrid*
ratón: un ratón de biblioteca bookworm
un rayo (flash of) lightning
una razón *(pl. razones)* reason
  tener razón to be right
la realidad reality, truth
  en realidad in fact, really, actually
realista realistic
realmente really, actually
una receta recipe
recibido received
recibir to receive **(8.1)**; get **(8.3)**
recientemente recently
un récord record *(sports)*
recordar (o→ue) to remember
un recuerdo souvenir
una red net, network
redondo round
una referencia reference
reflejar to reflect

un **refrán** (*pl.* **refranes**) proverb, saying

un **refresco** cold drink

un refresco de plátanos banana shake

un **regalo** present, gift **(3.3)**

regatear to bargain

una **región** (*pl.* **regiones**) region, area

una **regla** rule (*grammar*)

regular fair, not bad, pretty well, O.K. **(1.2)**

regularmente regularly **(6.1)**

una **reina** queen

una **relación** (*pl.* **relaciones**) relation, relationship

relativo relative

religioso religious

un **reloj** watch **(3.3)**

relleno stuffed

un chile relleno stuffed chili pepper (*Mexican dish*)

reparar to repair, fix

un **repaso** review

repente: de repente suddenly

un **representante, una representante** representative

representar to represent

una **república** republic

la República Dominicana Dominican Republic

requerir (e→ie) to require

un **requisito** requirement, qualification

res: la carne de res beef

la **resistencia** endurance, stamina, resistance

respetado respected

respetar to respect

responder to answer, reply, respond

una **respuesta** answer, reply, response

el **resto** rest (*remainder*)

resuelves (you) solve

un **resultado** result

un **retrato** portrait

una **reunión** (*pl.* **reuniones**) party, (social) gathering

reunirse (u→ú) to gather (together)

revelar to reveal

una **revista** magazine **(3.3)**

un **rey** king

rico rich **(6.1)**

ser rico to be rich **(6.1)**

ridículo ridiculous

ríe: se ríe (he, she) laughs

ríen, se ríen (they) laugh

un **río** river

un **ritmo** rhythm

rizado curly (*hair*) **(7.1)**

un **robo** robbery, burglary

el **rock** rock 'n' roll

una **rodilla** knee **(7.4)**

rojo red **(7.2)**

Roma Rome

romántico romantic

una película romántica love movie **(6.3)**

rompas: ¡no te rompas . . . ! don't break . . . !

romper to break (*an object*) **(8.3)**

romperse to break (*part of the body*) **(8.3)**

la **ropa** clothes, clothing **(7.2)**

rosa pink

roto broken

rubio blond(e) **(3.2)**

un **ruido** noise, sound

las **ruinas** ruins

ruso Russian (*also noun*)

el **ruso** Russian (*language*

una **rutina** routine

S

S.A. *abbreviation of* **Sudamérica**

sábado Saturday **(1.5)**

el sábado (on) Saturday **(6.4)**

la noche del sábado Saturday night

los sábados (on) Saturdays **(6.4)**

los sábados por la noche (on) Saturday nights **(6.4)**

* **saber** to know (*facts, information*) **(9.1)**

saber + *inf.* to know how to, can (*mental knowledge*) **(9.1)**

sabes (you) know

¿sabes? do you know?

sacar to take (*pictures*) **(4.1)**; to get (*a grade*) **(8.1)**; to take out (something)

sacar de to take (something) out of (something)

sacar fotos to take pictures **(4.1)**

sacar una buena (mala) nota to get a good (bad) grade

sagrado holy, sacred

el Sagrado Corazón Sacred Heart

la Sagrada Familia Church of the Holy Family (*unfinished cathedral of the Catalan architect Gaudí, in Barcelona, Spain*)

la **sal** salt **(10.2)**

una **sala** living room **(5.3)**

un **salario** salary

una **salida** departure

* **salir** to leave, to go out **(6.4)**

salir a + *inf.* to go out to **(9.2)**

salir bien (mal) en (un examen) to pass (fail) (an exam) **(8.1)**

salir de to leave (*a place*)

salir de casa to leave the house

un **salón** (*pl.* **salones**) salon

un salón de belleza beauty salon

una **salsa** sauce

la salsa de tomate tomato sauce

saltar to jump, leap

la **salud** health

saludando greeting (*someone*)

saludar to greet

un **saludo** greeting

salvadoreño Salvadoran (*also noun*)

salvar to save, rescue

san saint

unas **sandalias** sandals **(7.2)**

un **sándwich** sandwich **(8.4)**

la **sangre** blood

sano   healthy, healthful

un santo, una santa   saint

el día del santo   saint's day, name day

un sapo   toad

se   himself, herself, yourself *(formal)*, themselves, yourselves (7.3); to him (her, it), to you *(formal, pl.)*, to them *(used for* le *and* les *before dir. obj. pronoun beginning with* l)

se acuerda(n) de   (they, you *pl.*) remember

se anuncia   (it) is announced

se están durmiendo   (they) are falling asleep

se fue   (she) left, went away

se levanta   (he) gets up

se lo puso   (she) tried it on

se llama   his (her) name is, (it) is called

se llena de   (it) fills (is filled) with

se oyen   one hears

se ríe   (he, she) laughs

se ríen   (they) laugh

se va de la casa   (he) leaves the house

se vista de   (she) may dress in

sé   (I) know (how)

secretamente   secretly

un secretario, una secretaria   secretary (9.1)

un secreto   secret

secundario   secondary

un actor (una actriz) secundario(a)   supporting actor (actress)

sed: tener sed   to be thirsty (8.4)

la seda   silk

seguida: en seguida   right away, immediately

según   according to

un segundo   second *(unit of time)*

seguramente   surely

seguro   sure

seguro de ti mismo   sure of yourself *(fam.)*

seiscientos   six hundred (7.2)

seleccionar   to select

un sello   stamp

una semana   week (1.5)

los fines de semana   on (the) weekends

un fin de semana   weekend (1.5)

el SENA (Servicio Nacional de Aprendizaje)   *technical and vocational training program in Colombia*

senegalés *(f.* senegalesa)   Senegalese *(also noun)*

sensacional   sensational

la sensibilidad   sensitivity

sensitivo   sensitive

sentarse (e→ie)   to sit down (7.4); to sit

un sentido   sense

el sentido común   common sense

el sentido del equilibrio   sense of balance

un sentido del humor   sense of humor

sentimental   sentimental, of the heart

un problema sentimental   problem of the heart, love problem

un sentimiento   feeling

sentir (e→ie)   to feel (6.3); to regret, be sorry

lo siento   I'm sorry

sentirse (e→ie)   to feel (7.4)

sentirse mal   to feel bad (sick)

señor (Sr.)   Mr., sir (1.2)

señores (Srs.)   Mr. and Mrs.

¡señores!   ladies and gentlemen!

un señor   man, gentleman (3.1)

los señores   men, gentlemen, husband and wife

señora (Sra.)   Mrs., ma'am (1.2)

una señora   lady (3.1); wife

Nuestra Señora de los Dolores   Our Lady of the Sorrows

señorita (Srta.)   Miss, miss (1.2)

una señorita   young lady

septiembre   September (1.5)

* ser   to be (3.1)

llegar a ser   to become

ser aficionado a   to be fond of

ser amable con   to be kind to

ser celoso   to be jealous *(a jealous person)*

ser de   to belong to, to be . . .'s

ser malo   to be bad, misbehave

ser pobre (rico)   to be poor (rich) (6.1)

una serenata   serenade

seriamente   seriously

serio   serious (3.2)

una serpentina   streamer

servicial   helpful

un servicio   service

una estación de servicio   service station, gas station

servir (e→i)   to serve (8.4)

setecientos   seven hundred (7.2)

Sevilla   Seville *(city in southwestern Spain)*

si   if (4.4)

si te llamas   if your name is

sí   yes (1.1)

siempre   always (2.1)

siento: lo siento   (I'm) sorry

una siesta   nap, rest

tomar una siesta   to have (take) a nap *(after lunch)*

un siglo   century

el siglo (veinte)   (twentieth) century

un significado   meaning, significance

significar   to mean, signify

siguiente   following

una sílaba   syllable

las sílabas con acento   accented (stressed) syllables

una silla   chair (10.4)

simbólico   symbolic

simpático   nice (3.2)

simplemente   simply

sin   without (9.2)

sin + *inf.* without . . .ing

sin duda doubtless **(9.1)**

sin embargo however, nevertheless **(7.1)**

sinceramente sincerely *(closing a letter)* **(9.2)**

la **sinceridad** sincerity

sincero sincere

sino but *(on the contrary)*

¿sirves? do (you) serve?

un **sistema** system

situado located, situated

sobre on, on top of, above, over **(10.4)**; about, concerning

la **sociabilidad** sociability

una **sociedad** society

el **sol** the sol *(monetary unit of Peru)*

el **sol** sun

hace sol it's sunny **(1.6)**

tomar el sol to sunbathe

unos anteojos de sol sunglasses **(7.2)**

solamente only

solar solar

el sistema solar solar system

un **solicitante, una solicitante** applicant

solicitar to apply for

una **solicitud** application

sólido solid

solitario solitary

solo alone, single **(4.4)**

sólo only **(4.4)**

no sólo sino (también) not only . . . but (also)

una **solución** *(pl.* **soluciones)** solution, answer

un **sombrero** hat **(7.2)**

son (they, you *pl.)* are **(3.1)**

son de (Isabel) they belong to (Isabel), they are (Isabel)'s

son las (dos) it's (two) o'clock **(1.4)**

un **sondeo** poll

un **sonido** sound

una **sonrisa** smile

sonrojarse to blush

la **sopa** soup

una **sorpresa** surprise

un **sótano** basement

Sr. *abbreviation of* **señor (1.2)**

Sra. *abbreviation of* **señora (1.2)**

Srta. *abbreviation of* **señorita (1.2)**

su, sus his, her, your *(formal, pl.),* their **(5.3)**

suave soft, mellow

submarino: todo un equipo submarino diving equipment, complete diving outfit

un **subtítulo** subtitle

un **suceso** event

el **sucre** the sucre *(monetary unit of Ecuador)*

un **sucre** sucre *(coin)*

Sudáfrica South Africa

Sudamérica South America

sudamericano South American *(also noun)*

sueco Swedish *(also noun)*

un **sueño** dream, sleep, sleepiness

tener sueño to be sleepy **(8.4)**

la **suerte** luck

¡buena suerte! good luck! **(5.1)**

por suerte luckily

¡qué suerte! what luck! how lucky! **(5.1)**

¡qué suerte tienes! how lucky you are! **(5.1)**

tener suerte to be lucky **(5.1)**

un **suéter** *(pl.* **suéteres)** sweater **(7.2)**

suficiente enough, sufficient

el **sufrimiento** suffering

Suiza Switzerland

suizo Swiss *(also noun)*

un **sujeto** subject

sumar to add up, total

superfluo superfluous, extra, unwanted *(calories)*

un **supermercado** supermarket

supersticioso superstitious

suplementario extra, additional, supplementary

supe (I) found out **(9.4)**

supo (he, she) knew, knew how to, found out

supuesto: ¡por supuesto! of course! **(2.2)**

el **sur** south

el **suroeste** southwest

un **sustantivo** noun

t

las **tácticas** tactics *(skillful maneuvering)*

tal: ¿qué tal? how are you? how's it going? how are things? **(1.2)**

tal como as, just as

tal vez maybe **(2.2)**

el **talento** talent

un **tamal** tamale *(Mexican dish)*

también also, too **(2.1)**

un **tambor** drum

tampoco neither, (not) . . . either

tan: ¡qué *(noun)* **tan** *(adj.)!* what (a, an) . . .! **(5.4)**

tan . . . como as . . . as **(7.1)**

tanto: tanto *(noun)* **como** as much *(pl.* many) . . . as

un **taquillero, una taquillera** ticket seller

tarde late **(8.2)**

hasta tarde until late (at night)

más tarde later

quedarse hasta más tarde to stay after *(school)*

una **tarde** afternoon

(ayer) por la tarde (yesterday) afternoon

buenas tardes good afternoon **(1.2)**

de la tarde in the afternoon, p.m. **(1.4)**

el (viernes) por la tarde (on) (Friday) afternoon **(6.4)**

por la tarde in the afternoon

una **tarea** assignment **(8.1)**

hacer la tarea to do the assignment **(5.2)**

hacer las tareas to do homework **(5.2)**

las tareas homework **(8.1)**

una **tarjeta** card, postcard **(5.1)**

una tarjeta postal postcard

un **taxista, una taxista** taxi
driver
una **taza** cup **(10.1)**
te you, to (for) you *(fam.)*
(6.1); yourself, to (for)
yourself *(fam.)* **(7.3)**
¿(no) te gusta(n)? do you
(don't you) like? **(2.4)**
(6.2)
si te llamas if your name
is
¿te gusta(n) más? do you
like better? do you
prefer?
el **té** tea **(8.4)**
el **teatro** theater *(drama)* **(6.3)**
una obra de teatro play
(6.3)
un **teatro** theater *(building)*
(4.2)
las **técnicas** technical professions
técnico technical
una escuela técnica
technical school
un **técnico, una técnica**
technician
una **teja** tile
telefonear to telephone
un **teléfono** telephone
llamar por teléfono to
call on the phone **(5.4)**
un número de teléfono
telephone number
un **telegrama** telegram
la **televisión** television, TV
(broadcasting) **(6.3)**
un estudio de televisión
television (TV) studio
**un programa de
televisión** television
program, TV show
un **televisor** television (TV) set
(3.3)
un **temperamento** temperament
la **temperatura** temperature
temprano early **(8.2)**
ten *see* **tener**
un **tenedor** fork **(10.1)**
* **tener** to have **(3.3)**
aquí tienes here is, here
are
ten take *(command)*
tener calor to be *(feel)*
hot **(8.4)**
tener cuidado to be careful

**tener el pelo (rubio), los
ojos (azules)** to have
(blond) hair, (blue) eyes
tener éxito to succeed
tener frío to be *(feel)* cold
(8.4)
tener ganas de + *inf.* to
feel like . . . ing **(3.4)**
tener hambre to be
hungry **(8.4)**
tener la costumbre de +
inf. to have the habit
of . . . ing
tener miedo to be afraid
**tener (muchas cosas) que
(aprender)** to have (a
lot) to (learn)
tener (mucho) que hacer
to have (a lot) to do
tener *(number)* **años** to be
(number) years old **(3.4)**
tener paciencia to be
patient
tener que + *inf.* to have
to **(3.4)**
tener razón to be right
tener sed to be thirsty
(8.4)
tener sueño to be sleepy
(8.4)
tener suerte to be lucky
(5.1)
**tener una
correspondencia** to
carry on a
correspondence
**tengan: ¡que tengan un
buen día!** have a good
day!
el **tenis** tennis **(6.2)**
una raqueta de tenis
tennis racket
la **teoría** theory
una **terminación** *(pl.*
terminaciones) ending
terminar to end, finish
un **terremoto** earthquake
el **terreno** field
terrible terrible, awful
¡qué terrible! how
terrible! how awful!
un **territorio** territory
un **tesoro** treasure
los **textiles** textiles
ti you *(fam.; after prep.)* **(2.4)**

una **tía** aunt **(5.2)**
el **tiempo** weather **(1.6)**; time
a tiempo on time **(8.2)**
al mismo tiempo at the
same time **(8.3)**
¿cuánto tiempo hace que
(verb in the present)?
(for) how long . . .?
(8.1)
el tiempo libre free time
hace buen (mal) tiempo
the weather's nice (bad)
(1.6)
perder el tiempo to
waste time **(6.3)**
¿qué tiempo hace?
what's the weather like?
(1.6)
tener tiempo para to
have time to
una **tienda** store, shop, boutique
(4.2)
tiene: aquí tiene here you
are, here is
tienes: aquí tienes here is,
here are
no tienes que you
mustn't (shouldn't)
tú tienes la palabra it's
your turn to speak
la **tierra** earth, land
tímido shy, timid
un **tío** uncle **(5.2)**
los tíos aunt(s) and
uncle(s)
típicamente typically
típico typical
un **tipo** type, sort, kind
un **título** title
un **tocadiscos** record player
(3.3)
tocar to play *(musical
instrument)* **(2.1)**; to play
(music)
todavía still **(7.3)**
todo all **(3.3)**; everything
a (en, por) todas partes
everywhere
de todas maneras in any
case **(10.3)**
en toda ocasión on all
occasions, at all times
en todo throughout
por todo el mundo all
over the world

todo el, toda la + *noun* all (the), the whole (3.3)

todo el mundo everyone, everybody

todos, todas all, everybody (4.4)

todos los, todas las + noun all (the) (3.3)

todos los días every day (6.4)

Tokio Tokyo

tolerante tolerant

tomar to take, to have *(something to eat or drink)* (4.1)

tomar (el autobús) to take *or* catch (the bus)

tomar el sol to sunbathe

tomar un descanso to have (take) a rest

tomar una decisión (de) to make a decision

tomar una siesta to have (take) a nap *(after lunch)*

un **tomate** tomato

la salsa de tomate tomato sauce

los tomates tomatoes (10.2)

tonificar to tone up

unas **tonterías** foolishness, nonsense

tonto foolish, stupid (3.2); silly

torear to fight (bulls)

el **toreo** bullfighting

un **torneo** tournament

un torneo de dobles femenino women's doubles tournament *(tennis)*

un **toro** bull

una corrida de toros bullfight

una plaza de toros bullring

una **torta** cake (10.2)

una **tortilla** *in Mexico, a thin cornmeal pancake; in Spain, an omelet*

una tortilla de huevos omelet

una **tortuga** tortoise, turtle

una **tostada** (slice of) toast

total: en total in all, altogether

totalmente totally, wholly

un **trabajador social, una trabajadora social** social worker (9.1)

trabajar to work (2.1)

trabajar mucho to work hard

el **trabajo** work, job (6.1)

irse al trabajo to leave for work

un trabajo de oficina (verano) office (summer) job

una **tradición** *(pl.* **tradiciones)** tradition

tradicionalmente traditionally

* **traducir (c→zc)** to translate (6.4)

un **traductor, una traductora** translator

* **traer** to bring (6.4)

el **tráfico** traffic

un **traje** suit (7.2)

un traje de baño bathing suit (7.2)

tranquilo calm

transformar to transform

una **transmisión** *(pl.* **transmisiones)** broadcast

el **transporte** transportation

los **transportes** (means of) transportation

tratar de to try to (9.2)

tremendo tremendous, terrific

un **tren** train (4.4)

trescientos three hundred (7.2)

triangular triangular

triste sad (4.3)

tu, tus your *(fam.)* (5.2)

tú you *(fam.)* (2.3)

turco Turkish *(also noun)*

el **turismo** tourism, tourist business

un(a) guía de turismo tour guide

una agencia de turismo tourist agency

un **turista, una turista** tourist

tuvieron (they) had

tuviste (you) had

tuve (I) received, got (9.4)

tuvo (it) had

u

u or *(used for* **o** *before words beginning with* **o** *or* **ho)**

Ud. *abbreviation of* **usted** (2.3)

Uds. *abbreviation of* **ustedes** (2.4)

último last (5.3); latest

un a, an (3.1)

una one (1.3); a, an (3.1)

unas *See* **unos**

único only

una **unidad** unit

unido united, close

las Naciones Unidas United Nations

los Estados Unidos United States (3.4)

un **uniforme** uniform

con uniforme in a uniform

la **unión** joining, linking *(of vowels, words)*

una **universidad** university, college

universitario university *(adj.)*

uno, una one *(number)* (1.3)

a (es) la una at (it's) one o'clock (1.4)

cado uno, cada una each one, every one

una vez once, one time (9.3)

(veinte) y uno (twenty)-one

unos *(pl. of* **un)**, **unas** *(pl. of* **una)** some, a few, any *(in negative and interrogative sentences)* (3.3); about, approximately *(with number)*

unos some (people)

unos diez about ten

la **urgencia** emergency
  en caso de urgencia in
    (case of) an emergency
uruguayo Uruguayan *(also noun)*
usado used
usar to use, to wear
  se usan (they) are used
el **uso** use
usted (Ud.) you *(formal)*
  (2.3)
ustedes (Uds.) you *(pl.)*
  (2.4)
útil useful **(8.1)**
las **uvas** grapes

V

una **vaca** cow
las **vacaciones** vacation
  estar de vacaciones to
    be on vacation
vacío empty
la **vainilla** vanilla
vale (it) is worth
la **valentía** courage
valioso valuable
  el jugador más valioso
    most valuable player
un **valor** value
un **valle** valley
  el Valle de los Caídos
    Valley of the Fallen
    (memorial to the victims
    of the Spanish Civil
    War, near Madrid)
¡vamos! let's go! **(4.2)**
  vamos a + *inf.* let's *(verb)*
    (4.2)
  ¿vamos a + *inf.*? shall
    we . . .?
  vamos a + *place* let's go
    to (the) **(4.2)**
  vamos a ver let's see
    (5.1)
la **vanidad** vanity
una **variedad** variety
  las variedades variety
    shows
  un programa de
    variedades variety
    show **(6.3)**

varios several, various
vasco Basque *(from the
Basque Provinces, in
northern Spain; also noun)*
un **vaso** glass
veces *see* **vez**
un **vecino, una vecina** neighbor
los **vegetales** vegetables **(10.2)**
veinte twenty **(1.3)**
  el siglo veinte twentieth
    century
  veinte y (uno) twenty-
    (one) **(1.3)**
una **velocidad** *(pl.* velocidades)
  speed, velocity
  a gran velocidad very
    fast
vemos: nos vemos (pronto)
  see you (soon)
un **vendedor, una vendedora**
  salesperson **(9.2)**
  un vendedor viajero
    traveling salesperson
vender to sell **(5.1)**
venezolano Venezuelan *(also
noun)*
* **venir** to come **(3.4)**
  venir a + *inf.* to come to
    (9.2)
  venir a ver to come and
    see (someone)
una **venta** sale
  de venta for sale
una **ventaja** advantage
una **ventana** window **(5.3)**
* **ver** to see **(5.1)**
  (vamos) a ver let's see
    (5.1)
  ver para creer seeing is
    believing
el **verano** summer **(1.6)**
  un trabajo de verano
    summer job
veras: ¿de veras? really?
  (1.5)
  ¡de veras! really! truly!
un **verbo** verb
la **verdad** truth
  es verdad it's true
  ¿verdad? right? doesn't
    he (she, it)? isn't he
    (she, it)? **(2.2)**
verdaderamente really, truly
verdadero true, real
verde green **(7.1)**

las **verduras** vegetables
verter (e→ie) to pour
verticalmente vertically, up
  and down
vestido dressed
un **vestido** dress **(7.2)**
  un vestido de boda
    wedding gown
vestirse (e→i) to dress
  (oneself), get dressed **(7.3)**
  vestirse de to dress
    (oneself) in
un **veterinario, una veterinaria**
  veterinarian **(9.1)**
la **vez** *(pl.* veces) time **(9.3)**
  a veces sometimes **(5.1)**
  ¿cuántas veces? how
    many times? **(9.3)**
  de vez en cuando once in
    a while, from time to
    time **(5.1) (9.3)**
  dos veces twice **(9.3)**
  en vez de instead of
    (9.2)
  esta vez this time **(9.3)**
  muchas veces many
    times, often **(9.3)**
  otra vez again **(9.3)**
  raras veces rarely,
    seldom **(6.1)**
  tal vez maybe **(2.2)**
  una vez once, one time
    (9.3)
Vía: la Vía Láctea the
  Milky Way
viajar to travel **(2.2)**
un **viaje** trip, voyage
  de viaje on a trip
  hacer un viaje to go on a
    trip **(5.2)**; to make a
    voyage
  un(a) agente de viajes
    travel agent
  una agencia de viajes
    travel agency
viajero traveling
  un(a) vendedor(a)
    viajero(a) traveling
    salesperson
un **viajero, una viajera** traveler
una **víctima** victim
la **vida** life
viejo old **(3.3)**
el **viento** wind
  hace viento it's windy **(1.6)**

viernes Friday (1.5)
  el viernes (on) Friday
    (6.4)
  los viernes (on) Fridays
    (6.4)
vigilar to watch (over), keep
  an eye on
vigoroso vigorous, strenuous
el **vinagre** vinegar (10.2)
vinieron (they) came
el **vino** wine (8.4)
la **violencia** violence
un **visitante, una visitante**
  visitor
visitar to visit (2.2)
vista: se vista de (she) may
  dress in
una **vista** sight, view, vista,
  panorama
  hasta la vista so long
    (1.2)
  un punto de vista point
    of view
visto: mal visto looked on
  with disapproval
¡viva! hooray for! three
  cheers for! long live!

viviendo: viviendo en
  apartamentos apartment
  living
vivir to live (5.1)
  un modo de vivir
    lifestyle, way of life
un **vocabulario** vocabulary
vocacional vocational
una **vocal** vowel
el **volibol** volleyball *(sport)*
  (6.2)
volver (o→ue) to return, go
  back (6.3); to come back
  volver a casa to return
    (go, get) home
vosotros(as) you *(fam. pl.;*
  used in Spain)
  (2.4)
una **voz** *(pl.* **voces)** voice
  en voz alta (baja) in a
    loud (low) voice
vuelta: de vuelta going back
la **«Vuelta»** *long-distance bicycle*
  race around Spain
el **vuelto** change *(money)*
vuestro your *(fam. pl.; used*
  in Spain)

Y

y after *(telling time);* and
  (2.1)
  (es la una) y media (it's
    one) thirty, (it's) half
    past (one) (1.4)
  (son las dos) y cinco
    (it's) five after (two)
    (1.4)
ya already
  ya no no longer, not ...
    anymore
yo I (2.1)
  como yo like me, as I am
  yo no not I (me)
el **yogur** yogurt

Z

las **zanahorias** carrots
unos **zapatos** shoes (7.2)
el **zodíaco** zodiac
una **zona** zone
un **zoológico** zoo
un **zorro** fox

COMUNICANDO: LA VIDA PRÁCTICA
SPANISH-ENGLISH VOCABULARY

The Spanish-English Vocabulary lists words and expressions that appear in the *La vida práctica* exercises within the **Comunicando** sections at the end of each unit. The number that follows each entry indicates the unit in which the word or expression first appears. Verbs are listed in the infinitive form; verb conjugations unfamiliar to students are also provided.

a

aéreo air
    la línea aérea airline **(9)**
el(la) agente agent
    el(la) agente de billetes ticket agent **(9)**
ahorrar to save *(money)* **(7)**
    ahorre you save *(command)* **(7)**
el algodón cotton **(7)**
la alimentación nutrition **(10)**
el ambiente atmosphere **(9)**
la amistad friend **(P)**
la asignatura course **(8)**
ausente absent **(8)**

b

el bachiller high school graduate *(college bound)* **(9)**
el batido milk shake **(10)**
el billete bill *(money)* **(P)**

c

el caballero gentleman **(7)**
el cajero de banco bank teller **(9)**
la calidad quality **(10)**
las calificaciones grades **(8);** qualifications **(9)**
    la libreta de calificaciones report card **(8)**
la cantidad quantity **(10)**
el cargo position **(9)**
la carrera profession, career **(9)**
coleccionar to collect **(P)**
el comportamiento behavior **(8)**
contener to contain **(10)**
el crecimiento growth **(9)**
la cualidad quality **(9)**
el cuarto de final quarter final **(6)**

el cuello neck **(7)**
el curso grade level **(8);** course **(9)**

d

datos personal data **(P)**
desarrollarse to take place **(6)**
el desarrollo development **(9)**
destacar to stand out **(6)**
diario daily **(9)**
el dibujo drawing, illustration
    el dibujo mecánico mechanical drawing **(9)**
la disponibilidad availability **(9)**
dirigir to direct
    dirígelo you direct it to *(command)* **(P)**
el don de gentes interpersonal skills **(9)**

e

la edad age **(P)**
educativo educational **(9)**
el empleo job, employment **(9)**
enviar to send **(9)**
    envíanos you send us *(command)* **(P)**
la equitación horseback riding **(P)**
el esfuerzo effort **(8)**
la esquina intersection **(9)**
estallar to explode **(6)**
la evaluación intermedia midterm exam **(8)**
la evaluación final final exam **(8)**
el éxito success **(9)**

f

firmar to sign **(8)**
la fresa strawberry **(10)**

g

la grabación recording **(9)**
el grupo group
    el grupo alimenticio food group **(10)**
la guerra war **(6)**

h

la habilidad skill **(9)**
    la habilidad para tratar con el público pleasant manner with the public **(9)**
el hierro iron **(10)**
la hoja sheet of paper **(P)**

i

ida y vuelta round trip **(P)**
el idioma language **(9)**
los informativos news
    informativos territoriales local news **(6)**
intercambiar to exchange **(P)**

j

jugar to play
    se jugará will be played **(6)**

l

la **libreta** booklet
    la **libreta de calificaciones**
    report card **(8)**
limón lemon **(10)**

m

la **manga** sleeve **(7)**
    las **mangas cortas** short
    sleeves **(7)**
mantener to maintain **(P)**
la **matrícula** registration **(9)**
la **mecanografía** typing **(9)**
las **medias** women's hose, tights
    (7)
mejorar to improve **(8)**
la **mejora** improvement **(8)**
la **mezcla** blend **(7)**
la **moda** fashion **(9)**
la **moneda** coin **(P)**
el **montaje** editing *(film and
    video)* **(9)**
la **mostaza** mustard **(10)**
muerto dead **(6)**
el **mundial** world championship
    (6)

n

la **Navidad** Christmas
    ¡Feliz Navidad! Merry
    Christmas! **(7)**
el **neoyorquino** New Yorker **(6)**
el **nivel** level **(9)**

o

el **orlón acrílico** orlon acrylic
    (7)
la **ortografía** spelling **(9)**

p

la **parte** part
    de **todas partes** from
    everywhere **(P)**
el **pasaje** airfare **(P)**
el **pasatiempo** pastime, hobby
    (P)
la **patata** potato
    las **patatas fritas** French
    fries **(10)**
el **período** grading period **(8)**
el **pliegue** pleat *(clothes)* **(7)**
poner to put
    ponerte en contacto to get
    in contact **(P)**
la **postal** postcard **(P)**
la **presentación** appearance **(9)**
el **procesamiento** processing
    el **procesamiento de
    palabras** word
    processing **(9)**
la **publicidad** advertising **(9)**
el **puesto** position *(job)* **(9)**

q

¡Que aproveche! Enjoy your
    meal! **(10)**

r

el **ramo** field **(9)**
reciente recent **(9)**
el **regalo** gift **(7)**
el **representante**
    representative
    el **representante de ventas**
    sales representative **(9)**
el **requisito** requirement **(9)**
la **reserva** confidentiality **(9)**
rosado pink **(7)**

s

el **sabor** flavor **(10)**
sacar to take out
    saque take out *(command)*
    (7)
el **saco** jacket
    el **saco deportivo** sports
    jacket **(7)**
la **salud** health **(8)**
satisfecho satisfied **(8)**
la **sociedad** society **(6)**
solicitar to apply for **(9)**

t

la **talla** size **(7)**
el **tamaño** amount **(10)**
la **taquigrafía** shorthand **(9)**
taquillera box office success
    (6)
la **tarifa** fare **(P)**
la **taza** cup **(10)**
territorial local **(6)**
el **título** title **(6)**
las **tortugas** turtles **(6)**
tratar manner, way of
    behaving
    **habilidad para tratar con
    el público** pleasant
    manner with the public
    (9)

v

la **venta** sale **(7)**
    en **venta** on sale **(7)**
    el **representante de ventas**
    sales representative **(9)**
la **ventaja** advantage **(9)**
el **vice rector** vice principal *(of
    school)* **(8)**

ENGLISH-SPANISH VOCABULARY

The English-Spanish Vocabulary lists the active words and expressions from BIENVENIDOS and DÍA A DÍA.

a

a, an un, una **(3.1)**
  a few unos, unas **(3.3)**
  a little un poco **(2.1)**
  a lot (of) mucho **(2.1)**
able: to be able (to) *poder **(6.3)**
about de **(4.2)**
above encima (de), sobre **(10.4)**
active: active in sports deportista **(6.2)**
actor un actor **(6.3)**
actress una actriz **(6.3)**
addition: in addition además **(8.1)**
adventure: adventure movie una película de aventuras **(6.3)**
advice (piece of) un consejo **(6.1)**
after después (de) **(9.2)**
  after that después **(9.4)**
afternoon: good afternoon buenas tardes **(1.2)**
  in the afternoon de la tarde **(1.4)**
  (on) (Friday) afternoon el (viernes) por la-tarde **(6.4)**
again otra vez **(9.3)**
agent: travel agent un (una) agente de viajes **(9.1)**
airplane un avión (*pl.* aviones) **(4.4)**
all todo **(3.3)**
  all in all a fin de cuentas **(6.3)**
  all right! ¡bueno! **(3.1)**
almost casi **(4.4)**
alone solo **(4.4)**
along por **(9.3)**
also también **(2.1)**
always siempre **(2.1)**
a.m. de la mañana **(1.4)**
amusing divertido **(3.2)**
an un, una **(3.3)**
and y (e *before* i *or* hi) **(2.1)**
angry enojado **(8.1)**

announcer *(radio or TV)* un locutor, una locutora **(9.2)**
another otro, otra **(3.3)**
to **answer** contestar **(8.1)**
any unos, unas **(3.3)**; alguno (algún) **(6.1)**
  in any case de todas maneras **(10.3)**
  not any ninguno (ningún) **(6.1)**
anyone alguien **(6.1)**
  not anyone nadie **(6.1)**
anything algo **(6.1)**
  not anything nada **(6.1)**
apartment un apartamento **(5.3)**
apple una manzana **(10.2)**
April abril **(1.5)**
arm un brazo **(7.3)**
around alrededor (de) **(10.4)**
to **arrive** llegar **(4.1)**
as como **(2.1)**
  as ... as tan ... como **(7.1)**
to **ask** (*a question*) preguntar **(6.1)**
  to ask for pedir (e→i) **(6.1)**
asleep: to fall asleep dormirse (o→ue) **(7.4)**
assignment una tarea **(8.1)**
  to do the assignment hacer la tarea **(5.2)**
at a **(1.4)**; en **(4.2)**
  at ...'s house en casa de ... **(4.2)**
  at home en casa **(4.2)**
  at the same time al mismo tiempo **(8.3)**
  at the side (of) al lado (de) **(10.4)**
  at two o'clock a las dos **(1.4)**
  at what time? ¿a qué hora? **(1.4)**
athlete un (una) atleta **(6.2)**
athletic deportista **(6.2)**
to **attend** asistir a **(5.1)**
attendant: flight attendant un aeromozo, una aeromoza **(9.1)**
August agosto **(1.5)**

aunt una tía **(5.2)**
autumn el otoño **(1.6)**
away: to go away *irse **(7.4)**

b

back una espalda **(7.4)**
  in back (of) detrás (de) **(10.4)**
  to go back volver (o→ue) **(6.3)**
bad mal, malo **(3.2)**
  badly mal **(2.1)**
  that's bad! ¡qué malo! **(1.6)**
  the weather is bad hace mal tiempo **(1.6)**
  too bad! ¡qué lástima! **(2.1)**
  very bad muy mal **(1.2)**
bag un bolso **(3.3)**
banana un plátano **(10.2)**
baseball *(sport)* el béisbol **(6.2)**
basketball *(sport)* el básquetbol **(6.2)**
bath: to take a bath bañarse **(7.3)**
bathing suit un traje de baño **(7.2)**
bathroom un baño **(5.3)**
to **be** *ser **(3.1)**; *estar **(4.2)**
  to be ... (years old) tener ... años **(3.4)**
  to be from ser de **(3.1)**
  to be going to ir a + *inf.* **(4.2)**
  to be located estar **(4.2)**
  to be rich (poor) ser rico (pobre) **(6.1)**
  to be (sleepy, thirsty, hot, cold, hungry) tener (sueño, sed, calor, frío, hambre) **(8.4)**
beach una playa **(4.2)**
beans los frijoles **(10.2)**
because porque **(2.3)**
bed una cama **(10.4)**

to go to bed acostarse (o→ue) **(7.4)**

bedroom un cuarto **(5.3)**

beer la cerveza **(8.4)**

before antes **(5.1)**; antes de **(9.2)**

to begin empezar (e→ie) **(6.3)**

   to begin to empezar a **(6.3)**

behind detrás (de) **(10.4)**

to believe creer **(5.1)**

below bajo **(1.6)**; debajo (de) **(10.4)**

beneath debajo (de) **(10.4)**

beside al lado (de) **(10.4)**

best mejor **(7.1)**

better mejor **(7.1)**

bicycle una bicicleta **(3.3)**

big grande **(3.3)**

   bigger más grande **(7.1)**

bird un pájaro **(5.2)**

birthday un cumpleaños **(1.5)**

black negro **(7.1)**

blond(e) rubio **(3.2)**

blouse una blusa **(7.2)**

blue azul **(7.1)**

boat un barco **(4.4)**

body un cuerpo **(7.3)**

book un libro **(3.3)**

bookcase un estante **(10.4)**

boring aburrido **(3.2)**

boutique una tienda **(4.2)**

boy un chico, un muchacho **(3.1)**

boyfriend un novio **(3.1)**

bread el pan **(10.2)**

to break romper **(8.3)**

   to break one's . . . romperse + *part of body* **(8.3)**

breakfast el desayuno **(10.2)**

   to have breakfast desayunarse **(10.2)**

to bring llevar **(4.1)**; *traer **(6.4)**

brother un hermano **(5.2)**

brown *(eyes)* de color café, *(hair)* castaño **(7.1)**; *(clothing)* marrón **(7.2)**

brunet(te) moreno **(3.2)**

bus un autobús *(pl.* autobuses) **(4.4)**

but pero **(2.1)**

butter la mantequilla **(10.2)**

to buy comprar **(4.1)**

   to buy (for oneself) comprarse **(7.3)**

by por **(9.3)**

   by the way a propósito **(10.2)**

c

cafe un café **(4.2)**

cake una torta **(10.2)**

to call llamar **(5.4)**

   I am called me llamo **(1.1)**

   to be called *(name)* llamarse **(7.4)**

   to call on the phone llamar por teléfono **(5.4)**

camera una cámara **(3.3)**

can *poder (o→ue) **(6.3)**

   I can't no puedo **(2.3)**

car un coche **(3.3)**

carbonated drink la gaseosa **(8.4)**

card una tarjeta **(5.1)**

care: to take care of atender (e→ie) **(9.1)**

carpenter un carpintero, una carpintera **(9.4)**

to carry (something) llevar **(4.1)**

case: in any case de todas maneras **(10.3)**

cassette una cinta, una cassette **(3.3)**

cassette recorder una grabadora **(3.3)**

cat un gato **(5.2)**

chair una silla **(10.4)**

to change cambiar **(8.2)**

cheese el queso **(10.2)**

chicken el pollo **(10.2)**

chubby gordo **(3.2)**

church una iglesia **(4.2)**

city una ciudad **(4.2)**

clerk un empleado, una empleada **(9.2)**

close (to) cerca (de) **(4.2)**

clothing la ropa **(7.2)**

cloudy: it's cloudy está nublado **(1.6)**

coffee el café **(8.4)**

cold: it's cold hace frío **(1.6)**

   to be cold tener frío **(8.4)**

color: what color? ¿de qué color? **(7.2)**

to comb (one's hair) peinarse **(7.3)**

to come *venir **(3.4)**

comedian un comediante **(6.3)**

comedienne una comediante **(6.3)**

comedy: musical comedy una comedia musical **(6.3)**

content contento **(4.3)**

cordially cordialmente **(9.2)**

corn el maíz **(10.2)**

to cost costar (o→ue) **(6.3)**

could: I could not no pude **(9.4)**

to count contar (o→ue) **(6.3)**

country un país **(3.4)**

country(side) el campo **(4.2)**

course: of course! ¡claro!, ¡cómo no!, ¡por supuesto! **(2.2)**

   of course not! ¡claro que no! **(2.2)**

cousin un primo, una prima **(5.2)**

cream: ice cream un helado **(8.4)**

Cuba Cuba **(3.4)**

Cuban cubano **(3.4)**

cup una taza **(10.1)**

curly rizado **(7.1)**

d

to dance bailar **(2.1)**

dark-haired moreno **(3.2)**

date *(appointment)* una cita **(1.4)**; *(calendar)* la fecha **(1.5)**

   it is (May 5) es el (5) de (mayo) **(1.5)**

   what is today's (tomorrow's) date? ¿cuál es la fecha de hoy (mañana)? **(1.5)**

daughter una hija **(5.2)**

day un día **(1.5)**

   every day todos los días **(6.4)**

   good day buenos días **(1.2)**

   what day is it? ¿qué día es hoy? **(1.5)**

dear querido **(9.2)**

December diciembre **(1.5)**

degree un grado **(1.6)**

   thirty degrees treinta grados **(1.6)**

dentist un (una) dentista **(9.1)**

designer un (una) dibujante **(9.1)**

to desire desear **(2.3)**

desserts los postres **(10.2)**

detective movie una película policíaca **(6.3)**

difficult difícil **(8.1)**

dining room un comedor **(5.3)**

dinner la cena **(10.2)**

   to have dinner cenar **(10.2)**

to discover descubrir **(8.3)**
to do *hacer **(5.2)**
    to do homework hacer las tareas **(5.2)**
    to do the assignment hacer la tarea **(5.2)**
doctor un doctor, una doctora **(9.1)**
doesn't he (she, it)? ¿verdad? **(2.2)**
dog un perro **(5.2)**
door una puerta **(5.3)**
doubtless sin duda **(9.1)**
down: to sit down sentarse (e→ie) **(7.4)**
downtown el centro **(4.2)**
draftsman un (una) dibujante **(9.1)**
to draw dibujar **(9.1)**
dress un vestido **(7.2)**
    to dress (oneself) vestirse (e→i) **(7.3)**
dressmaker una modista **(9.4)**
drink una bebida **(8.4)**
    carbonated drink la gaseosa **(8.4)**
to drink tomar **(4.1)**; beber **(5.1)**
to drive *conducir (c→zc) **(6.4)**
during durante **(8.2)**

e

each cada **(4.4)**
early temprano **(8.2)**
to earn ganar **(2.2)**
ears las orejas **(7.1)**
easy fácil **(8.1)**
to eat comer **(5.1)**
egg un huevo **(10.2)**
eight ocho **(1.3)**
    eight hundred ochocientos **(7.2)**
eighteen diez y ocho **(1.3)**
eighth octavo **(5.3)**
eighty ochenta **(1.3)**
electrician un (una) electricista **(9.4)**
elegant elegante **(7.1)**
eleven once **(1.3)**
employee un empleado, una empleada **(9.2)**
end el fin **(8.1)**
to end acabar **(8.1)**

engineer un ingeniero, una ingeniera **(9.2)**
English inglés (*f.* inglesa) **(3.4)**
to enjoy oneself divertirse (e→ie) **(7.4)**
enough bastante **(3.2)**
evening: good evening buenas noches **(1.2)**
    in the evening de la noche **(1.4)**
    (on) (Saturday) evening el (sábado) por la noche **(6.4)**
every cada **(4.4)**
    every day todos los días **(6.4)**
everybody todos **(4.4)**
exam un examen (*pl.* exámenes) **(8.1)**
    to pass (flunk) an exam salir bien (mal) en un examen **(8.1)**
    to take an exam tomar un examen **(7.4)**
example: for example por ejemplo **(7.4)**
excuse me! ¡perdón! **(5.2)**
expense un gasto **(6.1)**
expensive caro **(3.3)**
eyeglasses unos anteojos **(7.2)**
eyes los ojos **(7.1)**

f

fabulous fabuloso **(5.4)**
    what a fabulous (*noun*)! ¡qué (*noun*) tan fabuloso! **(5.4)**
face una cara **(7.3)**
factory una fábrica **(9.1)**
fair regular **(1.2)**
fall (*season*) el otoño **(1.6)**
to fall *caer **(3.4)**
    to fall asleep dormirse (o→ue) **(7.4)**
family una familia **(5.2)**
fan: a fan (of) un aficionado a, una aficionada a **(6.2)**
fantastic fantástico **(2.1)**
    what a fantastic (*noun*)! ¡qué (*noun*) tan fantástico! **(5.4)**
far (from) lejos (de) **(4.2)**
fat gordo **(3.2)**
father un padre, el papá **(5.2)**

February febrero **(1.5)**
to feel sentir (e→ie) **(6.3)**; sentirse **(7.4)**
    to feel like tener ganas de + *inf.* **(3.4)**
few: a few unos, unas **(3.3)**
fifteen quince **(1.3)**
fifth quinto **(5.3)**
fifty cincuenta **(1.3)**
film una película **(6.3)**
to find encontrar (o→ue) **(6.3)**
fine bien **(2.1)**
finger un dedo **(7.3)**
to finish acabar **(8.1)**
first primero **(1.5)**; primer **(5.3)**
fish un pez (*pl.* peces) **(5.2)**
fisher un pescador, una pescadora **(9.4)**
five cinco **(1.3)**
    five hundred quinientos **(7.2)**
flight attendant un aeromozo, una aeromoza **(9.1)**
floor (*of a building*) un piso **(5.3)**
to flunk salir mal **(8.1)**
food la comida **(8.4)**
foods los alimentos **(10.2)**
foolish tonto **(3.2)**
foot un pie **(7.4)**
football (*sport*) el fútbol americano **(6.2)**
for para **(2.4)**; por **(9.3)**
    for example por ejemplo **(7.4)**
    (for) how long? ¿cuánto tiempo hace? **(8.1)**
    for instance por ejemplo **(7.4)**
forehead la frente **(7.1)**
to forget olvidarse (de) **(8.2)**
fork un tenedor **(10.1)**
forty cuarenta **(1.3)**
found: I found out supe **(9.4)**
four cuatro **(1.3)**
    four hundred cuatrocientos **(7.2)**
fourteen catorce **(1.3)**
fourth cuarto **(5.3)**
French francés (*f.* francesa) **(3.4)**
Friday viernes **(1.5)**
    (on) Friday el viernes **(6.4)**
    (on) Fridays los viernes **(6.4)**

friend un amigo, una amiga (3.1)

from de (2.1)

  are you from? ¿eres de? (1.1)

  from time to time de vez en cuando (9.3)

  from where? ¿de dónde? (3.4)

  he (she) is from . . . es de . . . (1.1)

  I'm from . . . soy de . . . (1.1)

  you are from . . . eres de . . . (1.1)

front: in front (of) delante (de) (10.4)

fruit una fruta (10.2)

  fruit juice jugo de frutas (8.4)

fun divertido (3.2)

  to have fun divertirse (e→ie) (7.4)

furniture los muebles (10.4)

g

game un partido (6.2)

garage un garaje (5.3)

garden un jardín (*pl.* jardines) (5.3)

generally generalmente, por lo general, en general (6.4)

gentleman un señor (3.1)

to **get** *(a grade)* sacar (8.1); recibir (8.3)

  to get dressed vestirse (e→i) (7.3)

  to get up levantarse (7.4)

gift un regalo (3.3)

girl una chica (3.1); una muchacha (3.1)

girlfriend una novia (3.1)

to **give** *dar (5.4)

glass un vaso (10.1)

to **go** *ir (4.2)

  let's go! ¡vamos! (4.2)

  let's go to . . .! ¡vamos a *place!* (4.2)

  to be going to ir a + *inf.* (4.2)

  to go away *irse (7.4)

  to go back volver (o→ue) (6.3)

to go by plane (by train, . . .) ir en avión (en tren, . . .) (4.4)

to go on a trip hacer un viaje (5.2)

to go on foot ir a pie (4.4)

to go out *salir (6.4)

to go to asistir a (5.1)

to go to bed acostarse (o→ue) (7.4)

good buen, bueno (3.2)

  good afternoon buenas tardes (1.2)

  good day buenos días (1.2)

  good evening buenas noches (1.2)

  good-looking guapo (3.2)

  good luck! ¡buena suerte! (5.1)

  good morning buenos días (1.2)

  good night buenas noches (1.2)

goodby adiós (1.2)

  it's good weather hace buen tiempo (1.6)

gosh! ¡Dios mío! (5.3)

got: I got tuve (9.4)

grade una nota (8.1)

grandfather un abuelo (5.2)

grandmother una abuela (5.2)

gray gris (7.2)

great gran (3.3)

  great! ¡qué bueno! (1.6)

green verde (7.1)

guide un (una) guía (9.1)

gymnastics la gimnasia (6.2)

h

hair el pelo (7.1)

  dark-haired moreno (3.2)

half: half past (one) es (la una) y media (1.4)

ham el jamón (10.2)

hamburger una hamburguesa (8.4)

hand una mano (7.3)

handsome guapo (3.2)

to **happen** pasar (8.2)

happy alegre, contento (4.3); feliz (*pl.* felices) (8.1)

hat un sombrero (7.2)

to **have** *tener (3.3)

to have *(food, drink)* tomar (4.1)

to have a snack merendar (e→ie) (10.2)

to have breakfast desayunarse (10.2)

to have dinner cenar (10.2)

to have fun divertirse (e→ie) (7.4)

to have just acabar de + *inf.* (8.1)

to have lunch almorzar (o→ue) (10.2)

to have to tener que + *inf.* (3.4)

he él (2.2)

head una cabeza (7.3)

to **hear** *oír (6.4)

hello! ¡hola! (1.2); ¡aló! (9.3)

to **help** ayudar (5.4)

her ella *(after prep.)* (2.4); la *(dir. obj.)* (4.4); su, sus *(poss. adj.)* (5.3)

  to her le (5.4)

here aquí (1.1)

herself se (7.3)

hey! ¡caramba! (5.3)

hi! ¡hola! (1.2)

him él *(after prep.)* (2.4); lo *(dir. obj.)* (4.4)

  to him le (5.4)

himself se (7.3)

his su, sus (5.3)

home una casa (4.2)

  at home en casa (4.2)

  (to) home a casa (4.2)

homework las tareas (8.1)

  to do homework hacer las tareas (5.2)

to **hope for** esperar (2.3)

hot: it's hot hace calor (1.6)

  it's very hot hace mucho calor (1.6)

  to be hot tener calor (8.4)

hotel un hotel (4.2)

hour una hora (1.4)

house una casa (4.2)

  at . . .'s house en casa de . . . (4.2)

  to . . .'s house a casa de . . .

how? ¿cómo? (2.3)

  how (*adj.*)! ¡qué *(adj.)!* (3.2)

  how are you? ¿cómo está Ud.?, ¿cómo estás?, ¿qué tal? (1.2)

how long?, for how long? ¿cuánto tiempo hace? **(8.1)**

how lucky! ¡qué suerte! **(5.1)**

how lucky you are! ¡qué suerte tienes! **(5.1)**

how many? ¿cuántos? **(3.3)**

how many times? ¿cuántas veces? **(9.3)**

how much? ¿cuánto? **(3.3)**

how much is it? ¿cuánto es? **(1.3)**

how's it going? ¿qué tal? **(1.2)**

however sin embargo **(7.1)**

hundred cien (ciento) **(1.3)**

  two hundred doscientos **(7.2)**

  three hundred trescientos **(7.2)**

  four hundred cuatrocientos **(7.2)**

  five hundred quinientos **(7.2)**

  six hundred seiscientos **(7.2)**

  seven hundred setecientos **(7.2)**

  eight hundred ochocientos **(7.2)**

  nine hundred novecientos **(7.2)**

hungry: to be hungry tener hambre **(8.4)**

husband un esposo **(5.2)**

i

I yo **(2.1)**

ice cream un helado **(8.4)**

if si **(4.4)**

ill enfermo **(4.3)**

in en **(2.1)**

  in any case de todas maneras **(10.3)**

  in back (of) detrás (de) **(10.4)**

  in front (of) delante (de) **(10.4)**

  in my opinion en mi opinión **(6.2)**

  in order to para **(9.2)**

in the afternoon de la tarde **(1.4)**

in the evening de la noche **(1.4)**

in the morning de la mañana **(1.4)**

inexpensive barato **(3.3)**

informal informal **(7.1)**

to **inquire** preguntar **(6.1)**

instance: for instance por ejemplo **(7.4)**

instead of en vez de **(9.2)**

intelligent inteligente **(3.2)**

interesting interesante **(3.2)**

into: to run into encontrar (o→ue) **(6.3)**

to **invite** invitar **(4.1)**

is: this is ... es ... **(9.3)**

  isn't it? ¿verdad? **(2.2)**

it él, ella *(after prep.)* **(2.4)**; lo, la *(dir. obj.)* **(4.4)**; lo *(neuter pron.)* **(9.1)**

  how's it going? ¿qué tal? **(1.2)**

  it is (cold, hot, very hot, sunny, windy) hace (frío, calor, mucho calor, sol, viento) **(1.6)**

  it's cloudy está nublado **(1.6)**

  it's one o'clock es la una **(1.4)**

  it's (two o'clock) son (las dos) **(1.4)**

  what time is it? ¿qué hora es? **(1.4)**

j

jacket una chaqueta **(7.2)**

January enero **(1.5)**

jeans unos blue-jeans **(7.2)**

job un trabajo **(6.1)**; un oficio **(9.1)**

journalist un (una) periodista **(9.2)**

juice: fruit juice jugo de frutas **(8.4)**

July julio **(1.5)**

June junio **(1.5)**

just: to have just acabar de + *inf.* **(8.1)**

just a minute un momentito **(9.3)**

k

kitchen una cocina **(5.3)**

knee una rodilla **(7.3)**

knife un cuchillo **(10.1)**

to **know** *(people)* *conocer (c→zc) **(6.4)**; *(facts)* *saber **(9.1)**

l

lady una señora **(3.1)**

lamp una lámpara **(10.4)**

large grande **(3.3)**

  larger más grande **(7.1)**

last último **(5.3)**

  last night anoche **(8.2)**

  last (Wednesday) (el) (miércoles) pasado **(6.4)**

late tarde **(8.2)**

later después **(5.1)**

  see you later hasta luego **(1.2)**

lawyer un abogado, una abogada **(9.2)**

to **learn** aprender **(5.1)**

to **leave** *salir **(6.4)**; *irse **(7.4)**; dejar **(8.2)**

left izquierdo **(7.4)**

  on (to) the left (of) a la izquierda (de) **(10.4)**

leg una pierna **(7.4)**

to **lend** prestar **(5.4)**

less: less ... than menos ... que **(7.1)**

let's: let's ... vamos a + *inf.* **(4.2)**

  let's go! ¡vamos! **(4.2)**

  let's go to ... vamos a ... **(4.2)**

  let's see a ver, vamos a ver **(5.1)**

letter una carta **(5.1)**

like como **(2.1)**

to **like** gustar **(6.2)**

  do you like? ¿te gusta? **(2.4)**

  I like me gusta **(2.4)**

  to feel like tener ganas de + *inf.* **(3.4)**

to like (someone) *querer (e→ie) a **(6.3)**

what is . . . like? ¿cómo es . . .? **(3.2)**

listen! ¡oye! **(3.3)**

to listen (to) escuchar **(2.1)**

little: a little un poco **(2.1)**

to live vivir **(5.1)**

living room una sala **(5.3)**

long largo **(7.1)**

(for) how long? ¿cuánto tiempo hace? **(8.1)**

look! ¡mira! **(3.3)**

to look (at) mirar **(2.2)**

to look at oneself mirarse **(7.4)**

to look for buscar **(4.1)**

to lose perder (e→ie) **(6.3)**

lot: a lot mucho **(3.3)**

love movie una película romántica **(6.3)**

to love (someone) *querer (e→ie) a **(6.3)**

low bajo **(7.1)**

luck: good luck! ¡buena suerte! **(5.1)**

how lucky! ¡qué suerte! **(5.1)**

how lucky you are! ¡qué suerte tienes! **(5.1)**

what luck! ¡qué suerte! **(5.1)**

lunch el almuerzo **(10.2)**

to have lunch almorzar (o→ue) **(10.2)**

m

ma'am señora (Sra.) **(1.2)**

magazine una revista **(3.3)**

magnificent magnífico **(5.4)**

what a magnificent (noun)! ¡qué (noun) tan magnífico! **(5.4)**

to make *hacer **(5.2)**

to make a mistake equivocarse **(8.2)**

man un hombre, un señor **(3.1)**

young man un joven (pl. jóvenes) **(3.1)**

manager un (una) gerente **(9.2)**

many muchos **(3.3)**

how many? ¿cuántos? **(3.3)**

how many times? ¿cuántas veces? **(9.3)**

many times muchas veces **(9.3)**

too many demasiado **(6.1)**

March marzo **(1.5)**

match un partido **(6.2)**

May mayo **(1.5)**

may *poder (o→ue) **(6.3)**

may I talk to . . .? ¿puedo hablar con . . .? **(9.3)**

maybe tal vez **(2.1)**

me mí (after prep.) **(2.4)**; me **(6.1)**

to (for) me me **(6.1)**

with me conmigo **(2.4)**

meal una comida **(10.2)**

to mean querer decir **(6.3)**

meat la carne **(10.2)**

mechanic un mecánico, una mecánica **(9.4)**

to meet encontrar (o→ue) **(6.3)**

Mexican mexicano **(3.4)**

Mexico México **(3.4)**

milk la leche **(8.4)**

million millón (pl. millones) **(7.2)**

a million thanks un millón de gracias **(10.1)**

minute: just a minute un momentito **(9.3)**

Miss señorita (Srta.) **(1.2)**

mistake: to make a mistake equivocarse **(8.2)**

mister (Mr.) señor (Sr.) **(1.2)**

Monday lunes **(1.5)**

(on) Monday el lunes **(6.4)**

(on) Mondays los lunes **(6.4)**

money el dinero **(6.1)**

monkey un mono **(5.2)**

month un mes **(1.5)**

more más **(4.4)**

more . . . than más . . . que **(7.1)**

moreover además **(8.1)**

morning: good morning buenos días **(1.2)**

in the morning de la mañana **(1.4)**

(on) (Thursday) morning el (jueves) por la mañana **(6.4)**

most más **(4.4)**

mother una madre, la mamá **(5.2)**

motorcycle una moto **(3.3)**

mouth boca **(7.1)**

movie una película **(6.3)**

adventure movie una película de aventuras **(6.3)**

love movie una película romántica **(6.3)**

police (detective) movie una película policíaca **(6.3)**

movie theater un cine **(4.2)**

movies el cine **(6.3)**

Mr. señor (Sr.) **(1.2)**

Mrs. señora (Sra.) **(1.2)**

much mucho **(3.3)**

how much? ¿cuánto? **(3.3)**

how much is it? ¿cuánto es? **(1.3)**

too much demasiado **(6.1)**

museum un museo **(4.2)**

musical comedy una comedia musical **(6.3)**

my mi (mis) **(5.2)**

myself me **(7.3)**

n

name: my name is . . . me llamo . . . **(1.1)**

to be named llamarse **(7.4)**

what are their names? ¿cómo se llaman? **(3.1)**

what's his (her) name? ¿cómo se llama? **(3.1)**

what's your name? ¿cómo te llamas? **(1.1)**

narrow estrecho **(7.1)**

near cerca (de) **(4.2)**

nearby cerca **(10.4)**

necktie una corbata **(7.2)**

to need necesitar **(2.3)**

neighborhood un barrio **(4.2)**

never nunca **(6.1)**

nevertheless sin embargo **(7.1)**

new nuevo **(3.3)**

news las noticias **(6.3)**

newspaper un periódico **(3.3)**

next próximo **(5.3)**

next to al lado de **(10.4)**

next (Tuesday) el próximo (martes) **(6.4)**

nice simpático **(3.2)**

the weather is nice hace buen tiempo **(1.6)**

night: at night de la noche
(1.4)
  good night buenas noches
(1.2)
  last night anoche (8.2)
  (on) (Saturday) night el
(sábado) por la noche (6.4)
  (on) (Saturday) nights los
(sábados) por la noche
(6.4)
nine nueve (1.3)
  nine hundred novecientos
(7.2)
nineteen diez y nueve (1.3)
ninety noventa (1.3)
ninth noveno (5.3)
no no (1.1); ninguno (ningún)
(6.1)
  no one nadie (6.1)
none ninguno (6.1)
North American
norteamericano (3.4)
nose una nariz (*pl.* narices)
(7.1)
not no (2.1)
  not any ninguno (6.1)
  not anyone nadie (6.1)
  not anything nada (6.1)
  of course not! ¡claro que no!
(2.2)
notebook un cuaderno (3.3)
nothing nada (6.1)
novel una novela (5.3)
November noviembre (1.5)
now ahora (2.1)
number un número (1.3)
nurse un enfermero, una
enfermera (9.1)

o

to **obey** *obedecer (c→zc) (6.4)
object un objeto (3.3)
October octubre (1.5)
of de (2.1)
  it's (five) of (two) son (las
dos) menos (cinco) (1.4)
  of course! ¡claro!, ¡cómo no!,
¡por supuesto! (2.2)
  of course not! ¡claro que no!
(2.2)

to **offer** *ofrecer (c→zc) (6.4)
office una oficina (9.1)
officer: police officer un (una)
policía (9.1)
often a menudo (5.1); muchas
veces (9.3)
oil el aceite (10.2)
O.K. regular (1.2)
old viejo (3.3)
  to be ... years old tener ...
años (3.4)
older mayor (5.2)
oldest mayor (7.1)
on sobre (10.4)
on *(day of the week)* el *(day of
the week)*, los *(day of the week)*
(6.4)
  on the left (right) of a la
izquierda (derecha) de
(10.4)
  on the side (of) al lado (de)
(10.4)
  on time a tiempo (8.2)
  on top of sobre, encima (de)
(10.4)
once una vez (9.3)
  once in a while de vez en
cuando (5.1)
one un, uno, una (1.3)
  it is one o'clock es la una
(1.4)
  no one nadie (6.1)
  one hundred cien, ciento
(1.3)
  one hundred one ciento uno
(una) (7.2)
  one million un millón (7.2)
  one thousand mil (7.2)
  one thousand five hundred
mil quinientos (7.2)
  one time una vez (9.3)
only sólo (4.4)
opinion: in my opinion en mi
opinión (6.2)
or o (u *before* o *or* ho) (2.1)
orange una naranja (10.2)
order: in order to para (9.2)
to **order** pedir (e→i) (6.1)
other otro (3.3)
ought to deber + *inf.* (8.3)
our nuestro (5.3)
ourselves nos (7.3)
out: to go out *salir (6.4)
over encima (de), sobre (10.4)
overcoat un abrigo (7.2)

p

to **pack a suitcase** hacer la maleta
(5.2)
pants unos pantalones (7.2)
pardon me! ¡perdón! (5.2)
parents los padres (5.2)
parrot un papagayo (5.2)
to **pass** salir bien (8.1); pasar
(8.2)
  past: it's (five) past (two) son
las (dos) y (cinco) (1.4)
pastimes las diversiones (6.3)
pastry un pastel (8.4)
to **pay (for)** pagar (por) (6.1)
pear una pera (10.2)
pen un bolígrafo (3.3)
pencil un lápiz (*pl.* lápices)
(3.3)
people la gente (3.1)
pepper la pimienta (10.2)
photo una foto (3.3)
photographer un fotógrafo, una
fotógrafa (9.2)
picture una foto (3.3)
  to take pictures sacar
fotos (4.1)
pie un pastel (8.4)
place un lugar (4.2)
plain feo (3.2)
to **plan to** pensar + *inf.* (e→ie)
(6.3)
plate un plato (10.1)
play *(theater)* una obra de teatro
(6.3)
to **play** *(musical instrument)* tocar
(2.1); *(game)* jugar (u→ue) a
(6.2)
player un jugador, una jugadora
(6.2)
  record player un tocadiscos
(3.3)
plaza una plaza (4.2)
pleasant simpático (3.2)
please por favor (1.3)
  it pleases me me gusta
(2.4)
  please ... hazme el favor de
+ *inf.* (10.1)
  to be pleasing gustar (6.2)
pleasure: with pleasure con
mucho gusto (1.3)
p.m. de la tarde, de la noche
(1.4)

to **point out** enseñar (4.1)

police movie una película policíaca (6.3)

police officer un (una) policía (9.1)

pool: swimming pool una piscina (4.2)

poor: to be poor ser pobre (6.1)

postcard una tarjeta (5.1)

potatoes las papas (10.2)

to **prefer** preferir (e→ie) (6.3)

present un regalo (3.3)

pretty bonito (3.2); lindo (7.1)

profession una profesión (9.1)

professor un profesor, una profesora (3.1)

program *(television)* un programa (6.3)

programmer un programador, una programadora (9.2)

public square una plaza (4.2)

Puerto Rican puertorriqueño (3.4)

Puerto Rico Puerto Rico (3.4)

pupil un alumno, una alumna (3.1)

purse un bolso (3.3)

to **put** *poner (6.4)

to **put on (oneself)** *ponerse (7.3)

q

quarter un cuarto (1.4)

it's quarter past (quarter of) one es la una y cuarto (menos cuarto) (1.4)

quite bastante (3.2)

r

radio *(set)* un radio (3.3)

radio announcer un locutor, una locutora (9.2)

rain: it's raining llueve (1.6)

raincoat un impermeable (7.2)

rarely raras veces (6.1)

rather bastante (3.2)

to **read** leer (5.1)

reading la lectura (5.1)

really? ¿de veras? (1.5); ¿cierto? (4.3)

to **receive** recibir (8.1)

received: I received tuve (9.4)

record un disco (2.1)

record player un tocadiscos (3.3)

recorder: cassette (tape) recorder una grabadora (3.3)

red rojo (7.2)

refused: I refused no quise (9.4)

regularly regularmente (6.1)

to **relate** contar (o→ue) (6.3)

relatives los parientes (5.2)

to **remain** quedarse (7.4)

to **remember** recordar (o→ue) (6.3)

to **request** pedir (e→i) (6.1)

restaurant un restaurante (4.2)

to **return** volver (o→ue) (6.3)

rice el arroz (10.2)

rich: to be rich ser rico (6.1)

right derecho *(adj.)* (7.4)

all right buen, bueno (3.1)

on the right of a la derecha de (10.4)

right? ¿verdad? (2.2)

to the right of a la derecha de (10.4)

room un cuarto (5.3)

bathroom un baño (5.3)

bedroom un cuarto (5.3)

dining room un comedor (5.3)

living room una sala (5.3)

to **run into** encontrar (o→ue) (6.3)

s

sad triste (4.3)

salad una ensalada (8.4)

salesperson un vendedor, una vendedora (9.2)

traveling salesperson un vendedor viajero, una vendedora viajera (9.2)

salt la sal (10.2)

same mismo (4.4)

at the same time al mismo tiempo (8.3)

sandals unas sandalias (7.2)

sandwich un sándwich (8.4)

Saturday sábado (1.5)

(on) Saturday el sábado (6.4)

(on) Saturday nights los sábados por la noche (6.4)

(on) Saturdays los sábados (6.4)

saucer un platillo (10.1)

to **save** ahorrar (6.1)

to **say** *decir (5.3)

to say yes (no) decir que sí (no) (5.3)

you don't say! ¡no me digas! (4.3)

school una escuela (4.2)

scientist un científico, una científica (9.2)

sea el mar (4.2)

seamstress una modista (9.4)

season una estación *(pl.* estaciones) (1.6)

second segundo (5.3)

secretary un secretario, una secretaria (9.1)

to **see** *ver (5.1)

let's see a ver, vamos a ver (5.1)

see you later hasta luego (1.2)

seldom raras veces (6.1)

to **sell** vender (5.1)

to **send** mandar (5.4)

September septiembre (1.5)

serious serio (3.2)

to **serve** servir (e→i) (8.4)

to **set the table** poner la mesa (10.1)

seven siete (1.3)

seven hundred setecientos (7.2)

seventeen diez y siete (1.3)

seventh séptimo (5.3)

seventy setenta (1.3)

shabby vulgar (7.1)

she ella (2.2)

she is from ... es de ... (1.1)

ship barco (4.4)

shirt una camisa (7.2)

T-shirt una camiseta (7.2)

shoes unos zapatos (7.2)

shop una tienda (4.2)

short bajo (3.2); corto (7.1)

shorts unos pantalones cortos (7.2)

should deber + *inf.* (8.3)

334

show: variety show un programa de variedades **(6.3)**

to **show** enseñar **(4.1)**

sick enfermo **(4.3)**

side: on (at, to) the side (of) al lado (de) **(10.4)**

sincerely sinceramente **(9.2)**

to **sing** cantar **(2.1)**

singer un (una) cantante **(6.3)**

single solo **(4.4)**

sir señor (Sr.) **(1.2)**

sister una hermana **(5.2)**

to **sit down** sentarse (e→ie) **(7.4)**

six seis **(1.3)**

six hundred seiscientos **(7.2)**

sixteen diez y seis **(1.3)**

sixth sexto **(5.3)**

sixty sesenta **(1.3)**

skiing el esquí **(6.2)**

skirt una falda **(7.2)**

to **sleep** dormir (o→ue) **(6.3)**

sleepy: to be sleepy tener sueño **(8.4)**

small pequeño **(3.3)**

smaller más pequeño **(3.3)**

snack (late afternoon) una merienda **(10.2)**

to have a snack merendar (e→ie) **(10.2)**

snow: it's snowing nieva **(1.6)**

so: so long hasta la vista **(1.2)**

soccer el fútbol **(6.2)**

social worker un trabajador social, una trabajadora social **(9.1)**

socks unos calcetines (sing. calcetín) **(7.2)**

some unos, unas **(3.3)**; alguno (algún) **(6.1)**

someone alguien **(6.1)**

something algo **(6.1)**

sometimes a veces **(5.1)**

son un hijo **(5.2)**

so-so así, así **(1.2)**

Spain España **(3.4)**

Spanish español (f. española) **(3.4)**

to **speak** hablar **(2.1)**

to **spend** (money) gastar **(6.1)**; (time) pasar **(8.2)**

sport un deporte **(6.2)**

active in sports deportista **(6.2)**

sports (concerning) deportivo **(6.2)**

spring la primavera **(1.6)**

square: public square una plaza **(4.2)**

to **stay** quedarse **(7.4)**

steak el bistec **(10.2)**

still todavía **(7.3)**

to **stop** dejar de + inf. **(9.2)**

store una tienda **(4.2)**

story un cuento **(5.1)**

straight liso **(7.1)**

street una calle **(4.2)**

strong fuerte **(7.1)**

student un alumno, una alumna, un (una) estudiante **(3.1)**

to **study** estudiar **(2.1)**

stupid tonto **(3.2)**

sugar el azúcar **(10.2)**

suit un traje **(7.2)**

bathing suit un traje de baño **(7.2)**

suitcase: to pack a suitcase hacer la maleta **(5.2)**

summer el verano **(1.6)**

sun: it's sunny hace sol **(1.6)**

sunglasses unos anteojos de sol **(7.2)**

Sunday domingo **(1.5)**

(on) Sunday el domingo **(6.4)**

(on) Sundays los domingos **(6.4)**

sure: are you sure? ¿cierto? **(4.3)**

sweater un suéter (pl. suéteres) **(7.2)**

to **swim** nadar **(2.2)**

swimming la natación **(6.2)**

swimming pool una piscina **(4.2)**

t

T-shirt una camiseta **(7.2)**

table una mesa **(10.4)**

to set the table poner la mesa **(10.1)**

tablespoon una cuchara **(10.1)**

to **take** tomar **(4.1)**

to take a bath bañarse **(7.3)**

to take an exam tomar un examen **(8.1)**

to take care of atender (e→ie) a **(9.1)**

to take off quitarse **(7.3)**

to take pictures sacar fotos **(4.1)**

to take (someone or something) llevar **(4.1)**

talk: may I talk to . . . ? ¿puedo hablar con . . . ? **(9.3)**

to talk about hablar de **(4.1)**

tall alto **(3.2)**

tape una cinta **(3.3)**

tape recorder una grabadora **(3.3)**

tea el té **(8.4)**

to **teach** enseñar **(4.1)**

teacher un maestro, una maestra, un profesor, una profesora **(3.1)**

team un equipo **(6.2)**

teaspoon una cucharita **(10.1)**

teeth los dientes **(7.1)**

television (transmission) la televisión **(6.3)**

television set un televisor **(3.3)**

to **tell** *decir **(5.3)**; contar (o→ue) **(6.3)**

temperature la temperatura **(1.6)**

what is the temperature? ¿cuál es la temperatura? **(1.6)**

ten diez **(1.3)**

tennis el tenis **(6.2)**

tenth décimo **(5.3)**

terrible muy mal **(1.2)**

terrific fantástico **(2.1)**; estupendo, magnífico **(5.4)**

what a terrific (noun)! ¡qué (noun) tan fantástico (estupendo, magnífico)! **(5.4)**

than: more (less) . . . than más (menos) . . . que **(7.1)**

thank you gracias, muchas gracias **(1.3)**

a million thanks un millón de gracias **(10.1)**

a thousand thanks mil gracias **(10.1)**

that que (rel. pron.) **(3.4)**; ese, esa **(7.2)**; lo (neuter pron.) **(9.1)**

that . . . over there aquel, aquella **(7.2)**

that's bad! ¡qué malo! (1.6)
that's why por eso (2.4)
the things that lo que (9.4)
the el, la (3.1); los, las (3.3)
theater el teatro (6.3)
   movie theater un cine (4.2)
their su, sus (5.3)
them ellos, ellas *(after prep.)* (2.4); los, las *(dir. obj.)* (4.4)
   to (for) them les (5.4)
themselves se (7.3)
then entonces (8.2); luego (8.4)
   well then ... entonces ... (3.4)
there allí (4.2)
   there is, there are hay (3.1)
   there is (are) no no hay (3.3)
   what is there? ¿qué hay? (3.3)
therefore por eso (2.4)
these estos, estas (7.2)
they ellos, ellas (2.2)
thin delgado (3.2)
thing una cosa (3.3)
   the things that lo que (9.4)
to **think** creer (5.1); pensar (e→ie) (6.3)
   I think that ... creo que ... (4.4)
   to think about pensar de, pensar en (6.3)
   to think of pensar de (6.3)
   to think that pensar que (6.3)
third tercero (5.3)
thirsty: to be thirsty tener sed (8.4)
thirteen trece (1.3)
thirty treinta (1.3)
this este, esta (7.2)
   this is ... *(on the phone)* es ... (9.3)
   this time esta vez (9.3)
those esos, esas, *(over there)* aquellos, aquellas (7.2)
thousand mil (7.2)
   a thousand thanks mil gracias (10.1)
   one thousand five hundred mil quinientos (7.2)
three tres (1.3)
   three hundred trescientos (7.2)

through por (9.3)
Thursday jueves (1.5)
   (on) Thursday el jueves (6.4)
   (on) Thursdays los jueves (6.4)
tie una corbata (7.2)
time la hora (1.4); la vez *(pl.* veces) (9.3)
   at the same time al mismo tiempo (8.3)
   at what time? ¿a qué hora? (1.4)
   from time to time de vez en cuando (9.3)
   how many times? ¿cuántas veces? (9.3)
   many times muchas veces (9.3)
   on time a tiempo (8.2)
   one time una vez (9.3)
   this time esta vez (9.3)
   to waste time perder el tiempo (6.3)
   what time is it? ¿qué hora es? (1.4)
tired cansado (4.3)
to a (2.1)
   to ...'s house a la casa de ... (4.2)
   to the left (right) of a la izquierda (derecha) de (10.4)
   to the side (of) al lado (de) (10.4)
today hoy (1.5)
today is (May 2) hoy es el (2) de (mayo) (1.5)
tomato un tomate (10.2)
tomorrow mañana (1.5)
too también (2.1); demasiado (3.2)
   too much (many) demasiado (3.2)
   too bad! ¡qué lástima! (2.1)
top: on top of encima de, sobre (10.4)
toward(s) hacia (10.4)
town un pueblo (4.2)
trade un oficio (9.1)
train un tren (4.4)
to **translate** *traducir (c→zc) (6.4)
to **travel** viajar (2.2)
   travel agent un (una) agente de viajes (9.1)

traveling salesperson un vendedor viajero, una vendedora viajera (9.2)
tree un árbol (5.3)
tried: I tried quise (9.4)
trip: to go on a trip hacer un viaje (5.2)
to **try to** tratar de + *inf.* (9.2)
Tuesday martes (1.5)
   (on) Tuesday el martes (6.4)
   (on) Tuesdays los martes (6.4)
TV set un televisor (3.3)
   TV announcer un locutor, una locutora (9.2)
twelve doce (1.3)
twenty veinte (1.3)
twice dos veces (9.3)
two dos (1.3)
   it's two o'clock son las dos (1.4)
   two hundred doscientos (7.2)
   two thousand dos mil (7.2)
to **type** escribir a máquina (9.1)

u

ugly feo (3.2)
uncle un tío (5.2)
under debajo (de) (10.4)
underneath debajo (de) (10.4)
to **understand** comprender (5.1); entender (e→ie) (6.3)
unfortunately desafortunadamente, por desgracia (10.4)
United States los Estados Unidos (3.4)
unpleasant antipático (3.2)
until hasta (8.2)
up: to get up levantarse (7.4)
upset enojado (8.1)
us nosotros *(after prep.),* nos *(obj. pron.)* (6.1)
   to us nos *(obj. pron.)* (6.1)
useful útil (8.1)
useless inútil (8.1)

v

variety show un programa de variedades (6.3)

vegetable un vegetal **(10.2)**
very muy **(2.1)**
   very bad muy mal **(1.2)**
   very well, and you? muy
     bien, ¿y tú? **(1.2)**
veterinarian un veterinario, una
   veterinaria **(9.1)**
village un pueblo **(4.2)**
vinegar el vinagre **(10.2)**
to **visit** visitar **(2.2)**
volleyball *(sport)* el volibol
   (6.2)

W

to **wait for** esperar **(4.1)**
   to **wait on** atender (e→ie)
     (9.1)
to **walk** ir a pie **(4.4)**
to **want** desear **(2.3)**; *querer
   (e→ie) **(6.3)**
   to **want to** querer + *inf.*
     (6.3)
warm: it's warm hace calor
   (1.6)
to **wash** lavar **(7.3)**
   to **wash (oneself)** lavarse
     (7.3)
to **waste time** perder el tiempo
   (6.3)
watch un reloj **(3.3)**
to **watch** mirar **(2.2)**
water el agua **(8.4)**
way: by the way a propósito
   (10.2)
we nosotros, nosotras **(2.4)**
weak débil **(7.1)**
to **wear** llevar **(7.2)**
weather el tiempo **(1.6)**
   the weather's bad (nice)
     hace mal (buen) tiempo
     (1.6)
   what's the weather like?
     ¿qué tiempo hace? **(1.6)**
Wednesday miércoles **(1.5)**
   (on) Wednesday el miércoles
     (6.4)
   (on) Wednesdays los
     miércoles **(6.4)**
week una semana **(1.5)**
weekend el fin de semana **(1.5)**
welcome: you're welcome de
   nada, no hay de qué **(1.3)**
well bien **(2.1)**

very well, and you? muy
   bien, ¿y tú? **(1.2)**
well ... bueno ... **(3.1)**
well then ... entonces ...
   (3.4)
western *(movie)* una película del
   oeste **(6.3)**
what? ¿qué? **(2.3)**; ¿cuál?,
   ¿cuáles? **(6.3)**
   what lo que **(9.4)**
   what! ¡caramba! **(5.3)**
   what a *(adj. + noun)!* ¡qué
     (noun) tan *(adj.)!* **(5.4)**
   what are their (your)
     names? ¿cómo se llaman?
     (3.1)
   what are they called?
     ¿cómo se llaman? **(3.1)**
   what color? ¿de qué color?
     (7.2)
   what day is it today
     (tomorrow)? ¿qué día es
     hoy (mañana)? **(1.5)**
   what (did you say)? ¿cómo?
     (2.3)
   what is ... like? ¿cómo
     es ...? **(3.2)**
   what is he (she) called?
     ¿cómo se llama? **(3.1)**
   what is his (her) name?
     ¿cómo se llama? **(3.1)**
   what is the temperature?
     ¿cuál es la temperatura?
     (1.6)
   what is the weather like?
     ¿qué tiempo hace? **(1.6)**
   what is there ...? ¿qué
     hay ...? **(3.3)**
   what is today's (tomorrow's)
     date? ¿cuál es la fecha de
     hoy (mañana)? **(1.5)**
   what is your name? ¿cómo
     te llamas? **(1.1)**
   what luck! ¡qué suerte!
     (5.1)
   what time is it? ¿qué hora
     es? **(1.4)**
   what's wrong? ¿qué pasa?
     (1.4)
wheelchair silla de ruedas
when cuando **(2.3)**
when? ¿cuándo? **(2.3)**
where donde **(2.3)**
where? ¿dónde? **(2.3)**
   from where? ¿de dónde?
     (3.4)

   to where? ¿adónde? **(4.2)**
which que *(rel. pron.)* **(3.4)**
which? ¿cuál?, ¿cuáles? **(6.3)**
while: once in a while de vez
   en cuando **(5.1)**
white blanco **(7.2)**
who, whom que *(rel. pron.)*
   (3.4)
who?, whom? ¿quién(es)? **(2.3)**
   to whom? ¿a quien(es)?
     (4.1)
whole: the whole todo el, toda
   la **(3.3)**
whose? ¿de quién(es)? **(5.1)**
why? ¿por qué? **(2.3)**
   that's why por eso **(2.4)**
wide ancho **(7.1)**
wife una mujer **(3.1)**; una
   esposa **(5.2)**
window una ventana **(5.3)**
windy: it's windy hace viento
   (1.6)
wine: el vino **(8.4)**
winter el invierno **(1.6)**
to **wish** desear **(2.3)**
with con **(2.1)**
   with me conmigo **(2.4)**
   with pleasure! ¡con mucho
     gusto! **(1.3)**
   with you contigo **(2.4)**
without sin **(9.2)**
woman una mujer **(3.1)**
   young woman una joven
     (pl. jóvenes) **(3.1)**
word una palabra **(2.1)**
work el trabajo **(6.1)**
to **work** trabajar **(2.1)**
worker: social worker un
   trabajador social, una
   trabajadora social **(9.1)**
worse peor **(7.1)**
worst peor **(7.1)**
wow! ¡caramba! **(5.3)**
to **write** escribir **(5.1)**

Y

year un año **(1.5)**
   to be ... years old tener ...
     años **(3.4)**
yellow amarillo **(7.2)**
yes sí **(1.1)**
yesterday ayer **(8.2)**

you tú *(fam.)*, usted *(formal)* **(2.3)**; vosotros(as) *(fam. pl.)*, ustedes *(pl.)*, ti *(after prep.)* **(2.4)**; te *(fam.)*, lo, la, los, las *(formal) (obj. pron.)* **(6.1)**
  how are you? ¿cómo está Ud? *(formal)*, ¿cómo estás? *(fam.)* **(1.2)**
  to you te *(fam.)*, le, les *(formal)* **(6.1)**

with you contigo **(2.4)**
young joven **(7.1)**
  young man, young woman un joven, una joven *(pl.* jóvenes) **(3.1)**
younger menor **(5.2)**
youngest menor **(7.1)**
your tu, tus *(fam.)* **(5.2)**; su, sus *(formal)* **(5.3)**

yourself te *(fam.)*, se *(formal)* **(7.3)**
  yourselves se **(7.3)**

Z

zero cero **(1.3)**

INDEX

Page numbers preceded by a P refer to the *Puente* section.

PHOTO CREDITS